오컬트 마스터, 예수의 비밀 생애와 가르침
신비주의 기독교

신비주의 기독교
오컬트 마스터, 예수의 비밀 생애와 가르침

초판 1쇄 발행 2022년 8월 15일

지은이 윌리엄 워커 앳킨슨
옮긴이 윤민
펴낸이 윤민
편집 윤민
디자인 김성엽의 디자인모아
펴낸곳 윤앤리퍼블리싱
임프린트 마름돌
전화 070-4155-5432
팩스 0303-0950-9910
카페 http://cafe.naver.com/ynl
유튜브 http://www.youtube.com/user/yoonandlee
인스타그램 https://www.instagram.com/yoon.min.10
페이스북 https://www.facebook.com/yoon.min.10
블로그 https://blog.naver.com/krysialove
이메일 krysialove@naver.com

ISBN 979-11-91653-06-9 03230

오컬트 마스터, 예수의 비밀 생애와 가르침
신비주의 기독교

윌리엄 워커 앳킨슨 지음 | 윤민 옮김

MYSTIC CHRISTIANITY,
OR THE INNER TEACHINGS OF THE MASTER
BY YOGI RAMACHARAKA

마름돌

목차

역자 서문　_008

제1강 —— 마스터의 출현
　　마스터의 사자(使者), 세례 요한　_014
　　에세네파　_020
　　예수의 세례　_024
　　마스터 예수　_028
　　마법사, 또는 현자　_031
　　동방의 별　_034
　　아기 예수의 탄생　_044

제2강 —— 동정녀 탄생의 미스터리
　　동정녀 탄생설?　_060
　　동정녀 탄생설의 교리　_066
　　성서 고등비평의 관점　_068
　　오컬트/신비주의의 관점　_087

제3강 —— 신비에 싸인 예수의 젊은 시절
　　예수의 유년 시절　_098
　　원로들을 대상으로 설교하는 소년 예수　_103
　　'잃어버린 17년'　_118
　　마스터 예수의 귀국　_122

제4강 —— 사역의 시작

유대 지역에서의 사역을 고심하는 예수 _126

광야의 시험 _132

두 개의 비전과 선택 _136

다시 세상 속으로 _145

가나의 혼인 잔치 _148

제5강 —— 대업의 기반

베일에 싸인 1년 _156

성전 안에서 돈놀이하는 환전상과 상인들 _160

세례 요한의 죽음과 예수의 각성 _165

치유의 기적 _173

예수를 죽이려 한 나사렛 주민들 _179

기적의 어획량 _187

귀신 들린 자의 치유 _193

제6강 —— 사역 활동의 조직화

문둥병자의 치유 _201

중풍 병자의 치유 _208

걷지 못하는 병자의 치유 _215

열두 사도의 탄생 _224

과부의 죽은 아들을 살려내는 예수 _252

바리새인의 집에서 미움을 사다 _258

제7강 ── 죽음을 향하여

폭풍을 잠재우는 예수 _270

사악한 정령에게 빙의된 자들을 치유하는 예수 _278

야이로의 딸을 살려내는 예수 _291

오병이어(五餠二魚)의 기적 _302

물 위를 걷는 예수와 베드로 _313

예수와 바리새인들의 갈등 _320

궁지에 몰린 예수 _330

나사로의 부활 _338

예수를 죽이기 위한 계획 _348

제8강 ── 대업의 완성

적의 소굴, 예루살렘으로 _354

최후의 만찬 _385

겟세마네 동산의 고뇌 _402

유다의 배신 _407

심문, 고문, 재판, 그리고 판결 _417

십자가형 _443

예수의 부활 _467

예수의 '승천' _475

예수의 육신과 영혼 _504

제9강 —— 예수의 내적 가르침
예수와 그리스도, 사람의 아들과 하나님의 아들 _510
그리스도 원리 _518
기독교 신경(信經) _524

제10강 —— 비밀 교리
성령(聖靈)이란? _536
모든 힘, 물질, 생명을 움직이는 영 _540
편재(遍在)하는 신 _542
기독교의 비밀 교리 - 알렉산드리아의 성 클레멘트 _544
기독교의 비밀 교리 - 오리게네스 _559

제11강 —— 고대의 지혜
기독교에도 환생의 교리가 있나? _568
기독교 환생 교리의 역사 _578
오리게네스가 설명하는 환생의 교리 _586

제12강 —— 마스터의 메시지
산상수훈 해설 _609

맺음말 _642
관련 음악 _644

─── 역자 서문 ───

이번에 출간하는 책의 저자 윌리엄 워커 앳킨슨(William Walker Atkinson; 1862~1932)은 생애 마지막 30년 동안 다양한 분야에서 본명과 여러 예명으로 약 100권의 책을 집필한 미국의 변호사, 사업가, 작가이자 오컬티스트다. 그의 이름을 처음 알게 된 것은 1908년에 '세 명의 입문자(Three Initiates)'라는 익명의 저자(들)가 출간한 책, 《The Kybalion》을 통해서다. 국내에도 《헤르메스 가르침 - 키발리온》이라는 제목으로 번역 출간된 이 책에는 고대 이집트의 현자, 헤르메스가 아주 오래전에 인류에게 전파한 것으로 알려진 가르침을 일곱 가지의 우주 법칙을 중심으로 해설한 내용이 담겨있다. 개인적으로 많은 영감을 주었던 책이었기에 자연스럽게 추가적인 정보 확인을 위해 인터넷을 검색했고, '세 명의 입문자'가 바로 윌리엄 워커 앳킨슨일 가능성이 높다는 사실을 접하게 되었다.

저자의 이름을 알게 된 후 그가 출간한 책들을 검색해봤다. 그의 전문 분야는 놀라울 정도로 광범위했다. 환생과 카르마, 사후세계, 힌두교의 호흡 기법, 요가 철학, 신비주의 기독교, 우파니샤드, 바가바드 기타, 장미십자회의 비밀 가르침 등의 전통적인 오컬트 분야뿐 아니라, 인간에 내재한 정신의 힘, 그리고 그 힘을 계발하고 올바르게 활용하는 방법을 제시하는 실용적인 책도 많았다.

이 책의 제목인 《신비주의 기독교 - 오컬트 마스터, 예수의 비밀 생애와 가르침》의 원제는 《Mystic Christianity, or The Inner Teachings of the Master》다. 기독교를 다루는 책에 '오컬트'와 '신비주의'라는 단어가 들어가서 당황하는 독자도 있겠다는 생각이 든다. 오컬트라는 단어가 '컬트'와 뉘앙스가 비슷해서 사이비처럼 느껴질 수도 있을 것이다. 하지만 오컬트와 컬트는 어원부터가 아예 다르다. 오컬트는 라틴어 'occultus'에서 유래된 단어로, '비밀, 감춰진 것'이라는 뜻이다. 'Mysticism' 역시 '비밀, 비밀스러운 것'을 의미하는 단어다. 고대인들은 신비주의 학교(Mystery Schools)의 입문 과정을 통해 비밀 지식을 얻게 된 입문자를 'Mystes'라 불렀다.

종교와 철학에도 일반인에게 공개되는 기본 지식이 있고, 소수에게만 접근이 허락되는 비밀 지식이 따로 있다. 이번 책에서 다루는 기독교도 예외가 아니다. 교회에서 얘기해주는 것이 예수가 전한 가르침의 전부가 아니다. 비밀 지식이 존재한다는 사실조차 모르는 독실한 신자들도 많다. 책을 읽으면서 조금씩 감을 잡게 되겠지만, 고대인들이 고급 지식을 비밀로 취급하고 글로 기록을 남기지 않을 정도로 철저하게 보호한 데는 다 그만한 이유가 있었다. 소수가 그 지식을 독점하고 특권을 누리기 위해서가 아니라, 지식을 소유할 자격을 입증하지 않은 사람에게 공유했다가 치러야 하는 대가가 너무 컸기 때문이다. 선량하지 않은 사람이 지식을 자기중심적으로 곡해하고, 이기적인 목적으로 사용하고, 개인적인 출세의 발판으로 삼으면 선량한 사람이 피해를 본다. 이건 우리 주변에서도 일상적으로 볼 수 있는 현상이다.

기독교의 창시자 예수도 이 원리를 잘 이해하고 있었다. 그래서 그는 일반 대중에게는 우화(비유)의 형태로 가르침을 전했고, 자신의 손으로 직접 선정한 열두 제자들에게는 사적인 자리에서 우화의 해석과 기적에 담긴 비밀 등을 따로 전수했다.

(마가복음 4:10) 예수께서 홀로 계실 때에 함께한 사람들이 열두 제자로 더불어 그 비유들을 묻자오니
(마가복음 4:11) 이르시되 하나님 나라의 비밀을 너희에게는 주었으나 외인에게는 모든 것을 비유로 하나니
(마가복음 4:12) 이는 저희로 보기는 보아도 알지 못하며 듣기는 들어도 깨닫지 못하게 하여 돌이켜 죄 사함을 얻지 못하게 하려 함이니라 하시고

(마가복음 4:33) 예수께서 이러한 많은 비유로 저희가 알아들을 수 있는 대로 말씀을 가르치시되
(마가복음 4:34) 비유가 아니면 말씀하지 아니하시고 다만 혼자 계실 때에 그 제자들에게 모든 것을 해석하시더라

그는 심지어 제자들에게 "거룩한 것을 개에게 주지 말고, 돼지에게 진주를 던져주면 안 된다."는 경고까지 했다. 자격을 입증하지 않은 자들에게 고급 지식을 나눠줬다가 오히려 역풍을 맞고 죽임을 당할 수도 있다는 이유에서였다.

(마태복음 7:6) 거룩한 것을 개에게 주지 말며 너희 진주를 돼지 앞에 던지지 말라 저희가 그것을 발로 밟고 돌이켜 너희를 찢어 상할까 염려하라

예수의 신비스러운 삶과 그가 목숨을 바치면서까지 전달한 비밀 가르침을 쉽게 풀어서 해설한 이 책을 읽고 나면 '보기는 보아도 알지 못하며 듣기는 들어도 깨닫지 못하는' 상태에서 벗어나 '그리스도'의 진정한 의미를 점차 깨우치게 될 것이다. '구원'과 '부활'처럼 대다수 크리스천이 이미 잘 알고 있다고 생각하는 개념들의 진짜 의미, 예수의 자기희생이 인류에게 준 영향, 예수가 행한 수많은 기적의 원리, 예수의 '동정녀 탄생설'에 관한 오해와 오컬트의 설명, 신학자들도 명쾌하게 설명하지 못하는 '하나님 아버지'와 '성령'의 차이점 등, 형이상학적인 주제뿐만 아니라, 올바르게 산다는 것이 무엇이며, 왜 이게 중요한지에 관한 구체적인 해답도 얻을 수 있을 것이다. 이 지식을 받아들이고 올바른 방향으로 사용할 준비가 된 독자에게는 이 책이 성장을 이루고 다음 여정의 방향을 제시하는 소중한 보물이 될 수 있을 것으로 생각한다.

일러두기

- 이 책은 저자가 1907년 10월부터 1908년 9월까지 총 열두 차례에 걸쳐 매월 서면으로 진행한 강의를 한 권의 책으로 묶은 것으로, 1908년에 Yogi Publication Society에 의해 출간되었다.
- 이 책의 원제는 《Mystic Christianity or The Inner Teachings of the Master》이며, 저자의 예명 중 하나인 'Yogi Ramacharaka'의 이름으로 출간되었다.
- 본문에 등장하는 성경 구절은 원문에는 없고, 이해를 돕기 위해 역자가 별도로 넣은 것이다.
- 한글 성경은 《성경전서 개역 한글판》, 영문 성경은 《흠정 영역 성서(The King James Version of the Holy Bible)》를 각각 기준으로 했다.
- 예수의 일생을 다루는 여러 장면에서 원문에는 없는 옛 명화를 삽입하였다.
- 마름돌 출판사의 유튜브 채널에서 역자가 원고를 번역/교정하며 감상한 여러 편의 음악을 들을 수 있다.

제1강

마스터의 출현

마스터의 사자(使者), 세례 요한

　예루살렘과 주변 지역에 거주하는 주민들의 귀에 이상한 소문이 들려왔다. 요르단강 하류의 계곡과 유대 북부의 광야에 새로운 선지자가 나타나 모두가 깜짝 놀랄만한 교리를 설파하고 있다는 것이었다. 그의 가르침은 그 옛날 옛적의 선지자들을 연상시켰다. "회개하라! 회개하라! 천국이 가까웠느니라!"고 외치는 그의 목소리는 섬찟할 정도로 민족의 고대 스승들을 닮아있었다. 어느 날 혜성같이 등장한 이 선지자의 이름이 언급될 때마다 주민들은 어리둥절한 표정을 지으며 서로를 쳐다보았고, 지배계층은 심각한 표정을 지으며 인상을 찌푸렸다.

　군중이 선지자라 부르며 깊은 존경심을 표하고, 고위층이 사기꾼이라 욕하며 비난했던 그 사내는 '세례 요한(John the Baptist)'이라는 이름으로 알려져 있었다. 그는 인간 사회에서 멀리 떨어진 광야에서 기거하며 활동했다. 요한은 거리를 배회하는 고행 수도사처럼 남루한 의복을 착용했다. 거친 낙타 가죽으로 만든 거들로 몸을 대충 두른 것이 거의 전부였다. 식단도 무척이나 소박하고 기초적이었다. 그는 광야에서 서식하는 메뚜기와 야생 꿀을 주식으로 삼으며 생존했다.

(마태복음 3:1) 그 때에 세례 요한이 이르러 유대 광야에서 전파하여 가로되

(마태복음 3:2) 회개하라 천국이 가까왔느니라 하였으니

(마태복음 3:3) 저는 선지자 이사야로 말씀하신 자라 일렀으되 광야에 외치는 자의 소리가 있어 가로되 너희는 주의 길을 예비하라 그의 첩경을 평탄케 하라 하였느니라

(마태복음 3:4) 이 요한은 약대 털옷을 입고 허리에 가죽띠를 띠고 음식은 메뚜기와 석청이었더라

(Matthew 3:1) In those days came John the Baptist, preaching in the wilderness of Judaea,

(Matthew 3:2) And saying, Repent ye: for the kingdom of heaven is at hand.

(Matthew 3:3) For this is he that was spoken of by the prophet Esaias, saying, The voice of one crying in the wilderness, Prepare ye the way of the Lord, make his paths straight.

(Matthew 3:4) And the same John had his raiment of camel's hair, and a leathern girdle about his loins; and his meat was locusts and wild honey.

'세례자'로 불렸던 요한은 키가 크고, 여위지만 강단 있는, 강인한 인상의 소유자였다. 야외에서 하루 대부분을 보내며 바람과 햇빛에 상시 노출되어 있은 탓인지, 그의 피부는 검게 그을려 있었다. 아무렇게나 어깨에 얹혀 있는 길고 검은 머리카락은 그가 설교할 때마다 사자의 갈기처럼 휘날렸다. 덥수룩한 턱수염 역시 다듬지 않아 거칠게 삐죽삐죽 튀어나와 있었다. 그의 눈동자는 불타는 석탄처럼 이글거렸고, 그의 입에서 쏟아져 나오는 말은 청중의 영혼을 관통하며 태워버리는

그림 1. **광야에서 설교하는 세례 요한** | 피터르 브뤼헐(Pieter Brueghel the Younger)

것만 같았다. 그의 얼굴은 세상을 위한 긴급 메시지를 전달하는 중대한 책무를 맡은 성직자의 그것과 같았다.

  불굴의 의지를 지닌 이 광야의 선지자가 전하는 가르침에는 굉장한 활력이 담겨 있었다. 그의 메시지에는 요령도, 전술도, 설득도 없었다. 그의 언어는 아무런 꾸밈 없이 낙뢰처럼 청중을 향해 발사되었고, 힘과 진심이 실린 설교는 에너지와 매력으로 충전되어 청중에게 전기 쇼크를 주듯 강력하게 작용했다. 가공할 폭발물과도 같은 그의 가르침을 들은 청중은 진리의 탄환을 맞고 다리를 휘청거리며 정신을 차리지 못했다. 그는 곧 영적 낟알이 추수될 것이고, 쭉정이는 불에 던져지리라고 크게 부르짖었다. 또한 열매를 맺지 못한 나무는 도끼로 찍히는 운명을 피할 수 없으리라고 경고했다. 오래전부터 민족의 스승들이 약속했던 '여호와의 날'이 다가왔음을 느낀 청중은 그의 설교를 듣고 몸서리쳤다.

얼마 지나지 않아 전국에서 그의 설교를 들으러 많은 사람이 광야로 모여들었다. 심지어 갈릴리에서 온 사람들도 있었다. 요한을 따르는 자들은 이 선지자가 혹시 이스라엘 백성들이 수백 년 동안 기다려온 메시아가 아닐까 하며 수군댔다. 하지만 청중의 수군거림을 들은 요한은 설교 도중 단호하게 선언했다. "내 뒤에 오시는 이는 나보다 능력이 많으시니, 나는 그의 신을 들기도 감당치 못하겠노라." 그리하여 그의 추종자들과 멀리서 찾아온 이들은 요한이 뛰어난 설교가이긴 하지만, 본인보다 훨씬 위대한 현자의 등장을 알리는 사자에 불과하다는 사실을 알게 되었다. 동양에서 지위 높은 귀족이 마차를 타고 행차를 나설 때 먼저 앞으로 달려가 길을 틔워주는 하인처럼, 요한은 "너희는 주의 길을 예비하라! 그의 첩경을 평탄케 하라!"고 쉴 새 없이 주민들에게 외치는 일종의 전령이었다. 그의 발언이 널리 전해지면서 요한의 추종자들은 더욱 들뜨기 시작했다. 고대의 선지자들이 약속했던 마스터, 유대 민족을 구원할 메시아가 조만간 출현할지도 모른다는 소식을 접하며 모두가 흥분했고, 전보다 더욱 많은 사람이 요한 주변으로 몰려와 장차 나타날 마스터를 손꼽아 기다렸다.

(마태복음 3:11) 나는 너희로 회개케 하기 위하여 물로 세례를 주거니와

내 뒤에 오시는 이는 나보다 능력이 많으시니 나는 그의 신을 들기도 감당치 못하겠노라 그는 성령과 불로 너희에게 세례를 주실 것이요 **(마태복음 3:12)** 손에 키를 들고 자기의 타작 마당을 정하게 하사 알곡은 모아 곡간에 들이고 쭉정이는 꺼지지 않는 불에 태우시리라

(Matthew 3:11) I indeed baptize you with water unto repentance: but he that cometh after me is mightier than I, whose shoes I am not worthy to bear: he shall baptize you with the Holy Ghost, and [with] fire:

(Matthew 3:12) Whose fan [is] in his hand, and he will throughly purge his floor, and gather his wheat into the garner: but he will burn up the chaff with unquenchable fire.

세례 요한은 광야의 선지자로서 활동을 시작하기 약 30년 전, 유대의 산간지대에서 태어났다. 사제였던 그의 아버지는 현직에서 물러난 후, 부인과 함께 도시에서 먼 조용하고 한적한 곳으로 이주하여 노후를 준비하고 있었다. 그러다 노년에 예상하지 못했던, 원하지도 않던 아들을 얻게 되었다. 부부는 신의 특별한 선물로 태어난 이 아이에게 히브리어로 '여호와는 자애롭다.'를 의미하는 '요하난(Johanan)'이라는 이름을 지어줬다.

사제의 집안에서 태어난 요한은 일반인에게는 공개되지 않고 선택된 소수에게만 접근이 허락되는 유대교의 내적 가르침(Inner Teachings)을 열심히 흡수하면서 자랐다. 그는 유대교의 고위급 사제들만 알고 있는 카발라의 비밀, 히브리 민족의 오컬트와 신비주의 가르침을 두루 공부했고, 오컬트 전통에 따르면 특정 직급 이상의 사제와 그들의 자

제들에게만 가입이 허용되는 히브리 신비주의의 이너서클에도 입문했다고 한다. 이 과정을 통해 요한은 오컬티스트/신비주의자가 되었고, 사춘기에 접어든 후 출가하여 '모든 빛의 원천인 동쪽을 바라보기 위해' 광야로 나아갔다. 다시 말해, 가족과 호화로운 생활을 포기하고 소박한 의복 하나만을 걸친 채 밀림으로 들어가 아주 기초적인 음식에만 의지하며 영적 의식을 닦는 인도의 브라만 또는 사제 계급의 자제들처럼 척박한 광야에 기거하는 수도승이 된 것이다. 요한은 약 서른 살이 될 때까지 광야에서 은둔자로 생활하다가 영의 계시를 받고 세상으로 나와 주님의 오심을 설파했다. 그럼 이제부터 그가 본격적인 사역을 시작하기 이전에 광야와 유대 땅의 숨겨진 지역에서 15년간 어떤 활동을 했는지 살펴보도록 하자.

오컬티스트들 사이에서 현재까지도 보존되어 전해지고 있는 에세네파(The Essenes)의 전통에 따르면 요한은 수도승 생활을 하던 기간 중 이 독특한 오컬트 형제단의 가르침을 섭렵했고, 도제 기간을 이수한 후 입문자가 되어 최고의 영성과 힘을 계발한 입문자에게만 허용되는 등급까지 올랐다고 한다. 그는 소년의 나이임에도 불구하고 에세네파의 가르침을 받고 입문할 자신의 자격과 권리를 주장하고 입증했고, 에세네 형제단은 이 총명한 소년을 보며 옛 히브리 민족의 선지자 중 한 명이 환생하여 요한으로 태어난 것으로 생각했다.

에세네파

에세네파는 요한이 태어나기 전부터 수백 년 동안 존속해 온 고대 히브리 오컬트 형제단이다. 사해 동쪽 해안에 본거지를 두었던 에세네파는 팔레스타인 지역 전체에 걸쳐 광범위한 영향력을 행사했고, 단체에 속한 수행자들은 전국의 모든 광야를 누비고 다녔다. 에세네 단체는 규율이 매우 엄격했고, 무엇보다 최고 수준의 신비주의와 오컬트 의례로 유명했다. 단체에 새로 가입한 초보자(Neophyte)는 부분적으로나마 단원 또는 형제로 인정받기 전에 1년간의 도제 기간을 의무적으로 거쳐야 했고, 그 후 도제로서 2년을 더 보낸 후에 비로소 정식 단원이 될 수 있었다. 그 이후에도 꾸준한 공부와 수련을 통해 단체 내에서 승급의 과정을 거치게 되는데, 단순히 시간을 채웠다는 이유로 승급의 자격이 주어지는 것이 아니라 실질적인 지식, 능력, 성취를 입증해야만 했다. 모든 진정한 오컬트 단체가 그러하듯이 자기를 구원하는 문제는 각자 알아서 해결해야 했고, 돈과 속세의 권력은 단체 내에서 아무런 영향력을 발휘하지 못했다.

초보자, 입문자(Initiate), 고위급 마스터(High-degree Master)를 불문하고 모든 에세네 단원은 단체의 규칙을 절대적으로 복종하고, 절대적인 무소유와 성적 금욕을 실천해야 했다. 오늘날 무대 위에서 재현되는 오페라(리하르트 슈트라우스의 《살로메》)의 극적인 장면에서도 볼 수 있듯이, 에세네파의 엄격한 규율을 생활신조로 삼았던 요한이 살로메의 성적 유혹에 역겨움을 느끼고 단체의 규칙을 깨는 대신 죽음을 택한 이유를 이해하기란 그리 어렵지 않은 일이다.

에세네파가 특히나 중요시한 의례 중 하나는 입문 후보자들을 대상으로 진행하는 세례(Baptism; '물에 담근다.'는 의미)였다. 심오한 신비주의적 의미가 담긴 세례는 에세네파에서 비롯된 것으로, 그들만의 독특한 의례였다. 요한은 사역할 때마다 설교를 들으러 온 사람들을 대상으로 세례를 거행했고, 훗날 교회에서도 이를 받아들여 갓 태어난 아기에게 물을 뿌리는 형태로 이 의식을 재현하고 있다. 물질주의에 빠져 영적인 사안에 대한 왜곡과 오해를 일삼는 일반 대중은 인정하고 싶지 않겠지만, 이는 에세네파와 현대의 기독교를 연결하는 것은 물론이고, 기독교가 신비주의와 오컬티즘을 바탕으로 탄생했음을 보여주는 중요한 근거이기도 하다.

에세네파는 환생의 교리, 신의 내재(內在; Immanence of God) 등을 비롯한 오컬트의 대표적인 진리를 신봉하고 단원들에게 가르쳤다. 강의를 계속 진행하면서 더 자세히 다루겠지만, 기독교의 가르침 속에서도 에세네파 교리의 흔적을 여러 군데서 발견할 수 있다. 위대한 형제 세례 요한을 통해 에세네파의 가르침은 초기 기독교 교회에 전파되었고, 새롭게 부상하여 주류로 자리를 잡게 되는 이 종교에 깊은 뿌리를 내렸다. 그리고 그때 이식된 나무의 가지는 오늘날에도 쉽게 찾아볼 수 있다.

물론 에세네파와 기독교의 관계에 관한 진짜 역사는 고대 신비주의 단체의 전통을 통해서만 확인할 수 있다. 문헌의 형태로 보존된 내용은 거의 없으며, 수백 년에 걸쳐 오컬트 단체에 속한 스승의 입에서 제자의 귀로 전달되어 오늘날까지 전해져 내려오고 있다. 하지만 필자가 객관적으로 확인할 수 없는 내용을 근거로 억지 주장을 펼치는 것은 아니라는 사실을 보여주기 위해 이 문제를 다루는 몇몇 참고자료를 제시하겠다. 예를 들어, 《신세계 백과사전(New International Encyclopedia, Vol. VII, 217페이지)》에서는 다음과 같이 설명하고 있다.

기독교가 에세니즘에 얼마나 많은 빚을 졌는가 하는 문제는 매우 흥미로운 주제다. 세례 요한이 에세네 형제단과 접촉했을 가능성은 아주 크다. 그는 사해 부근의 광야에 머무르면서 사역 활동을 준비했다. 그가 설파한 신을 향한 정직함, 형제를 공정하게 대하는 것 등의 가르침은 에세네파의 핵심 교리와 일치한다. 세례의 중요성을 강조한 것도 에세네파 특유의 재계(齋戒) 전통과 맥을 같이하고 있다. 에세네 형제단은 영혼의 기원, 인간의 현재 상태, 그리고 미래의 운명에 관해 많은 관심을 가졌으며, 영혼은 육신에 갇히기 전부터 이미 존재했다는 가르침을 전파했다.

요한은 서른에 접어들 무렵 광야에서 나와 사역을 시작했고, 헤롯 안디바의 손에 죽을 때까지 몇 년간 활동을 지속했다. 그의 주변에는 열성적인 추종자들이 대규모로 몰려들었다. 처음에는 주로 서민층이 그를 따랐고, 시간이 흐르면서 높은 신분의 신도들도 하나둘씩 생겨났다. 요한은 이들 중에서도 영적 성장수준이 높은 소수를 직계 제자로 삼았고, 그들에게 에세네파의 전통에 따라 단식, 예배, 의례, 의식 등을 전수했다. 요한의 조직은 그가 사망할 때까지 유지되었고, 그 후에는 예수를 따르는 조직에 흡수되어 초기 기독교에 큰 영향을 주었다.

앞서 설명했듯이, 요한은 자기를 따르는 신도들이 에세네파의 대표적 전통인 세례를 받을 것을 요구했다. 그의 호칭인 '세례 요한'도 물론 여기서 나온 것이다. 요한에게 있어 세례는 가장 신성하고, 신비스럽고, 상징적인 의례였다. 종교적 열망에 사로잡혀 무작정 그를 따라나선 대다수 신도는 세례에 담긴 깊은 오컬트적 의미를 이해하지 못했다. 그들은 마치 몸에 묻은 먼지를 털어내듯이, 세례라는 마법 의식을 받기만 하면 영혼에 때처럼 묻은 죄가 깨끗하게 씻겨 내려간다는 순진한 착각에 빠져 있었다. 지금도 이런 사정은 별반 다르지 않다.

예수의 세례

요한은 부지런히 사역에 임했고, '세례자들' 또는 '요하난의 추종자들'로 불렸던 신도들의 수는 빠른 속도로 늘어났다. 요한의 설교는 오랜 은둔 생활을 마치고 세상으로 나온 에세네파 마스터의 육성을 직접 듣고자 팔레스타인 전역에서 수천 명의 청중이 몰려드는 대규모 행사였다. 요한의 설교 현장에서는 급작스러운 개종, 비전, 무아지경 등을 동반하는 놀라운 일들이 수시로 일어났고, 그의 설교를 듣고 영감을 받아 비범한 힘과 능력을 얻게 된 사람도 부지기수였다. 그러던 어느 날, 역사에 길이 기록되는 운명적인 만남이 이루어졌다. 요한이 여러 차례 강조하고 약속했던 마스터가 그의 설교를 들으러 나타난 것이었다. 예수 그리스도가 자신의 등장을 예고한 사자와 직접 만나는 역사적인 순간이었다.

전통에 따르면 예수는 어느 날 아무런 예고 없이 설교 현장에 불쑥 나타났으며, 요한과 신도들도 예수의 등장을 전혀 눈치채지 못했다고 한다. 요한은 자기에게 세례를 요청하는 낯선 사내를 처음에는 알아보지 못했다. 요한과 예수는 사촌 관계였지만, 어린 시절 이후 한 번도 만난 적이 없었기에 친지임에도 불구하고 알아보지 못한 것이다. 신비주의 전통에 따르면 예수는 요한과 대면한 순간, 두 사람이 공동으로 소속되어 있던 오컬트 형제단의 수신호를 보냈다고 한다. 예수는 가장 낮은 등급부터 시작해서 한 단계씩 높은 등급의 신호를 차례대로 보냈고, 급기야 에세네파의 고위급 단원이었던 요한마저 오르지 못한 최고 등급의 신호까지 내비쳤다. 자기에게 세례를 요청하는 이 사내가 평범한 사람이 아니라 신비주의를 통달한 대가이자 오컬트 마스터, 자기보다도 높은 등급에 도달하고 영적 성장을 이룬 현자임을 직감한 요한은 낮은 사람이 높은 사람을 위해 세례를 거행하는 것은 적절하지도 않고 형제단의 관행에도 어긋난다며 항의했다. 신약성경에서는 이 사건을 다음과 같이 기록하고 있다. "요한이 말려 가로되, 내가 당신에게 세례를 받아야 할 터인데 당신이 내게로 오시나이까." 하지만 예수는 이에 개의치 말고, 자기도 인류와 더불어 살아가는 한 명의 인간으로 왔다는 사실을 천명하기 위해 세례를 받겠다고 주장했다.

(마태복음 3:13) 이 때에 예수께서 갈릴리로서 요단 강에 이르러 요한에게 세례를 받으려 하신대

(마태복음 3:14) 요한이 말려 가로되 내가 당신에게 세례를 받아야 할 터인데 당신이 내게로 오시나이까

(마태복음 3:15) 예수께서 대답하여 가라사대 이제 허락하라 우리가 이와 같이 하여 모든 의를 이루는 것이 합당하니라 하신대 이에 요한이 허락하는지라

(Matthew 3:13) Then cometh Jesus from Galilee to Jordan unto John, to be baptized of him.

(Matthew 3:14) But John forbad him, saying, I have need to be baptized of thee, and comest thou to me?

(Matthew 3:15) And Jesus answering said unto him, Suffer [it to be so] now: for thus it becometh us to fulfil all righteousness. Then he suffered him.

오컬트 전통과 신약성경 둘 다 예수가 요한으로부터 세례를 받던 순간, 신비스러운 사건이 발생했다고 기록하고 있다. '하나님의 영이 비둘기처럼 내려와 그에게 빛을 비추고,' 하늘 어디에선가 '이는 내 사랑하는 아들이요, 내 기뻐하는 자라.'라는 목소리가 들려왔다는 것이다.

(마태복음 3:16) 예수께서 세례를 받으시고 곧 물에서 올라오실새 하늘이 열리고 하나님의 성령이 비둘기같이 내려 자기 위에 임하심을 보시더니
(마태복음 3:17) 하늘로서 소리가 있어 말씀하시되 이는 내 사랑하는 아들이요 내 기뻐하는 자라 하시니라

(Matthew 3:16) And Jesus, when he was baptized, went up straightway out of the water: and, lo, the heavens were opened unto him, and he saw the Spirit of God descending like a dove, and lighting upon him:
(Matthew 3:17) And lo a voice from heaven, saying, This is my beloved Son, in whom I am well pleased.

이 말 한마디로 마스터의 사자였던 세례 요한의 핵심 임무는 끝났다. 이제부터는 마스터가 사역을 이어갈 차례였다.

그림 2. **요한에게 세례받는 예수** | 프란체스코 트레비사니(Francesco Trevisani)

마스터 예수

이제 예수가 요한에게 세례를 받은 날로부터 약 30년 전으로 거슬러 올라가 보자. 기독교 역사의 출발점부터 신비주의와 오컬트의 힘이 어떻게 작용했는지 파악하기 위해 예수의 탄생을 둘러싼 상황을 조명해 볼 차례다. 예수의 탄생부터 그가 세례를 받을 때까지의 30년은 매우 중요한 일들이 일어난 기간이다.

우선 모든 오컬트 단체의 마스터 스승들이 초보자들에게 가르치는 예수 그리스도와 관련한 신비를 이해하기 위해 그가 탄생하기 약 1년 전의 상황부터 살펴보자.

신약성경 마태복음 2장 1~2절에는 다음과 같이 기록되어 있다:

(마태복음 2:1) 헤롯 왕 때에 예수께서 유대 베들레헴에서 나시매 동방으로부터 박사들이 예루살렘에 이르러 말하되

(마태복음 2:2) 유대인의 왕으로 나신 이가 어디 계시뇨 우리가 동방에서 그의 별을 보고 그에게 경배하러 왔노라 하니

(Matthew 2:1) Now when Jesus was born in Bethlehem of Judaea in the days of

Herod the king, behold, there came wise men from the east to Jerusalem. **(Matthew 2:2)** Saying, Where is he that is born King of the Jews? for we have seen his star in the east, and are come to worship him.

그림 3. **동방에서 온 세 박사** | 작자 미상 (아르메니아의 필사본에서 발췌)

이 단순하고 짧은 구절에는 동양의 신비주의 형제단과 오컬트 단체뿐 아니라 서양의 비밀 단체 단원들에게도 잘 알려진 중요한 비의적 가르침(祕儀的; Esoteric Teachings)이 함축된 형태로 담겨있다. 동양의 신비주의 전통에도 소위 말하는 '동방박사'들에 관한 이야기가 기록되어 있다. 마스터 스승이 초보자에게, 힌두교의 구루가 제자에게 지식을 전하는 고대의 전통에 따라 지금부터 그 이야기를 요약해 보겠다.

이 이야기의 의미를 이해하려면 우선 동방박사(Wise Men of the East; The Magi)가 정확히 누구였는지부터 알 필요가 있다. 그럼 이제 그들의 정체를 살펴보자.

마법사, 또는 현자

　신약성경의 번역자들은 아기 예수를 보러 먼 동양 땅에서 온 이들을 '동방박사' 또는 '동방에서 온 현자'로 옮겼지만, 마태복음의 그리스어 원본에는 'The Magi(뛰어난 마법사: 점성학자)'로 기록되어 있으며, 개역판의 주석에서도 그리스어 원어를 표기하고 있다. 권위 있는 백과사전에서도 이 사실을 확인할 수 있다. 마태복음의 그리스어 원전에는 이들을 분명히 'The Magi'로 지칭하고 있고, '현자(The Wise Men)'는 성경을 영어로 옮긴 번역자들이 지어낸 표현이다. 성경 학자들 사이에서도 이 문제에 관해서는 이견이 없다. 하지만 이 사실을 잘 모르는 일반 대중은 '동방박사'와 '동양의 마법사'의 관계를 연결 짓지 못하고 있다.
　'Magi'라는 단어는 페르시아, 칼데아, 메디아, 아시리아, 그리스의 언어를 거쳐 영어까지 오게 되었다. 'Magi'는 '기적을 행하는 자(wonder worker)'라는 뜻으로, 신비주의에 통달하고 오컬트 마스터의 지위에 오른 페르시아, 메디아, 칼데아의 고위급 사제를 일컫는 용어로 쓰였다. 고대 역사에는 이들에 관한 기록이 무수히 많다. 이들은 수백, 수천 년에 걸친 세월 동안 세상에 존재하는 오컬트 지식을 수호한 자들로, 값을 매길 수 없는 소중한 내적 가르침이 오늘날 우리에게까지 전해진 것도 신비주의의 불이 꺼지지 않도록 지극정성으로 보살핀 이 마법사들의 헌신 덕분이다. 이들이 기울인 초인적인 노력에 관해 사색하다 보면 에드워드 카펜터가 쓴 시의 한 구절이 떠오른다.

불꽃이 꺼지면 안 되오!
여러 시대에 걸쳐
어두운 동굴과 신성한 사원에서
소중하게 지켜온 그 불꽃.
사랑의 전도사들이
장작을 대며 밝혀온 그 불꽃.
불꽃이 꺼지면 안 되오!

'마법사'는 본래 최고의 존경을 받을만한 사람에게 주어지는 고대의 호칭이었으나, 훗날 '흑마법', '사악한 목적으로 기적을 행하는 자', 혹은 '흑마법사'를 칭하는 의미로 격하되었다. 하지만 신세계 백과사전(Vol. XII, 674페이지)에서는 'Magi'를 다음과 같이 설명하고 있다.

마태복음 2장 1절은 그리스도에게 예를 표하기 위해 동양에서 예루살렘까지 찾아온 이 현자들을 정확하게 표현하고 있다. 메시아의 교리는 조로아스터교에서 처음 만들어진 오래된 전통임을 고려할 때, 이 사건이 시사하는 바는 매우 크다고 할 수 있겠다.

같은 글에서 저자는 동방의 마법사들을 다음과 같이 설명하고 있다.

그들은 부활, 내세(來世; future life), 그리고 구세주의 출현을 믿었다.

마법사들과 오컬트 기적 수행의 상관관계를 이해하기 위해 이번엔 사전에서 이 단어의 정의를 찾아보자. '마법'을 의미하는 'Magic'은 'Magi'라는 고대의 호칭에서 유래되었고, '마법사'를 의미하는 'Magician'도 본래 'Magi 중 한 명'을 의미하는 'Magian'이었다. 웹스터 사전에 수록된 마법(Magic)의 정의는 다음과 같다.

Magi가 소유한 것으로 알려진 비밀 지혜; 자연에 내재한 오컬트의 힘; 자연에 내재한 비밀의 힘을 다스리는 행위.

따라서 아기 예수에게 예를 표하러 왔다는 동방의 현자들, 즉, 마법사들은 동양의 신비주의와 오컬트 단체들을 대표하는 최고급 마스터들이었다! 오컬트/신비주의의 기적을 행하는 자들, 다시 말해, 동양 신비주의 오컬트 롯지(Lodge: 신비주의/오컬트 단체의 집회소를 의미하는 용어)의 지도자급 단원들이 기독교의 역사가 시작되는 시점부터 등장한 것이다. 이들은 오랜 세월 동안 마스터 중의 마스터인 위대한 존재가 인간의 육신을 걸치고 세상에 오는 날을 손꼽아 기다리고 있던 자들이었다. 오컬티스트와 신비주의자들은 이 신성한 아기의 탄생을 가장 먼저 알아본 자들이 동양의 마법사, 그것도 신비주의 단체의 심장부였다는 사실에 관해 큰 기쁨과 자부심을 느끼고 있다. '신비주의'와 '오컬티즘'이라는 단어만 들어도 마치 불로 달군 유황을 삼키기라도 한 듯이 인상을 찡그리는 일명 크리스천들은 초기 기독교 역사에 담긴 예수의 탄생에 관한 사실관계를 다시 한번 곱씹어볼 것을 권하고 싶다.

동방의 별

하지만 예수의 탄생을 둘러싼 신비스러운 이야기는 동양의 마법사들이 베들레헴을 방문한 시점보다 더 오랜 과거로 거슬러 올라간다. 동양의 마법사들은 "우리가 동방에서 그의 별을 보고 그에게 경배하러 왔노라."라고 말했다. '동방에서 그의 별을 보았다.'는 것은 정확히 무슨 뜻일까?

(마태복음 2:1) 헤롯 왕 때에 예수께서 유대 베들레헴에서 나시매 동방으로부터 박사들이 예루살렘에 이르러 말하되

(마태복음 2:2) 유대인의 왕으로 나신 이가 어디 계시뇨 우리가 동방에서 그의 별을 보고 그에게 경배하러 왔노라 하니

(마태복음 2:3) 헤롯 왕과 온 예루살렘이 듣고 소동한지라

(Matthew 2:1) Now when Jesus was born in Bethlehem of Judaea in the days of Herod the king, behold, there came wise men from the east to Jerusalem.

(Matthew 2:2) Saying, Where is he that is born King of the Jews? for we have seen his star in the east, and are come to worship him.

(Matthew 2:3) When Herod the king had heard [these things,] he was troubled, and all Jerusalem with him.

대다수 크리스천은 어느 날 갑자기 하늘에서 베들레헴의 별(Star of Bethlehem)이 등대의 불빛처럼 나타났고, 이 별이 천천히 움직이면서 마법사들의 긴 여정을 지도해줬으며, 아기 예수가 살던 집 위에서 기적으로 정지하여 그들의 최종 목적지를 지목해줬다고 믿는다. 다시 말해, 이 '별'이 최고 경지에 오른 신비주의자, 오컬티스트, 점성학자들의 1년 넘는 서방 여정을 시작부터 끝까지 안내해줬고, 요셉과 마리아의 집 바로 위에서 갑자기 정지했다는 것이다. 무지한 다수가 만들어낸 이런 저속한 전통이 그토록 오랜 세월 동안 아름다운 신비주의적 사건을 두꺼운 베일로 가려버리고 정식 교리로 받아졌다니! 상식적으로 말이 안 되고 과학적으로도 해괴한 이런 해석으로 인해 수많은 사람이 베들레헴의 별의 진정한 의미를 지금껏 조롱해온 것은 참으로 안타까운 일이다. 이 아름다운 이야기를 왜곡한 무지의 먹구름을 걷어내고, 베들레헴의 별의 출현은 어디까지나 자연적이고 과학적인 방법으로 설명 가능한 현상이었다는 사실을 대중에게 알리는 역할은 신비주의 전통에 배정되었다.

'하늘 위를 움직이는 별'의 이야기는 그리스도 사후 서기 1~3세기, 미신과 무지의 늪에 빠져 있던 크리스천들의 짧은 생각에서 탄생했다. 이처럼 어처구니없는 이야기들은 예수의 제자들이 남긴 신약성경의 필사본에 훗날 삽입되었고, 그 후 복음서(Gospels)와 서신(Epistles)에 본래부터 포함되어 있었던 내용으로 여겨지기 시작했다. 오늘날 학식 있는 성서학자들이 이런 식으로 훗날 추가된 내용을 의도적인 위조

이자 근거 없는 추측으로 규정하는 움직임이 일어나고 있다는 것이 그나마 다행이라 할 수 있겠다. 현존하는 가장 오래된 신약성경 필사본은 원본이 쓰인 시점보다 최소 300년 이후에 쓰였다는 점을 기억해야 한다. 지금 우리에게 전해지는 성경은 원본의 개정판을 또 개정한 버전에 불과하며, 새로 쓰일 때마다 여러 번역자와 편집자의 손을 거치며 없던 내용이 추가되거나 본래의 내용이 바뀌고 왜곡되는 일들이 수시로 벌어졌다. 이건 단순히 외부에서 바라보는 비판적 시각이 아니다. 필자의 주장을 믿지 못하는 독자들을 위해 뒤에서 더 자세히 설명하겠지만, 성서를 연구하는 교회 내의 학자들과 성서 고등비평(Higher Criticism) 분야에서도 지적하고 있는 부분이다.

신비주의와 오컬트 단체에서는 마태복음 2장 9절에 등장하는 '동방에서 보던 그 별이 문득 앞서 인도하여 가다가 아기 있는 곳 위에 머물러 섰는지라' 구절이 훗날 마법사의 이야기에 임의로 삽입된 것으로 보고 있다. 이는 오컬트 단체의 전통과 기록에 반하는 내용일 뿐 아니라, 합리적이지도 않고 과학적으로도 설명하기 불가능한 현상이기 때문이다. 이 짧은 구문 하나의 왜곡은 수많은 무신론자를 양산하는 결과를 불러오기도 했다.

(마태복음 2:9) 박사들이 왕의 말을 듣고 갈새 동방에서 보던 그 별이 문득 앞서 인도하여 가다가 아기 있는 곳 위에 머물러 섰는지라

(마태복음 2:10) 저희가 별을 보고 가장 크게 기뻐하고 기뻐하더라

(Matthew 2:9) When they had heard the king, they departed; and, lo, the star, which they saw in the east, went before them, till it came and stood over where the young child was.

(Matthew 2:10) When they saw the star, they rejoiced with exceeding great joy.

지성인이라면 누구나 '별'은 단순히 지구에 사는 인간과 천구(天球) 맞은편에 있는 천국을 분리하는 작은 불꽃이 아니라는 사실을 잘 알고 있지만, 고대인들은 실제로 그렇게 믿었다. 심지어 오늘날에도 이를 믿는 사람이 있다. 기초 교육을 제대로 받은 사람이라면 문헌에서 언급되는 '별'이 우리가 발을 딛고 사는 지구와 같은 태양계의 행성, 또는 우리의 태양계로부터 헤아릴 수 없을 정도로 먼 거리에 떨어져 있는 거대한 또 다른 태양을 지칭하고 있음을 알고 있을 것이다. 행성들은 언제나 정해진 궤도와 경로를 따라 움직인다. 행성은 수백 년 후, 또는 수백 년 전의 위치까지 정확하게 확인할 수 있을 정도로 아주 오랜 세월 동안 변함없이 정해진 경로를 따라 운행한다. 우리가 속한 태양계와 유사한 수많은 태양계의 중심에 있는 별들도 광활한 우주 안에서 일정한 위치를 차지하고 있으며, 역시 정확한 규칙에 따라 움직인다. 천문학에 관한 기초 지식만 있어도 누구나 상식으로 알고 있는 내용이다. 그런데 이처럼 기본적인 상식을 가진 사람들에게 '1년 이상에 걸쳐 마법사들을 인도하고, 여정이 끝났음을 알리기 위해 예수의 집 위에서 정지한 움직이는 별'의 이야기를 액면 그대로 믿으라고 강요하면 도대체 누가 그 말을 믿겠는가? 그럼 이제 이 비과학적인 이야기를 신비주의 전통과 전설에서 전하는 버전과 비교해 보자. 둘 중 어느 쪽을 선택할지는 독자 몫이다.

우선 이처럼 자연의 법칙을 따르지 않는 기적적인 별이 실제로 출현했었다면 당대의 사학자들이 틀림없이 기록으로 남겼을 것이다. 당시 동양에는 학식이 풍부하고 지혜로운 현자들이 있었다. 점성학을 깊게 연구하고 정통했던 이들이 이 놀라운 사건을 그냥 지나쳤을 리 없다. 후대를 위해 문헌에 꼼꼼하게 기록하고 중요한 전통으로도 자리를 잡았을 것이다. 하지만 동양의 어느 지역에서도, 점성학자들이 남긴 문헌에도 이런 기록은 존재하지 않는다. 하지만 이 사건의 진실을 기록한 다른 문헌과 전통은 있다.

그렇다. 동양의 마법사들을 아기 예수의 집으로 이끈 '베들레헴의 별'이 분명 있기는 했다. 이를 입증하는 근거는 다음과 같다.

(1) 수백 년의 세월에 걸쳐 스승이 제자에게 구두의 형태로 전한 신비주의 전통과 가르침
(2) 현대 천문학의 기술과 계산으로 입증할 수 있는 고대 점성학자들의 발언과 기록
(3) 현대 천문학자들의 계산 결과

곧 보겠지만, 이 세 가지 근거는 다 같은 결론을 가리키고 있다.

방금 언급한 세 가지 근거를 차례대로 살펴보기 전에 잠시 마법사와 점성학의 관계를 생각해보자. 동양의 마법사들이 아기 예수를 찾아간 이유와 배경을 이해하기 위해서는 이들이 점성학의 대가였다는 점부터 기억해야 한다. 당시 페르시아와 주변의 동양 국가들은 점성학의 근원지였고, 이 마법사, 마스터, 스승들은 점성학을 심층적으로 연구하고 풍부한 전문 지식을 소유한 자들이었다. 이들이 소유했던 고대 점성학 지식의 상당 부분은 아쉽게도 소실되어 오늘날까지 전해지지

않지만, 현대의 지식인이 화학과 천문학을 공부하듯이, 고대의 지식인에게 있어 점성학은 중요한 학문 분야였다.

이 마법사들은 수백, 수천 년 전에 신비주의 단체의 스승들이 예고했던 위대한 마스터의 출현을 고대하고 있었다. 여러 시대에 걸친 오컬트와 신비주의 단체 단원들은 자기 세대에 이 놀라운 사건을 보는 영광을 누리고 싶다는 희망을 품었었다. 이들은 고급 점성학의 이론에 따라 행성들이 그 운명의 날을 점지해줄 것이라고 스승들에게 배웠다. 심지어 여러모로 불완전한 현대 점성학을 공부한 사람도 이 말의 의미를 이해할 것이다. 어쨌든, 고대의 마법사들은 날마다 하늘을 쳐다보고 그날이 다가왔음을 보여주는 징후를 살피며 묵묵히 기다렸다.

오컬트 전통에 따르면 어느 날 마침내 행성들이 독특한 합(conjunction)을 이루는 현상이 마법사들의 눈에 들어왔다고 한다. 물고기자리에서 토성과 목성이 만나고, 얼마 후 화성이 합류한 것이다. 세 행성이 한자리에 모이는 진귀한 장관이 펼쳐진, 점성학적으로 매우 뜻깊은 사건이었다. 현대의 점성학자들도 잘 알고 있듯이, 물고기자리는 유대 지역을 관장하는 별자리다. 옛 스승들이 예고한 세 행성이 유대 땅과 관련한 별자리에서 모인 것을 목격한 마법사들은 두 가지 결론을 내렸다. (토성, 목성, 화성뿐 아니라 태양계 다른 행성들의 상대적 위치도 고대 스승들의 예측과 맞아떨어졌다) 첫째, 기다리고 기다리던 마스터 중의 마스터가 드디어 출현했다는 것, 그리고 둘째, 그가 유대 지역에서 태어났다는 것. 마법사들은 행성들이 합을 이룬 순간을 정확하게 계산한 후, 아기 마스터를 찾기 위해 유대 지역으로 향하는 긴 여정에 올랐다.

한편 동양의 오컬트 형제단과 수도원 등에 보존된 점성학자들의 기록에 따르면 기독교 시대(서기)가 시작되기 몇 년 전 실제로 이 행성들이 유대 지역의 운명을 관장하는 물고기자리에서 만났고, 그들은 이를 위대하고 신성한 영혼의 화신 또는 아바타, 마스터 중의 마스터, 최고 신비주의자의 출현을 의미하는 것으로 해석했다. 지금 설명하는 이 오컬트 단체들은 비기독교인으로 구성되어 있었다는 점을 주목해야 한다. 이들은 오늘날의 크리스천들이 '이교도'라 부르며 비하하는 자들이다. 따라서 이들의 해석은 기독교 또는 기독교의 교리 해석에 편향되어 있지 않다.

마지막으로, 현대 천문학의 계산으로 로마 747년(기원전 7년)에 물고기자리에서 토성과 목성이 합을 이루었고, 이듬해인 748년 봄에 화성이 합류했다는 사실을 확인할 수 있다. 위대한 천문학자 요하네스 케플러가 1604년에 이를 최초로 계산했고, 현대 천문학에서 그의 계산이 정확했음을 검증하였다. 역사에 기록된 행성들의 배열이 우리가 일반적으로 알고 있는 예수의 출생년보다 7년 전에 이루어지지 않았냐고 반문하는 독자들도 있을 것이다. 그런 분들에게는 신약성경 연대기를 다룬 현대의 문헌 또는 백과사전이나 참고자료에서도 예수가 탄생한 해를 추정한 기존의 계산에 몇 년에 해당하는 오류가 있다고 지적하고 있으며, 이 무렵에 있었던 사건들, 이를테면 요셉과 마리아가 호적 등록을 위해 베들레헴에 갔던 일 등, 성경 기록을 근거로 한 성서학자들의 연구 결과도 예수는 서기가 시작되기 6~7년 전에 태어났음을 뒷받침하고 있다는 점을 얘기해주고 싶다. 즉, 현대의 연구 결과도 신비주의 전통에 보존된 점성학적 기록의 진실성을 입증하고 있다는 것이다.

따라서 동양의 마법사들은 자신들의 전문 분야인 점성학적 관찰 결과에 근거하여 유대 지역으로의 여정을 시작한 것으로 보인다. 이 진실을 알고 나면 '움직이는 별'이라는 기존의 해석이 얼마나 유치하고 하찮은지 쉽게 짐작할 수 있을 것이다. 동양의 현명한 마법사들이 하늘에서 천천히 움직이는 별을 나침반으로 삼아 유대 땅을 향해 여행했고, 이 별이 요셉의 오두막 위에서 정지한 것을 보고 비로소 아기 예수를 찾아냈다고 묘사한 주일학교의 그림책은 폐기되어야 마땅하다. 이는 마치 몸 전체를 가리는 가운을 착용하고, 길고 흰 수염을 휘날리는 대머리 할아버지로 신을 묘사한 옛 화가들의 작품만큼이나 터무니없는 일이다. 이처럼 말도 안 되는 주장을 진리로 내세우며 믿으라고 강요하고, 믿지 않으면 지옥 불에 떨어져 영원히 고통받을 것이라고 겁박하는 자들을 비웃는 회의론자, 무신론자, 냉소주의자들이 급증하고 있는 것도 결코 무리가 아니다.

점성학과 초기 기독교의 관계는 점성학을 바보와 무지렁이들이나 믿는 저급한 미신으로 취급하며 비웃는 현대 기독교의 착각을 정면으로 반박하고 있지 않은가? 한때 어른들이 우화로 여기며 엄숙한 표정으로 아이들에게 들려줬던 동방박사들의 이야기보다 오컬트의 설명이 훨씬 더 합리적이고 명확하지 않은가? 어른보다 직관이 강한 아이들은 오히려 그 안에 담긴 진리를 간파했기 때문에 이야기를 즐길 수 있었다. 이제 신비주의 전통의 해석을 접한 독자들도 이 아름다운 전설을 아이들과 함께 즐길 수 있지 않을까? 이 주제와 관련하여 다시 한 번 신세계 백과의 내용(Vol. II, 170페이지)을 읽어보도록 하자.

초기 기독교의 일부 교부들은 점성학에 반기를 든 반면, 일부는 변형된 형태로 받아들였다. 복음서에 기록된 베들레헴을 방문한 동양의 현자, 즉, 칼데아의 마법사 또는 점성학자들의 이야기에서 볼 수 있듯이, 점성학은 기독교 토대의 일부가 되었다.

이처럼 만천하가 다 볼 수 있도록 권위 있는 문헌에도 명시되어 있는데, 이 사실을 아는 사람이 과연 몇이나 될까?

동양의 마법사들이 베들레헴을 향한 여정을 시작하도록 유도한 이 사건의 중요성을 이해하기 위해서는 마스터의 출현이라는 주제가 모든 동양 오컬트 및 신비주의 단체가 오래전부터 깊은 관심을 기울이고, 추측하고, 논의해온 사안이었다는 점부터 알아야 한다. 물질주의에 빠져 고통에 신음하는 인류를 구원하기 위해 위대한 마스터, 신의 아바타 또는 화신이 인간의 육신을 걸친 상태로 세상에 출현할 것이라는 예언은 거의 모든 문화권의 공통된 전통이었다. 인도, 페르시아, 칼데아, 이집트, 메디아, 아시리아를 포함한 다수의 지역에서 수백 년에 걸쳐 이 이야기가 전해져왔고, 이 땅의 모든 신비주의자와 오컬티스트들은 마스터가 모습을 드러내는 날만을 고대해 왔다. 유대 민족에도 다윗의 씨를 받은 메시아가 베들레헴에서 태어날 것이라는 여러 가지 예언과 전통이 있었지만, 이들이 예상하고 바랐던 메시아는 기껏해야 이스라엘을 로마의 통치에서 해방하고 왕위를 되찾는 수준의 영웅이었다. 따라서 유대 민족의 전통은 동양의 신비주의와 오컬트 형제단의 관점보다 열등한 것으로 여겨졌다. 동양에서는 물질 세상의 일개 국왕이 아니라 신의 아바타, 즉, 인간의 형상을 취한 신, 물질의 형태를 띤 순수 영이 강림하여 신비주의 우주 그랜드 롯지의 그랜드 마스터의 권좌에 오를 것으로 예상했다. 따라서 유대의 민족적인 염원보다 훨씬 장대하고 위대한 비전이었다고 할 수 있겠다.

이제 왜 동양의 마법사들이 열정과 기쁨에 들떠 아기 예수를 찾아

먼 여행길에 오르는 수고를 마다하지 않았는지 이해할 수 있을 것이다. 고된 여정에 오른 그들은 '베들레헴의 별'이 등장하고 나서 예수가 탄생한 지 1년이 넘은 시점에 비로소 그곳에 당도했다. 마법사들은 대중의 일반적인 생각과 달리 갓 태어난 아기가 아니라, 태어난 지 1년이 조금 넘은 아기를 찾고 있었다. 이 말의 진의가 의심되는 독자는 관련 자료를 직접 확인해 볼 것을 권하고 싶다. 동양의 마법사들이 마구간에서 갓 태어난 아기 예수에게 경배를 드리는 주일학교 그림책의 묘사는 허구다. 마법사들은 마구간 또는 외양간과 아무런 관련이 없다. 이들이 베들레헴에 도착했을 무렵 요셉, 마리아, 그리고 예수는 이미 가정집에 보금자리를 마련한 상태였기 때문이다.

아기 예수의 탄생

수많은 언덕과 초원, 산과 사막을 넘어 유대 땅에 도착한 마법사들은 우선 예루살렘에 입성하여 동양인들이 수백, 수천 년 전부터 기다려 왔던 마스터 중의 마스터, 오랜 예언에 기록된 현자의 행방을 찾아내기 위해 이 동네 저 동네를 열심히 돌며 수소문했다. 신비주의 전통의 마스터 또는 신의 아바타의 출현에 관한 예언에 관해서는 아는 바가 없었지만, 히브리 민족의 메시아 전통에는 익숙했던 유대 주민들은 외국에서 온 마법사들이 찾는 아이가 장차 유대의 왕이 될 메시아라고 짐작하며 널리 소문을 퍼뜨렸다. 동양에서 온 현자들이 히브리 민족을 로마의 통치로부터 해방할 유대의 왕을 찾아내기 위해 입국했다는 사실이 나라 전역에 퍼지면서 마태복음 2장 3절에 기록되어 있듯이, '헤롯 왕과 온 예루살렘이 이 소문을 전해 들은 후 소동이 일어났다.' 많은 유대 백성들이 이 아이가 장차 세상의 왕이 될 것으로 생각했으니 소동이 일어나는 것은 당연한 일이었다. 깜짝 놀란 헤롯은 예루살렘의 고위급 사제와 서기관들을 긴급 소환하여 메시아의 예상 출생지 등, 관련 예언의 자세한 내용을 알려 달라고 주문했고, 그들은 이렇게 대답했다. "유대 베들레헴이오니, 이는 선지자로 이렇게 기록된 바옵니다."

(마태복음 2:2) 유대인의 왕으로 나신 이가 어디 계시뇨 우리가 동방에서 그의 별을 보고 그에게 경배하러 왔노라 하니

(마태복음 2:3) 헤롯 왕과 온 예루살렘이 듣고 소동한지라

(마태복음 2:4) 왕이 모든 대제사장과 백성의 서기관들을 모아 그리스도가 어디서 나겠느뇨 물으니

(마태복음 2:5) 가로되 유대 베들레헴이오니 이는 선지자로 이렇게 기록된 바

(마태복음 2:6) 또 유대 땅 베들레헴아 너는 유대 고을 중에 가장 작지 아니하도다 네게서 한 다스리는 자가 나와서 내 백성 이스라엘의 목자가 되리라 하였음이니이다

(Matthew 2:2) Saying, Where is he that is born King of the Jews? for we have seen his star in the east, and are come to worship him.

(Matthew 2:3) When Herod the king had heard [these things,] he was troubled, and all Jerusalem with him.

(Matthew 2:4) And when he had gathered all the chief priests and scribes of the people together, he demanded of them where Christ should be born.

(Matthew 2:5) And they said unto him, In Bethlehem of Judaea: for thus it is written by the prophet,

(Matthew 2:6) And thou Bethlehem, in the land of Juda, art not the least among the princes of Juda: for out of thee shall come a Governor, that shall rule my people Israel.

사제와 서기관들의 의견을 들은 교활한 헤롯은 이 오래된 히브리 예언이 실현되어 왕좌를 잃게 되는 것이 두려웠다. 그래서 그는 마법사

들을 궁궐로 초청하여 왜 이 아기를 찾고 있는지 물었다. 마법사들이 베들레헴의 별이 지닌 점성학적 의미를 설명하자 더욱 불안해진 헤롯은 이 위험한 아기를 반드시 찾아내야겠다고 마음먹는다. 그는 아기가 베들레헴에서 태어난 정확한 날짜를 파악하기 위해 짐짓 태연한 표정을 지으며 행성들의 합이 이루어진 시점을 마법사들에게 물었다. 그리고 마법사들에게 베들레헴으로 가서 신성한 아기를 꼭 찾게 되기를 기원하며 덧붙였다. "아기에 대하여 자세히 알아보고, 찾거든 내게 고하여 나도 가서 그에게 경배하게 하라." 아기를 찾아 죽이려는 흑심을 숨기고 자기도 이 신성한 아기에게 경배를 표하고 싶다는 시늉을 하며 마법사들을 개인 탐정으로 이용하려 한 것이다.

(마태복음 2:7) 이에 헤롯이 가만히 박사들을 불러 별이 나타난 때를 자세히 묻고

(마태복음 2:8) 베들레헴으로 보내며 이르되 가서 아기에 대하여 자세히 알아보고 찾거든 내게 고하여 나도 가서 그에게 경배하게 하라

(Matthew 2:7) Then Herod, when he had privily called the wise men, enquired of them diligently what time the star appeared.

(Matthew 2:8) And he sent them to Bethlehem, and said, Go and search diligently for the young child; and when ye have found [him,] bring me word again, that I may come and worship him also.

마법사들은 곧바로 베들레헴을 향해 떠났고, 행성들이 합을 이룬 시점에 태어난 특별한 아기에 관해 지역 주민들에게 묻기 시작했다. 물

그림 4. 목자들에게 예수의 탄생을 알리는 천사(위)와 헤롯 앞에 선 동방박사들(아래) | 작자 미상

론 베들레헴에는 예수와 같은 달에 태어난 아기가 많았기 때문에 그를 찾아내기란 만만치 않은 일이었다. 쉬지 않고 아기의 행방을 수소문하던 중, 마법사들은 자기들이 생각하는 시점에 태어난 어느 아기에 관한 특이한 소문을 접한다. 그 시점에 베들레헴을 방문한 외지인 부부가 아기를 낳았는데, 그의 탄생을 둘러싸고 이상한 일들이 벌어졌다는 것이었다. 이 이야기는 신약성경 누가복음 2장 8~20절에 기록되어 있는데, 요약하자면 다음과 같다.

마구간에서 예수가 태어날 당시, 밤새 가축을 돌보던 몇몇 목자들이 천사와 주의 영광이 주위에 빛나고 있는 놀라운 광경을 목격했다. 천사는 목자들에게 두려워할 필요가 없고, 이날 베들레헴에서 구세주가 태어나는 기쁜 소식이 있을 것이라고 말했다. 그리고 이 아기는 강보에 싸여 마구간의 구유에 누워있을 것이라는 말을 덧붙였다. 잠시 후 수많은 초자연적 존재들이 나타나 하나님을 찬송하며 노래했다. "지극히 높은 곳에서는 하나님께 영광이요, 땅에서는 기뻐하심을 입은 사람들 중에 평화로다." 천사의 메시지를 전해 들은 목자들은 마을로 달려갔고, 그의 말대로 구유에 누워있는 아기를 발견했다. 목자들은 이 신비스러운 아기의 탄생을 동네방네 알렸고, 아기와 그의 부모는 한동안 많은 사람의 입에 오르내리는 장안의 화젯거리가 되었다.

(누가복음 2:8) 그 지경에 목자들이 밖에서 밤에 자기 양 떼를 지키더니

(누가복음 2:9) 주의 사자가 곁에 서고 주의 영광이 저희를 두루 비춰매 크게 무서워하는지라

(누가복음 2:10) 천사가 이르되 무서워 말라 보라 내가 온 백성에게 미칠 큰 기쁨의 좋은 소식을 너희에게 전하노라

(누가복음 2:11) 오늘날 다윗의 동네에 너희를 위하여 구주가 나셨으니 곧 그리스도 주시니라

(누가복음 2:12) 너희가 가서 강보에 싸여 구유에 누인 아기를 보리니 이것이 너희에게 표적이니라 하더니

(누가복음 2:13) 홀연히 허다한 천군이 그 천사와 함께 있어 하나님을 찬송하여 가로되

(누가복음 2:14) 지극히 높은 곳에서는 하나님께 영광이요 땅에서는 기뻐하심을 입은 사람들 중에 평화로다 하니라

(누가복음 2:15) 천사들이 떠나 하늘로 올라가니 목자가 서로 말하되 이제 베들레헴까지 가서 주께서 우리에게 알리신 바 이 이루어진 일을 보자 하고

(누가복음 2:16) 빨리 가서 마리아와 요셉과 구유에 누인 아기를 찾아서

(누가복음 2:17) 보고 천사가 자기들에게 이 아기에 대하여 말한 것을 고하니

(누가복음 2:18) 듣는 자가 다 목자의 말하는 일을 기이히 여기되

(누가복음 2:19) 마리아는 이 모든 말을 마음에 지키어 생각하니라

(누가복음 2:20) 목자가 자기들에게 이르던 바와 같이 듣고 본 그 모든 것을 인하여 하나님께 영광을 돌리고 찬송하며 돌아가니라

(Luke 2:8) And there were in the same country shepherds abiding in the field, keeping watch over their flock by night.

(Luke 2:9) And, lo, the angel of the Lord came upon them, and the glory of the Lord shone round about them: and they were sore afraid.

(Luke 2:10) And the angel said unto them, Fear not: for, behold, I bring you good tidings of great joy, which shall be to all people.

(Luke 2:11) For unto you is born this day in the city of David a Saviour, which is Christ the Lord.

(Luke 2:12) And this [shall be] a sign unto you; Ye shall find the babe wrapped in swaddling clothes, lying in a manger.

(Luke 2:13) And suddenly there was with the angel a multitude of the heavenly host praising God, and saying,

(Luke 2:14) Glory to God in the highest, and on earth peace, good will toward men.

(Luke 2:15) And it came to pass, as the angels were gone away from them into heaven, the shepherds said one to another, Let us now go even unto Bethlehem, and see this thing which is come to pass, which the Lord hath made known unto us.

(Luke 2:16) And they came with haste, and found Mary, and Joseph, and the babe lying in a manger.

(Luke 2:17) And when they had seen [it,] they made known abroad the saying which was told them concerning this child.

(Luke 2:18) And all they that heard [it] wondered at those things which were told them by the shepherds.

(Luke 2:19) But Mary kept all these things, and pondered [them] in her heart.

(Luke 2:20) And the shepherds returned, glorifying and praising God for all the things that they had heard and seen, as it was told unto them.

그날 있었다는 신비스러운 일에 관한 이야기를 주민들로부터 전해 들은 마법사들은 드디어 요셉, 마리아, 그리고 아기가 사는 집을 찾아

내어 곧바로 그리 향했다. 마법사들은 아기의 부모에게 여러 가지 세세한 질문을 던졌고, 아기의 탄생이 자기들이 계산한 점성학적 근거와 맞아떨어진다는 사실을 발견했다. 그들은 또한 아기의 출생 차트를 작성하여 목자들의 증언과 점성학적 결론이 일치하고, 동양의 오컬티스트와 신비주의자들이 오랜 세월 기다려온 아기가 진짜로 출현했음을 확인했다. 드디어 마스터 중의 마스터를 찾아낸 것이다!

고국에서 최고의 현자로 대우를 받는 이 마스터들은 일동 바닥에 엎드려 아기 예수에게 세상에서 가장 큰 롯지의 권좌에 앉을 자격이 있는 최고의 그랜드 마스터에게만 주어지는 경배를 보냈다. 물론 아기는 이런 사실을 전혀 모른 채 아름답고 화려한 예복을 입고 있는 외국인들에게 작은 손을 내밀었을 뿐이다. 하지만 오컬트 전통에 따르면 아기 예수는 무의식적으로 작은 오른 손가락과 엄지로 오컬트 마스터와 스승이 제자들에게 축복(Occult Benediction)을 내릴 때 취하는 모양을 만들어 내밀었다고 한다. (오늘날에는 교황이 신도들에게 축복을 내릴 때 이 손 모양(Papal Benediction)을 사용하고 있다) 아직은 몸집이 보잘것없는 마스터 중의 마스터가 자신의 첫 추종자들에게 첫 번째 축복을 내린 것이었다. 이 작은 마스터는 그랜드 롯지의 권좌보다도 더욱 높은 곳에 앉아 있었다. 그 권좌는 다름 아닌 어머니의 무릎이었다!

마법사들은 아기를 위해 준비한 신비스럽고 상징적인 공물을 바쳤다—황금, 유향, 그리고 몰약. 첫 번째 상징물인 황금은 지도자에게 바치는 공물을 의미한다. 두 번째 상징물인 유향은 오컬트와 신비주의 형제단에서 우주의 지존을 대상으로 명상하고 사색할 때 사용하는 세상에서 가장 순수하고 희귀한 향료로, 경배를 의미한다. 마지막으로 몰약은 육신을 가진 생명의 쓰라림을 상징하는 오컬트와 신비주의의 심볼이다. 톡 쏘는 듯하지만 강렬하고, 찌르는 듯하지만 동시에 보존의 속성을 가진 몰약… 비록 신성의 화신이지만, 육신을 갖게 되었기에 이 아기도 모든 인간이 겪는 삶의 고통과 아픔의 경험을 피할 수 없음을 의미하는 것이다. 보존의 힘을 지니고 부패를 막는 구실을 하지만, 영원히 따끔거리고, 날카롭고, 톡 쏘는 몰약은 필사의 속성을 가진 육신의 삶을 상징하는 매우 적절한 심볼이다. 이 마법사들은 과연 현자들이었다! 황금, 유향, 몰약은 순수한 영을 간직한 사람의 아들(人子; Son of Man)이 맞게 될 삶의 예언, 심볼, 그리고 계시를 상징하는 공물이다.

(마태복음 2:9) 박사들이 왕의 말을 듣고 갈새 동방에서 보던 그 별이 문득 앞서 인도하여 가다가 아기 있는 곳 위에 머물러 섰는지라
(마태복음 2:10) 저희가 별을 보고 가장 크게 기뻐하고 기뻐하더라
(마태복음 2:11) 집에 들어가 아기와 그 모친 마리아의 함께 있는 것을 보고 엎드려 아기께 경배하고 보배합을 열어 황금과 유향과 몰약을 예물로 드리니라

(Matthew 2:9) When they had heard the king, they departed; and, lo, the star, which they saw in the east, went before them, till it came and stood over where the young child was.
(Matthew 2:10) When they saw the star, they rejoiced with exceeding great joy.
(Matthew 2:11) And when they were come into the house, they saw the young child with Mary his mother, and fell down, and worshipped him: and when they had opened their treasures, they presented unto him gifts; gold, and

그림 5. **아기 예수를 경배하는 동방박사들** | 헤라르트 다비트(Gerard David)

frankincense, and myrrh.

아기 예수를 경배한 자리에서 의례와 의식을 마친 후, 마법사들은 베들레헴을 떠났다. 하지만 신성한 아기의 삶에서 퇴장한 것은 아니었다. 그들은 예수를 다시 만날 때까지 그의 성장 과정을 조심스럽게 계속 지켜봤다. 마법사들이 예수를 다시 만났다고? 그렇다! 복음서에는 이 사실이 전혀 언급되지 않고 예수의 생애에 관한 내용도 빠진 부분이 많지만, 동양의 신비주의 전통과 기록에는 성경에 수록되지 않은 예수의 활약상이 그대로 보존되어 있다. 본문을 진행하면서 이 신비주의적 지식을 조금 더 자세히 다룰 예정이다. 아기 예수는 먼 곳에서 지켜보는 마법사들의 보호를 받으며 육체적으로나 정신적으로나 건강한 청년으로 자라나게 된다.

비전을 통해 상위 지성으로부터 경고의 메시지를 받은 마법사들은 아기의 목숨을 호시탐탐 노리고 있는 헤롯의 명령을 따르지 않고 '다른 길을 거쳐 고국으로 돌아갔다.' 마법사들로부터 애타게 소식을 기다리던 헤롯은 이들이 도망친 사실을 뒤늦게 발견하고 분노하며 최근 2년 동안 베들레헴과 주변 지역에서 태어난 두 살 미만의 모든 사내아이를 죽이라는 끔찍한 명령을 내린다. 마법사들이 얘기했던 베들레헴의 별이 나타난 시점을 기준으로 2년이라는 기간을 계산해낸 것이다.

자기를 권좌에서 몰아낼지도 모르는 유대의 왕, 메시아를 두려워한 헤롯은 기필코 그를 죽이기 위해 마법사들이 말한 날짜 이후에 태어난 베들레헴의 모든 사내아이를 죽이려 했다. 하지만 헤롯의 음모는 실패로 돌아간다. '꿈에서 천사가 나타나' 요셉에게 가족을 데리고 이집트로 피신하고, 헤롯이 죽을 때까지 귀국해선 안 된다고 귀띔해주었기 때문이다. (신비주의 전통에 따르면 아기 예수를 만났던 마법사 중 한 명이 아스트랄체(Astral Form)의 형상으로 나타나 요셉에게 경고의 메시지를 전했다고 한다) 이에 요셉, 마리아, 예수는 헤롯의 분노를 피해 은밀하게 이집트로 피신한다. 오컬트 전통에 따르면 가난한 목수였던 요셉과 그의 가족은 마법사들이 비상시 쓰라고 당부하며 건네준 황금을 사용하여 낯선 땅으로 빠르게, 생계유지 걱정 없이 이주했다고 한다. 이 오컬티스트들이 마련해준 황금 덕분에 기독교의 창시자가 학살의 운명을 면한 것이다. 하지만 크리스천을 자칭하는 자들은 동양의 이교도들을 무자비하게 박해함으로써 그 은혜를 원수로 갚았다!

(마태복음 2:12) 꿈에 헤롯에게로 돌아가지 말라 지시하심을 받아 다른 길로 고국에 돌아가니라

(마태복음 2:13) 저희가 떠난 후에 주의 사자가 요셉에게 현몽하여 가로되 헤롯이 아기를 찾아 죽이려 하니 일어나 아기와 그의 모친을 데리고 애굽으로 피하여 내가 네게 이르기까지 거기 있으라 하시니

(마태복음 2:14) 요셉이 일어나서 밤에 아기와 그의 모친을 데리고 애굽으로 떠나가

(마태복음 2:15) 헤롯이 죽기까지 거기 있었으니 이는 주께서 선지자로 말씀하신 바 애굽에서 내 아들을 불렀다 함을 이루려 하심이니라

(마태복음 2:16) 이에 헤롯이 박사들에게 속은 줄을 알고 심히 노하여 사람을 보내어 베들레헴과 그 모든 지경 안에 있는 사내 아이를 박사들에게 자세히 알아본 그 때를 표준하여 두 살부터 그 아래로 다 죽이니

(Matthew 2:12) And being warned of God in a dream that they should not return to Herod, they departed into their own country another way.

(Matthew 2:13) And when they were departed, behold, the angel of the Lord appeareth to Joseph in a dream, saying, Arise, and take the young child and his mother, and flee into Egypt, and be thou there until I bring thee word:

for Herod will seek the young child to destroy him.

(Matthew 2:14) When he arose, he took the young child and his mother by night, and departed into Egypt:

(Matthew 2:15) And was there until the death of Herod: that it might be fulfilled which was spoken of the Lord by the prophet, saying, Out of Egypt have I called my son.

(Matthew 2:16) Then Herod, when he saw that he was mocked of the wise men, was exceeding wroth, and sent forth, and slew all the children that were in Bethlehem, and in all the coasts thereof, from two years old and under, according to the time which he had diligently enquired of the wise men.

    요셉이 가족을 이끌고 신비주의와 오컬트의 고향이나 다름없는, 이시스 여신의 땅인 이집트로 피신했다는 점도 흥미롭다! 장차 위대한 오컬트 마스터로 성장할 아기가 잠시 쉬어갈 수 있는, 그야말로 적절한 은신처였다! 오컬트 전통에 따르면 길고 긴박한 여정에 녹초가 된 예수의 가족이 스핑크스와 피라미드 앞에서 하룻밤을 보낸 적도 있다고 한다. 엄마와 아기가 스핑크스의 두 앞발 사이에서 안전하게 휴식을 취하고, 요셉이 그 앞에서 보초를 서며 새우잠을 잤다는 것이다. 아기 마스터가 고대 오컬트의 위대한 심볼인 스핑크스와 거대한 감시병처럼 우뚝 서 있는 이집트 신비주의자들의 걸작, 한 땀 한 땀 오컬트 가르침을 내포하고 있는 대피라미드의 보호를 받으며 단잠을 청했다니, 참으로 놀라운 광경이 아닐 수 없다! 기독교는 문자 그대로 신비주의의 무릎을 요람으로 삼아 성장한 종교라 아니할 수 없다.

    이상으로 제1강을 마친다. 제2강에서는 많은 이들이 이해하는 데 어

그림 6. **아기들을 학살하는 헤롯** | 두초 디 부오닌세냐(Duccio di Buoninsegna)

려움을 겪고 있는, 신성한 영이 예수의 육신을 통해 세상에 강림한 일과 관련한 신비주의의 가르침을 다룰 예정이다. 지금까지 어둠의 베일에 가려져 이해하기도 어렵고, 이성, 자연의 법칙, 과학의 기본적인 원리에도 어긋나는 이 영적 진리에 신비주의의 빛을 투영함으로써 독자들의 이해를 돕고자 한다. 신비주의의 가르침은 믿음과 이성의 화합을 가져다주는 묘약이다.

제2강
동정녀 탄생의 미스터리

동정녀 탄생설?

정교회 신학과 소위 말하는 합리주의, 성서 고등비평, 비교 신화학 진영이 의견 일치를 보지 못하는 큰 논쟁 분야 중 하나는 예수의 '동정녀 탄생설(Virgin Birth of Jesus)'이다. 상반되는 양측의 주장부터 먼저 설명한 후, 오컬트 형제단과 신비주의 단체의 전통을 제시하면 이 문제의 본질을 쉽게 이해할 수 있으리라 생각한다. 필자는 기독교 신학을 대표하는 양 진영의 신학적 논쟁에서 멀리 떨어진 오컬트 가르침의 관점에서 이 문제를 보고 있기 때문에 편견 없이 의견을 제시할 수 있는 위치에 있다. 독자들도 이번 장의 내용을 숙지하기 전까지는 섣불리 어떤 결론을 내리지 않을 것이라 믿는다. 이 문제를 푸는 열쇠를 제공하는 오컬트의 가르침이 자칫 기독교를 두 개의 상반된 진영으로 분열할 가능성이 있는 (1) 정교회 신학의 관점과 (2) 합리주의자와 성서 고등비평 관점의 화합을 제시하고 있음을 이해하게 될 것이다.

오늘날 다수의 크리스천이 맹목적으로 받아들이고 있는 동정녀 탄생설에 관한 구시대 정교회의 설명은 대략 다음과 같다.

젊은 유대인 여인 또는 동정녀인 마리아와 나사렛의 목수, 요셉은 약혼한 사이였다. 결혼식을 올리기 전에 마리아는 천사로부터 자기가 기적적으로 사내아이를 잉태할 것이고, 이 아이가 자라서 다윗의 권좌에 앉아 '가장 높으신 분의 아들(Son of the Highest)'로 불리게 될 것이라는 메시지를 받는다. 이 교리는 마태복음과 누가복음에 기록된 구절만을 근거로 만들어졌다. 마태복음의 기록은 다음과 같다.

(마태복음 1:18) 예수 그리스도의 나심은 이러하니라. 그 모친 마리아가 요셉과 정혼하고 동거하기 전에 성령으로 잉태된 것이 나타났더니

(마태복음 1:19) 그 남편 요셉은 의로운 사람이라 저를 드러내지 아니하고 가만히 끊고자 하여

(마태복음 1:20) 이 일을 생각할 때에 주의 사자가 현몽하여 가로되 다윗의 자손 요셉아 네 아내 마리아 데려오기를 무서워 말라 저에게 잉태된 자는 성령으로 된 것이라

(마태복음 1:21) 아들을 낳으리니 이름을 예수라 하라 이는 그가 자기 백성을 저희 죄에서 구원할 자이심이라 하니라

(마태복음 1:22) 이 모든 일의 된 것은 주께서 선지자로 하신 말씀을 이루려 하심이니 가라사대

(마태복음 1:23) 보라 처녀가 잉태하여 아들을 낳을 것이요 그 이름은 임마누엘이라 하리라 하셨으니 이를 번역한즉 하나님이 우리와 함께 계시다 함이라

(마태복음 1:24) 요셉이 잠을 깨어 일어나서 주의 사자의 분부대로 행하여 그 아내를 데려왔으나

(마태복음 1:25) 아들을 낳기까지 동침치 아니하더니 낳으매 이름을 예수라 하니라

(Matthew 1:18) Now the birth of Jesus Christ was on this wise: When as his mother Mary was espoused to Joseph, before they came together, she was found with child of the Holy Ghost.

(Matthew 1:19) Then Joseph her husband, being a just [man,] and not willing to make her a publick example, was minded to put her away privily.

(Matthew 1:20) But while he thought on these things, behold, the angel of the Lord appeared unto him in a dream, saying, Joseph, thou son of David, fear not to take unto thee Mary thy wife: for that which is conceived in her is of the Holy Ghost.

(Matthew 1:21) And she shall bring forth a son, and thou shalt call his name JESUS: for he shall save his people from their sins.

(Matthew 1:22) Now all this was done, that it might be fulfilled which was

그림 7. **성수태 고지(聖受胎 告知)** | 레오나르도 다빈치(Leonardo da Vinci)

spoken of the Lord by the prophet, saying,

(Matthew 1:23) Behold, a virgin shall be with child, and shall bring forth a son, and they shall call his name Emmanuel, which being interpreted is, God with us.

(Matthew 1:24) Then Joseph being raised from sleep did as the angel of the Lord had bidden him, and took unto him his wife :

(Matthew 1:25) And knew her not till she had brought forth her firstborn son : and he called his name JESUS.

누가복음의 기록은 다음과 같다.

(누가복음 1:26) 여섯째 달에 천사 가브리엘이 하나님의 보내심을 받들어 갈릴리 나사렛이란 동네에 가서

(누가복음 1:27) 다윗의 자손 요셉이라 하는 사람과 정혼한 처녀에게 이르니 그 처녀의 이름은 마리아라

(누가복음 1:28) 그에게 들어가 가로되 은혜를 받은 자여 평안할지어다 주께서 너와 함께 하시도다 하니

(누가복음 1:29) 처녀가 그 말을 듣고 놀라 이런 인사가 어찌함인고 생각하매

(누가복음 1:30) 천사가 일러 가로되 마리아여 무서워 말라 네가 하나님께 은혜를 얻었느니라

(누가복음 1:31) 보라 네가 수태하여 아들을 낳으리니 그 이름을 예수라 하라

(누가복음 1:32) 저가 큰 자가 되고 지극히 높으신 이의 아들이라 일컬을 것이요 주 하나님께서 그 조상 다윗의 위를 저에게 주시리니

(누가복음 1:33) 영원히 야곱의 집에 왕 노릇 하실 것이며 그 나라가

무궁하리라

(누가복음 1:34) 마리아가 천사에게 말하되 나는 사내를 알지 못하니 어찌 이 일이 있으리이까

(누가복음 1:35) 천사가 대답하여 가로되 성령이 네게 임하시고 지극히 높으신 이의 능력이 너를 덮으시리니 이러므로 나실 바 거룩한 자는 하나님의 아들이라 일컬으리라

(Luke 1:26) And in the sixth month the angel Gabriel was sent from God unto a city of Galilee, named Nazareth.

(Luke 1:27) To a virgin espoused to a man whose name was Joseph, of the house of David; and the virgin's name [was] Mary.

(Luke 1:28) And the angel came in unto her, and said, Hail, [thou that art] highly favoured, the Lord [is] with thee: blessed [art] thou among women.

(Luke 1:29) And when she saw [him,] she was troubled at his saying, and cast in her mind what manner of salutation this should be.

(Luke 1:30) And the angel said unto her, Fear not, Mary: for thou hast found favour with God.

(Luke 1:31) And, behold, thou shalt conceive in thy womb, and bring forth a son, and shalt call his name JESUS.

(Luke 1:32) He shall be great, and shall be called the Son of the Highest: and the Lord God shall give unto him the throne of his father David:

(Luke 1:33) And he shall reign over the house of Jacob for ever; and of his kingdom there shall be no end.

(Luke 1:34) Then said Mary unto the angel, How shall this be, seeing I know not a man?

(Luke 1:35) And the angel answered and said unto her, The Holy Ghost shall come upon thee, and the power of the Highest shall overshadow thee: therefore also that holy thing which shall be born of thee shall be called the Son of God.

이것이 바로 동정녀 탄생설과 관련하여 다수의 크리스천이 진리로 받아들이고 있는 정교회 신학 가르침의 골자다. 이 내용은 기독교의 교리를 대표하는 두 개의 신경(信經)에도 포함되어 있으며, 오늘날 대다수 정교회의 중요한 교리로 자리 잡았다.

동정녀 탄생설의 교리

대략 서기 500년경에 쓰인 것으로 알려진 사도신경(使徒信經; Apostle's Creed; 사도신경은 이보다도 더 오래된 신경의 내용을 바탕으로 하고 있다는 주장도 있다.)에는 이 교리가 다음과 같이 기록되어 있다. "…그 외아들 우리 주 예수 그리스도를 믿사오니, 이는 성령으로 잉태하사 동정녀 마리아에게 나시고…" 한편 서기 325년에 쓰인 니케아 신경 (Nicene Creed)에는 이렇게 기록되어 있다: "…그리고 또 오직 한 분이신 예수 그리스도를, 모든 세대에 앞서 성부로부터 나신 하느님의 외아들이시며… 성령으로 또 동정녀 마리아께 혈육을 취하시고 사람이 되심을 믿으며…"

보다시피 예수가 동정녀의 몸을 통해 탄생했다는 이야기는 오늘날 정교회의 공식 교리로 명시되어 있다. 하지만 처음부터 그랬던 것은 아니다. 기독교 초기 시절에는 이 문제에 관해 사제들 간에 많은 갈등과 이견이 있었고, 결국엔 논쟁에서 이긴 쪽의 의견이 주류가 되어 지금까지 의심의 여지가 없는 진리로 받아들여지게 된 것이다.

하지만 오늘날에는 교회 내의 저명한 사상가 중에도 이 교리를 문자 그대로 받아들이지 않는 사람들이 늘어나고 있고, 성서 고등비평 진영의 목소리도 점차 커지면서 종교계를 뒤흔들고 있다. 한때 이 교리를 무조건 받아들였던 신도 중 상당수도 비록 내색은 하지 않지만, 조용히 마음을 돌리고 있다. 물론 개중에는 용기를 내어 자신의 이성과 양심을 바탕으로 옳은 말을 하는 신도들도 더러 있다. 그럼 이제 정교회 신학의 의견에 반대하는 진영의 주장을 살펴보자.

진도를 더 나가기 전에, 필자는 예수가 사생아로 태어났다는 불편한 진실을 감추기 위해 교회에서 동정녀 탄생설을 지어냈다는 무신론자들의 의견에는 전혀 동조하지 않는다는 점부터 밝히고 싶다. 이런 시각은 오컬트의 가르침과도 무관하고, 조사도 제대로 하지 않은 상태에서 내뱉은 근거 없는 억측에 불과하다. 단지 정교회의 해석이 마음에 들지 않는다는 이유로, 반대 의견을 개진했다가 교회에서 쫓겨났다는 이유로 자기들 마음대로 새로 지어내고 각색한 허술한 소설일 뿐이다. 따라서 이 강의에서 무신론자들의 주장은 고려하지도 않을 것이며, 정교회의 교리에 반대하는 학자들의 시각을 다룬 후 마지막으로 오컬트의 가르침을 제시할 것이다.

성서 고등비평의 관점

성서 고등비평 진영의 의견을 옹호하는 신학자들은 다음과 같은 이유로 동정녀 탄생 교리에 반대하는 입장이다.

(1) 신성한 잉태(Divine Conception), 즉, 인간 여자가 인간 남자의 관여 없이, 신이 일으킨 기적으로 말미암아 아기를 잉태하게 되었다는 이야기는 전 세계 여러 이교도의 전통, 전설, 신앙에서 종종 발견된다는 점이다. 기독교의 출현 수백 년 전부터 동양에 이어 내려져 온 대부분 옛 종교에는 신이 선지자와 위대한 지도자의 출생에 개입하는 이야기가 단골 메뉴처럼 등장한다. 동정녀 탄생과 신성한 잉태의 교리는 이교도의 전설에서 유래되었으며, 그리스도의 사망 후 기독교의 경전에 포함되었다는 것이 성서 고등비평의 주장이다.

(2) 동정녀 탄생의 개념은 본래 기독교 교리의 일부가 아니었으나, 서기 100년경에 기독교 교리에 스며들었다는 관점이다. 앞서 전문을 표시한 마태복음과 누가복음의 구절을 제외하고는 이 이야기가 신약성경에서 전혀 발견되지 않는다는 점도 이 가설을 뒷받침하고 있다. 만약 동정녀 탄생설이 초기 기독교의 중요한 교리였다면 마가복음과 요한복음에도

반드시 포함되었을 것이다. 심지어 사도 바울이 쓴 다수의 서신도 이 주제에 관해 침묵으로 일관하고 있다. 성서 고등비평에 따르면 초기 기독교인들은 동정녀 탄생이라는 개념에 대해 아는 바가 전혀 없었으며, 먼 훗날 교회가 이교도 전통에서 이 개념을 차용하여 기독교 교리에 편입시켰다고 한다. 앞서 설명했듯이, 가장 오래된 신약성경 필사본에도 (마태복음과 누가복음을 제외하고는) 동정녀 탄생에 관한 이야기가 기록되어 있지 않으며, 바울을 비롯한 신약성경의 여러 저자도 언급한 적이 없다는 점을 이 주장의 근거로 들 수 있다.

(3) 마태복음과 누가복음을 자세히 읽어보면 동정녀 탄생의 이야기가 훗날 첨가되었다고 추정할 수 있는 근거를 발견할 수 있다.

그럼 이제 이 주제와 관련하여 교회 내 성서 고등비평 진영의 시각을 자세히 살펴보자.

우선 마태복음에 관해 얘기해 보자. 대부분 크리스천은 성 마태가 사역하면서 자기 손으로 직접 이 복음서의 글자 하나하나를 썼다고 생각하고 있다. 하지만 성서 공부를 한 성직자 중 이렇게 생각하는 사람은 없다. 권위 있는 신학 분야의 서적, 심지어 양질의 백과사전도 이 사실을 뒷받침하고 있다. 신약성경에 수록된 여러 책의 저자를 밝혀내기 위해 성서를 깊게 연구한 학자들이 내린 결론을 들으면 깜짝 놀랄 독실한 신도도 많을 것 같다. 사실 전통과 관행 외에, 성 마태가 자기 이름으로 제목 지어진 복음서를 실제로 썼다는 근거는 어디에도 없다. 최소한 현재 우리에게 전해지는 마태복음 전체가 성 마태의 작품이 아닌 것만은 확실하다. 여기서 성서 학자들의 연구 결과를 깊게 다루지는 않겠지만(자세한 내용은 복음서의 역사를 다루는 최근 문헌에서 얼마든

그림 8. **예수의 부름을 받은 성 마태** | 산데르스 반 헤메센(Jan Sanders van Hemessen)

지 확인할 수 있다.) 전문가들의 일반적인 결론은 '오늘날의 마태복음은 익명의 저자 또는 저자들이 서기 1세기 후반에 그리스어로 집필했으며, 성 마태가 아람어로 집필한 것으로 추정되는 《예수의 어록(Sayings of Jesus)》이라는 책에 살을 붙이고 각색하여 탄생한 책'이라는 것이다. 다시 말해, 심지어 가장 보수적인 비평가들도 마태복음을 오늘날의 복음서가 탄생하기 수십 년 전에 성 마태가 쓴 글의 확장판 내지는 수정개정판 정도로 보고 있다는 얘기다. 급진적인 비평가들의 시각은 이보다도 더 심하다. 훗날 복음서의 편집자들이 당시에 유행했던 이교도의 전통을 참조하여 동정녀 탄생의 전설을 임의로 신약성경에 추가했을 가능성이 얼마든지 있음을 시사하는 대목이다.

비평가들은 이 추론에 신빙성을 더하는 또 다른 근거로, 마태복음은 요셉을 '마리아가 낳은 아이의 명목상의 아버지'로 묘사하고 있는 동시에, 예수가 유대인의 메시아 전통에 부합하는 '다윗 가문의 후손'임을 입증하기 위해 다윗부터 요셉까지 내려오는 계보를 구체적으로 기술하고 있다는 점을 들고 있다. 마태복음 1장은 '아브라함과 다윗의 자손 예수 그리스도의 세계라'는 구절로 시작하며, 그 후 아브라함에서 다윗에 이르는 열네 세대, 다윗부터 바빌론으로 이거 할 때까지의 열네 세대, 그리고 바벨론 시대에서 예수 탄생까지의 열네 세대를 일일이 열거하고 있다. 비평가들은 예수를 신성의 아바타 또는 화신이라기보다는 다윗의 왕좌를 복원할 히브리 민족의 메시아로 보았던 성 마태가 이를 뒷받침할만한 근거를 여러 차례 책에서 언급했고, 예수의 족보를 장황하게 나열한 것 역시 예수가 요셉을 통해 다윗 가문의 계보를 이었다는 점을 강조하기 위함이었다고 보고 있다.

(마태복음 1:1) 아브라함과 다윗의 자손 예수 그리스도의 세계라

(마태복음 1:2) 아브라함이 이삭을 낳고 이삭은 야곱을 낳고 야곱은 유다와 그의 형제를 낳고

(중략...)

(마태복음 1:16) 야곱은 마리아의 남편 요셉을 낳았으니 마리아에게서 그리스도라 칭하는 예수가 나시니라

(마태복음 1:17) 그런즉 모든 대 수가 아브라함부터 다윗까지 열네 대요 다윗부터 바벨론으로 이거할 때까지 열네 대요 바벨론으로 이거한 후부터 그리스도까지 열네 대러라

(Matthew 1:1) The book of the generation of Jesus Christ, the son of David, the son of Abraham.

(Matthew 1:2) Abraham begat Isaac; and Isaac begat Jacob; and Jacob begat Judas and his brethren;

(중략...)

(Matthew 1:16) And Jacob begat Joseph the husband of Mary, of whom was born Jesus, who is called Christ.

(Matthew 1:17) So all the generations from Abraham to David [are] fourteen generations; and from David until the carrying away into Babylon [are] fourteen generations; and from the carrying away into Babylon unto Christ [are] fourteen generations.

비평가들은 요셉이 예수의 친부가 아니라면 다윗부터 요셉까지 내려오는 계보를 왜 굳이 언급했는지, 그 이유와 목적이 무엇인지 알 수 없다는 점을 지적한다. "예수가 요셉의 친자가 아니라면 왜 그의 혈통을 강조하면서 요셉의 계보를 구체적으로 기술했을까? 왜 그래야 했을까? 목적이 무엇인가?" 비평가들은 생전에 동정녀 탄생설이라는 이교도의 전설을 한 번도 들어본 적이 없는 성 마태는 애초에 복음서에 예수가 동정녀의 몸을 통해 태어났다는 이야기를 기록하지 않았으며, 따라서 아브라함과 다윗을 거쳐 예수까지 연결되는 계보를 복음서에 명시한 것은 지극히 자연스러운 일이었다고 설명한다. 마태복음 1장에서 18~25절을 삭제하면 예수의 계보와 그 이후의 내용이 논리적으로 자연스럽게 연결되지만, 본래 글의 중간에 동정녀 탄생 이야기를 어설프게 끼워 넣는 통에 역설적이고, 모순적이고, 터무니없는 흐름의 티가 난다는 것이다.

(마태복음 1:18) 예수 그리스도의 나심은 이러하니라 그 모친 마리아가 요셉과 정혼하고 동거하기 전에 성령으로 잉태된 것이 나타났더니

(마태복음 1:19) 그 남편 요셉은 의로운 사람이라 저를 드러내지 아니하고 가만히 끊고자 하여

(마태복음 1:20) 이 일을 생각할 때에 주의 사자가 현몽하여 가로되 다윗의 자손 요셉아 네 아내 마리아 데려오기를 무서워 말라 저에게 잉태된 자는 성령으로 된 것이라

(마태복음 1:21) 아들을 낳으리니 이름을 예수라 하라 이는 그가 자기 백성을 저희 죄에서 구원할 자이심이라 하니라

(마태복음 1:22) 이 모든 일의 된 것은 주께서 선지자로 하신 말씀을 이루려 하심이니 가라사대

(마태복음 1:23) 보라 처녀가 잉태하여 아들을 낳을 것이요 그 이름은 임마누엘이라 하리라 하셨으니 이를 번역한즉 하나님이 우리와 함께 계시다 함이라

(마태복음 1:24) 요셉이 잠을 깨어 일어나서 주의 사자의 분부대로 행하여 그 아내를 데려왔으나

(마태복음 1:25) 아들을 낳기까지 동침치 아니하더니 낳으매 이름을 예수라 하니라

(Matthew 1:18) Now the birth of Jesus Christ was on this wise: When as his mother Mary was espoused to Joseph, before they came together, she was found with child of the Holy Ghost.

(Matthew 1:19) Then Joseph her husband, being a just [man,] and not willing to make her a publick example, was minded to put her away privily.

(Matthew 1:20) But while he thought on these things, behold, the angel of the Lord appeared unto him in a dream, saying, Joseph, thou son of David, fear not to take unto thee Mary thy wife: for that which is conceived in her is of the Holy Ghost.

(Matthew 1:21) And she shall bring forth a son, and thou shalt call his name JESUS: for he shall save his people from their sins.

(Matthew 1:22) Now all this was done, that it might be fulfilled which was spoken of the Lord by the prophet, saying,

(Matthew 1:23) Behold, a virgin shall be with child, and shall bring forth a son, and they shall call his name Emmanuel, which being interpreted is, God with us.

(Matthew 1:24) Then Joseph being raised from sleep did as the angel of the Lord had bidden him, and took unto him his wife:

(Matthew 1:25) And knew her not till she had brought forth her firstborn son: and he called his name JESUS.

"성 마태가 1장 22~23절에서 언급한 메시아의 계시는 어떻게 설명할 것인가?"라고 반문할 독자도 있을 것이다. 성 마태가 틀림없이 구약성경 이사야서의 7장 14절을 염두에 두고 옛 계시를 예수와 연결했을 것이라는 생각이다. 그럼 지금까지 수많은 사람이 예수와 유대 메시아의 관계를 연결하는 근거로 지목해온 이 구절을 자세히 살펴보도록 하자.

메시아의 탄생에 관한 계시를 언급하는 이사야서 7장 14절보다 앞선 10~13절에는 이렇게 기록되어 있다.

(이사야 7:10) 여호와께서 또 아하스에게 일러 가라사대

(이사야 7:11) 너는 네 하나님 여호와께 한 징조를 구하되 깊은 데서든지 높은 데서든지 구하라

(이사야 7:12) 아하스가 가로되 나는 구하지 아니하겠나이다 나는 여호와를 시험치 아니하겠나이다 한지라

(이사야 7:13) 이사야가 가로되 다윗의 집이여 청컨대 들을지어다 너희가 사람을 괴롭게 하고 그것을 작은 일로 여겨서 또 나의 하나님을 괴로우시게 하려느냐

(Isaiah 7:10) Moreover the LORD spake again unto Ahaz, saying,

(Isaiah 7:11) Ask thee a sign of the LORD thy God; ask it either in the depth, or in the height above.

(Isaiah 7:12) But Ahaz said, I will not ask, neither will I tempt the LORD.

(Isaiah 7:13) And he said, Hear ye now, O house of David; [Is it] a small thing for you to weary men, but will ye weary my God also?

그리고 바로 다음 구절에 문제의 계시에 관한 내용이 나온다.

(이사야 7:14) 그러므로 주께서 친히 징조로 너희에게 주실 것이라 보라 처녀가 잉태하여 아들을 낳을 것이요 그 이름을 임마누엘이라 하리라

(Isaiah 7:14) Therefore the Lord himself shall give you a sign ; Behold, a virgin shall conceive, and bear a son, and shall call his name Immanuel.

이것이 바로 마태복음의 저자가 인용한 계시이자 교회에서 수백 년간 예수의 기적적인 탄생을 예고한 근거로 삼아온 구절이다. 하지만 학식이 깊은 신학자들은 이사야서의 계시가 예수와 아무런 관련이 없으며, 잠시 후에 살펴볼 구약 시대의 다른 사건을 지칭한다는 사실을 잘 알고 있다. 즉, 동정녀 탄생 이야기를 밀고 있었던 마태복음 개정판의 저자가 관련 근거를 제시하기 위해 이 구절을 복음서에 끼워 맞췄다는 것이다.

히브리어 'almah'를 '동정녀(virgin)'를 의미하는 통상적인 그리스어 단어로 번역한 것은 잘못된 해석이라고 지적하는 권위자들이 최근 늘어나고 있다는 점도 덧붙이고 싶다. 히브리어로 쓰인 이사야서의 원전에서 'almah'는 '동정녀'가 아니라 '결혼 적령기에 이른 젊은 여인, 처녀'를 의미하며, 동정녀를 칭할 때 사용하는 히브리어 단어는 따로 있다. 구약성경의 다른 책에서도 'almah'는 '젊은 여인 또는 처녀'를 의미한다. 잠언서 30장 19절을 대표적 예로 들 수 있다. '남자가 여자와 함께한 자취며 (the way of a man with a maid)'

성서 고등비평에서는 이사야서에 나오는 계시가 예수의 탄생이 아닌, 완전히 다른 사건을 지칭하기 때문에 단어의 의미를 세세히 해부하는 일조차 필요 없다고 주장한다. 이사야서에서 언급된 유대의 유약한 왕 아하스는 아람(시리아)의 왕 르신과 북이스라엘의 왕 베가가 동맹을 맺고 예루살렘을 향해 진군해오자 위기를 맞게 되었다.

(이사야 7:1) 웃시야의 손자요 요담의 아들인 유다 왕 아하스 때에 아람 왕 르신과 르말리야의 아들 이스라엘 왕 베가가 올라와서 예루살렘을 쳤으나 능히 이기지 못하니라

(이사야 7:2) 혹이 다윗 집에 고하여 가로되 아람이 에브라임과 동맹하였다 하였으므로 왕의 마음과 그 백성의 마음이 삼림이 바람에 흔들림같이 흔들렸더라

(Isaiah 7:1) And it came to pass in the days of Ahaz the son of Jotham, the son of Uzziah, king of Judah, [that] Rezin the king of Syria, and Pekah the son of Remaliah, king of Israel, went up toward Jerusalem to war against it, but could not prevail against it.

(Isaiah 7:2) And it was told the house of David, saying, Syria is confederate with Ephraim. And his heart was moved, and the heart of his people, as the trees of the wood are moved with the wind.

군사 공격을 두려워한 아하스는 아시리아와 동맹을 맺으려 했으나, 이 계획에 반대한 선지자 이사야는 동맹을 인정하려 하지 않았다. 하지만 두려움에 사로잡힌 아하스는 이사야의 말에 귀를 기울일 처지가 아니었고, 결국 이사야는 신의 뜻을 알아보기 위해 신탁을 청한다. 그는 동양 선지자의 전통을 따르며 아하스가 자살행위나 다름없는 동맹을 강행할 경우 국토가 유린당하고 이스라엘 전역이 비탄에 잠기게 될 것이라고 예언한다. 하지만 고난의 먹구름이 걷힌 후 다가올 밝은 미래에 대한 희망도 함께 제시했다. 장차 지혜로운 왕자가 태어나 이스라엘의 영광을 되찾게 되리라는 예언이었다. 젊은 여인의 몸을 통해

태어날 이 왕자는 '신은 우리와 함께한다.'를 의미하는 '임마누엘'로 불리게 될 것이었다. 이사야의 이 예언은 무려 700여 년 후에 태어날 예수의 탄생이 아니라 비교적 가까운 시일 내에 일어날 사건에 관한 것이었다. 게다가 예수는 이스라엘의 왕좌에 앉을 왕자도, 단순히 나라의 영광을 되찾을 목적으로 태어난 사람도 아니었다. 히브리 학자들과 성직자들은 히스기야의 탄생으로 이사야의 예언은 오래전에 이미 실현되었다고 설명한다.

이사야가 살았던 시대와 예수가 탄생한 시점 사이의 700년 역사 동안 히브리 민족이 이사야의 예언을 메시아의 출현과 결부시켰다는 근거는 전혀 발견할 수 없다. 오히려 이사야의 이 예언은 유대 민족의 역사에서 중요도가 비교적 낮은 사건 중 하나로 취급되었다. 어느 저명한 유대계 작가는 이렇게 말했다.

> 방대한 유대계 문학 어디에도 메시아가 기적적인 방식으로 태어날 것이라는 말은 단 한 줄도 발견할 수 없다.

다른 유대계 작가들도 같은 말을 하고 있다. 이는 남녀가 결혼하여 아이를 낳고 가족을 꾸리는 것은 지극히 신성한 행위고, 자녀를 신으로부터 선물 받은 최고의 축복으로 여겼던 유대 민족에게 동정녀 탄생설은 매우 생소한 개념이었음을 보여주는 또 하나의 근거다.

또 한 명의 교회 작가는 이렇게 말했다.

> 동정녀가 메시아를 낳는다는 식의 동화는 다른 지역에서는 얼마든지 있을 수 있어도, 유대 민족에서 나온다는 것은 상상하기 어려운 일이다. 유

일신을 숭배하는 유대인의 교리는 신과 인간 세상 사이에 건널 수 없는 강을 만들었다. 결혼 생활을 신성시하는 유대 민족의 관점에서 동정녀가 신의 개입으로 아이를 낳는다는 식의 이야기는 몹시 불쾌한 개념으로 여겨진다.

이 분야의 많은 권위자가 이 생각에 동의하고 있다. 동정녀 탄생설은 히브리 민족의 예언에서 나온 것이 아니라 서기 1세기 말에 이교도 사상이 유입되면서 기독교 교리에 편입된 것이고, 기독교의 교리가 자기네 오랜 전통과 일맥상통하는 면이 많다고 느낀 이교도들이 대거 기독교로 개종하면서 이 이야기가 대중화되었다는 것이다. 런던 시티템플 교회의 R. J. 캠벨 목사(1867~1956)는 저서 《新神學(New Theology)》에서 이렇게 말한다.

신약성경의 구절 중 예수의 동정녀 탄생설을 직접 또는 간접적으로 명시한 곳은 한 군데도 없다. 내가 이 사실을 계속 강조하는 것을 두고 죽은 말에 채찍질해봐야 소용없다고 혀를 차는 사람이 많겠지만, 그들의 생각과 달리 이 말은 아직 죽지 않았다.

그럼 이제 마태복음에 이어 동정녀 탄생 이야기를 기록한 두 번째이자 마지막 책, 누가복음의 내용을 살펴보자. 누가복음 1장 26~35절의 내용은 이미 앞서 전문을 소개했다.

누가복음을 실제로 집필한 저자의 정체에 관해서도 지금까지 많은 논란이 있지만, 성서 학자들은 대체로 이 책이 가장 먼저 쓰인 3대 복음서(공관복음) 중 마지막에 쓰였다는 점에는 동의하고 있다. 학자들은 또한 누가복음의 실제 저자가 누구였든, 예수의 생애에서 있었던 여러 사건을 직접 목격한 사람은 아니었다는 점에 대해서도 의견을 같이 하고 있다. 일부 권위자들에 따르면 누가복음의 저자는 이방인(유대인이 아닌 사람)이었으며, 아마도 그리스인이었을 가능성이 높다고 한다. 그의 그리스어 문체가 평균보다 훨씬 높은 수준이고, 어휘력과 표현력이 상당히 세련되었기 때문이다. 이들의 주장에 따르면 누가복음의 저자가 사도행전도 집필했을 가능성이 높다고 한다. 전통에 따르면 누가복음은 예수가 사망한 후 기독교로 개종한 누가라는 사람의 작품이다. 누가는 드로아에서 마게도냐로 향하던 바울의 선교단에 속했던 일원으로, 가이사랴에서 바울과 함께 투옥되고, 로마로 가던 중 바울과 함께 난파되는 고난도 함께 겪었던 사람이다. 그는 바울이 사망하고 한참 후에 안디옥에 거주했던 고위 관리, 데오빌로를 위해 복음서를 집필한 것으로 알려졌다.

성서 고등비평 작가들은 동정녀 탄생의 이야기가 훗날 다른 작가에 의해 누가복음에 임의로 삽입되었거나, 노년에 이른 누가가 당시 기독교로 개종한 다수 이교도의 지지를 받았던 이 교리를 수용했을 것이라고 주장한다. (누가 본인도 개종하기 전까지는 이교도였다) 누가의 가까운 친구이자 스승이기도 했던 바울이 동정녀 탄생에 관한 언급을 하거나 가르친 적이 한 번도 없다는 점도 주목해야 한다. 누가가 동정녀 탄생과 관련한 내용을 복음서에 기록한 것이 사실이라면, 역시 먼 훗날 이교도 전통의 영향을 받아 삽입한 것으로 봐야 할 것이다.

누가도 마태처럼 아담부터 시작해서 아브라함, 다윗, 요셉을 거쳐 예수까지 이르는 계보를 구체적으로 명시했다는 점이 흥미롭다. 누가복음 3장 23절에는 예수를 '사람들의 아는 대로는 요셉의 아들이니'라

그림 9. **성 누가** | 작자 미상

는 표현으로 묘사하고 있는데, 이 구절 역시 후대에 삽입된 것으로 추정된다. 예수의 계보를 언급하면서 굳이 '요셉의 아들로 알려진 사람'이라는 토를 달 필요도, 이유도 없기 때문이다.

(누가복음 3:23) 예수께서 가르치심을 시작할 때에 삼십 세쯤 되시니라 사람들의 아는 대로는 요셉의 아들이니 요셉의 이상은 헬리요

(누가복음 3:24) 그 이상은 맛닷이요 그 이상은 레위요 그 이상은 멜기요 그 이상은 얀나요 그 이상은 요셉이요

(누가복음 3:25) 그 이상은 맛다디아요 그 이상은 아모스요 그 이상은 나훔이요 그 이상은 에슬리요 그 이상은 낙개요

(중략…)

(Luke 3:23) And Jesus himself began to be about thirty years of age, being (as was supposed) the son of Joseph, which was [the son] of Heli,

(Luke 3:24) Which was [the son] of Matthat, which was [the son] of Levi, which was [the son] of Melchi, which was [the son] of Janna, which was [the son] of Joseph,

(Luke 3:25) Which was [the son] of Mattathias, which was [the son] of Amos, which was [the son] of Naum, which was [the son] of Esli, which was [the son] of Nagge,

(중략…)

성서를 제대로 읽어본 사람은 이미 알고 있겠지만, 마태와 누가가 복음서에 각각 기록한 예수의 족보는 내용이 서로 다르다. 둘 중 한 사

람은 정보를 잘못 알고 있었음을 보여주는 대목이다.

전반적으로 봤을 때, 학자들은 동정녀 탄생의 이야기를 단 한 번도 언급한 적이 없고, 아예 그런 전설을 알지도 못했을 가능성이 높은 바울의 가장 열정적인 제자였던 누가가 이 이야기를 복음서에 기록했다는 사실을 수긍할 수 없다는 입장이다. 바울 정도 되는 사람이 동정녀 탄생설을 믿었거나 이 개념이 그의 생전에 기독교의 교리로 이미 자리를 잡았더라면, 그가 틀림없이 이 교리의 중요성을 강조하면서 설파하고 다녔으리라는 것이다. 누가가 이 내용을 복음서에 기록했다는 주장은 아직도 미스터리에 싸여 있다. 그리고 지금까지 제시한 근거들을 고려했을 때, 후대의 작가가 누가의 원본 글에 동정녀 탄생의 이야기를 삽입했다는 이론이 더 큰 설득력을 얻고 있다.

그럼 이제 예수가 동정녀의 몸에서 태어났다는 정교회 신학의 공식적인 주장을 반박하는 성서 고등비평의 관점을 정리하고 요약해 보자.

1. 동정녀 탄생 이야기는 4대 복음서 중 두 복음서의 서론에만 등장하며, 그마저도 후대의 작가들이 끼워 넣은듯한 흔적이 보인다.

2. 심지어 마태와 누가도 복음서 앞부분에서 동정녀 탄생에 관한 이야기를 짤막하게 언급한 이후부터는 이에 관해 침묵하고 있다. 두 복음서의 작가가 진짜로 그 이야기를 믿었더라면 다른 구절에서도 분명히 언급했을 것이다. 이처럼 중요한 내용을 잠시 스쳐 지나가듯이 다룬 후 남은 장에서 철저하게 외면한다는 것은 관습에도 어긋나고 확률적으로도 이치에 맞지 않는다.

3. 마가복음과 요한복음에서는 이 내용을 전혀 다루지 않고 있다. 4대 복음서 중 가장 오래된 마가복음에서는 동정녀 이야기에 관한 작은 단서도 발견되지 않고, 가장 나중에 쓰인 요한복음도 마찬가지다.

4. 신약성경의 다른 책에도 동정녀 탄생의 이야기와 교리에 관한 내용이 전혀 나오지 않는다. 심지어 누가가 쓴 것으로 알려진 사도행전에도 안 나온다. 누가의 스승이자 초기 기독교의 대 작가인 바울도 동정녀 탄생 이야기에 대해 아는 바가 없거나, 알고 있었다 하더라도 완전히 무시하고 있다. 바울이 이 이야기를 알고 있었음에도 무시했을 가능성은 거의 없다. 예수의 첫 번째 제자인 베드로도 자신이 집필한 신약성경 서한에서 동정녀 탄생 이야기를 언급하지 않는다. 그 역시 이 전설을 알고 믿었더라면 틀림없이 기록으로 남겼을 터이다. 기독교 후기 역사에서 매우 중요한 역할을 담당한 요한계시록에도 이 이야기가 등장하지 않는다. 이미 설명한 마태복음과 누가복음에서 짧막하게 언급한 것 외에는 신약성경 전체에서 동정녀 탄생에 관한 이야기를 찾아볼 수 없다.

5. 예수의 제자들이 집필한 신약성경의 복음서와 서한에는 이들이 동정녀 탄생에 관한 이야기를 전혀 몰랐거나 진리로 받아들이지 않았음을 뒷받침하는 여러 구절이 있다. 예수가 다윗의 피를 물려받았음을 강조하기 위해 예수의 계보를 명시한 것이 의미를 가지기 위해서는 요셉이 그의 친부여야만 한다. 성경 곳곳에서 예수는 '요셉의 아들'로 불린다. 바울과 예수의 제자들은 그의 죽음, 부활, 승천의 필연성을 누차 강조한다. 하지만 예수가 동정녀의 아들이어야 한다든지, 이런 믿음을

반드시 받아들여야 한다는지 하는 식의 가르침은 일절 없다. 중요한 교리의 세부적인 내용까지 일일이 챙긴 이 신중한 작가들이 이처럼 굵직한 주제를 빼먹었을 리 만무하다. 심지어 바울은 예수를 '다윗의 혈통'이라고 구체적으로 묘사까지 한다.

> **(로마서 1:3)** 이 아들로 말하면 육신으로는 다윗의 혈통에서 나셨고

> **(Romans 1:3)** Concerning his Son Jesus Christ our Lord, which was made of the seed of David according to the flesh;

6. 동정녀 탄생설은 초기 기독교의 전통 또는 교리에 포함되지 않았을 뿐 아니라, 크리스천들에게 완전히 생소한 개념이었다. 사도행전을 읽어보면 알 수 있듯이, 예수의 제자들도 이 교리를 설교하거나 가르친 적이 없다. 예수가 사망한 후 제자들의 활동상과 가르침을 담은 사도행전에서 이처럼 중요한 교리를 실수로 빠트렸을 가능성은 없다. 신중하고 양심적인 기독교 학자들은 초기 기독교 시절에 기독교로 개종한 신도들은 동정녀 탄생이라는 기적에 관해 아는 바가 없었고, 예수의 제자들이 이 사실을 알고 믿었음에도 대중에게 전파하지 않았다는 것은 있을 수 없는 일이라고 설명한다. 예수의 탄생 후 100여 년 후인 2세기 초 무렵에 이교도들이 대규모로 개종하면서 이들의 기존 신앙이 기독교 교리와 혼합되기 전까지는 동정녀 탄생에 관한 문제가 대두된 적이 없었을 것이다.

7. 동정녀 탄생설이 이교도 전설에서 비롯되었을 가능성은 얼마든

지 있다. 이교도 신화는 영웅, 신, 선지자, 왕, 현자들이 동정녀 탄생처럼 기적적인 방법으로 세상에 출현하는 이야기들로 가득 차 있다.

8. 동정녀 탄생설의 수용은 그리스도와 기독교의 가르침에 대한 믿음의 전제 조건이 아니고, 되어서도 안 된다. 캠벨 목사가 저서《新神學》에서 이 개념을 잘 설명했다.

동정녀 탄생 교리가 기독교 가르침의 신뢰성과 의미에 영향을 주는 것은 하나도 없다. 오히려 인류와 예수의 관계를 더욱 벌려놓고, 예수를 인간이 아닌 이상한 존재로 만들어 거리감을 확대할 뿐이다…. 나 역시 한때는 많은 사람처럼 동정녀 탄생 교리가 기독교의 근본적 가르침과 무관하기 때문에 굳이 신경을 쓸 필요조차 없다고 생각했다. 하지만 이 문제에 관해 고민하면 할수록 이 교리는 오히려 영적 종교와 예수를 향한 진정한 신앙을 저해하는 요소라는 결론을 내리게 되었다. 결론은 아주 단순하고 자연스럽다. 예수는 요셉과 마리아의 아들이었고, 그는 비교적 평범한 유년기를 보냈다.

독일의 신학자 빌헬름 졸타우는 이렇게 말했다.

크리스천이라면 마땅히 '성령으로 잉태하사 동정녀 마리아에게 나시고'의 구절을 액면 그대로 받아들여야 한다고 강요하는 사람은 성령은 물론이고, 예수의 제자들과 그들이 사도 시대에 전파했던 가르침을 상대로 죄를 범하는 것이나 다름없다.

오컬트/신비주의의 관점

이상으로 동정녀 탄생설을 중심으로 한 보수적인 기독교 신학자들과 자유주의적/급진주의적 진영의 상반되는 주장을 차례대로 살펴보았다. 독자들이 문제의 본질을 이해할 수 있도록 양측의 입장을 요약하여 전달했다. 이제 세 번째 관점인 오컬트의 가르침을 살펴볼 차례인데, 그 전에 이 질문을 던지고 싶다. 성서 고등비평 진영은 동정녀 탄생의 교리를 반박하는 여러 증거가 제시된 상태에서 신약성경 전체를 관통하는, 의문의 여지가 없는 신성한 아버지(Divine Fatherhood)의 교리는 어떻게 설명할 것인가? 왜 신약성경은 수시로 예수를 '하나님의 아들'로 칭하는 것일까? 이교도 전설의 영향에 의해 동정녀 탄생이라는 이야기로 둔갑한 예수의 신성한 혈통(Divine Parentage)의 배후에 있는 비밀 교리의 실체는 무엇인가? 아쉽게도 이 질문에 대한 해답은 성서 고등비평의 책과 설교에서도, 보수적 신학자들의 책과 설교에서도 발견할 수 없다. 자, 그럼 이제 어두운 베일에 가려진 이 문제에 오컬트의 가르침이 어떤 식으로 빛을 비추는지 본격적으로 다뤄보자! 이 미스터리를 푸는 내적 교리는 오컬트 가르침에서 찾을 수 있다.

우선, 오컬트의 가르침에는 예수의 육체적 탄생과 관련하여 기적적인 사건이 일어났다는 기록은 없다. 그의 탄생을 둘러싼 기적을 딱히 부정하지도, 구체적으로 설명하지도 않는다. 그저 예수의 아버지를 요셉, 어머니를 마리아로 칭할 뿐이다. 다시 말해, 보통의 가족과 마찬가지로 아버지, 어머니, 아들로 구성된 일반 가정으로 묘사한다. 오컬트 가르침에서는 영적인 자녀(Spiritual Sonship)로서의 예수에 관해 깊고 세부적으로 설명하지만, 육신의 잉태와 탄생과 관련한 기적의 언급은 없다.

오컬트의 교리를 생각해보면 왜 동정녀 탄생설이 오컬티스트에게 와닿지 않는지 쉽게 이해할 수 있다. 오컬티스트에게 있어 육신은 영의 사원(Temple of the Spirit)이자 혼이 거하는 집에 불과하다. 매 순간 세포를 재생하며 구조를 정비하는 육신은 일종의 껍데기로, 물질 세상에서 활동하는 동안 인간의 혼을 담는 구실을 하며, 다른 물질과 마찬가지로 용도를 다하면 분해되어 흩어진다는 속성을 가지고 있다. 오컬티스트들은 영혼과 육신은 별도라는 사실을 잘 알고 있다. 육신이 소멸하면 영혼이 영의 사원을 떠나는 것은 물론이고, 살아있는 동안에도 영혼이 육신을 일시적으로 빠져나와 유영할 수 있다. (예: 유체이탈) 이것 외에도 오컬티스트가 육신과 물질을 일종의 껍데기로 취급하는 이유는 많다. 물론 육신은 중요하지 않다는 얘기는 아니다. 물질 세상에서 사는 동안에는 꼭 필요하므로 수명이 다할 때까지 정성스럽게 관리하고, 올바르게 사용하고, 때가 되면 폐기하고 새것으로 교체하는 것이 바로 육신이다.

오컬티스트의 이런 관점을 종합적으로 고려하면 절대자가 인간 여성의 몸을 취하여 아이를 갖게 한다는 이론 또는 교리가 왜 허접하고, 야만적이고, 불필요하고, 신이 확립한 자연의 법칙에 정면으로 대항하는 것으로 여겨지는지 알 수 있다. 오컬티스트는 모든 아기의 잉태에서 신의 의지(Divine Will)를 발견한다. 오컬티스트의 관점에서 모든 잉태와 탄생은 그 자체로서 이미 기적이다. 하지만 오컬티스트는 모든 탄생의 배후에서 자연의 법칙이 작용하고 있으며, 신성한 의지도 언제나 자연의 법칙을 따르며 운영된다고 믿는다. 우리 눈에 기적 또는 초자연적인 것으로 보이는 현상은 우리가 아직 정확하게 이해하고 다스리는 법을 익히지 못한 법칙의 작용일 뿐이다. 하지만 오컬티스트도 생리학적인 과정 외에 새로운 육신의 창조를 주관하는 법칙에 대해 아는 바가 없다.

쉽게 말해, 오컬티스트는 '예수의 육신'과 '예수'를 동일시하지 않는다. 진짜 예수(Real Jesus)는 예수의 몸보다 훨씬 큰 개념이므로, 그의 육신이 기적적인 과정을 통해 탄생했다는 개념의 필요성을 느끼지 못한다. 이건 마치 예수가 입은 옷이 기적적인 방법으로 만들어져서 특별하다는 얘기와 다를 바 없다. 예수의 몸은 물질이고, 진짜 예수는 영(Spirit)이다. 오컬티스트는 또한 요셉을 진짜 예수의 아버지로 보지 않는다. 세상 어느 인간도 영혼을 생산하거나 창조할 수는 없기 때문이다. 따라서 오컬티스트는 기독교 교리에 서서히 파고든 이교도의 오랜 동정녀 탄생설을 고려할 필요성조차 느끼지 못한다. 오컬트 가르침에는 일반적으로 알려진 것과 전혀 다른 진짜 동정녀 탄생의 개념이 있다. 잠시 후에 이 내용을 다룰 것이다.

1세기 후반에 이교도의 전설과 교리를 들고 기독교로 몰려든 다수는 이 교리를 몰랐다. 이들은 육신이 곧 인간이라고 믿었으며, 따라서 육신에 최고의 중요성을 부여했다. 이교도의 교리를 바탕으로 삶을 바라본 이들은 물질주의자에 가까웠다. 갑자기 교회 내 다수가 된 이들은 당시 규모가 작았던 초기 크리스천들에게 큰 영향력을 행사했고, 본래의 기독교 교리는 점차 이교도 사상에 물들기 시작했다. 예를 들어, 개종한 이교도들은 육신이 죽더라도 영혼은 살아남는다는 초기 기독교의 아름다운 교리(영혼의 불멸성)를 이해하지 못했다. 영혼(Soul)의 개념도 알지 못했다. 그래서 인간이 죽은 후에 육신이 부활한다는 이교도의 교리로 영혼의 개념을 대체했다. 이들은 아주 먼 훗날, 무덤에 묻혔던 육신이 다시 살아날 것이라고 굳게 믿었다. 영혼의 불멸성을 설파했던 초기 기독교의 아름다운 교리에 비하면 이교도의 사상은 안타깝고 고통스러울 정도로 조악하다. 하지만 개종한 이교도들은 결국 기독교에 깊게 침투하여 본래의 가르침을 몰아내고 육신의 부활이라는 엉뚱한 교리를 주류로 내세우는 데 성공했다.

이들은 인간이 어떻게 몸 없이 존재할 수 있는지 이해하지 못했고, 내세(來世)가 존재하려면 당연히 죽었던 육신이 되살아나야 한다고 생각했다. 육신이 죽으면 죽은 상태로 있다가, 심판의 날에 다시 살아난다고 믿은 것이다. 이교도의 가르침에는 육신이 죽은 후 영혼이 빠져나와 더 높은 차원에서 삶을 이어간다는 개념이 없었다. 높은 차원의 이상이 없던 이들은 육신을 최고로 삼는 물질주의자였고, 언젠가 놀라운 기적이 일어나 죽었던 육신이 부활하여 다시 땅 위를 활보하게 될 것이라고 굳게 믿었다.

물질의 속성에 관한 현대의 지식, 오늘 내 몸의 일부였던 물질이 내일은 다른 사람 몸의 일부가 될 수도 있다는 사실, 물질은 끊임없이 변하고 또 변한다는 점, 동물, 식물, 인간의 몸을 만드는 데 쓰이는 물질의 본질은 같고, 때로는 기체 또는 무기물을 구성하는 분자 형태로 존재한다는 사실…. 이와 같은 객관적인 사실관계를 종합적으로 고려했을 때, 육신의 부활이라는 개념은 영적인 가르침이 아니라 원시적이고 무지했던 사람들의 머릿속에서 나온 소설에 가깝다고 할 수 있다. 의심의 여지가 없는 역사적 기록과 지금까지도 교회에서 주일마다 신도들이 암송하는 사도신경에 '몸이 다시 사는 것과… 믿사옵나이다'라는 구절이 현재까지 전해지지 않았더라면 당시의 크리스천들이 이런 어이없는 교리를 가르쳤다는 사실을 믿지 못할 독자도 많을 것이다. 오늘날 교회에서도 이 교리를 주제로 설교하는 사례는 극히 드물고, 이를 믿는 크리스천도 많지 않다. 아니, 대다수가 무시하거나 부정한다고 보는 것이 더 정확한 표현이다.

스코틀랜드의 시인, 윤리학자, 철학자, 제임스 비티 박사(1735~1803)는 이렇게 말했다.

인류는 역사 초기부터 영혼은 불멸의 속성을 지녔다는 어렴풋한 믿음을 갖고 있었으나, 육신이 부활한다는 생각은 초기 기독교만의 독특한 사상이었다.

잉글랜드의 시인, 문학평론가, 철학자, 신학자, S. T. 콜러리지(1772~1834)는 이렇게 말했다.

초기 기독교 시대에 큰 영향력을 행사했던 작가 중 일부는 물질주의자였다. 이들은 영혼을 일종의 물질로 여겼다.

당시에도 플라톤 등, 영혼의 불멸성을 주장했던 사람이 더러 있었지만, 오히려 기독교 정교회의 사제들은 이를 성서의 가르침에 반하는 불경한 사상으로 간주했다. 초기 기독교 옹호자이자 철학자인 유스티누스(c.100~c.165)도 영혼의 속성에 관한 플라톤의 주장을 반박했고, 후대의 작가 중에도 초기 정교회의 주장을 대변하는 일에 앞장선 사람들이 있다. 예를 들어, R. S. 캔들리쉬 목사는 이렇게 말했다.

우리는 지금 가진 몸으로 나중에 다시 태어난다. 지금 가진 몸의 속성을 모두 간직한 채 다시 태어나는 것이다. 귀신, 유령, 정령이 되어 어디에선가 계속 사는 것이 아니라, 지금처럼 몸을 가진 상태로 다시 사는 것이다.

초기 정교회가 육신의 부활이라는 교리를 그토록 강조했던 이유는 영지주의(靈智主義; The Gnostics)라는 기독교 내부 종파가 이 교리에 반대했기 때문이다. 육신의 부활을 지지하는 정교회와, 이를 부정하고 영혼의 불멸성을 주장했던 영지주의 간의 갈등은 결국 전자의 승리로 끝났고, 정교회는 반대 주장의 흔적조차 철저히 없애버리기 위해 육신이 부활한다는 교리를 강력하게 내세웠다. 교회의 공식적인 후원에도 불구하고 이 조악한 이론은 서서히 신도들의 뇌리에서 지워졌지만, 지금도 교리와 말씀의 형태로는 명맥을 유지하고 있다. 하지만 영혼의 불멸성이라는 개념이 기독교로 복귀하여 승리를 거두면서 육신의 부활을 중심으로 한 교리는 역사의 뒤안길로 서서히 사라져가고 있다. 나다니엘 슈미트 목사(1862~1939)는 이 주제에 관해 이렇게 말했다.

인간의 영혼은 불멸의 속성을 지니고 있다는 교리가 점차 기독교 사상의 중요한 일부가 되면서 육신의 부활이라는 구시대의 교리는 자연스럽게 그 빛을 잃었고, 현대의 기독교 사상가들이 세운 철학 체계에서도 사실상설 자리가 사라졌다.

그런데도 교회에서는 여전히 의미 없는 '몸이 다시 사는 것을 믿사옵니다'를 매주 반복적으로 암송하고 있는 현실이다. 이 해묵은 교리를 믿는 사람도 이제 거의 없는데, 매주 교회에 가서 사도신경을 암송하며 믿는다고 신앙심을 표현해야 진정한 신도로 인정을 받는다. 죽은 형식과 사상이 살아있는 사람을 손아귀에서 놔주지 않는 전형적인 사례다.

지금까지 설명한 내용을 읽고 서기 1세기 말엽의 초기 크리스천들이 예수의 잉태와 육신의 탄생에 왜 그토록 중요한 의미를 부여했는지 이해할 수 있을 것이다. 그들에게 있어서는 예수의 육신이 곧 예수였기 때문이다. 이런 관점으로 생각하다 보니 자연스럽게 동정녀 탄생과 육신의 부활이라는 교리까지 만들어진 것이다. 이제 독자도 이 교리의 기원에 관해 잘 이해했으리라고 생각한다.

예수가 보통 사람처럼 자연의 과정을 통해 인간 아버지와 어머니 사이에서 태어났다는 주장을 듣고 충격을 받는 독실한 크리스천도 본 적이 있다. 그들은 마치 이런 자연적인 탄생의 과정이 불순하기라도 하다는 듯이 격하게 반응한다. 이런 반응은 신성한 자연의 과정을 왜곡된 시각으로 바라보는 것에서 비롯된다. 자연의 모든 것은 본래 순수한데, 그 안에서 불순함을 보는 삐뚤어진 관점이다. 남녀가 결합하여 새로운 생명을 탄생시키는 신성한 과정을 불순하다고 생각하다니, 왜곡의 극치라 할 수 있겠다. 진정으로 영적인 사람은 아버지, 어머니, 자녀로 구성된 신성한 삼위일체를 통해 세상에서 가장 순수하고 성스러운 무언가를 발견한다. 엄마의 애정 어린 품에 안긴 아름다운 아기가 불순함의 상징이란 말인가? 아빠가 사랑하는 마음으로 아기를 바라보며 보호자 역할을 자처하는 것이 불순한 동기에서 나온 불순한 결과물이란 말인가? 이게 잘못된 생각이라는 것은 본인의 가슴으로도 알 수 있지 않나? 마리아가 아기를 안고, 그녀의 남편이자 아기의 아버지인 요셉이 가족을 보호하며 이집트로 피신하는 장면을 묘사한 《이집트로의 도피》라는 명화를 보라. 이것이야말로 가족의 성스러움을 아름답게 상징한 작품이 아니던가? 이 책을 읽고 있는 독자 대부분은 가족을 불순한 관계로 여기는 단계를 이미 뛰어넘은 영적 성장을 이루었으리라 믿고 싶다.

그렇다면 예수의 동정녀 탄생과 관련한 오컬트 가르침, 비밀 교리의 실체는 무엇인가? 바로 이것이다. 예수의 영은 절대자에서 갓 나온, 다시 말해, 순결한 영의 탄생이었다는 것. 예수의 영은 보통의 인간처럼 수많은 환생을 반복하며 느린 속도로 성장하는 고된 여정을 걷고 있는 영이 아니라, 절대 영이 낳은 순결한 영, 말 그대로 '아버지의 아들'이다. 이 순결한 영은 인간의 육신을 가지고 이 땅에 태어나 인간으로서의 삶을 시작했다. 그는 처음에 자기의 정체성을 완전하게 인지하지 못했으나, 보통 인간과 마찬가지로 시간이 흐르면서 자기를 조금씩 알아가기 시작했고, 궁극적으로 내면의 속성이 폭발하듯 펼쳐지고 다가오면서 자신이 절대자의 화신이라는 진실을 깨우치게 된다. 준비 기간 30년, 사역 3년을 합친 33년의 짧은 생애 동안 예수는 인류의 생애를 상징하는 심볼이 되었다. 그가 자라나면서 자신의 신성을 인지하고 깨달았듯이, 인류도 충분한 시간이 흐르면 그 깨달음에 이르게 된다. 예수의 모든 행동은 모든 인간 개개인, 그리고 인류라는 집단의 생애를 대표하고 상징한다. 우리도 예수처럼 겟세마네 동산의 고난을 통과

해야 한다. 십자가형도 받고, 높은 차원으로 상승하는 체험도 해야 한다. 이것이 바로 그리스도의 순결한 탄생에 관한 오컬트 교리의 골자다. 예수의 육신이 동정녀의 몸을 통해 세상에 태어났다는 주장보다는 최소한 더 이상적이고 의미 있는 해석이 아닌가?

강의를 진행하면서 그리스도의 신성, 인간의 형상 안으로 들어온 영에 관한 오컬트 가르침의 세부 내용도 하나둘씩 설명할 것이다. 이 가르침을 통해 예수가 영적으로 순결한 상태로 태어났다는 말이 정확히 무엇을 의미하는 것인지 보다 확실하게 이해할 수 있을 것이다.

초기 크리스천 중 이 교리를 이해할만한 지적 역량을 보유했던 사람들은 예수의 탄생에 관한 진짜 교리를 배웠다. 하지만 위대한 스승들이 세상을 떠난 후 후계자들은 이방인들을 기독교로 개종시키는 일에 지나치게 열정적으로 임했고, 그 결과 이교도들의 대규모 개종 행렬이 이루어지면서 예수의 육신이 동정녀를 통해 탄생하고 육신이 부활한다는 물질적 교리가 점차 기독교의 본래 가르침을 대체하고 새로 부상한 정교회의 지도자들에 의해 중요한 교리와 신앙의 핵심으로서 자리를 잡게 되었다. 기독교의 이 어두운 역사에 다시 진리의 빛을 비추는 데는 수백 년에 이르는 정신적 투쟁과 영적 성장의 세월이 소요되었지만, 그동안 많은 진보가 있었고, 오늘날 교회 안에서뿐 아니라 교회 밖에서 열심히 활동하고 있는 위대한 사상가들의 노력으로 이 구시대의 전설을 무지의 먹구름이 진리의 빛을 가렸던 원시 시절의 유물로 규정하고 철거하는 작업이 체계적으로 이루어지고 있다.

이번 장을 마치면서 위대한 선구자, 캠벨 목사가 《新神學》에서 한 말을 다시 한번 되새겨보자.

왜 이 질문을 함에 있어 주저해야 한단 말인가? 예수가 이 세상에 태어난 방식은 그의 위대함과 그가 인류에게 전파한 가르침의 가치를 한층 더 높여주지도, 약화하지도 않는다. 일반적인 과정의 탄생이든, '동정녀 탄생'이든, 모든 생명의 탄생은 아름답다. 이 세상 모든 아기는 신이 주신 기적의 선물이다. 초자연적이고 희한한 잉태의 과정으로 세상에 태어난 사람이라고 해서 도덕과 영적인 가치가 더해지는 것이 아니다. 구시대의 교리를 끝까지 고집하며 증거를 찾아내려 하는 사람은 결국 난관에 봉착할 것이다. 동정녀 탄생을 진리로 받아들일 경우, 예수는 인류와 무관한 존재라는 논리적 결론에 도달할 것이기 때문이다.

성서 고등비평 진영이 이 문제를 푸는 열쇠와 논쟁의 당사자들이 화합하는 방법을 제공하는 오컬트의 가르침을 접하게 되길 기대한다. 왜 예수는 창조된 존재가 아니라 진정한 의미에서 '하나님이 낳은 아들(THE SON OF GOD, begotten and not created)'인지, 왜 예수는 영의 바다에서 갓 나온 가장 순결한 영이고, 따라서 사실상 아버지와 같은 존재인지, 왜 그는 전생에서 쌓은 카르마(업보)의 짐으로부터 자유로운지, 왜 그는 인간이면서 동시에 인간보다 훨씬 큰 존재인지 이해하게 될 것이다.

다음 장부터는 소년 예수가 원로들이 모인 사원에 모습을 드러낸 시점부터 서른 살의 성인이 되어 세례 요한의 설교 현장에 나타나 그와 상봉하고, 3년간의 사역 끝에 십자가형을 받고 승천할 때까지 있었던 그의 비밀 생애를 다룰 것이다. 일반 대중에게는 잘 알려지지 않은 오컬트 전통인지라 굉장히 흥미롭고 때로는 깜짝 놀라는 대목도 많은 주제가 될 것이다.

제3강

신비에 싸인 예수의 젊은 시절

예수의 유년 시절

전 강의에서 신비의 베일에 싸인 예수의 젊은 시절에 관한 이야기를 전하겠다고 약속했다. 실제로 예수의 생애에 관한 비밀 역사가 존재한다. 교회는 이에 대해 아는 바가 거의 없다. 교회는 예나 지금이나 일반 대중의 소비를 위한 껍데기만 가지고 있고, 알맹이는 언제나 소수만의 전유물이었다. 신비주의 형제단과 오컬트 단체들은 예수의 젊은 시절 이야기를 현재까지 보존해왔다. 이제부터 이 신비주의 전설과 전통에 담긴 핵심을 독자들에게 공개할 것이다.

제1강의 마지막에서 요셉, 마리아, 그리고 아기 예수는 독재자 헤롯의 마수를 피해 급히 이집트로 피신했다. 이들은 헤롯이 사망할 때까지 이집트에서 몇 년간 머물렀고, 그 후 요셉은 왔던 길을 거슬러 올라 부인과 아들을 데리고 고국으로 다시 향했다. 구체적인 이유는 알 수 없지만, 요셉은 유대로 가지 않고 해안을 따라 마리아를 처음 만나 약혼했던 나사렛으로 이동했다. 그래서 예수는 작은 산골 지방에서 유년기를 보냈고, 가난했던 요셉의 가족은 동양의 마법사들이 매년 은밀하게 나사렛에 파견한 전령을 통해 받은 약간의 황금으로 근근이 생계를 유지했다.

(마태복음 2:19) 헤롯이 죽은 후에 주의 사자가 애굽에서 요셉에게 현몽하여 가로되

(마태복음 2:20) 일어나 아기와 그 모친을 데리고 이스라엘 땅으로 가라 아기의 목숨을 찾던 자들이 죽었느니라 하시니

(마태복음 2:21) 요셉이 일어나 아기와 그 모친을 데리고 이스라엘 땅으로 들어오니라

(마태복음 2:22) 그러나 아켈라오가 그 부친 헤롯을 이어 유대의 임금 됨을 듣고 거기로 가기를 무서워하더니 꿈에 지시하심을 받아 갈릴리 지방으로 떠나가

(마태복음 2:23) 나사렛이란 동네에 와서 사니 이는 선지자로 하신 말씀에 나사렛 사람이라 칭하리라 하심을 이루려 함이러라

(Matthew 2:19) But when Herod was dead, behold, an angel of the Lord appeareth in a dream to Joseph in Egypt,

(Matthew 2:20) Saying, Arise, and take the young child and his mother, and go into the land of Israel: for they are dead which sought the young child's life.

(Matthew 2:21) And he arose, and took the young child and his mother, and came into the land of Israel.

(Matthew 2:22) But when he heard that Archelaus did reign in Judaea in the room of his father Herod, he was afraid to go thither: notwithstanding, being warned of God in a dream, he turned aside into the parts of Galilee:

(Matthew 2:23) And he came and dwelt in a city called Nazareth: that it might be fulfilled which was spoken by the prophets, He shall be called a Nazarene.

그림 10. **이집트로 피신하는 예수의 가족** | 후안 산체스 코탄(Juan Sánchez Cotán)

전통에 따르면 예수는 5살 때부터 히브리 율법에 관한 공부를 시작했다고 한다. 비범하고 총명했던 그는 경전에 담긴 본문을 단순히 통달한 것이 아니라, 그 배후에 있는 깊은 가르침의 본질까지 꿰뚫고 정확하게 이해하며 동기생들을 큰 폭으로 앞서갔다. 소년 예수는 또한 어린 시절부터 고리타분한 형식에 얽매여 있던 히브리 스승들에게 불만을 품었고, 화려한 껍데기보다는 경전에 실질적인 힘을 부여하는 알맹이를 발견하기 위해 노력했다고 한다. 그와 반대로 경전에 담긴 정신보다는 형식과 단어를 숭배했던 스승들은 수시로 그를 나무라며 혼냈다.

당시의 나사렛은 전통을 중시하는 보수적인 지역이었고, 이곳에 사는 주민들은 유대 시민들의 놀림감이었다. 세련된 도심에 사는 주민들에게 있어 '나사렛 사람'이라는 말은 '막돼먹은 놈', '천박한 사람', '무식쟁이'의 동의어였다. 워낙 오지였던 나사렛은 나라의 다른 지역과는 확연히 다른 분위기였다. 하지만 이와 같은 환경은 오히려 어린 예수의 삶에서 중요한 역할을 했다. 나사렛은 그 독특한 지리적 특성상 사막을 횡단하는 상인과 여행객들이 자주 들르는 경유지의 구실을 했다. 다양한 지역에서 온 여행객들이 나사렛을 통과하거나, 하룻밤 또는 며칠간 묵다 가는 경우가 많았고, 사마리아, 예루살렘, 다마스쿠스, 그리스, 로마, 아라비아, 시리아, 페르시아, 페니키아 등, 각지에서 찾아 온 사람들이 나사렛 주민과 어울렸다. 전통에 따르면 소년 예수는 몰래 집을 빠져나와 오컬트와 신비주의 전통에 통달한 외국인들을 찾아 다니고 접촉하며 대화를 나누는 일이 많았고, 다양한 이야기와 가르침을 전하는 이들로부터 많은 것들을 빠르게 배우고 흡수하여 순식간에 중년에 이른 신비주의자가 가진 수준의 지식을 습득했다고 한다. 비밀 교리에 관한 해박한 지식과 깊은 통찰력을 지닌 소년 예수를 보고 깜짝 놀라며 즐거워한 오컬티스트들도 많았다. 이런 현자 중에는 소년의 비범함을 알아보고 자신의 여행 일정을 일부러 뒤로 미룬 채 나사렛에 장기간 머무르면서 예수가 아직 접하지 못한 오컬트 지식을 채워주는 사람들도 있었다. 멀리서 그의 성장을 지켜보던 동양의 마법사들도 나사렛을 통과하는 오컬트 단원들에게 이 신성한 아이에 관한 이야기를 공유하고, 그가 받아들일 수 있는 수준의 진리 또는 가르침을 전해 주라고 당부했다.

이렇게 소년 예수는 매일, 매년 다양한 지식과 지혜를 접하며 자라났고, 어느 날 모든 크리스천과 신약성경 학자들이 주목하는 일대 사건이 일어나게 된다. 이 사건을 제대로 이해하려면 방금 설명한 예수의 유년 시절에 관한 배경 지식이 있어야 한다.

원로들을 대상으로 설교하는 소년 예수

예수가 열세 살이 되던 해의 4월, 언제나 그렇듯이 유월절을 기념하는 대대적인 축제가 예루살렘에서 열렸다. 유월절은 유대 민족의 가장 중요한 연례행사로, 행사 참여는 모든 히브리인의 신성한 의무였다. 유월절은 유대 역사에서 가장 중요한 사건, 즉, 죽음의 사자가 이집트 땅에 거주하는 모든 가족의 장자를 죽이고, 이집트에 노예로 사로잡힌 유대인의 신앙심을 상징하는 양의 피를 문틀에 칠한 집은 통과하여 죽음을 면케 해준 일을 되새기고 기리는 축제다. 이집트 장자의 죽음은 자연적인 원인에 발생한 현상이었지만, 이번 강의에서는 '기적'으로 보이는 이 사건의 전모를 다루지 않고 간단히 언급만 하고 마치겠다.

이스라엘의 법 제정자들은 민족이 중요시하는 이 날을 영원히 기리기 위해 유월절을 제정했고, 자신을 진정한 유대인으로 여기는 모든 시민은 엄숙한 사명감으로 이날을 기념하기 위해 축제에 참여했다. 독실한 유대인들은 여건이 허락하는 한, 매년 유월절 기간에 예루살렘으로 가는 순례길에 올랐다.

지금 설명하고 있는 유월절 행사는 예수가 열세 살이 되던 해에 있었던 일이다. 율법에 따라 예수에게는 유월절 저녁 식사시간에 어른들과 같은 자리에 앉아 어울리고, 저녁에 회당에서 남자 어른들과 함께 공식적으로 예배를 드리는 자격이 주어졌다.

어쨌든, 이 해에 예수는 아버지와 어머니를 따라 태어나서 두 번째로 예루살렘을 방문했다. 물론 첫 번째 방문은 아기 시절, 유대의 법에 따라 엄마의 품에 안겨 베들레헴에서 예루살렘으로 갔던 일이었다. 당시 나이 든 사제(시므온)와 여성 선지자(안나)가 아기의 신성을 알아보고 선포했던 일을 기억할 것이다.

(누가복음 2:23) 이는 주의 율법에 쓴 바 첫태에 처음 난 남자마다 주의 거룩한 자라 하리라 한 대로 아기를 주께 드리고

(누가복음 2:24) 또 주의 율법에 말씀하신 대로 비둘기 한 쌍이나 혹 어린 반구 둘로 제사하려 함이더라

(누가복음 2:25) 예루살렘에 시므온이라 하는 사람이 있으니 이 사람이 의롭고 경건하여 이스라엘의 위로를 기다리는 자라 성령이 그 위에 계시더라

(누가복음 2:26) 저가 주의 그리스도를 보기 전에 죽지 아니하리라 하는 성령의 지시를 받았더니

(누가복음 2:27) 성령의 감동으로 성전에 들어가매 마침 부모가 율법의 전례대로 행하고자 하여 그 아기 예수를 데리고 오는지라

(누가복음 2:28) 시므온이 아기를 안고 하나님을 찬송하여 가로되

(누가복음 2:29) 주재여 이제는 말씀하신 대로 종을 평안히 놓아 주시는도다

(누가복음 2:30) 내 눈이 주의 구원을 보았사오니

(누가복음 2:31) 이는 만민 앞에 예비하신 것이요

(누가복음 2:32) 이방을 비추는 빛이요 주의 백성 이스라엘의 영광이니이다

하니

(누가복음 2:33) 그 부모가 그 아기에 대한 말들을 기이히 여기더라

(누가복음 2:34) 시므온이 저희에게 축복하고 그 모친 마리아에게 일러 가로되 보라 이 아이는 이스라엘 중 많은 사람의 패하고 흥함을 위하며 비방을 받는 표적 되기 위하여 세움을 입었고

(누가복음 2:35) 또 칼이 네 마음을 찌르듯 하리라 이는 여러 사람의 마음의 생각을 드러내려 함이니라 하더라

(누가복음 2:36) 또 아셀 지파 바누엘의 딸 안나라 하는 선지자가 있어 나이 매우 늙었더라 그가 출가한 후 일곱 해 동안 남편과 함께 살다가

(누가복음 2:37) 과부 된 지 팔십사 년이라 이 사람이 성전을 떠나지 아니하고 주야에 금식하며 기도함으로 섬기더니

(누가복음 2:38) 마침 이 때에 나아와서 하나님께 감사하고 예루살렘의 구속됨을 바라는 모든 사람에게 이 아기에 대하여 말하니라

(Luke 2:23) As it is written in the law of the Lord, Every male that openeth the womb shall be called holy to the Lord;

(Luke 2:24) And to offer a sacrifice according to that which is said in the law of the Lord, A pair of turtledoves, or two young pigeons.

(Luke 2:25) And, behold, there was a man in Jerusalem, whose name [was] Simeon; and the same man [was] just and devout, waiting for the consolation of Israel: and the Holy Ghost was upon him.

(Luke 2:26) And it was revealed unto him by the Holy Ghost, that he should not see death, before he had seen the Lord's Christ.

(Luke 2:27) And he came by the Spirit into the temple: and when the parents brought in the child Jesus, to do for him after the custom of the law.

(Luke 2:28) Then took he him up in his arms, and blessed God, and said,

(Luke 2:29) Lord, now lettest thou thy servant depart in peace, according to thy word:

(Luke 2:30) For mine eyes have seen thy salvation,

(Luke 2:31) Which thou hast prepared before the face of all people;

(Luke 2:32) A light to lighten the Gentiles, and the glory of thy people Israel.

(Luke 2:33) And Joseph and his mother marvelled at those things which were spoken of him.

(Luke 2:34) And Simeon blessed them, and said unto Mary his mother, Behold, this [child] is set for the fall and rising again of many in Israel; and for a sign which shall be spoken against;

(Luke 2:35) (Yea, a sword shall pierce through thy own soul also,) that the thoughts of many hearts may be revealed.

(Luke 2:36) And there was one Anna, a prophetess, the daughter of Phanuel, of the tribe of Aser: she was of a great age, and had lived with an husband seven years from her virginity;

(Luke 2:37) And she [was] a widow of about fourscore and four years, which departed not from the temple, but served [God] with fastings and prayers night and day.

(Luke 2:38) And she coming in that instant gave thanks likewise unto the Lord, and spake of him to all them that looked for redemption in Jerusalem.

아버지, 어머니, 그리고 이들의 자녀 예수(인간관계의 신성한 삼위일체)

그림 11. **선지자 안나** | 렘브란트(Rembrandt)

는 나사렛에서 예루살렘으로 이어지는 먼 순례길을 천천히 걸었다. 요셉과 마리아의 머릿속은 여정의 세부사항과 조만간 참여하게 될 신성한 축제를 향한 경건한 마음으로 가득 차 있었다. 하지만 아들의 정신은 부모의 관심사와는 전혀 다른 곳에 가 있었다. 소년 예수는 지난 몇 년간 습득한 심오한 신비주의 지식과 진리를 되새기며 예루살렘의 사원과 공공장소에서 국가의 원로 신비주의자들과 만나게 될 일을 손꼽아 기다리고 있었다.

일반 대중은 유대 교회의 가르침과 형식주의밖에 몰랐지만, 통속적 가르침의 배후에는 소수의 사제만 알고 있는 방대한 유대 오컬티즘과 신비주의 가르침이 있었다는 사실을 기억해야 한다. 당시 학식 있는 유대인들은 카발라 또는 유대교의 오컬트 지식을 자세히 공부했고, 유대교의 비밀 교리를 구성하는 이 지식체계는 여러 세대에 걸쳐 스승에서 제자에게로 구전되었다. 그의 부모는 전혀 눈치를 채지 못했지만, 소년 예수는 비밀 교리의 수호자인 이 스승들을 만나는 일에 마음이 들떠 있었다.

이들은 4~5일에 걸친 여정 끝에 비로소 다른 건물보다 높게 우뚝 서 있는 사원이 한눈에 들어오는 성도 예루살렘에 도착했다. 요셉의 가족이 속해있던 순례자 그룹은 플루트 연주자의 음악에 맞춰 유월절 찬송가와 성가를 부르며 경건한 마음으로 줄지어 예루살렘에 입성했다. 요란한 주변 경관 너머에 있는 것들을 꿰뚫어 보는 듯한 예수도 고개를 숙인 채 묵묵히 행렬을 따라갔다.

예수의 가족은 유월절 의식에 참여하고 의례를 치르는 의무를 다했다. 유월절 축제는 일주일 이상 진행되며, 이중 의무적인 의식이 치러지는 1~2일째 행사가 가장 중요하다. 순례자 가족은 저마다 번제를 위한 희생양을 공물로 바치고, 무교병을 구워 먹었다. 유월절을 기념한다는 것은 원래 아름다운 이상에서 출발했으나, 세월이 흐르면서 어느새 피의 축제로 타락해 있었다. 여호와가 피의 홍수를 보며 흐뭇해할 것으로 착각한 당시 유대인들은 매년 축제 기간에 25만 마리가 넘는 죄 없는 양을 죽여 제물로 바쳤다고 한다. 이 야만적이고 삐뚤어진 생각을 실행으로 옮기는 과정에서 살아있는 신을 모신다는 사원의 제단과 뜰은 무고한 생명의 피로 빨갛게 물들었고, 여호와의 식욕을 채워줘야 한다는 터무니없는 허영심에 빠진 사제들의 손과 예복 역시 피로 범벅이 되어 백정의 모습을 흡사케 했다.

  이 모두가 하나님에게 영광을 돌리기 위한 것이었다니! 생각해보라! 이미 신비주의적 사고에 길든 소년 예수가 이 끔찍한 참상을 접하고 어떤 기분이 들었을지 상상해보라! 신성한 의식을 더럽히는 이 행위를 보고 그의 영혼이 대로했을 것이다! 그가 수백 년 후, 자신의 이름을 내걸고 설립된 거대 종교의 신도들이 희생의 피라는 거짓 개념에 빠져 '임마누엘의 정맥에서 쏟아져나온 보혈로 샘물이 넘치네', '죄인들이 보혈의 홍수에 잠겨 죄를 씻고 있다네' 따위의 가사를 성스럽게 여기며 노래하는 모습을 봤더라면 무슨 생각을 했을까? 신성한 진리와 가르침이 이런 식으로 왜곡되도다! 하나님이 피의 바다를 즐기며 흐뭇해한다는 망상으로 머리를 채운 사람들이 다수인 세상에서 유대민족이 배출한 최고의 인간, 가장 높은 신비주의와 오컬트 진리를 전하러 세상에 온 신적 존재를 자기네 손으로 죽인 것도 그리 놀랄 일이 아니다. 하지만 문명의 손길이 닿지 않은 오지에서 악마를 숭배하는 원시 종족에서나 볼 수 있을법한, 피의 희생과 죽음을 통한 속죄를 고집하는 행태는 지금까지도 공공연히 이어지고 있다!

피비린내가 진동하는 잔혹한 광경에 역겨움을 느끼고 분노한 소년 예수는 부모의 곁을 떠나 위대한 스승들이 율법과 카발라의 지혜를 학생들에게 가르치고 있는 사원 한구석으로 이동했다. 예수는 학생들과 함께 자리에 앉아 교리를 설명하는 스승들의 강의와 때때로 벌어지는 논쟁에 귀를 기울였다. 그는 이런 식으로 공개 강의가 열리고 있는 현장을 옮겨 찾아다니며 경청하고, 숙고하고, 사색했다. 여러 스승의 가르침을 비교하고, 지금까지 자기 혼자서 공부하며 내면에서 진리로 받아들인 내용에 빗대어보는 작업도 했다. 난생처음으로 자기 마음에 쏙 드는 분위기에 취해있는 동안 시간은 훌쩍 흘러갔다. 이스라엘 최고의 오컬트 스승들이 전하는 생생한 가르침에 비하면 나사렛에 잠시 들렀다 가는 여행객들과의 대화는 초라하게 느껴질 정도였다. 가르침을 청하며 찾아오는 사람에게 강의를 들려주는 것은 당시 위대한 스승들의 관행이었다. 예루살렘은 이스라엘 문화와 학문의 중심지였고, 이곳에 기거하는 현자들도 많았다. 즉, 예수는 히브리 비밀 교리의 원천이자, 이 교리의 수호자들이 모여있는 곳에 온 것이었다.

축제 셋째 날, 성도에 몰려든 이백만 순례자들이 서서히 흩어지기 시작했다. 경제적 여력이 없는 사람들은 이틀간의 의무 행사에만 참여한 뒤 서둘러 귀향길에 올랐고, 요셉과 마리아도 떠날 채비를 하고 있었다. 친구와 이웃들도 귀향 준비를 마치고 모여서 기다리고 있는데, 그제야 요셉과 마리아는 아이가 사라진 사실을 발견했다. 부부는 가슴이 철렁 내려앉았지만, 예수가 몇 시간 전에 다른 이웃 주민들 틈에 섞여 먼저 출발했다는 친구의 말을 듣고 다소 마음을 놓았다. 그리고 해가 지기 전에 먼저 떠난 그룹을 따라잡겠다는 기대를 품고 고향으로 돌아가는 여정을 시작했다. 하지만 어둑해진 후 첫 번째 경유지인 베로스라는 마을에 도착해서도 아이가 보이지 않자 부부는 심히 걱정하기 시작했다. 잠도 제대로 청하지 못한 요셉과 마리아는 다음 날 아침 동이 트는 즉시 수십만 군중에 섞여 미아가 되었을지도 모를 아들을 찾기 위해 서둘러 예루살렘으로 다시 향했다.

자녀를 둔 부모라면 잃어버린 아이를 찾기 위해 놀란 가슴을 부여잡고 허겁지겁 도시로 돌아가는 요셉과 마리아의 심정을 이해할 수 있을 것이다. 예루살렘에 도착한 부부는 지나가는 사람마다 붙잡고 아들의 행방을 물었지만, 그의 흔적조차 발견하지 못했다. 어느새 밤이 다가왔고, 부부는 절망에 빠졌다. 다음 날도, 그다음 날도 결과는 마찬가지였다. 두 사람은 3일 동안 애를 태우며 사랑하는 아들을 찾아 헤맸지만, 희망적인 소식은 들려오지 않았다. 북적대는 군중과 구불구불한 도로로 가득한 도심에서 아이가 증발해버린 것만 같았다. 요셉과 마리아는 아이에게 제대로 신경을 쓰지 않은 것을 자책하며 괴로워했다. 자식이 있는 부모만 이들이 느꼈던 괴로움과 두려움에 공감할 수 있을 것이다.

부부는 사원의 여러 구역을 두 번, 세 번씩 뒤졌지만, 아이의 행방에 관한 단서를 찾지 못했다. 피로 물든 제단, 사제들이 입은 화려한 제복, 성가를 부르고 경전을 낭독하는 소리, 전부 다 이들을 조롱하는 것만 같은 기분이었다. 그저 아이를 옆에 끼고 소박한 고향 마을에서 단란하게 지내고 싶다는 생각만 들었다. 그들은 여호와에게 기도하며 소원을 빌었지만, 응답을 받지 못했다.

그러다 셋째 날에 희한한 일이 벌어졌다. 지칠 대로 지치고 깊은 상심에 빠진 부부는 사원을 다시 찾아 이번에는 사람들이 많지 않은 구역 위주로 살피고 다녔다. 그러던 중, 많은 사람이 모여 웅성거리고 있는 현장이 눈에 들어왔다. 뭔가 중요한 일이 벌어지고 있음이 분명해 보였다. 그들은 본능적으로 군집한 무리를 향해 나아갔다. 갑자기 소란이 그치더니 군중이 모두 들을 수 있도록 쩌렁쩌렁하게 울려 퍼지는 소년의 음성이 들려왔다. 카리스마 넘치는 그 목소리의 주인공은 다름 아닌 예수였다!

흥분한 요셉과 마리아는 모여있는 사람들을 밀치며 맨 앞으로 나아갔다. 놀랍게도 예수는 이스라엘 전역에서 최고의 명망을 얻고 있는 스승과 박사들에게 둘러싸여 있었다. 세상에 속하지 않은 것들을 뚫어지게 쳐다보고 있는 듯한 눈빛의 예수가 권위를 발산하며 그곳에 늠름하게 서 있었고, 국내 최고의 지식인과 현자들이 그를 존경하는 표정으로 바라보며 그의 입에서 나오는 말 한마디 한마디에 귀를 기울이고 있었다. 일반인들은 조금 멀리 떨어진 곳에서 이 신기한 상황을 구경하고 있었다.

젊은이가 연장자에게 경의를 표하고 복종하는 것이 당연시되던 당시 유대 민족의 전통을 고려하면 왜 요셉과 마리아가 이 특이한 광경을 보고 그리 놀랐는지 감을 잡을 수 있을 것이다. 아직 아이에 불과한 소년이 나이 지긋한 스승들 앞에서 저렇게 당당하게 연설을 한다는 건 상상도 할 수 없고, 이렇게 많은 사람이 있는 앞에서 심지어 그들과 논쟁하고, 토론하고, 가르친다는 것은 기적에 가까운 일이었다. 그렇다. 말 그대로 기적이었다!

소년 예수는 진정한 마스터의 면모를 보이며 설교를 이어갔다. 원로들이 제기하는 미묘한 주장과 반박에 그는 날카로운 지성과 영적 통찰로 응대했다. 궤변은 경멸하는 표현으로 무시했고, 논쟁의 핵심을 다시 상기시키며 토론을 주도했다.

그림 12. **원로들 앞에서 설교하는 소년 예수** | 윌리엄 홀(William Hole)

시간이 흐르면서 더 많은 사람이 모여들었고, 허옇게 센 머리와 수염으로 더부룩한 원로들의 소년을 향한 존경심은 커져만 갔다. 열세 살짜리 소년의 몸을 통해 이 땅에 마스터가 출현했음이 틀림없어 보였다. 이 어린 소년의 목소리, 제스처, 생각은 영락없는 마스터의 분위기를 풍기고 있었다. 마스터의 첫 번째 청중은 이스라엘 최고의 사상가와 스승들이었다. 그를 최초로 경배했던 동양 마법사들의 예측이 정확하게 맞아떨어진 것이다!

예수가 숨을 고르기 위해 잠시 말을 중단한 순간, 감정을 억누르는 듯한 여인의 작은 울음소리가 어디에선가 들려왔다. 어머니의 목소리였다. 예수의 강의에 집중하던 청중은 짜증을 내며 감정을 주체하지 못하는 마리아를 나무라듯 째려보았다. 소년은 슬프지만 동시에 애정 가득한 눈빛으로 부모를 향해 시선을 돌리고, 다 괜찮으니 설교가 끝날 때까지만 기다려 달라고 당부했다. 부부는 새로운 깨달음을 얻은 아들의 의지를 보고 그의 말을 순순히 따랐다.

설교가 끝나고 소년은 원로의 위엄을 풍기며 당당하게 강단에서 내려와 부모를 향해 걸어갔고, 요셉과 마리아는 아이의 손을 잡고 신속하게 군중 틈에서 빠져나왔다. 마리아는 예수가 갑자기 사라지는 바람에 그동안 얼마나 속을 썩이면서 찾아 헤맸는지 설명하며 그를 나무랐다. 예수는 어머니가 말을 마칠 때까지 경청하며 침착하게 기다렸다. 그리고 역시 위엄 서린 목소리로 되물었다. "어찌하여 나를 찾으셨나이까?" 요셉과 마리아가 아이를 잃어버린 부모의 입장에서 그 이유를 설명하자 예수는 더욱 단호하지만 따뜻한 목소리로 대답했다. "내가 내 아버지 집에 있어야 될 줄을 알지 못하셨나이까?" 아이를 둘러싼 희한하고 신비스러운 무언가를 감지한 부모는 조용히 그를 따라 걸으며 사원 밖으로 나왔다.

(누가복음 2:41) 그 부모가 해마다 유월절을 당하면 예루살렘으로 가더니

(누가복음 2:42) 예수께서 열두 살 될 때에 저희가 이 절기의 전례를 좇아 올라갔다가

(누가복음 2:43) 그 날들을 마치고 돌아갈 때에 아이 예수는 예루살렘에 머무셨더라 그 부모는 이를 알지 못하고

(누가복음 2:44) 동행 중에 있는 줄로 생각하고 하룻길을 간 후 친족과 아는 자 중에서 찾되

(누가복음 2:45) 만나지 못하매 찾으면서 예루살렘에 돌아갔더니

(누가복음 2:46) 사흘 후에 성전에서 만난즉 그가 선생들 중에 앉으사 저희에게 듣기도 하시며 묻기도 하시니

(누가복음 2:47) 듣는 자가 다 그 지혜와 대답을 기이히 여기더라

(누가복음 2:48) 그 부모가 보고 놀라며 그 모친은 가로되 아이야 어찌하여 우리에게 이렇게 하였느냐 보라 네 아버지와 내가 근심하여 너를 찾았노라

(누가복음 2:49) 예수께서 가라사대 어찌하여 나를 찾으셨나이까 내가 내 아버지 집에 있어야 될 줄을 알지 못하셨나이까 하시니

(누가복음 2:50) 양친이 그 하신 말씀을 깨닫지 못하더라

(누가복음 2:51) 예수께서 한가지로 내려가사 나사렛에 이르러 순종하여 받드시더라 그 모친은 이 모든 말을 마음에 두니라

(누가복음 2:52) 예수는 그 지혜와 그 키가 자라가며 하나님과 사람에게 더 사랑스러워 가시더라

(Luke 2:41) Now his parents went to Jerusalem every year at the feast of the passover.

(Luke 2:42) And when he was twelve years old, they went up to Jerusalem after the custom of the feast.

(Luke 2:43) And when they had fulfilled the days, as they returned, the child Jesus tarried behind in Jerusalem; and Joseph and his mother knew not [of it.]

(Luke 2:44) But they, supposing him to have been in the company, went a day's journey; and they sought him among [their] kinsfolk and acquaintance.

(Luke 2:45) And when they found him not, they turned back again to Jerusalem, seeking him.

(Luke 2:46) And it came to pass, that after three days they found him in the temple, sitting in the midst of the doctors, both hearing them, and asking them questions.

(Luke 2:47) And all that heard him were astonished at his understanding and answers.

(Luke 2:48) And when they saw him, they were amazed: and his mother said unto him, Son, why hast thou thus dealt with us? behold, thy father and I have sought thee sorrowing.

(Luke 2:49) And he said unto them, How is it that ye sought me? wist ye not that I must be about my Father's business?

(Luke 2:50) And they understood not the saying which he spake unto them.

(Luke 2:51) And he went down with them, and came to Nazareth, and was subject unto them: but his mother kept all these sayings in her heart.

(Luke 2:52) And Jesus increased in wisdom and stature, and in favour with

God and man.

여기서 예수가 열세 살이 되던 해에 있었던 일에 관한 신약성경의 이야기가 끝난다. 그의 생애에 관한 성경의 다음 기록은 무려 17년의 세월이 흐른 후, 서른 살의 성인으로 자라난 예수가 세례 요한의 설교 현장에 나타난 사건이었다. 예수는 그 17년 동안 어디서 무엇을 하며 지냈을까? 신약성경은 이 질문에 관한 단서를 제공하지 않는다. 지금까지 설명한 소년 예수의 활약상을 읽고도 그가 17년 동안 나사렛에서 아버지의 일이나 도우며 목수가 되기 위해 손기술을 연마했다고 상상할 수 있겠는가? 자기 안에 내재한 힘을 발견한 마스터가 그 힘을 더욱 계발하기 위해 노력하지 않았을까? 자기 안의 놀라운 신성을 인지한 사람이 이를 무시하고 물질이나 추구하는 평범한 삶을 택하는 것이 과연 가능한 일인가? 신약성경은 이에 대한 답을 제시하지 않지만, 오컬트 전통과 신비주의 전설은 예수의 '잃어버린 17년'의 공백을 채워준다. 지금부터 독자들에게 그 이야기를 들려주도록 하겠다.

'잃어버린 17년'

신비주의와 오컬트 단체/형제단에 따르면 사원에서 원로들을 대상으로 설교하고 부모와 극적으로 다시 상봉하는 사건이 일어난 후, 동양의 마법사들과 같은 비밀 단체에 속해있던 단원들이 요셉과 마리아에게 접근했다고 한다. 이들은 놀라운 영적 성장을 이루고 난해하고 추상적인 개념까지 깊게 이해하는 지적 역량과 통찰력을 소유한 이 신동을 목수로 키우겠다는 계획은 이치에 어긋난다고 말하며 예수의 부모를 설득했다. 오랫동안 진지하게 고민한 끝에 부부는 마법사들의 생각에 동의했고, 그의 영혼이 갈망하는 가르침, 그의 지적 수준에 걸맞은 가르침을 받을 수 있도록 단원들이 예수를 그들의 땅으로 데려가도록 허락했다고 한다.

신약성경은 예수의 잃어버린 17년에 관한 오컬트의 전설을 긍정하지도, 부정하지도 않는다. 단지 예수의 생애 중 17~18년에 관한 기록을 수록하지 않고 있을 뿐이다. 예수가 세례 요한이 설교하는 현장에 나타났을 때, 요한은 그를 알아보지 못했다. 예수가 그 세월 동안 나사렛에 머물렀더라면 사촌 형제인 요한이 그의 얼굴을 몰라봤을 리가 없다.

오컬트의 가르침에 따르면 성경에 기록되지 않은 17~18년의 기간

동안 예수는 세계 각지를 돌면서 여러 오컬트 및 신비주의 단체의 가르침과 지혜를 널리 습득했다고 한다. 예수는 인도, 이집트, 페르시아를 비롯한 오컬트 가르침의 중심지인 이국땅에 몇 년씩 머무르면서 다양한 형제단과 단체에 입문하여 가르침을 받았다. 이집트의 일부 단체는 그곳을 찾아와 함께 공부한 젊은 마스터의 전통에 관해 얘기하고 있으며, 페르시아와 인도의 신비주의 단체에도 그런 기록이 남아있다. 심지어 티베트와 히말라야산맥 깊은 곳에 숨겨진 수도원에도 언젠가 그곳을 방문하여 동양의 지혜와 비밀 지식을 배우고 떠난 젊은 마스터의 전설과 이야기가 전해지고 있다.

그뿐 아니라 브라만, 불교, 조로아스터교의 전통에도 어느 날 갑자기 나타나 신비스러운 진리를 설파하고, 사제 계급과 형식주의, 그리고 모든 형태의 카스트 제도와 제약을 신랄하게 비판하여 인도와 페르시아의 여러 종교 지도자들로부터 강한 반발을 산 젊은 스승에 관한 기록이 남아있다. 이는 예수가 약 21세부터 30세까지 인도와 페르시아, 그리고 주변 국가에서 사역하고, 고국으로 돌아와 생애 마지막 3년 동안 진리를 설파했다는 오컬트 전설의 내용과 일치하는 대목이다.

오컬트 전설에 따르면 예수는 방문하는 지역마다 만인의 관심을 끌었고, 그때마다 형식주의와 사제 계급을 비판하며 영의 빛을 두꺼운 베일로 가리는 결과만 초래하는 의식과 형식으로부터 주민을 해방하고 진리의 빛으로 이끌려 했다는 이유로 해당 지역 사제들의 원성을 샀다고 전해진다. 그는 가는 곳마다 신성한 아버지와 인류의 형제애의 교리를 강조하고 가르쳤다. 그는 껍데기에 불과한 형식과 가식적인 의식에 얽매여 진리의 영을 상실한 사람들에게 오컬트의 진리를 이해하기 쉬운 형태로 전파하기 위해 노력했다.

인도의 저주라 할 수 있는 카스트 제도를 비판했다가 브라만 계급의 분노를 산 예수는 힌두교의 카스트 등급 중에서도 가장 낮은 수드라 계층의 오두막에서 기거했고, 높은 계급으로부터 천민 취급을 받았다. 그가 가는 곳마다 권력을 가진 사제와 고위급 인사들은 그를 선동가, 공공질서를 무너트리는 자, 반역자, 종교적 배교자, 사회주의자, 위험 인물, 바람직하지 않은 시민이라고 비난하며 손가락질했다.

하지만 그가 인도 전역에 뿌린 밀알은 오랜 세월을 거치며 싹을 틔웠고, 훗날 선교 목적으로 이런 지역들을 방문한 크리스천들이 당황하며 실망(?)했을 정도로 오늘날 힌두교와 동양 여러 국가의 가르침에는 그가 전파한 진리의 흔적이 곳곳에 스며들어 있다.

예수는 해외 사역을 마친 뒤 천천히, 인내심을 가지고 고국으로 다시 향했다. 생애 마지막 3년 동안 동포들을 위해 사역하면서 그는 똑같은 난관에 봉착한다. 사제들과 고위층의 강한 저항에 부딪히며 결국 그들의 손에 목숨까지 잃게 된다. 그렇게 기득권에 맞서 싸운 반란자 예수는 시대를 앞서간 모든 위인과 같은 운명을 맞는다.

예수가 사역을 시작한 날부터 마지막 날까지 그러했듯이, 오늘날에도 '애통하는 자(Man of Sorrows)'의 진짜 가르침은 서민의 가슴에 깊게 새겨지고, 반대로 그를 향한 충성을 맹세하고 이를 증명하는 멋진 예복을 걸친 종교계와 현세의 권력자들은 그의 가르침을 부정하고 강력하게 저항한다. 예수는 언제나 가난하고 억압받는 자들의 친구였으며, 권력자들은 시대와 장소를 불문하고 그를 증오했다.

오컬트의 가르침을 통해 예수는 단순히 유대 민족의 선지자가 아니라 세상의 스승이었다는 사실을 이제 이해했을 것이다. 온 세상이 그의 청중이었고, 모든 민족과 인종이 그의 설교에 귀를 기울였다.

예수는 기독교라는 하나의 종교가 아니라 세계 여러 종교의 품속에 진리의 씨앗을 뿌렸고, 그가 심은 씨는 지금도 세계 곳곳에서 열매를 맺는 중이다. 세월이 흐를수록 신은 아버지이고 인류는 형제라는 가르침의 참된 의미를 모든 나라에서 조금씩 깨달아가고 있으며, 이 가르침은 한때 형제 사이를 갈랐던 벽과 종파라는 이름으로 각을 세운 구시대의 유물을 허물어버릴 수 있을 정도로 강하게 성장하고 있다. 기독교, 즉, 진짜 기독교는 특정 종교의 교리가 아니라 인종과 교리를 중심으로 한 사소하고 하찮은 차별점을 모두 초월하는 위대한 진리 체계다. 언젠가는 그 빛이 세상 모든 사람에게 도달하여 인류 전체가 다시 형제가 되는 날이 올 것이다.

그날이 빨리 오기를 기원하며!

마스터 예수의 귀국

해외 유학을 마친 예수는 부모님이 계시고 본인이 태어난 고향, 유대의 땅으로 천천히 발걸음을 옮긴다. 그는 그 긴 여정 중에도 이곳에 말씀을 전하고, 저곳에 씨앗을 심으면서 나아갔다. 귀향길에 있는 신비주의 형제단도 방문하고, 오컬트 단체의 숙소에서 잠시 휴식도 취하면서 소년 시절에 밟았었던 길을 따라 계속 걸었다. 표면적으로 봤을 때 예수의 출가는 고등 교육을 마치기 위한 일종의 장기 유학이었지만, 그는 사실 위대한 진리의 씨앗을 한 아름 안고 귀국한 마스터이자 스승이었다. 그가 심은 씨앗에서 튼 싹은 무럭무럭 자라 건강한 열매를 맺고, 태초의 순수함을 간직한 열매는 그가 세상을 떠난 후 이를 유산으로 물려받은 자들에 의해 왜곡되고 더럽혀지고도 생명력을 유지하며 전 세계로 계속 퍼져나갈 것이었다.

다시 한번 강조하지만, 예수는 단순히 유대 민족의 성자가 아니라 세상의 선지자 신분으로 태어난 존재다. 고작 다윗의 왕좌를 되찾기 위해 태어난 히브리 메시아는 더더욱 아니었다. 그는 유대인뿐 아니라 세계 곳곳의 사람들과 더불어 살면서 가르침의 흔적을 남겼다. 페르시아에는 오래전 그 땅에 찾아와 신성한 아버지와 인류의 형제애를 설파한 이사(Issa)라는 젊은 마스터에 관한 전통이 전해져 내려오고 있다. 힌두 지역에는 어느 날 예숍(Jesoph) 또는 요사(Josa)라 불리는 젊은 수도자가 나타나 카스트 제도를 비판하고 하층민과 어울리며 가르침을 전했다는 이야기가 전해지고 있다. 이스라엘 백성들이 그랬던 것처럼, 이들도 즐거운 마음으로 그의 가르침에 귀를 기울였다고 한다. 심지어 중국에도 인류의 형제애를 설파하며 가난한 이들의 친구로 불렸던 젊은 종교적 선동가의 전설을 전하고 있다. 이처럼 그는 가는 곳마다 인간의 자유, 사제 계급의 독재와 형식주의의 굴레로부터의 해방을 부르짖었고, 그 가르침의 씨앗은 지금도 세계 곳곳에서 싹을 틔우고 있다. 그렇다. 예수의 가르침은 지금도 인간의 가슴에서 열매를 맺고 있고, 그가 다녀간 지 이천 년이라는 세월이 흘렀음에도 그가 전한 가르침의 살아있는 영혼은 전 세계를 누비고 있다.

제4강
사역의 시작

유대 지역에서의 사역을
고심하는 예수

오컬트 전통에 따르면 예수는 인도, 페르시아, 이집트 등지를 돌고 고국으로 돌아온 후, 최소 1년간 에세네파의 여러 롯지와 공동체에 머물렀다고 한다. 에세네 형제단이라는 위대한 신비주의 단체의 구성원과 특징에 관해서는 제1강에서 이미 다룬 바 있다. 에세네파의 시설에서 휴식을 취하며 공부를 계속하던 예수는 세례 요한의 활동에 주목하며 그와 연계하여 동포들이 있는 고국에서 사역하는 기회를 포착한다. 자기를 낳은 민족, 즉, 유대인들에게 진리와 생명의 메시지를 전파하고 싶다는 열망이 솟아오르면서 유대 지역에서의 사역을 목표로 세운 것이다.

민족을 향한 감정은 쉽사리 지워지지 않는다. 태어나서 자란 고향 땅으로 드디어 돌아온 예수의 마음속에서도 혈연과 민족을 향한 감정이 솟아났다. 그는 세상을 떠도는 기존의 삶은 이제 정리하고, 선택받은 민족이 거하는 땅에 진리의 씨앗을 뿌리고, 그곳을 중심으로 영의 빛을 온 세상에 퍼트리는 작업을 시작해야겠다고 결심한다. 이런 선택을 내린 것은 '인간 예수', '유대인 예수'였다. 넓고 높은 관점의 예수에게는 인종, 국가, 민족의 개념이 없었다. 하지만 인간 예수에게는 강력한 인간성이 깃들어 있었고, 그는 결국 그 인간성으로 인해 최후를 맞는다.

그가 만약 세계 다른 지역을 순회했듯이, 지나가는 선교사처럼 유대 땅을 통과하며 사역했었더라면 권력으로부터 극형을 받는 일은 없었을 것이다. 늘 그랬듯이 사제들의 증오심과 반발을 사기는 했겠지만, 유대의 왕이 되려 한다거나 자신의 조상인 다윗의 왕좌를 되찾기 위해 온 메시아라는 혐의를 받지는 않았을 것이다. 물론 이와 같은 '만약에 그랬었더라면?' 식의 질문은 다 부질없는 짓이다. 위대한 우주 계획안에서 운명이 맡은 배역을 우리는 알 수 없다. 우주의 계획에 의해 펼쳐지는 삶의 게임에서 어디까지가 자유의지이고, 어디서부터가 운명인지 어떻게 알 수 있을까?

앞서 설명했듯이, 예수는 에세네 단체에 머무르면서 요한의 활약에 관한 이야기를 접했고, 그의 활동을 발판으로 삼아 자신의 사역을 시작하겠다고 마음먹는다. 그는 에세네파의 지도자들에게 요한의 사역 현장을 방문하고 싶다는 의사를 내비쳤고, 지도자들은 이 소식을 광야에서 활동하고 있던 요한에게 전달한다. 전설에 따르면 요한은 자기를 찾으러 온다는 사람의 정체를 자세히 몰랐다고 한다. 그저 외국에서 온 위대한 마스터가 곧 그의 사역 현장에 나타날 것이니 그의 방문을 대비하여 군중을 미리 집결시켜 놓으라는 언질만 받았다는 것이다.

제1강의 내용과 해당 신약성경 구절에서도 보았듯이, 요한은 에세네 형제단의 고위층으로부터 받은 지시를 충실하게 따랐다. 그는 속죄와 정의를 설파했다. 에세네파의 상징인 세례 의식도 주관하고, 무엇보다 위대한 마스터의 출현을 방방곡곡 알렸다. 그는 위엄 서린 목소리로 외쳤다. "회개하라! 천국이 가까웠느니라! 너희는 주의 길을 예비하라!"

(마태복음 3:2) 회개하라 천국이 가까왔느니라 하였으니
(마태복음 3:3) 저는 선지자 이사야로 말씀하신 자라 일렀으되 광야에 외치는 자의 소리가 있어 가로되 너희는 주의 길을 예비하라 그의 첩경을 평탄케 하라 하였느니라

(Matthew 3:2) And saying, Repent ye: for the kingdom of heaven is at hand.
(Matthew 3:3) For this is he that was spoken of by the prophet Esaias, saying, The voice of one crying in the wilderness, Prepare ye the way of the Lord, make his paths straight.

군중이 그의 주변에 몰려들어 "당신이 그 마스터가 아니오?"라고 묻자 그는 대답했다.

(마태복음 3:11) 나는 너희로 회개케 하기 위하여 물로 세례를 주거니와, 내 뒤에 오시는 이는 나보다 능력이 많으시니 나는 그의 신을 들기도 감당치 못하겠노라. 그는 성령과 불로 너희에게 세례를 주실 것이요.

(Matthew 3:11) I indeed baptize you with water unto repentance: but he that cometh after me is mightier than I, whose shoes I am not worthy to bear: he shall baptize you with the Holy Ghost, and [with] fire:

요한은 이처럼 처음부터 끝까지 곧 출현할 마스터를 맞이하기 위해 준비해야 한다고 외치며 다녔다. 그는 자기에게 주어진 대업을 충실하게 수행하기 위해 자신을 낮춘 진정한 신비주의자였다. 에세네 형제단이 일러준 마스터를 세상에 소개하는 사자의 임무를 맡았다는 사실만으로도 큰 자부심을 느낀 겸손한 사람이었다.

제1강에서 설명했듯이, 어느 날 위엄을 드러내면서 차분한 몸짓과 진정한 신비주의자 특유의 눈빛으로 자기를 바라보는 젊은 사내가 그의 사역 현장에 나타났다. 낯선 사내는 자기에게도 세례를 베풀어 달라고 그에게 요청했지만, 형제단의 사인과 심볼을 통해 사내의 오컬트 지위를 확인한 요한은 낮은 자가 높은 자를 위해 세례를 거행한다는 것은 있을 수 없는 일이라며 항변한다. 그러자 예수는 "이제 허락하라."고 요한에게 말한 뒤 입수하여 요한으로부터 세례를 받았다. 자기도 한 명의 인간으로서 세상에 왔음을 만천하에 공표한 것이다.

(마태복음 3:14) 요한이 말려 가로되 내가 당신에게 세례를 받아야 할 터인데 당신이 내게로 오시나이까

(마태복음 3:15) 예수께서 대답하여 가라사대 이제 허락하라 우리가 이와 같이 하여 모든 의를 이루는 것이 합당하니라 하신대 이에 요한이 허락하는지라

(Matthew 3:14) But John forbad him, saying, I have need to be baptized of thee, and comest thou to me?

(Matthew 3:15) And Jesus answering said unto him, Suffer [it to be so] now: for thus it becometh us to fulfil all righteousness. Then he suffered him.

그 후에 독자들도 이미 알고 있는 신비스러운 일이 일어났다. 마치 천국에서 내려온 듯한 비둘기가 나타나 예수의 머리 위에 앉았고, 나뭇잎을 흔드는 바람과도 같은 부드러운 목소리가 들려왔다.

(마태복음 3:16) 예수께서 세례를 받으시고 곧 물에서 올라오실새 하늘이 열리고 하나님의 성령이 비둘기같이 내려 자기 위에 임하심을 보시더니
(마태복음 3:17) 하늘로서 소리가 있어 말씀하시되 이는 내 사랑하는 아들이요 내 기뻐하는 자라 하시니라

(Matthew 3:16) And Jesus, when he was baptized, went up straightway out of the water: and, lo, the heavens were opened unto him, and he saw the Spirit of God descending like a dove, and lighting upon him:
(Matthew 3:17) And lo a voice from heaven, saying, This is my beloved Son, in whom I am well pleased.

이승 저편에서 들려오는 듯한 정체불명의 메시지를 접한 예수는 깜짝 놀랐고, 이날 있었던 일들을 되돌아보며 명상에 잠길 조용한 장소가 필요하다는 듯이, 앞으로 자기가 해야 할 일에 관한 감이라도 잡았다는 듯이 군중 속에서 빠져나와 광야를 향해 발걸음을 옮겼다.
신약성경을 공부하는 대부분 크리스천은 예수가 광야에서 체험했던 일을 크게 주목하지 않고 별다른 감흥을 느끼지 못한 채, 그저 사역 초기 시절에 있었던 일 중 하나로 취급하며 지나치는 경향이 있다. 하지만 신비주의와 오컬트 단체에서는 이 사건을 매우 중요시한다. 예수는 광야에서 그의 힘을 더욱 계발하고 인내력을 측정하기 위해 가장 힘든

그림 13. **광야의 그리스도** | 이반 크람스코이(Ivan Kramskoi)

오컬트 시험을 치렀다. 진짜 오컬트 단체의 모든 고급 단원들이 잘 알고 있듯이, '광야의 시련(The Ordeal of the Wilderness)'이라는 제목이 붙여진 오컬트 등급은 예수가 광야에서 체험한 신비스러운 사건을 재현한다는 취지에서 만들어졌다. 그럼 이제 오컬티스트들이 큰 의미를 부여하는 이 사건의 실체를 자세히 들여다보자.

광야의 시험

예수가 향한 광야는 요한이 세례를 집행하던 강에서 아주 멀리 떨어진 곳이었다. 예수는 비옥한 강가와 드넓은 경작지를 뒤로하고 인근 주민들마저 두려워했던 끔찍한 광야를 향해 천천히 나아갔다. 그곳은 유대 땅의 희한하고 음습한 지역 내에서도 가장 소름 돋고 절망적인 곳이었다. 당시 유대인들은 그곳을 '공포가 거하는 곳', '두려움이 거하는 황량한 곳', '오싹한 구역' 등, 미신으로 가득한 불길한 영역임을 암시하는 다양한 이름으로 불렀다. 이곳은 사막의 신비에 둘러싸인 미지의 구역으로, 진정으로 용감한 사람이 아닌 이상 그 누구도 근처에 얼씬거린다는 생각조차 하지 못했다. 이 광야는 사막과 비슷하지만, 가파른 언덕, 험준한 바위, 산마루, 협곡으로 가득하다는 점에서 보통 사막과는 달랐다. 아메리카 대륙을 여행하며 미국 사막의 황량한 지대를 본 적이 있는 사람, 데스밸리(Death Valley: 죽음의 계곡)와 알칼리 랜드(Alkali Lands)의 공포에 관해 읽어본 사람은 마스터가 지금 향하고 있는 광야가 어떤 곳인지 대략 짐작할 수 있을 것이다.

끔찍하고 무서운 광야를 향해 깊숙이 걸어갈수록 녹지는 계속 줄어들었고, 황무지에서도 생존할 수 있는 앙상한 식물만 드문드문 보이기 시작했다. 현대의 식물학자가 "이 지역에서는 식물을 관장하는 자연의 법칙이 작용하지 않는 것일까?"라고 의심할 정도로 극단적이고 척박한 환경에서 살아남는 법을 터득한 일부 식물 외에는 생명의 흔적이 거의 없는 곳이었다. 저지대에서 쉽게 볼 수 있는 동물의 자취도 사라지고, 하늘 높이 나는 독수리, 가끔 모습을 드러내는 뱀과 기어 다니는 벌레가 전부였다. 발을 내디딜 때마다 광야의 고요함은 예수를 포위하며 강하게 짓누르고 중압감은 더욱 무겁게 다가왔다.

계속 걷자 공포의 분위기가 잠시 주춤하는 시점이 찾아왔다. 광야의 중심에 이르기 전 마지막 인가가 나타난 것이다. 이 지역의 저지대에 물을 공급하는 고대의 저수지가 있는 엔게디라는 작은 마을이었다. 원시 문명의 잔해가 남아있는 이 오지에 거주하는 몇 안 되는 주민들은 보통 인간의 발이 한 번도 닿은 적 없는 외로운 땅을 감추고 있는 금단의 언덕을 뚫어지게 바라보며 천천히 걸어가는 사내를 보고 경악했다. 사막지대에 거주하는 주민 중 가장 담력이 센 사람도 불경스러운 짐승과 더러운 존재, 이교도들이 은밀하게 만나 광란의 축제를 벌인다는 미신으로 가득한 그곳 근처에는 접근할 엄두조차 내지 못했다.

마스터는 이에 아랑곳하지 않고 계속 걸었다. 끝없이 펼쳐지는 음울한 언덕, 어두운 계곡, 기암괴석, 가뭄에 콩 나듯이 보이는 가느다란 사막 풀과 적으로부터 자신을 보호하기 위해 특이한 모양으로 진화한 선인장에 눈길을 주지 않은 채, 묵묵히 걸었다.

비로소 그는 높은 봉우리에 올라 눈앞에 넓게 펼쳐진 광경을 응시했다. 보통 사람이었더라면 공포에 질렸을 법한 광경이었다. 뒤로는 자기가 지금까지 걸어서 통과한 구역이 보였다. 어두컴컴한 그곳은 인간의 모든 의욕을 단숨에 꺾어버리는 우중충한 길이었으나, 앞에 보이는 장면에 비하면 낙원이나 다름없었다. 예수 앞에는 범죄를 저지르고 처벌을 피하려 숨어든 범법자와 도망자들이 기거하는 동굴과 오두막이 보였다. 반대 방향으로는 요한이 사역하던 구역이 희미하게 눈에 들어왔다. 희한한 마스터의 갑작스러운 출현을 두고 왈가왈부하는 군중의 모습이 보이는 것만 같았다. 세례를 받던 중 들려온 정체불명의 음성은 그가 진정한 마스터임을 증명했다. 하지만 그는 자신이 가는 곳이라면 어디로든 믿고 따라갈 채비가 된 군중을 남겨두고 신속하게 그곳을 빠져나왔었다.

그렇게 그곳에서 여러 날이 흘러갔다. 그는 험준한 절벽에서, 수백 미터 높이의 아슬아슬한 벼랑 위에서 잠을 청했다. 하지만 그는 개의치 않았다. 이런 식으로 매일 새로운 아침을 맞으며 걷고 또 걸었다. 음식도 일절 섭취하지 않은 상태로, 영의 지시를 따라 광야의 한가운데로 나아갔다. 그는 자기가 그곳에서 최고의 영적 시험을 치르게 되리라는 사실을 잘 알고 있었다.

요한에게 세례를 받을 때 들려왔던 목소리는 여전히 그를 괴롭혔다. 자신의 영적 정신(Spiritual Mind) 깊은 곳까지 속속들이 들여다보기 전이었기에 그는 아직 그 말의 정확한 의미를 이해하지 못했다. "이는 내 사랑하는 아들이요 내 기뻐하는 자라." 이게 도대체 무슨 뜻이란 말인가? 예수의 영혼은 이 수수께끼를 풀고 싶어 울부짖었지만, 답은 어느 곳에서도 들려오지 않았다.

그 상태에서 그는 계속 걸어 험준하고 황량한 쾌란타나산에 이르렀다. 이 산만 넘으면 본격적인 고난이 시작될 터였다. 허기를 채워줄 수 있을 만한 것은 전혀 눈에 띄지 않았다. 보통 사람이 생명과 기력을 유지하기 꼭 필요한 음식과 영양분도 없이 사상 최대의 영적 전투를 치러야만 하는 상황이었다. 하지만 그는 아직도 자신의 영혼이 그토록 갈구하는 해답을 얻지 못했다. 발아래의 바위, 머리 위의 푸른 하늘, 저 멀리 보이는 모압과 길르앗의 높은 봉우리도 예수가 들었던 신비스러운 목소리가 무엇을 의미하는지 속 시원하게 설명해주지 않았다. 그 해답은 오직 자기 안에서 찾아야만 했다. 그것 외에는 달리 방도가 없다. 그는 외로운 광야의 한가운데에서 해답을 찾을 때까지 음식도, 주거지도, 대화를 나눌 수 있는 동료도 없는 상태에서 홀로 인내해야만 한다. 마스터가 그러했듯이, 우리도 같은 과정을 거쳐야 한다. 깨달음은 누가 주는 것이 아니라 혼자의 힘으로 얻어야 한다. 홀로됨이라는 지독한 체험과 영적 갈등, 세상이 중시하는 모든 것과 작별하고 버려지는 두려움의 시험을 통과해야만 영의 지성소(Holy of Holies of the Spirit)라 할 수 있는 내면 깊은 곳에서 해답을 얻을 수 있다.

두 개의 비전과 선택

가공할 광야가 예수에게 내린 영적 시험과 갈등, 자기 내면의 영혼을 직접 대면하는 그 끔찍한 체험이 어떠했는지 감을 잡기 위해서는 오래전부터 메시아의 출현을 고대하고 있던 유대 민족의 정서부터 이해해야 한다. 메시아의 출현에 관한 전통은 모든 유대인의 머릿속에 깊은 뿌리를 내리고 있었다. 조금이라도 개성이 특출난 사람이 등장하면 민족을 짓밟고 있는 외세를 일거에 물리칠 대인으로 추대하고 불씨를 확대할 기세였다. 다윗의 피를 물려받은 메시아가 나타나 유대의 왕권을 되찾는 일은 모든 유대인의 간절한 염원이었다. 지금껏 외세의 군홧발에 짓밟힌 이스라엘은 주변국의 웃음거리였다. 하지만 메시아가 나타나면 궁지에 빠진 이스라엘을 구원하고, 그동안 숨죽이며 잠들어 있던 모든 유대 백성이 들고일어나 침략군과 정복자들을 몰아낼 수 있을 것이었다. 로마가 민족에 채운 족쇄를 끊어내고 이스라엘은 주권을 되찾은 떳떳한 독립국이 될 것이었다.

예수도 물론 이와 같은 민족의 염원을 잘 알고 있었다. 어렸을 때부터 귀에 못이 박이도록 들어온 터였다. 그는 외국을 떠돌면서도 민족에 관한 생각을 자주 했다. 하지만 오컬트 전통에 따르면 그는 공부를 마치고 고국 땅으로 돌아오기 전까지는 자신을 유대 민족의 메시아로 생각해본 적이 한 번도 없었다고 한다. 그가 세례 요한을 만나기 전, 에세네 공동체에 잠시 머무르고 있을 당시, 스승 중 한 명이 예수가 유대 민족이 오랫동안 기다려 온 메시아일 수도 있다는 말을 넌지시 건넸을 가능성은 있다. 그의 출생을 둘러싼 여러 신비로운 사건은 그가 장차 인류 역사에서 중요한 역할을 하게 되리라는 사실을 암시하는 근거였다. 그러니 예수가 자신의 조상인 다윗의 권좌를 정당하게 되찾고, 외세에 짓눌려 어둠 속에서 헤매고 있는 땅에 빛을 복원하는 운명을 지니고 태어났다는 사실을 믿지 않을 이유가 있을까? 그가 유대 민족을 이끌 자로 선택받은 지도자라는 사실을 의심할 이유가 있을까?

예수는 광야에서 이런 생각들을 떠올리며 고민했다. 그에게는 물질적 야망이 전혀 없었다. 그가 개인적으로 바랐던 것은 오컬트 수행자로서의 소박한 삶이었다. 하지만 그도 유대인이었다. 아무리 사적 야망이 없는 사람이라 해도 이스라엘의 독립이라는 문제는 모든 유대인의 피를 들끓게 하는 위력을 지니고 있었다.

예수는 오래전부터 자기가 보통 사람과는 뭔가 다르다는 사실을 어렴풋이 느끼고 있었다. 장차 큰일을 해야 한다는 것도 알고 있었다. 하지만 자신의 정확한 실체와 자기가 해야 할 일을 구체적으로 알고 있지는 않았다. 에세네 공동체 단원들이 자기를 메시아로 지목하며 수군대는 소리를 듣고 갈등하는 것도 무리가 아니었다. 세례를 받던 중 그의 머리에 내려앉은 비둘기, 이 세상 아닌 곳에서 들려온 듯한 정체불명의 목소리…. 전부 다 에세네 형제 단원들의 주장을 뒷받침하고 입증하는 근거로 보였다. 그는 진정으로 이스라엘을 수렁에서 건져낼 구세주인가? 그는 이 질문에 대한 해답을 얻어야만 했다. 그의 영혼 깊

그림 14. "이 돌이 떡덩이가 되게 하라" | 후안 데 플란데스(Juan de Flandes)

은 곳에서 해답을 끌어내야만 했다. 그래서 광야로 향했던 것이었다. 그는 광야의 한가운데, 철저한 고독과 적막함 속에서 시험을 치르고 원하는 해답을 얻을 수 있으리라는 사실을 직관적으로 알고 있었다.

그는 인생의 대업을 완수하는 과정에서 가장 중요한 순간을 맞게 되었음을 직감했다. 이제 "나는 누구인가?"라는 질문에 대한 해답을 확실하게 얻어야만 했다. 바로 지금, 이 순간에 말이다. 그래서 그는 자신을 따를 준비가 되어있는 요한과 그의 추종자들을 뒤로한 채, 인간의 발길이 닿지 않는, 완전히 홀로될 수 있는 광야의 한복판을 향해 걸어갔다. 그곳에서 자기의 영혼과 직접 대면하고, 해답을 요구하고 구해야만 했다.

그렇게 예수는 광야의 중심에서, 음식과 주거지도 없이 자신을 상대로 일생일대의 싸움을 치렀다. 위대한 영혼에 걸맞은 굉장한 전쟁이었다. 우선 육신의 끝없는 요구에 맞서 싸워야 했다. 전통에 따르면 육신의 시험이 최고조에 이르렀던 어느 날, 육신의 기능을 관장하는 그의 본능적 정신(Instinctive Mind)이 필사적으로 몸부림치며 예수에게 최후의 통첩을 날렸다고 한다. 있는 힘을 다 짜내 빵을 달라고 외친 것이다. 그의 본능은 예수에게 지금 당장 오컬트 힘을 발휘하여 돌을 떡으로 둔갑시키고 허기에 주린 배를 채우라고 요구했다. 진정한 오컬티스트와 신비주의자들 모두 눈살을 찌푸릴만한 요구였다. '유혹자'는 말했다. "명하여 이 돌들이 떡덩이가 되게 하라." 예수는 정신의 집중력을 발휘하여 머릿속에서 돌이 떡으로 변했다고 상상함으로써 쉽게 떡을 만들어내는 능력이 자기에게 있음을 알았으나, 그 유혹을 끝까지 참아냈다. 타인을 위해 물질을 변형시키는 그의 능력은 훗날 혼인 잔치에서 물을 포도주로 변환하고, 수천 청중에게 빵과 물고기를 먹인 기적에서 잘 드러난다. 지금도 자신의 주린 배를 채우기 위해 얼마든 돌덩이를 떡으로 변환시킬 수 있는 상황에 있었다.

자신을 위해 신비스러운 힘을 사용해서는 안 된다는 사실을 아는 최고 수준의 오컬티스트만이 지금 예수가 겪고 있는 시험이 얼마나 어려운지 이해할 수 있을 것이다. 예수는 결국 진정한 오컬트 마스터답게 내면의 힘을 끌어내어 유혹자를 물리치는 데 성공한다.

(마태복음 4:1) 그 때에 예수께서 성령에게 이끌리어 마귀에게 시험을 받으러 광야로 가사

(마태복음 4:2) 사십 일을 밤낮으로 금식하신 후에 주리신지라

(마태복음 4:3) 시험하는 자가 예수께 나아와서 가로되 네가 만일 하나님의 아들이어든 명하여 이 돌들이 떡덩이가 되게 하라

(마태복음 4:4) 예수께서 대답하여 가라사대 기록되었으되 사람이 떡으로만 살 것이 아니요 하나님의 입으로 나오는 모든 말씀으로 살 것이라 하였느니라 하시니

(Matthew 4:1) Then was Jesus led up of the Spirit into the wilderness to be tempted of the devil.

(Matthew 4:2) And when he had fasted forty days and forty nights, he was afterward an hungred.

(Matthew 4:3) And when the tempter came to him, he said, If thou be the Son of God, command that these stones be made bread.

(Matthew 4:4) But he answered and said, It is written, Man shall not live by bread alone, but by every word that proceedeth out of the mouth of God.

하지만 그다음에는 더욱 어려운 시험이 기다리고 있었다. 유대 민족의 기대에 부응하는 메시아, 유대인들의 왕이 되는 문제였다. '나는 과연 메시아인가? 만약 그렇다면, 나는 장차 어떤 방향으로 내 삶을 이끌고 행동해야 할까? 수행자의 의복과 지팡이를 버리고 왕권을 상징하는 보라색 예복과 권장을 쥐어야 할까? 영적 지도자와 스승의 역할을 내려놓고 왕이 되어 이스라엘의 백성을 다스려야 할까?' 그는 자신의 영혼을 상대로 이런 질문들을 끊임없이 던지며 해답을 요구했다.

신비주의 전통에 따르면 예수의 영은 그의 머릿속에서 두 개의 그림을 보여주며 그의 질문에 응답했다고 한다. 예수가 둘 중 어느 쪽을 택하든, 반드시 선택한 그림대로 운명이 실현되게 되어있었다.

첫 번째 그림은 예수의 영적 본능에 부합하고 그의 사역 임무를 지속하는 방향의 삶이었다. 하지만 이 삶을 택하면 그는 말 그대로 '애통하는 자'가 된다. 예수는 지금까지 그래왔듯, 변함없이 진리의 씨앗을 뿌리며 가르침을 전파하는 자신의 미래 모습을 보았다. 그는 자기가 심은 진리의 씨앗이 수백, 수천 년이 지난 후에 비로소 싹을 틔우면서 세상에 영양분을 공급하는 비전을 본다. 하지만 막상 본인은 권력자들의 미움을 사고 형벌을 받는다. 그는 자기가 어떤 과정을 거쳐 죽음을 맞게 되는지도 보았다. 가시가 박힌 면류관을 머리에 쓴 채, 악질적인 두 범죄자 사이에서 십자가형을 받는 비참한 최후를 본 것이다. 세상 누구보다도 용맹스러운 예수조차 자신의 굴욕적인 최후를 보고 가슴이 철렁 내려앉았다. 그가 세상에서 수행해야 할 임무가 결국엔 실패로 돌아간 것으로 여겨졌기 때문이다. 하지만 전통에 따르면 그 순간 상위 세상에 거주하는 지성체들이 내려와 그를 격려하며 희망과 의지를 불어넣어 줬고, 예수는 천상의 존재들에게 둘러싸여 그들로부터 영감을 얻었다고 한다.

 잠시 후 천상의 조력자들이 시야에서 사라지고, 광야에 홀로 앉아 있는 예수에게 두 번째 비전이 나타났다. 그는 하산하여 세상으로 돌아간 후, 자기가 바로 유대인들이 그토록 기다려왔던 메시아이자 유대의 왕이며, 선택받은 민족을 승리로 이끌고 구원할 자임을 선포하는 자신의 모습을 보았다. 주위에 모여든 백성들은 그가 선지자들이 예언한 이스라엘의 구세주라고 칭송하며 경배했다. 그는 거대한 군대를 이끄는 선봉장이 되어 예루살렘을 향해 힘차게 진격하고 있었다. 지휘관이 된 예수는 강력한 오컬트의 힘을 활용하여 적장의 생각을 읽어냈고, 적군의 모든 움직임과 의도를 미리 파악하여 백전백승의 전과를 올리고, 기적적인 방법으로 군사들 손에 무기를 쥐여주고 식량을 보급했다. 오컬트의 힘으로 눈에 보이는 모든 적군을 섬멸했음은 물론이다. 그는 결국 로마를 유대 땅에서 추방했고, 적군의 패잔병들은 겁에 질린 표정을 지으며 국경 너머로 달아났다. 나라를 되찾은 예수는 먼 조상인 다윗이 앉았던 권좌에 앉았다. 그는 선정을 베풀며 이스라엘을 세계 최고의 강대국으로 성장시킨다. 이스라엘의 막강한 영향력은 사방으로 뻗어 나갔고, 페르시아, 이집트, 그리스, 심지어 한때 유대인들이 두려워했던 로마마저 무릎을 꿇고 이스라엘의 속국이 된다. 그는 전쟁의 대승을 기념하는 어떤 행사에서 화려한 전차에 올라타 예루살렘의 거리를 당당하게 행진한다. 한때 로마의 황제였던 카이사르는 이스라엘 왕의 노예가 되어 전차의 후미에 밧줄로 묶인 채 숨을 가쁘게 몰아쉬며 뛰어오고 있다. 솔로몬의 궁정에 버금가는 예수의 궁정은 세상의 중심이 된다. 예루살렘은 세계의 수도가 되며, 나사렛의 예수, 다윗의 아들, 유대의 왕은 온 세상을 다스리는 왕이자, 영웅이자, 반신반인으로 숭배를 받는다. 어느새 그는 신이 되어있었고, 그의 조국 이스라엘은 신이 거주하는 도시가 되어있었다. 이 모든 장관이 선명하게 그의 눈에 들어왔다.

예루살렘의 성전은 세계 종교 사상의 중심이었다. 예수의 개혁으로 더욱 영적으로 성장한 유대인의 종교는 인류의 종교가 되어있었다. 그리고 예수는 이스라엘 신의 대변인이었다. 고대 유대 민족의 모든 사제와 선지자들이 꿈꿔왔던 비전이 새로운 이스라엘의 메시아, 예수를 통해 전부 실현되었고, 새 이스라엘의 수도 예루살렘은 세상의 여왕이 되었다.

예수가 이미 지니고 있는 오컬트 힘을 자신의 의지에 따라 활용하기만 하면 이 모든 것이 실현될 수 있었다. 전통에 따르면 예수에게 두 번째 비전이 주어지던 순간, 인류 역사를 통틀어 권력을 좇고 휘둘렀던 모든 위인의 욕망이 한꺼번에 몰려와 그를 덮쳤다고 한다. 먹구름처럼 예수를 둘러싼 채 욕망의 진동을 동시에 퍼부었다는 것이다. 생전에 막강한 권세를 누렸던 자들의 정령도 떼를 지어 몰려와 그의 귀에 대고 권력의 달콤함을 속삭였다. 인류 역사상 이렇게 많은 어둠의 힘이 한 사람을 겨냥하여 총공세를 펼친 적은 일찍이 없었다. 예수처럼 위대한 마스터가 그 순간 유혹에 굴복했더라도 그를 탓할 수 없을 정도로 강력한 공격이었다.

하지만 그는 끝내 굴복하지 않았다. 그는 내면의 힘을 최대한 끌어내 유혹자들을 밀쳐내고, 의지를 발휘하여 황홀하고 달콤한 비전과 악의 무리를 엄하게 꾸짖어 증발시켰다. "너의 주이자 마스터마저 시험하다니! 어둠의 악령들이여, 썩 꺼지거라!"

(마태복음 4:8) 마귀가 또 그를 데리고 지극히 높은 산으로 가서 천하 만국과 그 영광을 보여

(마태복음 4:9) 가로되 만일 내게 엎드려 경배하면 이 모든 것을 네게 주리라

(마태복음 4:10) 이에 예수께서 말씀하시되 사단아 물러가라 기록되었으되 주 너의 하나님께 경배하고 다만 그를 섬기라 하였느니라

(Matthew 4:8) Again, the devil taketh him up into an exceeding high mountain, and sheweth him all the kingdoms of the world, and the glory of them;

(Matthew 4:9) And saith unto him, All these things will I give thee, if thou wilt fall down and worship me.

(Matthew 4:10) Then saith Jesus unto him, Get thee hence, Satan: for it is written, Thou shalt worship the Lord thy God, and him only shalt thou serve.

이렇게 예수는 광야의 유혹을 이겨 냈다. 예수는 영혼의 해답을 얻은 후 하산하여 인간 세상으로 다시 돌아갔다. 장차 그에게 닥칠 3년간의 사역과 고난, 그리고 궁극적인 죽음을 향해 걸어간 것이다. 그는 앞으로 자기에게 어떤 일이 벌어질지 정확히 알고 있었다. 광야에서 첫 번째 비전을 생생하게 보지 않았던가?

예수는 이제 삶의 방향을 확실하게 정했다.

다시 세상 속으로

산에서 내려온 예수는 광야를 뒤로하고 요한과 그의 추종자들이 있는 곳을 향해 걸어갔다. 그리고 음식과 물을 섭취하며 휴식을 취한 후, 앞으로의 일을 위한 에너지를 충전했다.

예수가 바로 이스라엘을 승리로 이끌 메시아라고 확신했던 요한의 추종자들은 그의 곁에 벌떼같이 몰려들었다. 하지만 그들은 그의 온화한 태도, 소박한 행동, 자기는 왕이 아니라고 말하는 모습을 보고 실망했다. 그가 군중을 향해 "나에게 무엇을 원하는가?"라고 묻자 대다수 사람은 그를 떠나 다시 군중에 합류했다. 하지만 그의 됨됨이를 알아챈 소수는 그의 곁에 계속 머물렀고, 그와 함께하고픈 겸손한 자들이 조금씩 늘어나면서 어느새 예수 주위에는 충성스러운 제자들의 작은 모임이 만들어졌다. 최초의 크리스천 사도들이 탄생한 것이다. 예수를 따르는 자들은 주로 어부 등, 세속의 기준으로 봤을 때 하찮은 직종에 종사하는 사람들이었다. 지위가 높고 사회적으로 명망 있는 인사는 보이지 않았다. 위대한 모든 종교가 그러하듯이, 예수의 주변에 처음 몰려든 신도들도 평범한 서민들이었다.

(마태복음 4:17) 이 때부터 예수께서 비로소 전파하여 가라사대 회개하라 천국이 가까왔느니라 하시더라

(마태복음 4:18) 갈릴리 해변에 다니시다가 두 형제 곧 베드로라 하는 시몬과 그 형제 안드레가 바다에 그물 던지는 것을 보시니 저희는 어부라

(마태복음 4:19) 말씀하시되 나를 따라오너라 내가 너희로 사람을 낚는 어부가 되게 하리라 하시니

(마태복음 4:20) 저희가 곧 그물을 버려 두고 예수를 좇으니라

(마태복음 4:21) 거기서 더 가시다가 다른 두 형제 곧 세베대의 아들 야고보와 그 형제 요한이 그 부친 세베대와 한가지로 배에서 그물 깁는 것을 보시고 부르시니

(마태복음 4:22) 저희가 곧 배와 부친을 버려 두고 예수를 좇으니라

(Matthew 4:17) From that time Jesus began to preach, and to say, Repent: for the kingdom of heaven is at hand.

(Matthew 4:18) And Jesus, walking by the sea of Galilee, saw two brethren, Simon called Peter, and Andrew his brother, casting a net into the sea: for they were fishers.

(Matthew 4:19) And he saith unto them, Follow me, and I will make you fishers of men.

(Matthew 4:20) And they straightway left [their] nets, and followed him.

(Matthew 4:21) And going on from thence, he saw other two brethren, James [the son] of Zebedee, and John his brother, in a ship with Zebedee their father, mending their nets; and he called them.

(Matthew 4:22) And they immediately left the ship and their father, and followed him.

그곳에 한동안 머문 후 예수는 추종자들과 함께 자리를 떴다. 가는 곳마다 그를 따르는 새로운 무리가 합류하면서 그룹의 규모는 점차 커졌다. 잠시 그의 곁에 머물다가 실망하고 떠난 자들도 있었고, 그들을 대체하는 믿음 강한 자들도 있었다. 어쨌든 예수를 따르는 집단의 규모는 꾸준히 증가했고, 어느새 공권력과 대중도 이들의 존재를 의식하게 되었다. 예수는 자기가 메시아가 아니라고 누누이 강조했지만, 그가 장차 유대의 왕이 되리라는 소문은 백성들의 입을 통해 삽시간에 전국으로 퍼져나갔다. 이 소문을 접한 당국은 첩자들을 파견해 그의 일거수일투족을 3년간 감시하고, 그는 결국 십자가형을 받는 운명을 맞는다. 사제 계급의 독재와 형식주의를 신랄하게 비판하는 젊은 스승을 증오했던 유대 사제들도 그를 의심하고 모함하도록 대중을 부추겼다.

가나의 혼인 잔치

 어느 날 예수와 그를 따르는 추종자들은 갈릴리의 작은 마을에 도착했고, 예수는 늘 그렇듯이 그곳 주민들을 모아놓고 가르침을 전했다. 마침 그가 설교하던 장소의 근방에 혼인 잔치 준비가 한창인 집이 있었다. 유대 전통에서 혼인 예식은 일생의 아주 중요한 행사 중 하나다. 예비 신부의 집에서는 경제적 여건이 허락하는 범위 내에서 최대한 두툼한 지참금과 화려한 잔치를 준비했고, 부부의 연이 맺어지는 순간을 보기 위해 전국에서 양가 친지들이 찾아왔다. 마침 예비 신부의 먼 친척뻘인 예수도 관습에 따라 예식을 참관하는 자격으로 잔칫집에 초대되었다.
 하객들은 저마다 샌들을 벗고 맨발로 손님방으로 입장했다. 그리고 현재까지도 동양에서 따르고 있는 관습에 따라 발과 발목을 씻었다. 예수도 몇몇 제자들과 함께 방으로 들어갔다. 어머니와 형제 중 몇 명도 벌써 와 있었다.
 예수를 본 하객들은 그에게 관심을 보이며 속삭이기 시작했다. 그 지역에서 쉽게 마주칠 수 있는 떠돌이 스승으로 대수롭지 않게 여기는 사람들도 있었고, 페르시아, 이집트, 인도에서 그랬던 것처럼 이번에는 유대 민족에게 놀라운 메시지를 전하러 온 선지자로 여기는 사람들도 있었다. 심지어 그를 가리키며 "저 사람이 바로 우리가 그토록 기다리던 메시아라네," "이스라엘의 왕이 될 사람이라지?"라고 수군대는 사람들도 있었다. 그를 선망의 시선으로 바라보며 관심을 보이는 사람이 있는가 하면, 역겹다는 표정으로 노려보는 사람도 있었다. 어쨌든 그는 움직일 때마다 모든 사람의 주목을 받았다. 하객들은 그의 몸짓, 자세, 표정을 유심히 관찰했다. 그가 좋든 싫든, 잔칫집에 모인 모든 사람이 그가 비범한 사내임은 틀림없다는 데 동의했다. 그가 말로만 들어온 여러 외국 국가를 떠돌다 얼마 전 귀국했다는 사실은 그에 대한 신비를 한층 더했다.

하객들은 조만간 뭔가 놀라운 일이 벌어질 것 같다는 강한 인상을 받았다. 신비스러운 현상이 벌어지기 전에 이처럼 이상한 분위기가 감도는 경우가 많다. 마리아는 그리움 가득한 눈빛으로 아들 예수를 바라보았다. 말로 설명할 수는 없지만, 아들이 어떤 큰 변화를 맞았다는 직감이 들었기 때문이다.

잔치가 끝나갈 무렵, 신부 측에서 준비한 포도주가 거의 동났다는 이야기가 하객들 사이에서 오가기 시작했다. 애초에 예상했던 것보다 많은 하객이 찾아온 탓이었다. 당시 유대인의 잔칫집에서 포도주가 부족하다는 것은 가문의 수치로 여겨졌기에 신부 측 가족은 불안한 표정을 서로 주고받았다.

전통에 따르면 이때 마리아와 다른 여성 친지들이 예수에게 다가가 상황을 알렸다고 한다. 그들이 예수가 정확히 무엇을 해주기를 바랐는지는 명확하지 않지만, 아마 무의식적으로 그의 위엄을 감지하고 자연스럽게 그에게 가문을 대표하는 수장 역할을 부여했던 것 같다. 어쨌든 여인들은 예수에게 도움을 청했다. 그들이 구체적으로 어떤 논리를 펼치며 예수를 설득했는지는 알 수 없지만, 그는 결국 돕겠다고 약속했다. 예수는 청을 승낙하기 전에 자기의 힘을 이런 사소한 일에 쓰는 것에 대해 불쾌감을 표시했다. ("예수께서 가라사대 여자여 나와 무슨 상관이 있나이까 내 때가 아직 이르지 못하였나이다.") 하지만 자신을 믿어주는 어머니에 대한 사랑과 헌신에 감복하여 그는 공공장소에서 기적을 행하며 오컬트 힘을 과시하는 행위를 금기시하는 신비주의자 특유의 성향을 잠시 내려놓았다. 그는 이미 인도에 머무르던 시절, 물을 포도주로 변환하는 간단한 작업은 충분히 익힌 상태였다. 이건 최고 경지에 이르지 않은 평범한 요기조차도 비교적 쉽게 해낼 수 있는 일이었다. 그래서 그는 이 정도의 일은 오컬트 힘의 오용에 해당하지 않는다는 판단하에 어머니와 친척들을 돕기로 마음먹는다.

그는 자리에서 일어나 물을 담는 항아리가 있는 방으로 걸어갔다. 그리고 하인들에게 항아리를 물로 가득 채우라고 지시한 후, 각 항아리를 뚫어지게 응시하며 빠른 속도로 손을 얹었다 떼었다. 그는 머릿속에서 물이 포도주로 변하는 모습을 생생하게 떠올렸다. 이런 형태의 오컬트 힘을 발휘할 때 반드시 수반되어야 하는 사전 작업이다. 그리고 본인의 강력한 의지를 항아리에 집중하여 순식간에 물을 포도주로 바꿨다. 물 안에 이미 담겨 있는 와인의 성분을 빠른 속도로 추출한 것이다. 그리하여 물을 담았던 항아리가 포도주로 가득 차는 기적이 일어났다.

(요한복음 2:1) 사흘 되던 날에 갈릴리 가나에 혼인이 있어 예수의 어머니도 거기 계시고

(요한복음 2:2) 예수와 그 제자들도 혼인에 청함을 받았더니

(요한복음 2:3) 포도주가 모자란지라 예수의 어머니가 예수에게 이르되 저희에게 포도주가 없다 하니

(요한복음 2:4) 예수께서 가라사대 여자여 나와 무슨 상관이 있나이까 내 때가 아직 이르지 못하였나이다

(요한복음 2:5) 그 어머니가 하인들에게 이르되 너희에게 무슨 말씀을 하시든지 그대로 하라 하니라

(요한복음 2:6) 거기 유대인의 결례를 따라 두 세 통 드는 돌항아리 여섯이 놓였는지라

(요한복음 2:7) 예수께서 저희에게 이르시되 항아리에 물을 채우라 하신즉 아구까지 채우니

(요한복음 2:8) 이제는 떠서 연회장에게 갖다 주라 하시매 갖다 주었더니

(요한복음 2:9) 연회장은 물로 된 포도주를 맛보고 어디서 났는지 알지 못하되 물 떠온 하인들은 알더라 연회장이 신랑을 불러

(요한복음 2:10) 말하되 사람마다 먼저 좋은 포도주를 내고 취한 후에 낮은 것을 내거늘 그대는 지금까지 좋은 포도주를 두었도다 하니라

(요한복음 2:11) 예수께서 이 처음 표적을 갈릴리 가나에서 행하여 그 영광을 나타내시매 제자들이 그를 믿으니라

(John 2:1) And the third day there was a marriage in Cana of Galilee; and the mother of Jesus was there:

(John 2:2) And both Jesus was called, and his disciples, to the marriage.

(John 2:3) And when they wanted wine, the mother of Jesus saith unto him, They have no wine.

(John 2:4) Jesus saith unto her, Woman, what have I to do with thee? mine hour is not yet come.

(John 2:5) His mother saith unto the servants, Whatsoever he saith unto you, do [it.]

(John 2:6) And there were set there six waterpots of stone, after the manner of the purifying of the Jews, containing two or three firkins apiece.

(John 2:7) Jesus saith unto them, Fill the waterpots with water. And they filled them up to the brim.

(John 2:8) And he saith unto them, Draw out now, and bear unto the governor of the feast. And they bare [it.]

(John 2:9) When the ruler of the feast had tasted the water that was made wine, and knew not whence it was: (but the servants which drew the water knew;) the governor of the feast called the bridegroom,

(John 2:10) And saith unto him, Every man at the beginning doth set forth good wine; and when men have well drunk, then that which is worse: [but] thou hast kept the good wine until now.

(John 2:11) This beginning of miracles did Jesus in Cana of Galilee, and manifested forth his glory; and his disciples believed on him.

상황을 지켜보던 하객들은 흥분하며 웅성거렸다. 예수가 오컬트의 힘으로 만든 포도주 맛을 보려 항아리 단지 주변에 몰려든 사람도 있었다. 하지만 사제들은 표정을 찡그렸고, 권력자들은 콧방귀를 뀌며 사기꾼, 엉터리, 위선자 등을 조용히 속삭이며 그를 비난했다.

예수는 슬픔에 잠겨 고개를 돌렸다. 인도였더라면 대수롭지 않은 일

그림 15. **가나의 혼인 잔치** | 데니스 칼바에르트(Denys Calvaert)

이라며 다들 가볍게 지나쳤을 텐데, 고국의 동포 중에는 이를 기적으로 여기며 신기해하는 사람도 있었고, 해괴한 요술로 양민을 현혹하는 자라고 욕하는 사람도 있었다.

오랜 고심 끝에 목숨까지 걸고 이들에게 생명의 복음을 전하겠다는 중대한 결단을 내렸는데, 이들은 대체 어떤 사람들이란 말인가? 그는 한숨을 내쉬고 힘없이 잔칫집을 나와 추종자들이 기다리는 구역으로 돌아갔다.

제5강

대업의 기반

베일에 싸인 1년

예수가 유대인들 틈에서 활동한 첫해에 관한 성경의 기록은 불완전하다. 신학계에는 이 1년을 '베일에 싸인 1년(Year of Obscurity)'이라 부르지만, 오컬트 전통에서는 예수가 활동한 시기 중 가장 중요한 해로 여기고 있다. 이 시기에 앞으로의 활동에 관한 기반을 마련했기 때문이다.

예수는 이 시기에 전국을 돌며 진리를 설파했고, 가는 곳마다 그를 따르는 제자들이 생겨났다. 크고 작은 도시와 마을을 통과할 때마다 그의 뜻을 따라 진리의 횃불을 들고 일어서는 소수의 추종자가 탄생했고, 그들은 빛을 보고 몰려온 주변 사람들에게 그 빛을 나눠줬다. 예수는 언제나 가난한 자들이 있는 곳을 중심으로 사역했다. 마치 사회의 밑바닥에서부터 사역을 시작해야만 대업을 완성할 수 있다고 믿는 것 같았다. 시간이 흐르면서 서민보다 약간 지위가 높다는 이유로 거만을 떠는 부류의 인간들도 호기심에 이끌려 그를 찾아왔다. 스승을 칭하는 자의 모습을 보고 한바탕 웃고 가려다가 예수의 메시지를 듣고 실제로 감복하여 그 곁에 남기로 한 사람도 꽤 있었다. 어느새 유대 사회의 모든 계층이 진지한 마음으로 예수의 음성에 귀를 기울이기 시작했다.

그해에도 어김없이 유월절이 돌아왔고, 예수는 추종자들과 함께 예루살렘의 성전으로 향했다. 그는 유월절 축제를 바라보며 어린 시절의 기억을 떠올렸다. 17년 전에 봤던 것과 전혀 다를 바 없는 모습이었다. 이번에도 사람들은 죄 없는 양을 무더기로 도축하고 있었고, 희생제물로 바쳐진 동물의 피는 제단과 바닥을 붉게 물들이고 있었다. 사제들은 예나 지금이나 의미 없는 말과 행동을 반복하며 생명력이 없는 예식을 진행하고 있었다. 17년 동안 더욱 성장한 예수의 눈에는 이 모든 것이 너무나 한심해 보였다. 그는 광야에서 본 비전을 통해 자기도 죄 없는 양처럼 도축될 운명이라는 사실을 잘 알고 있었다. 인류의 제단 위에서 피의 제물로 바쳐진 양, 그것이 바로 예수였다. 이 무서운 이미지는 예수의 뇌리에 단단히 뿌리를 내렸다. 하지만 인류의 구원과 성장을 위해 자기를 바친다는 예수의 순수한 사명은 많은 세월이 흘러 신도들에 의해 심하게 왜곡된다. 인간의 약점과 죄를 용인하지 못하는 잔혹한 신이 분노하여 예수의 피를 제물로 요구했다는, 죄 없는 양을 이유 없이 도살하는 유대인과 하나도 다를 바 없는 교리를 만들어냈다는 사실은 참으로 안타까운 일이다. 걸핏하면 분노하는 신이 자기 손으로 창조한 인간에게 불만을 품고, 그를 달래려면 무고한 생명을 죽여 그 피를 바쳐야만 한다는 야만적인 발상은 인간에게 진리를 전파하러 온 마스터 예수의 피를 공물로 바침으로써 신의 분노가 가라앉았다는 신학계의 교리와 하나도 다를 바 없다. 이런 생각은 야만적이고 진화가 덜 된 자의 머릿속에서만 나올 수 있다. 하지만 교회는 수백, 수천 년 동안 오히려 예수의 이름을 앞세워 이 어이없는 교리를 퍼트렸다. 우주 만물을 창조한 신이 때로는 사악하고, 잔혹하고, 복수심에 들끓을 수도 있는 존재라는 사실을 믿지 않는 자, 애통하는 자를 죽여 그의 붉은 피를 보여줘야만 비로소 그 절대적 존재를 달랠 수 있고 인간을 용서하도록 회유할 수 있다고 믿지 않는 자는 박해하고 죽이는 짓을 서슴지 않았다. 예수의 순수한 가르침이 이렇게까지 극단적으로 왜곡되었다는 사실, 예수의 진짜 가르침을 이해하지 못하는 인간의 무능, 예수의 이름으로 세웠다는 종교의 지도자들이 그런 무능에서 탄생한 끔찍한 교리를 진리로 받아들이고 신성시하며 믿기를 강요한다는 사실은 도무지 믿기지 않을 정도다. 다행스럽게도 무지와 야만성에서 비롯된 이런 사상의 어두운 먹구름은 오늘날 점차 걷히고 있다. 교회 내에서도 지성을 겸비한 사람들은 허접한 구시대 교리의 무조건적 수용을 거부하고 있고, 목소리를 내지 않으며 무시하는 사람, 상식적인 교리로 대체하려는 사람도 있다.

예수는 이처럼 야만적인 가르침을 전한 적이 없다. 신비주의의 고급 가르침을 통해 편재(遍在)하는 신과 우주 만물에 두루 깃들어 있는 신의 신비를 배운 예수는 신에 관한 최고의 이상을 품고 있었다. 잔혹하고, 피에 굶주려 있고, 복수심과 증오심에 불타고, 특정 민족을 편애하고, 끝없는 제물과 불에 검게 그을린 동물의 시신을 요구하고, 인간과 하나도 다를 바 없는 부정적인 감정을 지닌 저급한 신의 개념은 초월한 지 이미 오래였다. 이런 개념의 신은 다른 민족의 전통에서도 발견되었다. 특정 국가와 민족만을 사랑하고, 그 이외의 백성은 증오하는 신…. 그는 유대교도 다른 민족의 토속신앙과 하나도 다를 바 없다고 생각했다. 예수는 인간들이 머릿속에서 만들어낸 야만적이고 원시적인 신의 모습 너머에 있는 진짜 신을 보았다. 수억 개 이상의 헤아릴 수 없을 정도로 많은 우주를 창조한 그 온화하고 고요한 신은 우주 공간 전체를 가득 메우고 있었다. 인간이 만들어낸 신들처럼 유치한 성격을 지닌 존재와는 차원이 다른 그 어떤 무엇이었다. 예수는 지구상 여러 민족과 국가 고유의 신, 심지어 개인이 숭배하는 신도 그 국가, 민족, 또는 개인을 크게 확장한 심볼에 불과하며, 히브리 민족의 신도 예외가 아니라는 사실을 이해했다.

우주 전체에 편재하는 절대적 존재라는 크고 장대한 신의 개념을 접하고 이해한 사람은 자신의 화를 잠재우기 위해 피의 제물을 요구하는 신의 개념이 워낙 딱하고 모멸적이라 진지하게 고려할 가치도 느끼지 못한다. 오히려 예수의 높은 가르침을 짓밟고 저급한 교리를 만들어낸 자들에 대해 분노하고 항의의 목소리를 높인다. 수백 년 동안 크리스천 교회 내의 신비주의자들은 교회의 박해를 피하고자 얼마 전까지만 해도 공개적으로는 입을 열지 않았다. 이들은 교회가 지배하는 암흑시대 내내 진리의 빛을 지키고 보존했다. 하지만 새로운 시대가 열리면서 교회도 예수가 전한 빛의 실체를 조금씩 인지하고 있으며, 설교단에서도 신비주의 기독교의 가르침이 울려 퍼지기 시작했다. 앞으로 순수하고 명확한 예수의 가르침은 오랜 세월 동안 진리의 샘물을 오염시킨 교리에서 해방되어 맑은 상태로 세상을 적실 것이다.

성전 안에서 돈놀이하는
환전상과 상인들

아무 말 없이 성전의 뜰과 여러 구역을 거닐던 예수를 분노케 한 광경이 눈앞에 펼쳐졌다. 부패한 사제 계급의 만행이 얼마나 성전을 더럽혔는지 보여주는 결정적인 장면이었다. 성전의 계단과 외전(外殿) 주위에 많은 브로커와 환전상들이 좌판을 펼쳐놓고 유월절 축제에 참여하는 백성들을 상대로 돈놀이를 하고 있던 것이었다. 환전상들은 외지에서 온 사람들의 돈을 수도에서 사용하는 돈으로 바꿔주는 과정에서 막대한 이익을 취하고 있었다. 브로커들은 제물로 바칠 가축을 사기 위해 개인 소지품까지 파는 가난한 순례자들로부터 헐값에 물건을 사들이고, 고리로 돈을 빌려주고 있었다. 상인들은 성역 내에서 제물로 바쳐질 양과 비둘기를 파느라 고래고래 소리를 지르고 있었다. 전통에 따르면 당시 부패한 사제들은 성전 안에서 상거래를 하는 업자들에게 이권을 팔고, 그들이 벌어들인 수익 일부를 뜯어내고 있었다고 한다. 이러한 행위는 고대의 전통과 관습에 명백하게 어긋남에도 어느새 일상으로 자리를 잡고 있었다.

그렇지 않아도 제물을 바친다는 명목으로 동물을 죽이는 행위에 못

마땅했던 예수는 탐욕, 물질주의, 영적 빈곤을 적나라하게 드러낸 성전 앞의 부정한 상행위를 보고 분노한다. 성전을 더럽히는 최악의 신성모독으로 여긴 것이다. 꿈틀거리던 그의 손가락은 가축을 몰던 상인이 잠시 내려놓은 채찍을 집어 들었고, 그는 곧바로 상인들이 몰려있는 곳을 향해 나아가 채찍을 높이 들어 그들의 어깨를 후려쳤다. 갑작스러운 습격을 받은 상인들은 당황하며 줄행랑을 쳤고, 예수는 상인들이 파는 물품이 진열된 탁자를 뒤집어엎으며 소리쳤다. "내 집은 기도하는 집이라 일컬음을 받으리라 하였거늘 너희는 강도의 굴혈을 만드는도다!" '온화하고 낮은 곳에 임하는 나사렛인'이 성전을 더럽히는 도둑의 무리를 쫓아낸 것이다.

(마태복음 21:10) 예수께서 예루살렘에 들어가시니 온 성이 소동하여 가로되 이는 누구뇨 하거늘

(마태복음 21:11) 무리가 가로되 갈릴리 나사렛에서 나온 선지자 예수라 하니라

(마태복음 21:12) 예수께서 성전에 들어가사 성전 안에서 매매하는 모든 자를 내어쫓으시며 돈 바꾸는 자들의 상과 비둘기 파는 사들의 의자를 둘러엎으시고

(마태복음 21:13) 저희에게 이르시되 기록된 바 내 집은 기도하는 집이라 일컬음을 받으리라 하였거늘 너희는 강도의 굴혈을 만드는도다 하시니라

(Matthew 21:10) And when he was come into Jerusalem, all the city was moved, saying, Who is this?

(Matthew 21:11) And the multitude said, This is Jesus the prophet of Nazareth of Galilee.

(Matthew 21:12) And Jesus went into the temple of God, and cast out all them that sold and bought in the temple, and overthrew the tables of the moneychangers, and the seats of them that sold doves.
(Matthew 21:13) And said unto them, It is written, My house shall be called the house of prayer; but ye have made it a den of thieves.

(요한복음 2:13) 유대인의 유월절이 가까운지라 예수께서 예루살렘으로 올라가셨더니
(요한복음 2:14) 성전 안에서 소와 양과 비둘기 파는 사람들과 돈 바꾸는 사람들의 앉은 것을 보시고
(요한복음 2:15) 노끈으로 채찍을 만드사 양이나 소를 다 성전에서 내어쫓으시고 돈 바꾸는 사람들의 돈을 쏟으시며 상을 엎으시고
(요한복음 2:16) 비둘기 파는 사람들에게 이르시되 이것을 여기서 가져가라 내 아버지의 집으로 장사하는 집을 만들지 말라 하시니
(요한복음 2:17) 제자들이 성경 말씀에 주의 전을 사모하는 열심이 나를 삼키리라 한 것을 기억하더라

(John 2:13) And the Jews' passover was at hand, and Jesus went up to Jerusalem.
(John 2:14) And found in the temple those that sold oxen and sheep and doves, and the changers of money sitting:
(John 2:15) And when he had made a scourge of small cords, he drove them all out of the temple, and the sheep, and the oxen; and poured out the changers' money, and overthrew the tables;

그림 16. **성전에서 환전상들을 내쫓는 예수** | 렘브란트 (Rembrandt)

(John 2:16) And said unto them that sold doves, Take these things hence: make not my Father's house an house of merchandise.

(John 2:17) And his disciples remembered that it was written, The zeal of thine house hath eaten me up.

브로커, 환전상, 상인들은 성전 바닥에 내동댕이쳐진 돈을 챙기지도 못하고 혼비백산하여 도망친다. 예수의 용감한 행동을 보고 함께 분노한 군중이 주위에 모여들어 성전을 정화하고 예전의 상태로 복원하자는 구호를 외치고 있었기 때문에 그들은 차마 돌아갈 엄두를 내지 못했다. 그들은 대신 사제들에게 몰려가 방금 일어난 상황을 낱낱이 보고하고, 지금까지 큰돈을 지급하고 누려왔던 이권과 독점 특혜가 하루 아침에 사라진 것에 대해 거칠게 항의했다. 이들로부터 받은 돈을 토해내야 할 지경에 놓인 사제들은 분노하며 관행으로 굳어진 시스템에 감히 반기를 들고 간섭한 마스터에게 복수하겠다고 다짐한다. 시일이 흐르면서 사제들의 복수심은 커져만 갔고, 2년 후 갈보리 언덕에서 벌어지는 비극의 결정적인 계기가 된다.

세례 요한의 죽음과
예수의 각성

이 사건이 있고 난 뒤, 예수는 몇 달간 전국을 순회하며 진리의 메시지를 전파하고 새로운 추종자들의 세를 키워나갔다. 이 시점까지만 해도 예수는 대규모 군중 앞에서 연설하는 설교가가 아니라 가는 곳마다 주위에 몰려든 소수의 사람을 대상으로 가르침을 전하는 스승의 모습에 가까웠다. 그가 집행한 종교 예식도 많지 않았다. 앞서 설명했듯이, 오컬트와 신비주의 관점에서 큰 의미를 지닌 에세네파의 세례를 주관하는 정도가 다였다. 신약성경을 공부하는 학생들은 예수가 이 시기에 유대인들의 정신에 새로운 가르침의 씨앗을 심어주는 활동을 열심히 진행했으리라는 사실을 짐작할 수 있을 것이다.

이 무렵, 자신의 출현을 만방에 알린 사자이자 사촌 형제이기도 한 세례 요한의 운명에 관한 소식을 접한 예수는 깊은 슬픔에 잠긴다. 요한은 부패한 왕실을 향해 가르침을 전하며 동시에 비난을 퍼부었고, 그 대가로 목숨을 잃는다. 헤롯은 그를 어두컴컴한 지하 감옥에 가두었고, 그에게 더 심한 형벌이 내려질 것이라는 소문이 입에서 입으로 퍼지기 시작했다. 그 소문은 얼마 가지 않아 실현된다. 금욕주의자로서의 삶을 버리고 그를 향한 공주의 구애를 받아들이면 목숨을 살려주고 자유를 허락하겠다는 왕의 제안을 거절한 그는 진리를 아는 진정한 신비주의자답게 당당한 죽음을 맞는다. 머리가 잘린 채로 쟁반 위에 올려진 요한의 표정에는 두려움의 흔적도, 후회의 기색도 보이지 않았다. 죽음의 순간에도 승리를 거둔 것이다.

(마태복음 14:1) 그 때에 분봉왕 헤롯이 예수의 소문을 듣고

(마태복음 14:2) 그 신하들에게 이르되 이는 세례 요한이라 저가 죽은 자 가운데서 살아났으니 그러므로 이런 권능이 그 속에서 운동하는도다 하더라

(마태복음 14:3) 전에 헤롯이 그 동생 빌립의 아내 헤로디아의 일로 요한을 잡아 결박하여 옥에 가두었으니

(마태복음 14:4) 이는 요한이 헤롯에게 말하되 당신이 그 여자를 취한 것이 옳지 않다 하였음이라

(마태복음 14:5) 헤롯이 요한을 죽이려 하되 민중이 저를 선지자로 여기므로 민중을 두려워하더니

(마태복음 14:6) 마침 헤롯의 생일을 당하여 헤로디아의 딸이 연석 가운데서 춤을 추어 헤롯을 기쁘게 하니

(마태복음 14:7) 헤롯이 맹세로 그에게 무엇이든지 달라는 대로 주겠다 허락하거늘

(마태복음 14:8) 그가 제 어미의 시킴을 듣고 가로되 세례 요한의 머리를 소반에 담아 여기서 내게 주소서 하니

(마태복음 14:9) 왕이 근심하나 자기의 맹세한 것과 그 함께 앉은 사람들을 인하여 주라 명하고

(마태복음 14:10) 사람을 보내어 요한을 옥에서 목 베어

(마태복음 14:11) 그 머리를 소반에 담아다가 그 여아에게 주니 그가 제 어미에게 가져가니라

(마태복음 14:12) 요한의 제자들이 와서 시체를 가져다가 장사하고 가서 예수께 고하니라

(Matthew 14:1) At that time Herod the tetrarch heard of the fame of Jesus,

(Matthew 14:2) And said unto his servants, This is John the Baptist; he is risen from the dead; and therefore mighty works do shew forth themselves in him.

(Matthew 14:3) For Herod had laid hold on John, and bound him, and put [him] in prison for Herodias' sake, his brother Philip's wife.

(Matthew 14:4) For John said unto him, It is not lawful for thee to have her.

(Matthew 14:5) And when he would have put him to death, he feared the multitude, because they counted him as a prophet.

(Matthew 14:6) But when Herod's birthday was kept, the daughter of Herodias danced before them, and pleased Herod.

(Matthew 14:7) Whereupon he promised with an oath to give her whatsoever she would ask.

(Matthew 14:8) And she, being before instructed of her mother, said, Give me here John Baptist's head in a charger.

(Matthew 14:9) And the king was sorry: nevertheless for the oath's sake, and them which sat with him at meat, he commanded [it] to be given [her.]

(Matthew 14:10) And he sent, and beheaded John in the prison.

(Matthew 14:11) And his head was brought in a charger, and given to the damsel: and she brought [it] to her mother.

(Matthew 14:12) And his disciples came, and took up the body, and buried it, and went and told Jesus.

(마가복음 6:14) 이에 예수의 이름이 드러난지라 헤롯 왕이 듣고 가로되 이는 세례 요한이 죽은 자 가운데서 살아났도다 그러므로 이런 능력이 그 속에서 운동하느니라 하고

(마가복음 6:15) 어떤이는 이가 엘리야라 하고 또 어떤 이는 이가 선지자니 옛 선지자 중의 하나와 같다 하되

(마가복음 6:16) 헤롯은 듣고 가로되 내가 목 베인 요한 그가 살아났다 하더라

(마가복음 6:17) 전에 헤롯이 자기가 동생 빌립의 아내 헤로디아에게 장가든 고로 이 여자를 위하여 사람을 보내어 요한을 잡아 옥에 가두었으니

(마가복음 6:18) 이는 요한이 헤롯에게 말하되 동생의 아내를 취한 것이 옳지 않다 하였음이라

(마가복음 6:19) 헤로디아가 요한을 원수로 여겨 죽이고자 하였으되 하지 못한 것은

(마가복음 6:20) 헤롯이 요한을 의롭고 거룩한 사람으로 알고 두려워하여 보호하며 또 그의 말을 들을 때에 크게 번민을 느끼면서도 달게 들음이러라

(마가복음 6:21) 마침 기회 좋은 날이 왔으니 곧 헤롯이 자기 생일에 대신들과 천부장들과 갈릴리의 귀인들로 더불어 잔치할새

(마가복음 6:22) 헤로디아의 딸이 친히 들어와 춤을 추어 헤롯과 및 함께 앉은 자들을 기쁘게 한지라 왕이 그 여아에게 이르되 무엇이든지 너 원하는 것을 내게 구하라 내가 주리라 하고

(마가복음 6:23) 또 맹세하되 무엇이든지 네가 내게 구하면 내 나라의 절반까지라도 주리라 하거늘

(마가복음 6:24) 저가 나가서 그 어미에게 말하되 내가 무엇을 구하리이까 그 어미가 가로되 세례 요한의 머리를 구하라 하니
(마가복음 6:25) 저가 곧 왕에게 급히 들어가 구하여 가로되 세례 요한의 머리를 소반에 담아 곧 내게 주기를 원하옵나이다 한대
(마가복음 6:26) 왕이 심히 근심하나 자기의 맹세한 것과 그 앉은 자들을 인하여 저를 거절할 수 없는지라
(마가복음 6:27) 왕이 곧 시위병 하나를 보내어 요한의 머리를 가져오라 명하니 그 사람이 나가 옥에서 요한을 목 베어
(마가복음 6:28) 그 머리를 소반에 담아다가 여아에게 주니 여아가 이것을 그 어미에게 주니라
(마가복음 6:29) 요한의 제자들이 듣고 와서 시체를 가져다가 장사하니라

(Mark 6:14) And king Herod heard [of him;] (for his name was spread abroad:) and he said, That John the Baptist was risen from the dead, and therefore mighty works do shew forth themselves in him.
(Mark 6:15) Others said, That it is Elias. And others said, That it is a prophet, or as one of the prophets.
(Mark 6:16) But when Herod heard [thereof,] he said, It is John, whom I beheaded: he is risen from the dead.
(Mark 6:17) For Herod himself had sent forth and laid hold upon John, and bound him in prison for Herodias' sake, his brother Philip's wife: for he had married her.
(Mark 6:18) For John had said unto Herod, It is not lawful for thee to have thy brother's wife.

(Mark 6:19) Therefore Herodias had a quarrel against him, and would have killed him: but she could not:

(Mark 6:20) For Herod feared John, knowing that he was a just man and an holy, and observed him; and when he heard him, he did many things, and heard him gladly.

(Mark 6:21) And when a convenient day was come, that Herod on his birthday made a supper to his lords, high captains, and chief [estates] of Galilee:

(Mark 6:22) And when the daughter of the said Herodias came in, and danced, and pleased Herod and them that sat with him, the king said unto the damsel, Ask of me whatsoever thou wilt, and I will give [it] thee.

(Mark 6:23) And he sware unto her, Whatsoever thou shalt ask of me, I will give [it] thee, unto the half of my kingdom.

(Mark 6:24) And she went forth, and said unto her mother, What shall I ask? And she said, The head of John the Baptist.

(Mark 6:25) And she came in straightway with haste unto the king, and asked, saying, I will that thou give me by and by in a charger the head of John the Baptist.

(Mark 6:26) And the king was exceeding sorry; [yet] for his oath's sake, and for their sakes which sat with him, he would not reject her.

(Mark 6:27) And immediately the king sent an executioner, and commanded his head to be brought: and he went and beheaded him in the prison,

(Mark 6:28) And brought his head in a charger, and gave it to the damsel: and the damsel gave it to her mother.

(Mark 6:29) And when his disciples heard [of it,] they came and took up his corpse, and laid it in a tomb.

요한의 사망 소식을 접한 예수는 사막으로 향했다. 동지를 잃은 슬픔도 컸지만, 이제 요한의 활동과 예수 본인의 사역을 통합하는 작업도 이루어져야 했다. 가장 신뢰할 수 있고 능력도 겸비한 제자들의 도움을 받아 두 스승을 따랐던 사람들을 하나의 그룹으로 합치고 지도하는 대대적인 과제가 그에게 주어진 것이다. 요한의 비극적인 죽음은 마스터의 장차 활동에도 매우 큰 영향을 주었고, 그는 앞으로의 일에 관한 세부적인 계획을 세우는 영감과 위안을 얻기 위해 사막지대를 다시 찾았다. 예수가 처음 사막(광야)을 찾았다가 나온 후부터는 은둔자의 옷을 벗어 던지고 당당하게 대중 앞에 서서 열정적으로 가르침을 전파하는 설교사이자 연사로 변신했던 것을 기억할 것이다. 예수는 이 시점부터 자기를 충실하게 따르는 작은 집단에서 벗어나 대규모 청중을 휘어잡는 연사가 된다.

사마리아와 유대에서 일을 마친 후, 예수는 다시 갈릴리를 중심으로 활발한 활동을 펼친다. 요한의 죽음 이후 각성한 그의 설교에 대중이 매료되면서 전보다 훨씬 많은 사람이 그의 연설을 듣기 위해 몰려들었다. 소수를 대상으로 설교하던 시절의 나긋나긋한 목소리는 온데간데없고, 대중을 압도하는 확신에 찬 어조와 카리스마가 이를 대체하고 있었다. 우화와 풍자 등, 동양식 설법이 그의 입에서 자연스럽게 흘러 나왔고, 당대의 지식인들도 이 젊은 웅변가를 보기 위해 멀리서 찾아왔다. 그에게는 마치 청중의 생각을 직관적으로 읽어내는 능력이 있는 것 같았고, 정의와 공정, 올바른 생각과 삶을 강조하는 그의 가르침은 그들의 가슴을 관통했다. 이 시점부터 예수의 사역은 신비주의자 특유

그림 17. **은쟁반에 올려진 세례 요한의 머리를 든 살로메** | 카라바조(Caravaggio)

의 조용한 임무 수행이라기보다는 활발한 프로파간다의 성격을 띠게 된다.

치유의 기적

이 시점부터 더 많은 사람을 끌어들이고, 동시에 선행을 베풀고 타인을 돕는 의미도 지닌 기적의 수행도 본격적으로 시작되었다. 센세이션을 일으키거나 자신을 높이기 위한 것은 물론 아니었다. 예수의 인격이 그런 행위를 허용할 턱이 없었다. 하지만 그는 동양인의 시선을 사로잡는 데 기적만큼 효과적인 것이 없다는 사실을 잘 알고 있었고, 그들의 관심을 얻은 후에는 기적 따위를 초월하는 진정한 영성과 열정을 그들로부터 끌어낼 수 있다고 생각했다. 예수의 이러한 추종자 유인 전략은 그가 인도에 머무르던 당시 목격하고 익힌 인도 성자들의 방식과 같았다.

고급 경지에 이른 오컬티스트는 예수가 행한 기적을 '초자연적인 현상' 또는 '믿기지 않는 일'로 여기지 않는다. 우리가 소위 '기적'이라고 말하며 놀라는 현상도 자연의 법칙에 따라 발생하는 당연한 결과이기 때문이다. 이러한 기적을 주관하는 자연의 법칙을 아는 사람은 많지 않지만, 세계 각지의 고급 오컬티스트들은 이 법칙을 잘 이해하고 있으며, 때로는 필요에 의해 이 법칙을 활용하기도 한다. 회의론자와 불신자들은 물론 이런 얘기를 듣고 콧방귀를 뀔 것이다. 믿음이 강하지 않은 크리스천 중에는 성경에서 기적 얘기가 나올 때마다 몸을 움츠리며 사과하거나 변론하려는 사람도 있다. 하지만 일정 수준의 경지에 오른 오컬티스트는 변론이나 설명도, 사과의 필요성도 느끼지 않는다. 기적을 일으키는 오컬트의 힘이 모든 인간에 내재하고 있음을 아는 이들은 일요일마다 교회를 나가는 신도보다 훨씬 믿음이 강한 자들이다. 세상에 일어나는 일 또는 현상 중 초자연적인 것은 없다. 세상 모든 현상의 배후에는 자연의 법칙이 작용하고 있고, 이 법칙을 초월하는 현상은 있을 수 없다. 하지만 자연의 법칙 중 보통 사람에게는 잘 알려지지 않은 것도 있고, 사람들은 이런 법칙의 작용으로 실현된 현상을 보고 기적이라고 부른다. 오컬트 전통에 따르면 예수는 자연계에 존재하는 오컬트 힘에 관한 지식과 활용법을 속속들이 이해하고 터득한 최고 마스터였으며, 그가 유대 땅에서 사역하면서 몇 차례 보여준 기적들은 그가 지녔던 능력에 비하면 아이들 장난 수준이었다고 한다. 그가 행한 진짜로 위대한 기적들은 글로 기록되지 않았다. 그는 평소에도 가까운 제자들에게 기적에 집착하거나 지나치게 큰 중요성을 부여해서는 안 된다고 누누이 강조했다. 복음서에 기록된 예수의 기적은 당시 많은 사람에게 잘 알려진 것들에 불과하고, 이보다도 큰 기적은 사람들의 입에 오르내리기에는 너무 신성한 것으로 여겨져 글의 형태로 남기지 않았다.

　마스터와 추종자들이 예수가 행한 첫 번째 기적의 현장이기도 한 가나(혼인 잔치에서 물을 포도주로 변환한 기적의 현장)를 다시 찾았을 때, 그가 지녔던 오컬트 힘의 위력을 엿볼 수 있는 사건이 일어났다. 가나로부터 수십 킬로미터 떨어진 곳에 있는 가버나움의 영향력 있는 인사가 그를 찾아와 지금 집에서 사경을 헤매고 있는 어린 아들을 구해달라고 사정했다. 그는 예수에게 어서 서둘러 가버나움으로 가서 아이를 치유해달라고 재촉했다. 예수는 빙긋이 웃으며 아이가 이미 건강을 회복하고 생명을 되찾았으니 집으로 돌아가도 좋다고 사내에게 말했다. 주변에 있던 사람들은 예수의 대답을 듣고 깜짝 놀랐고, 그를 의심하는 자들은 회심의 미소를 지었다. 사내의 아들이 사망했다는 소식이 조만간 들려오면 젊은 마스터의 명성도 타격을 입을 것임이 분명했기 때문이다. 예수를 따르는 자 중에서도 소심하고 믿음이 약한 사람들은 불안감을 감추지 못하며 "혹시 해내지 못하면 어쩌나?"라고 서로 속삭이며 초조해하기 시작했다. 하지만 예수는 표정 하나 변하지 않고 차분함을 유지했다. 복음서에 따르면 예수는 일곱 번째 시에 사내에게 아들이 다 나았다고 얘기했었다.

  사내는 마스터의 말이 사실인지 아닌지 확인하기 위해 부리나케 집을 향해 달려갔다. 그로부터 1~2일 동안 가버나움으로부터는 아무런 소식이 없었다. 혼인 잔치에서 예수가 행한 기적을 보고 조롱했던 자들은 이번에도 그를 비웃고 매도했다. 사기꾼이라는 단어도 또 입에서 입으로 전해졌다. 그러던 중 모두가 기다리던 소식이 찾아왔다. 그를 비난하던 목소리를 일시에 잠재우고 믿음이 약한 자들의 가슴을 다시 소생시키는 소식이었다. 사내가 가버나움에 있는 집에 도착하자마자 일곱 번째 시에 아들의 열이 내리면서 기력을 찾았다는 기적적인 소식을 전해 들었다는 것이다.

(요한복음 4:46) 예수께서 다시 갈릴리 가나에 이르시니 전에 물로 포도주를 만드신 곳이라 왕의 신하가 있어 그 아들이 가버나움에서 병들었더니
(요한복음 4:47) 그가 예수께서 유대로부터 갈릴리에 오심을 듣고 가서 청하되

내려오셔서 내 아들의 병을 고쳐 주소서 하니 저가 거의 죽게 되었음이라

(요한복음 4:48) 예수께서 가라사대 너희는 표적과 기사를 보지 못하면 도무지 믿지 아니하리라

(요한복음 4:49) 신하가 가로되 주여 내 아이가 죽기 전에 내려오소서

(요한복음 4:50) 예수께서 가라사대 가라 네 아들이 살았다 하신대 그 사람이 예수의 하신 말씀을 믿고 가더니

(요한복음 4:51) 내려가는 길에서 그 종들이 오다가 만나서 아이가 살았다 하거늘

(요한복음 4:52) 그 낫기 시작한 때를 물은즉 어제 제 칠 시에 열기가 떨어졌나이다 하는지라

(요한복음 4:53) 아비가 예수께서 네 아들이 살았다 말씀하신 그 때인 줄 알고 자기와 그 온 집이 다 믿으니라

(John 4:46) So Jesus came again into Cana of Galilee, where he made the water wine. And there was a certain nobleman, whose son was sick at Capernaum.

(John 4:47) When he heard that Jesus was come out of Judaea into Galilee, he went unto him, and besought him that he would come down, and heal his son: for he was at the point of death.

(John 4:48) Then said Jesus unto him, Except ye see signs and wonders, ye will not believe.

(John 4:49) The nobleman saith unto him, Sir, come down ere my child die.

(John 4:50) Jesus saith unto him, Go thy way; thy son liveth. And the man believed the word that Jesus had spoken unto him, and he went his way.

(John 4:51) And as he was now going down, his servants met him, and told
[him,] saying, Thy son liveth.

(John 4:52) Then enquired he of them the hour when he began to amend.
And they said unto him, Yesterday at the seventh hour the fever left him.

(John 4:53) So the father knew that [it was] at the same hour, in the which
Jesus said unto him, Thy son liveth: and himself believed, and his whole
house.

하지만 여기에 기록된 예수의 기적은 수많은 오컬티스트가 여러 시대에 걸쳐 행한 일과 비교했을 때 딱히 특별하다고까지 볼 수는 없다. 오늘날 여러 형이상학 단체에서 활동하는 유능한 치유사들도 이와 유사한 수준의 치유 능력을 보유하고 있다. 정신력을 집중하여 자연계에 내재한 미묘한 힘을 올바르게 활용하면 해낼 수 있는 일로, 현대의 형

그림 18. **아들을 살려달라고 예수에게 사정하는 고위 관리** | 조제프 마리 비앙(Joseph-Marie Vien)

이상학에서 원격치유(absent treatment)라 부르는 기법의 한 사례였다고 할 수 있다. 예수가 행한 기적을 대수롭지 않게 여기고 깎아내리려는 의도는 없다. 다만 기적처럼 보이는 이 현상은 초자연적인 것이 아니라 어디까지나 자연의 법칙을 활용한 것에 불과하며, 지금도 이런 능력을 소유한 사람들이 있다는 사실을 강조하기 위해 부연 설명했을 뿐이다.

예수를 죽이려 한
나사렛 주민들

이 무렵 예수가 소유한 놀라운 힘이 밖으로 드러난 또 하나의 중요한 사건이 일어났다. 이 사건은 신약성경에도 기록되어 있으며, 오컬트 전통에서는 조금 더 구체적으로 설명하고 있다. 예수가 안식일 전날에 자신의 고향인 나사렛을 방문했을 때의 일이다. 예수는 그곳에서 하루를 묵은 후, 다음 날 아침 예배를 드리러 지역 회당을 찾았다. 그는 소년 시절 아버지 요셉과 함께 앉았던 자리를 찾아가서 앉았다. 눈에 익은 장면이 펼쳐지면서 희한하고 신비스러웠던 유년 시설의 기억들도 한꺼번에 떠올랐으리라. 그렇게 추억에 잠겨 자리에 앉아 있는데, 갑자기 누군가가 그에게 안식일 예배 진행을 요청했다. 당시 예수는 회당에서 설교를 진행할 자격을 갖춘 유대교 랍비 또는 사제였음을 기억해야 한다. 그는 태생적으로 랍비의 신분을 지닌 것은 물론이고, 충분한 교육과 학식까지 겸비한 스승이기도 했다. 나사렛 주민들은 동향 출신의 이 젊은 랍비가 자기들을 위해 덕담을 해주길 바라고 있었을 것이다. 청을 받은 예수는 흔쾌히 연단에 올랐고, 관습과 교회법에 따라 정해진 순서대로 예배를 주관했다. 기도, 성가, 경전 낭독을 차례대로 진행한 후, 설교 시간이 왔다. 그는 회당에서 준비한 두루마리를 꺼내어 이사야서의 한 구절을 읽었다. "주 여호와의 신이 내게 임하셨으니 이는 여호와께서 내게 기름을 부으사 가난한 자에게 아름다운 소식을 전하게 하려 하심이라. (이사야 61장 1절)" 그리고 뒤이어 방금 낭독한 구절의 의미를 해석했다.

하지만 예수는 모두가 예상했던 틀에 박힌 해설, 신학적인 관점에서 '아'와 '어'의 차이점에 집착하는 따분하고 진부한 해설 대신 나사렛 주민들이 태어나서 처음 들어본 말들을 하기 시작했다. 그의 첫 마디부터 정적을 깨고 소란을 일으키기에 충분했다. "이 글이 오늘날 너희 귀에 응하였느니라." 이 당당한 선언을 필두로 예수는 자신의 사역과 메시지를 신도들에게 설명했다. 그는 자기가 케케묵은 관습과 권위를 다 내다 버리고, 진리에 관한 새로운 관점을 제시하기 위해 왔다고 주장했다. 그가 제시한 진리는 영성을 억압하고 형식주의를 중요시하는 사제 계급의 정책을 정면으로 부정하는 것이었다. 형식, 예식 등과 같은 겉 포장을 모두 걷어내고 신성한 가르침의 핵심에 직접 접근하는 가르침이었다. 설교단에 오른 예수는 영적 성장의 관점에서 정체된 유대 민족을 직설적으로 꾸짖었다. 유대 민족의 본래 높은 이상에서 멀어지면서 물질을 숭배하고 육신의 안락을 우선시하는 그들의 행태를 적나라하게 비난했다. 그는 입을 다물지 못하는 신도들에게 신비주의 교리를 설파하고, 이 교리를 일상에서 실천해야 한다고 외쳤다. 지극히 높은 수준의 가르침이라서 배우기 어렵다는 인식이 팽배해 있던 카발라의 개념을 일반 신도가 쉽게 이해할 수 있는 형태로 풀어서 설명했다. 또한 육체적 쾌락에 대한 집착을 버리고 높은 이상과 영적 성장을 위해 끊임없이 노력해야 한다는 사실을 여러 차례 강조했다. 그의

입에서 나온 말 한마디, 한마디는 유대인의 모든 관습과 편견에 정면
으로 도전하고 있었다. 그들이 무엇보다 중시했던 형식과 전통에 대한
존중은 전혀 찾아볼 수 없었다. 예수는 물질적 삶의 허상은 이제 걷어
내고 영의 빛이 인도하는 곳이라면 어디든 따라가야 한다고 재차 강조
했다.

잠시 후 회당에 모인 신도들 사이에서 소란이 일어났다. 몇몇 신도들
이 목소리를 높이며 예수의 말을 끊고 반론을 제기했다. 적개심을 드러
내며 야유를 보내는 신도들도 있었다. 그가 신의 전령을 칭하고 있다며
욕하는 사람도 있었고, 그가 진정으로 신의 사자라면 지금 당장 기적을
행하여 그 사실을 증명하라고 요구하는 사람도 있었다. 물론 그는 이런
요구에 응하지 않았다. 군중의 요구에 따라 기적을 행하는 것은 적절하
지도 않고 오컬트 전통에서도 눈살이 찌푸려지는 행동으로 여겨지기
때문이다. 그러자 이번에는 그를 손가락질하며 사기꾼이라고 욕하는
사람들의 고성이 오가기 시작했다. 가난한 가정에서 태어난 주제에, 요
셉과 마리아 같은 평범한 서민의 자식 따위가 어디서 감히 자신의 특별
함을 내세우느냐고 욕하며 경청을 거부하는 사람도 있었다. 고향 사람
들로부터 사실상 집단 린치를 받은 예수는 그 유명한 한마디를 남긴다.
"선지자가 고향에서 환영을 받는 자가 없느니라."

(누가복음 4:16) 예수께서 그 자라나신 곳 나사렛에 이르사 안식일에 자기
규례대로 회당에 들어가사 성경을 읽으려고 서시매

(누가복음 4:17) 선지자 이사야의 글을 드리거늘 책을 펴서 이렇게 기록한 데를
찾으시니 곧

(누가복음 4:18) 주의 성령이 내게 임하셨으니 이는 가난한 자에게 복음을

전하게 하시려고 내게 기름을 부으시고 나를 보내사 포로된 자에게 자유를,
눈먼 자에게 다시 보게 함을 전파하며 눌린 자를 자유케 하고
(누가복음 4:19) 주의 은혜의 해를 전파하게 하려 하심이라 하였더라
(누가복음 4:20) 책을 덮어 그 맡은 자에게 주시고 앉으시니 회당에 있는
자들이 다 주목하여 보더라
(누가복음 4:21) 이에 예수께서 저희에게 말씀하시되 이 글이 오늘날 너희
귀에 응하였느니라 하시니
(누가복음 4:22) 저희가 다 그를 증거하고 그 입으로 나오는 바 은혜로운 말을
기이히 여겨 가로되 이 사람이 요셉의 아들이 아니냐
(누가복음 4:23) 예수께서 저희에게 이르시되 너희가 반드시 의원아 너를
고치라 하는 속담을 인증하여 내게 말하기를 우리의 들은 바 가버나움에서
행한 일을 네 고향 여기서도 행하라 하리라
(누가복음 4:24) 또 가라사대 내가 진실로 너희에게 이르노니 선지자가
고향에서 환영을 받는 자가 없느니라

(**Luke 4:16**) And he came to Nazareth, where he had been brought up: and, as his custom was, he went into the synagogue on the sabbath day, and stood up for to read.
(**Luke 4:17**) And there was delivered unto him the book of the prophet Esaias. And when he had opened the book, he found the place where it was written,
(**Luke 4:18**) The Spirit of the Lord is upon me, because he hath anointed me to preach the gospel to the poor; he hath sent me to heal the brokenhearted, to preach deliverance to the captives, and recovering of sight to the blind, to set at liberty them that are bruised,

(Luke 4:19) To preach the acceptable year of the Lord.

(Luke 4:20) And he closed the book, and he gave [it] again to the minister, and sat down. And the eyes of all them that were in the synagogue were fastened on him.

(Luke 4:21) And he began to say unto them, This day is this scripture fulfilled in your ears.

(Luke 4:22) And all bare him witness, and wondered at the gracious words which proceeded out of his mouth. And they said, Is not this Joseph's son?

(Luke 4:23) And he said unto them, Ye will surely say unto me this proverb, Physician, heal thyself: whatsoever we have heard done in Capernaum, do also here in thy country.

(Luke 4:24) And he said, Verily I say unto you, No prophet is accepted in his own country.

예수는 이에 굴하지 않고 편견과 편협함에 사로잡혀 미신이나 숭배하고 차별을 일삼는 신도들을 계속 공격했다. 그들이 몸에 덕지덕지 걸치고 있던 위선과 거짓 독실함을 벗겨내고 그 아래 감춰졌던 영혼의 추악함과 도덕적 불결함을 만천하에 드러냈다. 예수는 위선자들을 향한 독설과 비난도 아끼지 않았다. 말을 빙빙 돌리는 일 없이, 있는 그대로 그들의 가슴에 비수를 꽂았다. 자신의 정체성이 까발려진 위선자들은 분노했다. 비록 서민의 자식이긴 했지만, 자기들의 고상한 마을에서 태어났다는 이유 하나로 설교를 진행할 기회를 줬는데, 이 안하무인의 젊은이가 자기들을 위선자, 형식주의자로 매도하는 것을 도저히 참지 못한 것이다. 외국에서 오래 선교 활동을 하다가 귀국한 것이

그림 19. **회당에서 설교하는 예수** | 제임스 티소(James Tissot)

기특해서 분에 넘치는 영광을 선사했다가 뒤통수를 맞은 격이었다. 겸손하게 감사를 표시하기는커녕, 예수는 자기들을 버러지로 취급하고 있었다. 인간적으로 도저히 참을 수 없는 일이었다. 그들의 분노는 곧바로 예수를 향했다.

흥분한 군중은 자리에서 일어나 젊은 설교사를 향해 성큼성큼 다가갔다. 그들은 예수를 강제로 연단에서 끌어내리고 회당 밖으로 내쫓았다. 그들은 예수를 회당 밖으로 쫓아낸 것으로 만족하지 못했다. 수많은 사람이 그를 둘러싼 채 거칠게 밀치며 도심 밖으로 내몰았다. 그들을 상대로 싸우는 것은 아무런 의미가 없다고 판단한 예수는 저항하지 않았다. 하지만 계속 군중의 손에 떠밀리던 예수는 급기야 자기 몸을 보호해야 하는 상황에 직면한다. 성난 군중이 마을 외곽의 언덕에 위치한 낭떠러지 아래로 예수를 밀쳐내려고 한 것이다. 그는 마지막 순간까지 인내하며 그들의 행동을 저지하지 않고 지켜보았다. 그러다 결국엔 벼랑 끝에 다다랐다. 한 번만 더 강하게 밀치면 낭떠러지 아래로 떨어져 생명을 잃을 판이었다. 그 순간, 그는 신변 보호를 위해 오컬트의 힘을 동원했다. 군중을 향한 폭력은 아니었다. 그가 마음만 먹었다면 그를 향한 적개심을 드러낸 군중의 사지를 일거에 마비시키거나, 심지어 숨통을 끊어버릴 수도 있었다. 하지만 그는 자제력을 발휘하며 그들을 노려보기만 했다.

(누가복음 4:28) 회당에 있는 자들이 이것을 듣고 다 분이 가득하여
(누가복음 4:29) 일어나 동네 밖으로 쫓아내어 그 동네가 건설된 산 낭떠러지까지 끌고 가서 밀쳐 내리치고자 하되
(누가복음 4:30) 예수께서 저희 가운데로 지나서 가시니라

(Luke 4:28) And all they in the synagogue, when they heard these things, were filled with wrath.
(Luke 4:29) And rose up, and thrust him out of the city, and led him unto the brow of the hill whereon their city was built, that they might cast him down headlong.
(Luke 4:30) But he passing through the midst of them went his way.

단순한 응시가 아니라, 신비주의 지식과 오컬트의 힘을 통해 계발된 강력한 의지가 농축된 응시였다. 보통의 인간은 견뎌낼 수 없는, 오컬트 마스터의 응시(Gaze of the Occult Master)였다. 마스터의 무서운 힘을 느낀 군중은 그 순간 극단적인 공포심에 휩싸였다. 온몸의 털이 곤두서고, 눈알이 눈구멍에서 빠져나올 것 같고, 다리의 힘이 풀려서 똑바로 서 있을 수 없을 지경이었다. 그들은 처절한 비명을 내지르며 도망쳤고, 인간의 영혼과 보통의 인간이 인지하지 못하는 것들을 관통하며 헤아리는 강렬한 눈빛의 마스터를 가로막았던 인파는 순식간에 시

그림 20. **예수를 벼랑 아래로 밀어내리는 신자들** | 안토니우스 II 비릭스(Antonius II Wierix)

야에서 사라졌다. 이날 이후로 예수는 어린 시절의 추억이 담긴 나사렛으로 다시는 돌아오지 않았다. 그의 말대로 선지자는 고향에서 환영을 받지 못한다. 가장 먼저 소매를 걷고 나서서 예수를 지지하고 옹호했어야 할 나사렛 주민들은 오히려 그를 가장 먼저 폭력으로 위협했다. 예수가 이날 나사렛에서 겪은 일은 그가 장차 갈보리 언덕에서 맞게 될 고난의 예고편이었고, 예수도 이 사실을 잘 알고 있었다. 하지만 그는 자신이 택한 길을 외면하는 법 없이 계속 앞으로 나아갔다.

기적의 어획량

나사렛을 뒤로한 채, 예수는 가버나움에 새로운 거처를 마련하고 죽는 날까지 이곳을 중심으로 활동한다. 전통에 따르면 마리아와 예수의 동생 몇 명도 그와 함께 가버나움으로 터전을 옮겼다고 한다. 나사렛에 남은 형제와 가버나움으로 함께 이주한 예수의 형제들은 그가 회당에서 보인 행동에 대해 큰 불만을 품었다. 지극히 무례하고 적절치 않은 행동으로 여겼기 때문이다. 그들은 예수의 기벽이 가문의 명예에 먹칠했다고 생각했다. 마지막 날까지 장남을 향한 사랑을 거두지 않은 마리아 정도를 제외하곤 모두가 그를 가문의 미운 오리 새끼, 바람직하지 않은 친인척으로 여기며 수치스러워했다. 마리아는 예수의 동생 몇 명과 함께 새로운 거처를 마련했지만, 형제들은 그가 본가에 찾아오는 것을 달가워하지 않았다. 가족에게마저 따돌림을 당하는 신세가 된 것이다. 당시 예수는 자신의 처지를 이렇게 설명했다.

(마태복음 8:20) 예수께서 이르시되 여우도 굴이 있고 공중의 새도 거처가 있으되 오직 인자는 머리 둘 곳이 없다 하시더라

(Matthew 8:20) And Jesus saith unto him, The foxes have holes, and the birds of the air [have] nests; but the Son of man hath not where to lay [his] head.

그래서 예수는 고국으로 돌아온 후에도 외국에서 선교 활동을 하던 시절처럼 탁발승 신세가 되어 그의 설교를 듣고 음식을 내어주는 사람들에게 의지하며 살았다. 누런 의복을 걸치고 동냥 그릇을 손에 든 채, 돈 한 푼도, 보따리 하나도 없이 떠도는 힌두교 금욕주의자의 삶을 산 것이다. 말하자면 예수는 오늘날의 인도와 페르시아 등지에서 볼 수 있는 유대 땅의 금욕주의자였다.

하지만 예수가 살았던 시대에도 랍비가 사제의 보수와 지위를 팽개치고 가난한 탁발승이 되어 금욕적인 삶을 실천하는 것은 매우 보기 드문 일이었다. 이는 유대 민족 특유의 실용적이고 보수적인 관습과 이상에 정반대되는 행동이었다. 이와 같은 예수의 행동은 에세네 공동체 또는 먼 이국땅의 영향을 받은 것으로, 유대인에게는 지극히 낯선 광경이었다. 당국은 예수의 이런 모습을 보며 혀를 찼다. 화려한 예복을 걸치고 휘황찬란한 예식을 주관하는 혈색 좋은 사제들과 회당을 선호했던 대다수 신도도 마찬가지였다.

가버나움을 새로운 본거지로 삼은 예수는 측근들을 체계적으로 조직화하고 정비하기 시작했다. 제자 중 일부에게는 특별한 권한을 부여하고, 자신의 사역을 돕는 역할을 주었다. 정확한 이유는 알 수 없으나, 예수는 이 지역의 항만에서 고기를 잡으며 생계를 유지하던 어부들을 자신의 최측근으로 삼았다. 그렇게 해서 고기를 낚던 어부들이 사람을 낚는 어부가 되었다. 이를 계기로 예수는 어부들과 돈독한 관계를 맺으며 그들의 신뢰를 얻었다. 그가 가난한 어부들을 돕기 위해 물고기가 득실대는 구역에 그물을 치도록 알려주는 유명한 이야기도 오컬트 전통과 신약성경을 통해 전해지고 있다. 당시 어부들은 온종일 바다에서 허탕을 치며 하루를 낭비하는 듯 보였으나, 예수가 가리킨 곳을 향해 그물을 던지자 그물이 찢어질 정도로 많은 물고기가 잡혔다고 한다. 일명 '기적의 어획량'으로 불리는 사건이었다.

(누가복음 5:1) 무리가 옹위하여 하나님의 말씀을 들을새 예수는 게네사렛 호숫가에 서서
(누가복음 5:2) 호숫가에 두 배가 있는 것을 보시니 어부들은 배에서 나와서 그물을 씻는지라
(누가복음 5:3) 예수께서 한 배에 오르시니 그 배는 시몬의 배라 육지에서 조금 떼기를 청하시고 앉으사 배에서 무리를 가르치시더니
(누가복음 5:4) 말씀을 마치시고 시몬에게 이르시되 깊은 데로 가서 그물을 내려 고기를 잡으라
(누가복음 5:5) 시몬이 대답하여 가로되 선생이여 우리들이 밤이 맞도록 수고를 하였으되 얻은 것이 없지마는 말씀에 의지하여 내가 그물을 내리리이다 하고
(누가복음 5:6) 그리한즉 고기를 에운 것이 심히 많아 그물이 찢어지는지라
(누가복음 5:7) 이에 다른 배에 있는 동무를 손짓하여 와서 도와 달라 하니 저희가 와서 두 배에 채우매 잠기게 되었더라
(누가복음 5:8) 시몬 베드로가 이를 보고 예수의 무릎 아래 엎드려 가로되 주여 나를 떠나소서 나는 죄인이로소이다 하니
(누가복음 5:9) 이는 자기와 및 함께 있는 모든 사람이 고기 잡힌 것을 인하여 놀라고
(누가복음 5:10) 세베대의 아들로서 시몬의 동업자인 야고보와 요한도

놀랐음이라 예수께서 시몬에게 일러 가라사대 무서워 말라 이제 후로는 네가 사람을 취하리라 하시니

(**누가복음 5:11**) 저희가 배들을 육지에 대고 모든 것을 버려 두고 예수를 좇으니라

(**Luke 5:1**) And it came to pass, that, as the people pressed upon him to hear the word of God, he stood by the lake of Gennesaret,

(**Luke 5:2**) And saw two ships standing by the lake: but the fishermen were gone out of them, and were washing [their] nets.

(**Luke 5:3**) And he entered into one of the ships, which was Simon's, and prayed him that he would thrust out a little from the land. And he sat down, and taught the people out of the ship.

(**Luke 5:4**) Now when he had left speaking, he said unto Simon, Launch out into the deep, and let down your nets for a draught.

(**Luke 5:5**) And Simon answering said unto him, Master, we have toiled all the night, and have taken nothing: nevertheless at thy word I will let down the net.

(**Luke 5:6**) And when they had this done, they inclosed a great multitude of fishes: and their net brake.

(**Luke 5:7**) And they beckoned unto [their] partners, which were in the other ship, that they should come and help them. And they came, and filled both the ships, so that they began to sink.

(**Luke 5:8**) When Simon Peter saw [it,] he fell down at Jesus' knees, saying, Depart from me; for I am a sinful man, O Lord.

(Luke 5:9) For he was astonished, and all that were with him, at the draught of the fishes which they had taken:

(Luke 5:10) And so [was] also James, and John, the sons of Zebedee, which were partners with Simon. And Jesus said unto Simon, Fear not; from henceforth thou shalt catch men.

(Luke 5:11) And when they had brought their ships to land, they forsook all, and followed him.

예수는 이처럼 가는 곳마다 서민들을 위해 작은 선행을 베풀었고, 주민들은 그를 서민의 친구로 여기며 우러러보았다. 반대로 당국은 예수가 사적인 야망을 위해 순진한 국민을 상대로 거짓 선심을 쓰고 있

그림 21. **기적의 어획량** | 라파엘(Raphael)

으며, 궁극적으로는 자신을 메시아로 선포하며 시민 혁명을 주도할 가능성이 있다는 이유로 그의 모든 행동을 면밀하게 감시했다. 그가 선을 행하고 타인을 도울수록 그를 향한 당국의 의심과 증오심은 커져만 갔다. 정치권뿐 아니라 종교계도 그를 공공의 적으로 삼으며 전부터 가졌던 반감을 키웠다.

귀신 들린 자의 치유

가난하고 불행한 자들의 고통을 덜어주고자 했던 예수는 시간이 흐를수록 그들과 가까워졌고, 이에 반비례하여 상류층과는 멀어졌다. 그는 보통 사람을 '세상의 소금'이라 불렀고, 그들은 예수를 서민의 대변인이자 친구로 삼았다. 예수는 특히 아픈 병자들을 위해 많은 시간과 노력을 할애했다. 신약성경에 기록된 사례는 극히 일부라고 할 수 있을 정도로 그는 많은 병자를 치료하는 기적을 행했다. 오컬트 전통에 따르면 병자를 치유하는 예수의 기적은 매일 일어났다고 한다. 그가 사역하며 방문했던 곳에는 각종 질병에 시달리다가 기적적으로 완치된 사람들이 줄을 지었고, 그의 도움을 받기 위해 멀리서 찾아오는 병자들도 많았다. 복음서에 따르면 예수는 손을 병자의 몸에 대는 방법으로 병을 고쳤다고 한다. (이는 오컬트 치유사들이 선호하는 방법이기도 하다.)

(누가복음 4:40) 해질 적에 각색 병으로 앓는 자 있는 사람들이 다 병인을 데리고 나아오매 예수께서 일일이 그 위에 손을 얹으사 고치시니

(Luke 4:40) Now when the sun was setting, all they that had any sick with divers diseases brought them unto him ; and he laid his hands on every one of them, and healed them.

예수가 가버나움에서 정신이 온전하지 않은 자를 치유했다는 기록도 있다. 이 병자는 예수를 향해 "나는 당신이 누구인 줄 아노니. 하나님의 거룩한 자니이다!"라고 외쳤고, 예수는 힘이 실린 단 몇 마디의 말로 그의 병을 고쳤다. 오컬트 공부를 깊게 한 사람은 예수가 사용한 정신치유 기법이 무엇을 의미하는지 이미 잘 알고 있을 것이다.

(누가복음 4:31) 갈릴리 가버나움 동네에 내려오사 안식일에 가르치시매

(누가복음 4:32) 저희가 그 가르치심에 놀라니 이는 그 말씀이 권세가 있음이러라

(누가복음 4:33) 회당에 더러운 귀신들린 사람이 있어 크게 소리질러 가로되

(누가복음 4:34) 아 나사렛 예수여 우리가 당신과 무슨 상관이 있나이까 우리를 멸하러 왔나이까 나는 당신이 누구인 줄 아노니 하나님의 거룩한 자니이다

(누가복음 4:35) 예수께서 꾸짖어 가라사대 잠잠하고 그 사람에게서 나오라 하시니 귀신이 그 사람을 무리 중에 넘어뜨리고 나오되 그 사람은 상하지 아니한지라

(누가복음 4:36) 다 놀라 서로 말하여 가로되 이 어떠한 말씀인고 권세와 능력으로 더러운 귀신을 명하매 나가는도다 하더라

(누가복음 4:37) 이에 예수의 소문이 그 근처 사방에 퍼지니라

(Luke 4:31) And came down to Capernaum, a city of Galilee, and taught them on the sabbath days.

(Luke 4:32) And they were astonished at his doctrine: for his word was with power.

(Luke 4:33) And in the synagogue there was a man, which had a spirit of an unclean devil, and cried out with a loud voice,

(Luke 4:34) Saying, Let [us] alone; what have we to do with thee, [thou] Jesus of Nazareth? art thou come to destroy us? I know thee who thou art; the Holy One of God.

(Luke 4:35) And Jesus rebuked him, saying, Hold thy peace, and come out of him. And when the devil had thrown him in the midst, he came out of him, and hurt him not.

(Luke 4:36) And they were all amazed, and spake among themselves, saying, What a word [is] this! for with authority and power he commandeth the unclean spirits, and they come out.

(Luke 4:37) And the fame of him went out into every place of the country round about.

오늘날 기독교 정교회는 마귀 들림(Demoniac Possession)의 개념을 부정하고 있지만, 가버나움의 병자를 치유하기 위해 사용한 언어로 미루어봤을 때, 예수는 심령학(Psychism) 또는 유사 분야에서 말하는 빙의의 개념을 확실하게 알고 있었던 것 같다. 복음서에 기록된 예수의 각종 기적을 다시 자세히 읽어보고, 이번 장에서 다룬 신비주의 기독교의 개념을 덧입혀서 조명해보면 새로운 관점에서 이 이야기들에 관한 이해가 깊어질 것으로 생각한다.

놀라운 치유력에 관한 소문이 사방으로 퍼지면서 예수는 곧 체력이

바닥나는 사태를 맞게 된다. 열 명 이상이 해야 할 일을 혼자서 감당하다 보니 그도 지칠 수밖에 없었고, 계속 이대로 갈 수는 없다는 생각도 들기 시작했다. 마치 가버나움의 모든 주민이 병마에 시달리고 있는 것만 같았다. 예수의 도움으로 건강과 활력을 되찾고자 하는 사람들은 연일 거리를 가득 메웠다. 그는 치유사로서의 활동 비중이 너무 높아져 진리의 메시지를 전하는 스승으로 활약할 시간이 갈수록 줄어들고 있

그림 22. **회당에서 귀신 들린 남자를 치유하는 예수** | 제임스 티소(James Tissot)

음을 깨달았다. 이 문제에 관해 한동안 고민하고 기도하며 명상한 후, 예수는 자기를 찾아오는 모든 병자를 고치는 것은 불가능하다는 결론에 도달했다. 그래서 그의 옷자락을 부여잡는 가버나움의 병자들을 뒤로하고 다시 순례자가 되어 진리를 설파하는 역할을 자처한다. 이 시점부터 예수는 가끔만 육신의 병에 시달리는 병자들을 치유하고, 진리를 접할 준비가 된 사람들에게 메시지를 전파하는 일에 많은 시간을 할애하기 시작한다. 예수처럼 따뜻한 가슴을 가진 사람이 고통에 신음하는 가버나움의 주민들을 뿌리치고 자기 갈 길을 가는 것은 몹시 어려운 일이었다. 하지만 그로서는 선택의 여지가 없었다. 그가 가버나움에 계속 남아 치유에만 전념했더라면 그저 한때 유명했던 오컬트 치유사로만 기억되었을 것이다. 진리의 전파를 통해 세상 구석구석에 영의 불꽃을 지피고, 육신이 흙으로 돌아간 후에도 세상의 빛으로 남아

만물을 밝히는 등대의 역할은 하지 못했을 것이다.

그리하여 그는 제자들과 함께 가버나움을 떠나 전국의 국민들에게 복음과 '모든 지각에 뛰어난 하나님의 평강(peace which passeth all understanding) (신약성경 빌립보서 4장 7절)'을 전파하기 위해 다시 열린 세상 속으로 몸을 던졌다.

제6강

사역 활동의 조직화

치유를 갈구하는 가버나움의 병자들, 그가 진리의 메신저이자 스승 대신 육신의 병을 고치는 치유사로 남기를 바라는 많은 주민의 바람을 외면한 채, 예수는 측근 제자들과 그가 가는 곳마다 따르는 독실한 추종자들과 함께 전국을 누비기 시작한다.

하지만 그가 병자의 치유 작업을 완전히 접은 것은 아니었다. 다만 치유 작업이 사역의 주인 설교에 방해가 되지 않도록 때와 장소를 적절하게 배분했을 뿐이었다. 복음서도 예수가 가버나움을 떠난 이후에 행한 놀라운 몇 가지 치유 사례를 기록하고 있다. 물론 이 역시 수백 건의 사례 중 특별히 많은 사람에게 깊은 인상을 남긴 사건 일부가 기록된 것에 불과하다.

문둥병자의 치유

　문둥병자를 치유한 사건도 그중 하나였다. 문둥병은 당시 동양 사람들이 크게 두려워하는 질환 중 하나였다. 문둥병에 걸린 가엾은 병자는 사회에서 격리되는 것은 물론, 모든 이로부터 더럽고 불결하다는 괄시를 받았다.
　예수가 가르침을 전하기 위해 방문했던 어떤 지역에도 문둥병자가 있었다. 예수라는 젊은 스승이 놀라운 치유 능력을 소유하고 있다는 사실을 전해 들은 이 병자는 수단과 방법을 가리지 않고 그에게 나아가 도움을 청해야겠다고 마음먹었다. 그가 어떻게 예수 주위에 몰려든 군중 사이를 뚫고 그 앞에 모습을 드러냈는지는 알 수 없지만, 대단한 지략을 발휘했음에는 틀림이 없어 보인다. 문둥병을 앓고 있는 병자는 사람이 많은 곳에 있는 것 자체가 허용되지 않았기 때문이다. 어쨌든, 이 병자는 예수가 잠시 제자들에게서 떨어져 홀로 걸으며 명상에 잠긴 틈을 타서 그 앞에 나타났다.
　인간이 경험할 수 있는 모든 고통과 슬픔을 한몸에 품은 듯한 끔찍한 모습의 병자는 마스터 앞에 서서 자기에게도 치유의 선물을 베풀어달라고 요구했다. 이 병자는 한순간도 예수의 치유 능력을 의심하지 않았다. 일그러진 그의 얼굴에는 예수가 반드시 그의 병을 낫게 해주리라는 굳은 신념과 확신이 배어있었다. 예수는 신념으로 이글거리는 병자의 문드러진 얼굴을 쳐다보았다. 보통 인간의 얼굴에서 좀처럼 찾아볼 수 없는 표정이었다. 자신의 치유 능력과 동기를 절대적으로 신뢰하는 병자의 모습에서 감명을 받은 예수는 관행을 무시한 채 그를 향해 걸어갔다. 그뿐 아니라 병자의 불결한 몸에 손을 대는 비상식적인 행위까지 서슴지 않았다. 예수는 겁도 없이 문둥병자의 얼굴 위에 손을 대고 말했다. "깨끗해져라!"

그 순간 병자는 정맥과 신경을 통해 무언가가 흐르는 듯한 이상한 기분을 느꼈다. 무언가가 몸 안의 모든 세포와 원자를 뜨겁고 달구고 따끔하게 자극하는 것만 같았다. 그가 보는 앞에서 썩어 문드러진 피부의 색이 바뀌기 시작했고, 그는 어느새 건강한 사람의 혈색을 되찾았다. 몸 곳곳의 마비 증상도 일시에 사라지고, 생명의 전류가 몸 구석구석 흐르면서 놀라운 속도로 새로운 세포, 조직, 근육이 만들어지는 것을 실제로 느낄 수 있었다. 예수는 여전히 병자의 몸에 손을 댄 상태로 치유의 힘을 집중적으로 내보내고 있었다. 마치 건전지를 전자제품 안에 넣으면 작동하기 시작하듯이, 예수 몸 안의 고순도 프라나(Prana; '생명력'을 의미하는 산스크리트 단어)가 문둥병자의 몸으로 옮겨가고 있었다. 최고 수준의 경지에 오른 마스터 오컬티스트가 강력한 집중력과 의지를 발휘하여 이 모든 작업을 주관하고 있었다.

치유를 마친 뒤, 예수는 병자에게 정화의 법률에 따라 의복을 갈아입고, 사제에게 가서 몸이 깨끗해졌음을 확인받으라고 명했다. 그리고 어떤 방법으로 병이 나았는지에 관한 구체적인 내용은 일체 언급해선 안 된다고 당부했다. 문둥병자를 고쳤다는 놀라운 소식이 퍼지면 그를 시기하고 질투하는 무리가 더 많이 생겨날 것이 불을 보듯 뻔했기 때문이다.

하지만 아뿔싸! 이처럼 놀라운 일을 체험하고 아무에게도 이 사실을 발설하지 말라는 당부가 지켜질 턱이 없었다. 끔찍한 병마에서 해방된 병자는 너무 신나서 동네방네 뛰어다니며 자기에게 기적이 일어났다고 사방에 소리쳤다. 그토록 비밀유지를 당부했건만, 그는 불과 몇 시간 전까지만 해도 자신의 육신을 파먹고 있던 병이 온데간데없이 사라졌다는 기쁨에 들떠 위대한 마스터에 대한 칭송을 아끼지 않으며 큰소리로 외쳤다. 그는 만나는 사람마다 초롱초롱한 눈동자와 과장된 몸짓으로 같은 얘기를 수십번씩 반복했고, 그 놀라운 이야기를 전해 들은 사람들이 또 널리 퍼트리면서 결국엔 지역 내 모든 주민이 예수가 행한 또 하나의 기적을 소상히 알게 되었다. 오늘날 작은 시골 마을에서 이런 일이 생겼다고 상상해보라. 그 문둥병자가 살았던 고장 전체가 얼마나 신나서 들썩였겠는가?

(마태복음 8:1) 예수께서 산에서 내려오시니 허다한 무리가 좇으니라

(마태복음 8:2) 한 문둥병자가 나아와 절하고 가로되 주여 원하시면 저를 깨끗케 하실 수 있나이다 하거늘

(마태복음 8:3) 예수께서 손을 내밀어 저에게 대시며 가라사대 내가 원하노니 깨끗함을 받으라 하신대 즉시 그의 문둥병이 깨끗하여진지라

(마태복음 8:4) 예수께서 이르시되 삼가 아무에게도 이르지 말고 다만 가서 제사장에게 네 몸을 보이고 모세의 명한 예물을 드려 저희에게 증거하라 하시니라

(Matthew 8:1) When he was come down from the mountain, great multitudes followed him.

(Matthew 8:2) And, behold, there came a leper and worshipped him, saying, Lord, if thou wilt, thou canst make me clean.

(Matthew 8:3) And Jesus put forth [his] hand, and touched him, saying, I will; be thou clean. And immediately his leprosy was cleansed.

(Matthew 8:4) And Jesus saith unto him, See thou tell no man; but go thy way, shew thyself to the priest, and offer the gift that Moses commanded, for a testimony unto them.

(마가복음 1:40) 한 문둥병자가 예수께 와서 꿇어 엎드리어 간구하여 가로되 원하시면 저를 깨끗케 하실 수 있나이다

(마가복음 1:41) 예수께서 민망히 여기사 손을 내밀어 저에게 대시며 가라사대 내가 원하노니 깨끗함을 받으라 하신대

(마가복음 1:42) 곧 문둥병이 그 사람에게서 떠나가고 깨끗하여진지라

(마가복음 1:43) 엄히 경계하사 곧 보내시며

(마가복음 1:44) 가라사대 삼가 아무에게 아무 말도 하지 말고 가서 네 몸을 제사장에게 보이고 네 깨끗케 됨을 인하여 모세의 명한 것을 드려 저희에게 증거하라 하셨더니

(마가복음 1:45) 그러나 그 사람이 나가서 이 일을 많이 전파하여 널리 퍼지게 하니 그러므로 예수께서 다시는 드러나게 동네에 들어가지 못하시고 오직 바깥 한적한 곳에 계셨으나 사방에서 그에게로 나아오더라

(Mark 1:40) And there came a leper to him, beseeching him, and kneeling down to him, and saying unto him, If thou wilt, thou canst make me clean.

(Mark 1:41) And Jesus, moved with compassion, put forth [his] hand, and touched him, and saith unto him, I will; be thou clean.

(Mark 1:42) And as soon as he had spoken, immediately the leprosy departed from him, and he was cleansed.

(Mark 1:43) And he straitly charged him, and forthwith sent him away;

(Mark 1:44) And saith unto him, See thou say nothing to any man: but go thy way, shew thyself to the priest, and offer for thy cleansing those things which Moses commanded, for a testimony unto them.

(Mark 1:45) But he went out, and began to publish [it] much, and to blaze abroad the matter, insomuch that Jesus could no more openly enter into the city, but was without in desert places: and they came to him from every quarter.

(누가복음 5:12) 예수께서 한 동네에 계실 때에 온 몸에 문둥병 들린 사람이 있어 예수를 보고 엎드려 구하여 가로되 주여 원하시면 나를 깨끗케 하실 수 있나이다 하니

(누가복음 5:13) 예수께서 손을 내밀어 저에게 대시며 가라사대 내가 원하노니 깨끗함을 받으라 하신대 문둥병이 곧 떠나니라

(누가복음 5:14) 예수께서 저를 경계하시되 아무에게도 이르지 말고 가서 제사장에게 네 몸을 보이고 또 네 깨끗케 됨을 인하여 모세의 명한 대로 예물을 드려 저희에게 증거하라 하셨더니

(누가복음 5:15) 예수의 소문이 더욱 퍼지매 허다한 무리가 말씀도 듣고 자기 병도 나음을 얻고자 하여 모여오되

(누가복음 5:16) 예수는 물러가사 한적한 곳에서 기도하시니라

(Luke 5:12) And it came to pass, when he was in a certain city, behold a man full of leprosy: who seeing Jesus fell on (his) face, and besought him, saying, Lord, if thou wilt, thou canst make me clean.
(Luke 5:13) And he put forth (his) hand, and touched him, saying, I will: be thou clean. And immediately the leprosy departed from him.
(Luke 5:14) And he charged him to tell no man: but go, and shew thyself to the priest, and offer for thy cleansing, according as Moses commanded, for a testimony unto them.
(Luke 5:15) But so much the more went there a fame abroad of him: and great multitudes came together to hear, and to be healed by him of their infirmities.
(Luke 5:16) And he withdrew himself into the wilderness, and prayed.

예수가 우려했던 일은 곧바로 현실이 되었다. 지역 전체가 들썩이며 수많은 주민이 예수와 제자들에게 몰려들어 새로운 기적을 요구하기 시작한 것이다. 호기심을 품고 자극적인 무언가를 목격하기 위해 찾아온 인파가 많아서 정작 예수의 가르침을 받고자 왔던 사람들은 뒤로 밀려나는 형국이었다. 그뿐 아니라 수많은 병자와 몸이 불구가 된 자들이 떼로 몰려들어 자기도 치유해 달라며 울부짖었다. 가버나움의 상황이 되풀이된 것이다. 문둥병자들도 법과 관행을 무시하고 예수에게 몰려갔으며, 통제 불가의 상황을 맞은 당국은 짜증을 내며 예수를 원망했다. 처음부터 예수를 미워했던 권력층과 사제 계급뿐 아니라, 아

그림 23. **열 명의 문둥병자를 치유한 예수 (누가복음 17장의 내용)** | 작자 미상

프고 병든 자들을 무료로 치료해주는 이 사기꾼, 이 협잡꾼 때문에 수입에 타격을 입게 되는 것이 두려웠던 의사들까지 들고일어나 예수를 욕했다. 국민의 건강을 책임지는 일은 어디까지나 자기들의 독점적 권한인데, 갑자기 어떤 사이비가 나타나 질서를 교란하며 공중보건을 파괴하고 있다고 주장하기 시작한 것이다. 예수는 이 지역에서의 사역도 일찍 마치고 다른 마을로 쫓겨가듯이 옮겨가야만 했다.

중풍 병자의 치유

예수가 갈릴리 주민의 집에서 설교하던 중 일어난 사건도 세간의 많은 주목을 받았다. 설교 도중 갑자기 집 중앙, 지붕의 열린 부분을 통해 사람이 누워있는 침상이 내려온 것이다. 침상에는 온몸이 마비된 환자가 누워있었다. 그의 친구들이 예수의 시선을 확실하게 끌기 위해 침상을 밧줄로 묶어 청중 한가운데 내려놓은 것이었다. 환자의 애처로운 눈빛과 그를 위해 궂은 수고를 마다하지 않은 친구들의 헌신에 감복한 예수는 설교를 잠시 중단하고, 영적 치유 과학의 최고 경지에 이른 마스터만이 할 수 있는 치유법으로 병자를 즉각 치유했다.

(마태복음 9:1) 예수께서 배에 오르사 건너가 본 동네에 이르시니

(마태복음 9:2) 침상에 누운 중풍병자를 사람들이 데리고 오거늘 예수께서 저희의 믿음을 보시고 중풍병자에게 이르시되 소자야 안심하라 네 죄 사함을 받았느니라

(마태복음 9:3) 어떤 서기관들이 속으로 이르되 이 사람이 참람하도다

(마태복음 9:4) 예수께서 그 생각을 아시고 가라사대 너희가 어찌하여 마음에 악한 생각을 하느냐

(마태복음 9:5) 네 죄 사함을 받았느니라 하는 말과 일어나 걸어가라 하는 말이 어느 것이 쉽겠느냐

(마태복음 9:6) 그러나 인자가 세상에서 죄를 사하는 권세가 있는 줄을 너희로 알게 하려 하노라 하시고 중풍병자에게 말씀하시되 일어나 네 침상을 가지고 집으로 가라 하시니

(마태복음 9:7) 그가 일어나 집으로 돌아가거늘

(마태복음 9:8) 무리가 보고 두려워하며 이런 권세를 사람에게 주신 하나님께 영광을 돌리니라

(Matthew 9:1) And he entered into a ship, and passed over, and came into his own city.

(Matthew 9:2) And, behold, they brought to him a man sick of the palsy, lying on a bed: and Jesus seeing their faith said unto the sick of the palsy; Son, be of good cheer; thy sins be forgiven thee.

(Matthew 9:3) And, behold, certain of the scribes said within themselves, This [man] blasphemeth.

(Matthew 9:4) And Jesus knowing their thoughts said, Wherefore think ye evil in your hearts?

(Matthew 9:5) For whether is easier, to say, [Thy] sins be forgiven thee; or to say, Arise, and walk?

(Matthew 9:6) But that ye may know that the Son of man hath power on earth to forgive sins, (then saith he to the sick of the palsy,) Arise, take up thy bed, and go unto thine house.

(Matthew 9:7) And he arose, and departed to his house.

(Matthew 9:8) But when the multitudes saw [it,] they marvelled, and glorified God, which had given such power unto men.

(마가복음 2:1) 수일 후에 예수께서 다시 가버나움에 들어가시니 집에 계신 소문이 들린지라

(마가복음 2:2) 많은 사람이 모여서 문 앞에라도 용신할 수 없게 되었는데 예수께서 저희에게 도를 말씀하시더니

(마가복음 2:3) 사람들이 한 중풍병자를 네 사람에게 메워 가지고 예수께로 올새

(마가복음 2:4) 무리를 인하여 예수께 데려갈 수 없으므로 그 계신 곳의 지붕을 뜯어 구멍을 내고 중풍병자의 누운 상을 달아내리니

(마가복음 2:5) 예수께서 저희의 믿음을 보시고 중풍병자에게 이르시되 소자야 네 죄 사함을 받았느니라 하시니

(마가복음 2:6) 어떤 서기관들이 거기 앉아서 마음에 의논하기를

(마가복음 2:7) 이 사람이 어찌 이렇게 말하는가 참람하도다 오직 하나님 한 분 외에는 누가 능히 죄를 사하겠느냐

(마가복음 2:8) 저희가 속으로 이렇게 의논하는 줄을 예수께서 곧 중심에 아시고 이르시되 어찌하여 이것을 마음에 의논하느냐

(마가복음 2:9) 중풍병자에게 네 죄 사함을 받았느니라 하는 말과 일어나 네 상을 가지고 걸어가라 하는 말이 어느 것이 쉽겠느냐

(마가복음 2:10) 그러나 인자가 땅에서 죄를 사하는 권세가 있는 줄을 너희로 알게 하려 하노라 하시고 중풍병자에게 말씀하시되

(마가복음 2:11) 내가 네게 이르노니 일어나 네 상을 가지고 집으로 가라 하시니

(마가복음 2:12) 그가 일어나 곧 상을 가지고 모든 사람 앞에서 나가거늘 저희가 다 놀라 영광을 하나님께 돌리며 가로되 우리가 이런 일을 도무지 보지 못하였다 하더라

(Mark 2:1) And again he entered into Capernaum, after [some] days; and it was noised that he was in the house.

(Mark 2:2) And straightway many were gathered together, insomuch that there was no room to receive [them,] no, not so much as about the door: and he preached the word unto them.

(Mark 2:3) And they come unto him, bringing one sick of the palsy, which was borne of four.

(Mark 2:4) And when they could not come nigh unto him for the press, they uncovered the roof where he was: and when they had broken [it] up, they let down the bed wherein the sick of the palsy lay.

(Mark 2:5) When Jesus saw their faith, he said unto the sick of the palsy, Son, thy sins be forgiven thee.

(Mark 2:6) But there were certain of the scribes sitting there, and reasoning in their hearts,

(Mark 2:7) Why doth this [man] thus speak blasphemies? who can forgive sins but God only?

(Mark 2:8) And immediately when Jesus perceived in his spirit that they so reasoned within themselves, he said unto them, Why reason ye these things in your hearts?

(Mark 2:9) Whether is it easier to say to the sick of the palsy, [Thy] sins be forgiven thee: or to say, Arise, and take up thy bed, and walk?

(Mark 2:10) But that ye may know that the Son of man hath power on earth to forgive sins, (he saith to the sick of the palsy,)

(Mark 2:11) I say unto thee, Arise, and take up thy bed, and go thy way into thine house.

(Mark 2:12) And immediately he arose, took up the bed, and went forth before them all; insomuch that they were all amazed, and glorified God, saying, We never saw it on this fashion.

(누가복음 5:17) 하루는 가르치실 때에 갈릴리 각 촌과 유대와 예루살렘에서 나온 바리새인과 교법사들이 앉았는데 병을 고치는 주의 능력이 예수와 함께 하더라

(누가복음 5:18) 한 중풍병자를 사람들이 침상에 메고 와서 예수 앞에 들여 놓고자 하였으나

(누가복음 5:19) 무리 때문에 메고 들어갈 길을 얻지 못한지라 지붕에 올라가 기와를 벗기고 병자를 침상채 무리 가운데로 예수 앞에 달아 내리니

(누가복음 5:20) 예수께서 저희 믿음을 보시고 이르시되 이 사람아 네 죄 사함을 받았느니라 하시니

(누가복음 5:21) 서기관과 바리새인들이 의논하여 가로되 이 참람한 말을 하는 자가 누구뇨 오직 하나님 외에 누가 능히 죄를 사하겠느냐

(누가복음 5:22) 예수께서 그 의논을 아시고 대답하여 가라사대 너희 마음에 무슨 의논을 하느냐

(누가복음 5:23) 네 죄 사함을 받았느니라 하는 말과 일어나 걸어가라 하는 말이 어느 것이 쉽겠느냐

(누가복음 5:24) 그러나 인자가 땅에서 죄를 사하는 권세가 있는 줄을 너희로 알게 하리라 하시고 중풍병자에게 말씀하시되 내가 네게 이르노니 일어나 네 침상을 가지고 집으로 가라 하시매

(누가복음 5:25) 그 사람이 저희 앞에서 곧 일어나 누웠던 것을 가지고 하나님께 영광을 돌리며 자기 집으로 돌아가니

(누가복음 5:26) 모든 사람이 놀라 하나님께 영광을 돌리며 심히 두려워하여 가로되 오늘날 우리가 기이한 일을 보았다 하니라

(Luke 5:17) And it came to pass on a certain day, as he was teaching, that there were Pharisees and doctors of the law sitting by, which were come out of every town of Galilee, and Judaea, and Jerusalem: and the power of the Lord was [present] to heal them.

(Luke 5:18) And, behold, men brought in a bed a man which was taken with a palsy: and they sought [means] to bring him in, and to lay [him] before him.

(Luke 5:19) And when they could not find by what [way] they might bring him in because of the multitude, they went upon the housetop, and let him down through the tiling with [his] couch into the midst before Jesus.

(Luke 5:20) And when he saw their faith, he said unto him, Man, thy sins are forgiven thee.

(Luke 5:21) And the scribes and the Pharisees began to reason, saying, Who is this which speaketh blasphemies? Who can forgive sins, but God alone?

(Luke 5:22) But when Jesus perceived their thoughts, he answering said unto them, What reason ye in your hearts?

(**Luke 5:23**) Whether is easier, to say, Thy sins be forgiven thee; or to say, Rise up and walk?

(**Luke 5:24**) But that ye may know that the Son of man hath power upon earth to forgive sins, (he said unto the sick of the palsy,) I say unto thee, Arise, and take up thy couch, and go into thine house.

(**Luke 5:25**) And immediately he rose up before them, and took up that whereon he lay, and departed to his own house, glorifying God.

(**Luke 5:26**) And they were all amazed, and they glorified God, and were filled with fear, saying, We have seen strange things to day.

그림 24. **중풍 병자의 치유** | 작자 미상

걷지 못하는 병자의 치유

그다음에는 베데스다의 우물과 관련한 사건이 있었다. 치유의 효능을 가진 물로 유명한 이 지역은 전국의 병자들이 건강을 되찾기 위해 찾아오는 일종의 힐링 명소였다. 수많은 병자가 친구 또는 돈으로 산 인부들의 부축을 받으며 경쟁적으로 우물을 향해 나아갔다. 약한 사람들은 건장한 인부들에게 밀려 넘어지거나 뒤로 처지는 상황이었다. 군중 속에 있던 예수는 물에서 멀리 떨어진 곳에 혼자서 앉아 있는 가엾은 사내를 발견한다. 그에게는 자신을 부축하여 물가로 데려가 줄 친구도, 인부를 살 돈도 없었다. 자기 힘으로 물가로 기어갈 힘도 없었다. 그는 자신의 처량한 신세를 한탄하며 구슬픈 목소리로 울고 있었다. 예수는 그에게 다가가 권위가 실린 목소리로 명했다. 듣는 자가 복종할 수밖에 없는 강렬한 목소리였다. "네 자리를 들고 걸어가라!" 당황한 병자는 예수의 명령을 그대로 따랐다. 두 발로 걷지도 못하던 그가 갑자기 벌떡 일어나 침상을 들고 자유롭게 걷기 시작한 것이다. 당사자는 물론이고, 이 광경을 지켜본 사람들도 모두 깜짝 놀랐다.

이 순간적인 치유는 많은 사람의 놀라움을 자아내고, 동시에 사제들의 미움을 샀다. 예수가 걷지 못하는 병자를 치유한 날은 안식일이었는데, 당시 교회법은 안식일에 병자를 치료하는 행위를 금하고 있었다. 사제들은 예수의 명령을 들은 병자가 자신의 침상을 들고 걸은 행위도 문제 삼았다. 안식일에는 일하지 않는 것이 원칙인데, 이 병자가 예수의 사주를 받아 침상을 들고 옮기는 '일'을 했다는 것이었다. 독실하지만 순진한 주민들은 사제들의 꼬드김에 넘어가 예수와 병자를 동시에 욕하기 시작했다. 현대를 포함한 모든 시대, 모든 지역에서 볼 수 있는 전형적인 위선자들의 모습이었다. 교회법의 토씨 하나하나를 중시하는 이들은 법에 담긴 정신을 이해하지 못했다. 이런 법이 만들어진 배경, 형식과 의식의 이면에 있는 의미를 전혀 이해하지 못한 채 형상만 숭배하는 자들이었다.

(요한복음 5:1) 그 후에 유대인의 명절이 있어 예수께서 예루살렘에 올라가시니라

(요한복음 5:2) 예루살렘에 있는 양문 곁에 히브리 말로 베데스다 하는 못이 있는데 거기 행각 다섯이 있고

(요한복음 5:3) 그 안에 많은 병자, 소경, 절뚝발이, 혈기 마른 자들이 누워 (물의 동함을 기다리니

(요한복음 5:4) 이는 천사가 가끔 못에 내려와 물을 동하게 하는데 동한 후에 먼저 들어가는 자는 어떤 병에 걸렸든지 낫게 됨이러라)

(요한복음 5:5) 거기 삼십팔 년 된 병자가 있더라

(요한복음 5:6) 예수께서 그 누운 것을 보시고 병이 벌써 오랜 줄 아시고 이르시되 네가 낫고자 하느냐

(요한복음 5:7) 병자가 대답하되 주여 물이 동할 때에 나를 못에 넣어 줄 사람이 없어 내가 가는 동안에 다른 사람이 먼저 내려가나이다

(요한복음 5:8) 예수께서 가라사대 일어나 네 자리를 들고 걸어가라 하시니

(요한복음 5:9) 그 사람이 곧 나아서 자리를 들고 걸어가니라 이 날은 안식일이니

(요한복음 5:10) 유대인들이 병 나은 사람에게 이르되 안식일인데 네가 자리를 들고 가는 것이 옳지 아니하니라

(요한복음 5:11) 대답하되 나를 낫게 한 그가 자리를 들고 걸어가라 하더라 한대

(요한복음 5:12) 저희가 묻되 너더러 자리를 들고 걸어가라 한 사람이 누구냐 하되

(요한복음 5:13) 고침을 받은 사람이 그가 누구신지 알지 못하니 이는 거기 사람이 많으므로 예수께서 이미 피하셨음이라

(요한복음 5:14) 그 후에 예수께서 성전에서 그 사람을 만나 이르시되 보라 네가 나았으니 더 심한 것이 생기지 않게 다시는 죄를 범치 말라 하시니

(요한복음 5:15) 그 사람이 유대인들에게 가서 자기를 고친 이는 예수라 하니라

(요한복음 5:16) 그러므로 안식일에 이러한 일을 행하신다 하여 유대인들이 예수를 핍박하게 된지라

(요한복음 5:17) 예수께서 저희에게 이르시되 내 아버지께서 이제까지 일하시니 나도 일한다 하시매

(요한복음 5:18) 유대인들이 이를 인하여 더욱 예수를 죽이고자 하니 이는 안식일만 범할 뿐 아니라 하나님을 자기의 친아버지라 하여 자기를 하나님과 동등으로 삼으심이러라

(John 5:1) After this there was a feast of the Jews; and Jesus went up to Jerusalem.

(John 5:2) Now there is at Jerusalem by the sheep [market] a pool, which is called in the Hebrew tongue Bethesda, having five porches.

(John 5:3) In these lay a great multitude of impotent folk, of blind, halt, withered, waiting for the moving of the water.

(John 5:4) For an angel went down at a certain season into the pool, and troubled the water: whosoever then first after the troubling of the water stepped in was made whole of whatsoever disease he had.

(John 5:5) And a certain man was there, which had an infirmity thirty and eight years.

(John 5:6) When Jesus saw him lie, and knew that he had been now a long time [in that case,] he saith unto him, Wilt thou be made whole?

(John 5:7) The impotent man answered him, Sir, I have no man, when the water is troubled, to put me into the pool: but while I am coming, another steppeth down before me.

(John 5:8) Jesus saith unto him, Rise, take up thy bed, and walk.

(John 5:9) And immediately the man was made whole, and took up his bed, and walked: and on the same day was the sabbath.

(John 5:10) The Jews therefore said unto him that was cured, It is the sabbath day: it is not lawful for thee to carry [thy] bed.

(John 5:11) He answered them, He that made me whole, the same said unto me, Take up thy bed, and walk.

(John 5:12) Then asked they him, What man is that which said unto thee, Take up thy bed, and walk?

(John 5:13) And he that was healed wist not who it was: for Jesus had conveyed himself away, a multitude being in (that) place.

(John 5:14) Afterward Jesus findeth him in the temple, and said unto him, Behold, thou art made whole: sin no more, lest a worse thing come unto thee.

(John 5:15) The man departed, and told the Jews that it was Jesus, which had made him whole.

(John 5:16) And therefore did the Jews persecute Jesus, and sought to slay him, because he had done these things on the sabbath day.

(John 5:17) But Jesus answered them, My Father worketh hitherto, and I work.

(John 5:18) Therefore the Jews sought the more to kill him, because he not only had broken the sabbath, but said also that God was his Father, making himself equal with God.

그림 25. **베데스다에서 걷지 못하는 병자를 치유하는 예수** | 피터르 반 린트(Pieter van Lint)

예수는 자신을 향해 몰려오는 폭풍에 아랑곳하지 않고 곧바로 사원을 향해 걸어갔다. 그의 행동을 두고 격렬한 논쟁이 벌어지고 있는 현장의 중심으로 들어간 것이다. 한편에는 예수의 도움으로 걸을 수 있게 된 병자와 그를 옹호하는 그룹이 있었다. 이들은 예수의 이타적인 행동이 도덕적으로 올바른 일이었다고 말하며 그를 변호했다. 한편 반대편에서는 감히 안식일의 규정을 어긴 이 자를 엄벌해 처해야 한다며 목소리를 높이고 있었다. 모세가 제정한 고대의 법을 함부로 어기고 정교회의 가르침에 반하는 사상을 퍼트리는 나사렛 출신의 건방진 촌놈을 도저히 용서할 수 없다는 기세였다. 애송이는 당연히 본때를 보여줘야만 했다! 이번에도 예수는 물리적 폭력의 위협에 노출되었다. 아니, 이 정교회 광신도들에게 당장 죽임을 당할 수도 있는 상황이었다.

예수는 처음부터 성스러운 기념일(안식일)과 관련한 어리석은 형식주의와 무지에 기반한 광적인 신앙에 정면으로 맞선 사람이었다. 세상에는 이런 형식주의를 신봉하는 부류의 사람이 어디에나 있다. 위에서 언급한 사례뿐 아니라, 허기를 달래기 위해 제자들에게 안식일에 밀밭의 이삭을 잘라 먹도록 허락한 사건 역시 그가 얼마나 지나치게 엄격한 안식일 관련 법을 반대했는지 잘 보여주고 있다. 그는 기본적으로 '안식일을 위해 인간이 존재하는 것이 아니라, 인간을 위해 안식일이 존재하는 것이다.'는 생각의 소유자였다. 마스터는 청교도적 사상을 강요한 사람이 아니었다. 하지만 오늘날에도 예수의 대리인을 자청한답시고 화려한 의복을 걸친 채, 예수의 가르침과 정반대의 가르침을 전파하고 행동하는 사람이 많다는 점이 그저 놀라울 따름이다.

(**마태복음 12:1**) 그 때에 예수께서 안식일에 밀밭 사이로 가실새 제자들이

시장하여 이삭을 잘라 먹으니

(마태복음 12:2) 바리새인들이 보고 예수께 고하되 보시오 당신의 제자들이 안식일에 하지 못할 일을 하나이다

(마태복음 12:3) 예수께서 가라사대 다윗이 자기와 그 함께한 자들이 시장할 때에 한 일을 읽지 못하였느냐

(마태복음 12:4) 그가 하나님의 전에 들어가서 제사장 외에는 자기나 그 함께한 자들이 먹지 못하는 진설병을 먹지 아니하였느냐

(마태복음 12:5) 또 안식일에 제사장들이 성전 안에서 안식을 범하여도 죄가 없음을 너희가 율법에서 읽지 못하였느냐

(마태복음 12:6) 내가 너희에게 이르노니 성전보다 더 큰 이가 여기 있느니라

(마태복음 12:7) 나는 자비를 원하고 제사를 원치 아니하노라 하신 뜻을 너희가 알았더면 무죄한 자를 죄로 정치 아니하였으리라

(마태복음 12:8) 인자는 안식일의 주인이니라 하시니라

(Matthew 12:1) At that time Jesus went on the sabbath day through the corn; and his disciples were an hungred, and began to pluck the ears of corn, and to eat.

(Matthew 12:2) But when the Pharisees saw [it,] they said unto him, Behold, thy disciples do that which is not lawful to do upon the sabbath day.

(Matthew 12:3) But he said unto them, Have ye not read what David did, when he was an hungred, and they that were with him;

(Matthew 12:4) How he entered into the house of God, and did eat the shewbread, which was not lawful for him to eat, neither for them which were with him, but only for the priests?

(Matthew 12:5) Or have ye not read in the law, how that on the sabbath days the priests in the temple profane the sabbath, and are blameless?

(Matthew 12:6) But I say unto you, That in this place is [one] greater than the temple.

(Matthew 12:7) But if ye had known what [this] meaneth, I will have mercy, and not sacrifice, ye would not have condemned the guiltless.

(Matthew 12:8) For the Son of man is Lord even of the sabbath day.

(마가복음 2:23) 안식일에 예수께서 밀밭 사이로 지나가실새 그 제자들이 길을 열며 이삭을 자르니

(마가복음 2:24) 바리새인들이 예수께 말하되 보시오 저희가 어찌하여 안식일에 하지 못할 일을 하나이까

(마가복음 2:25) 예수께서 가라사대 다윗이 자기와 및 함께한 자들이 핍절되어 시장할 때에 한 일을 읽지 못하였느냐

(마가복음 2:26) 그가 아비아달 대제사장 때에 하나님의 전에 들어가서 제사장 외에는 먹지 못하는 진설병을 먹고 함께한 자들에게도 주지 아니하였느냐

(마가복음 2:27) 또 가라사대 안식일은 사람을 위하여 있는 것이요 사람이 안식일을 위하여 있는 것이 아니니

(마가복음 2:28) 이러므로 인자는 안식일에도 주인이니라

(Mark 2:23) And it came to pass, that he went through the corn fields on the sabbath day; and his disciples began, as they went, to pluck the ears of corn.

(Mark 2:24) And the Pharisees said unto him, Behold, why do they on the sabbath day that which is not lawful?

(Mark 2:25) And he said unto them, Have ye never read what David did, when he had need, and was an hungred, he, and they that were with him?

(Mark 2:26) How he went into the house of God in the days of Abiathar the high priest, and did eat the shewbread, which is not lawful to eat but for the priests, and gave also to them which were with him?

(Mark 2:27) And he said unto them, The sabbath was made for man, and not man for the sabbath:

(Mark 2:28) Therefore the Son of man is Lord also of the sabbath.

그림 26. **밀밭을 통과하는 예수와 제자들** | 작자 미상

열두 사도의 탄생

　무관용과 편견으로 똘똘 뭉친 대중에 의해 다시 한번 지역에서 쫓겨난 예수는 그의 안식처이자 든든한 보금자리, 그가 위대한 활약을 특히나 많이 펼친 갈릴리로 돌아갔다. 그곳에는 예수를 따르며 존경하는 사람이 많았고, 예루살렘과 주변 지역보다 핍박을 받거나 위험에 처할 가능성도 상대적으로 낮았다. 갈릴리에는 그의 설교를 듣기 위해 많은 사람이 모였고, 추종자의 수도 수천에 이르렀다. 그의 도움으로 병을 고친 주민도 많았다. 한마디로 갈릴리에서 예수의 이름을 모르는 사람은 거의 없을 정도였다.
　예수는 갈릴리로 돌아온 후, 사역의 다음 단계로 진입하는 방안을 구상했다. 그는 우선 제자 중에서도 가장 뛰어난 열두 명을 추려내어 사역을 분담시켰다. 혼자만의 힘으로 일을 지속하기에는 규모가 너무 커진 탓이었다. 큰 변화를 앞두고 늘 그러했듯이, 이번에도 그는 열두 명의 제자에게 특별한 임무를 부여하는 결정에 앞서 명상하고 영적 힘을 충전하기 위해 혼자만의 시간을 가졌다. 그는 가버나움에서 가까운 언덕에서 하룻밤을 보내고, 몸은 피곤하지만, 영혼은 강해진 상태로 다음 날 아침 하산했다.

산에서 내려온 예수는 열두 명의 제자를 불러 치유의 비밀 등, 심오한 진리와 지식을 전수하는 회동을 했다. 제자들에게 사역의 중요성을 강조하는 것은 물론, 자기에 대한 충성도 요구했다.

복음서에는 예수가 향후 사역을 위해 열두 제자를 가르치는 내용에 관한 설명이 거의 없다. 대부분 크리스천도 어부처럼 평범한 직종에 종사했던 사람들이 고차원의 영적 진리를 전파하는 스승이 되기까지 얼마나 큰 정신적, 영적 성장을 이뤄야 했는지 깊게 생각해보지 않은 채 이 대목을 대충 훑고 지나간다. 영적 성장의 길을 걷기 시작한 초보자가 입문자가 되는 순간까지 얼마나 발이 닳도록 큰 노력을 기울여야 하는지, 그리고 입문자가 된 후 마스터가 되기 전까지 또 얼마나 많은 단계를 밟아야 하는지 잘 아는 오컬티스트의 관점에서는 이 대목을 가볍게 치부하는 행태가 기가 막힐 따름이다. 오컬티스트는 또한 자신을 대표하게 될 이 열두 명의 사도들을 스승의 자격을 갖춘 수준으로 단시일 내에 교육한 예수의 탁월한 능력에도 감탄한다. 오컬트 전통에 따르면 예수는 체계적인 교육법으로 열두 사도들을 집중적으로 훈련하여 빠른 속도로 신비주의와 오컬트의 지식을 전수했고, 절차에 따라 한 단계씩 승급시켰다고 한다. 그리고 지금 본문에서 다루고 있는 시점에 그들에게 정식으로 마스터의 자격을 부여한다.

(마가복음 3:13) 또 산에 오르사 자기의 원하는 자들을 부르시니 나아온지라

(마가복음 3:14) 이에 열둘을 세우셨으니 이는 자기와 함께 있게 하시고

또 보내사 전도도 하며

(마가복음 3:15) 귀신을 내어쫓는 권세도 있게 하려 하심이러라

(마가복음 3:16) 이 열둘을 세우셨으니 시몬에게는 베드로란 이름을 더하셨고

(마가복음 3:17) 또 세베대의 아들 야고보와 야고보의 형제 요한이니 이 둘에게는 보아너게 곧 우뢰의 아들이란 이름을 더하셨으며

(마가복음 3:18) 또 안드레와 빌립과 바돌로매와 마태와 도마와 알패오의 아들 야고보와 및 다대오와 가나안인 시몬이며

(마가복음 3:19) 또 가룟 유다니 이는 예수를 판 자러라

(Mark 3:13) And he goeth up into a mountain, and calleth [unto him] whom he would: and they came unto him.

(Mark 3:14) And he ordained twelve, that they should be with him, and that he might send them forth to preach,

(Mark 3:15) And to have power to heal sicknesses, and to cast out devils:

(Mark 3:16) And Simon he surnamed Peter;

(Mark 3:17) And James the [son] of Zebedee, and John the brother of James; and he surnamed them Boanerges, which is, The sons of thunder:

(Mark 3:18) And Andrew, and Philip, and Bartholomew, and Matthew, and Thomas, and James the [son] of Alphaeus, and Thaddaeus, and Simon the Canaanite,

(Mark 3:19) And Judas Iscariot, which also betrayed him: and they went into an house.

(누가복음 6:12) 이 때에 예수께서 기도하시러 산으로 가사 밤이 맞도록 하나님께 기도하시고

(누가복음 6:13) 밝으매 그 제자들을 부르사 그 중에서 열둘을 택하여 사도라 칭하셨으니

(누가복음 6:14) 곧 베드로라고도 이름 주신 시몬과 및 그 형제 안드레와 및 야고보와 요한과 빌립과 바돌로매와

(누가복음 6:15) 마태와 도마와 및 알패오의 아들 야고보와 및 셀롯이라 하는 시몬과

(누가복음 6:16) 및 야고보의 아들 유다와 및 예수를 파는 자 될 가룟 유다라

(Luke 6:12) And it came to pass in those days, that he went out into a mountain to pray, and continued all night in prayer to God.

(Luke 6:13) And when it was day, he called [unto him] his disciples: and of them he chose twelve, whom also he named apostles;

(Luke 6:14) Simon, (whom he also named Peter,) and Andrew his brother, James and John, Philip and Bartholomew,

(Luke 6:15) Matthew and Thomas, James the [son] of Alphaeus, and Simon called Zelotes,

(Luke 6:16) And Judas [the brother] of James, and Judas Iscariot, which also was the traitor.

사도들에게도 예수가 행했던 기적적인 치유 능력의 기반이 되는 오컬트 지식과 힘이 전수되었다는 사실을 기억해야 한다. 예수처럼 최고 경지에 이른 오컬트 마스터라면 제자들에게 이 강력한 힘의 본질을 자세히 설명하고 올바르게 사용하는 방법을 확실하게 지도한 후에 전수했을 것이다. 오컬트의 힘과 관련한 지식을 전수하기 위해서는 자연의 섭리에 관한 기본적인 이해가 뒷받침되어야 하고, 자연을 이해하려면 존재의 과학에 관한 기본적인 진리부터 습득해야 한다.

쉽게 말해, 예수의 열두 사도는 예수가 그랜드 마스터로 있는 오컬트 형제단에 입문하여 단시일 내에 체계적으로 여러 단계를 승급하는 과정을 밟은 것이다. 예수는 방대한 오컬트 지식과 신비주의 전통을 단순하고, 실용적인 체계로 축약하여 자신의 동료이자 자기가 세상을 떠난 후 사역을 이어갈 수 있는 후계자로 선정한 측근들에게 완전하고 빈틈없이 전달했다.

그리스도의 사망 후 형성된 초기 기독교의 비밀을 이해하고자 하는 신비주의 기독교의 학생은 이러한 배경 지식부터 알아야 한다. 단순히 마스터 예수를 추종하고 믿는 사람들의 힘만으로는 그가 떠난 후 기독교라는 새로운 운동이 강력한 추진력을 얻지 못했을 것이다. 일반적으로 한 조직의 위대한 지도자가 자신이 일으킨 운동의 정신을 후계자에게 전수하지 못한 채 사망하면 조직이 곧 붕괴하거나 힘을 잃게 된다. 하지만 자기 이후의 일까지 생각한 예수는 생전에 이 과제를 완수했다. 자신의 가르침에 담긴 기본적인 진리와 원리를 이해할 역량을 지닌 특출난 자들을 엄선하여 그 정신을 전수한 것이다.

예수의 가르침은 일반 대중을 위한 통속적 가르침과 열두 사도를 위한 비의적 가르침으로 나뉘어 있었다. 성경에도 이를 암시하는 구절이 여러 군데 있으며, 초기 기독교 교부들도 이 사실을 잘 알고 있었다. 예수는 열두 제자들에게 기본적인 진리에 관한 마지막 가르침을 전수하고, 이 시점부터는 이들을 제자가 아닌 동료 마스터로 대우한다. 그리고 이 최후의 가르침은 그 유명한 산상수훈(Sermon of the Mount)을 통해 정점을 찍는다.

(마태복음 13:10) 제자들이 예수께 나아와 가로되 어찌하여 저희에게 비유로

말씀하시나이까

(마태복음 13:11) 대답하여 가라사대 천국의 비밀을 아는 것이 너희에게는 허락되었으나 저희에게는 아니 되었나니

(마태복음 13:12) 무릇 있는 자는 받아 넉넉하게 되되 무릇 없는 자는 그 있는 것도 빼앗기리라

(마태복음 13:13) 그러므로 내가 저희에게 비유로 말하기는 저희가 보아도 보지 못하며 들어도 듣지 못하며 깨닫지 못함이니라

(마태복음 13:14) 이사야의 예언이 저희에게 이루었으니 일렀으되 너희가 듣기는 들어도 깨닫지 못할 것이요 보기는 보아도 알지 못하리라

(마태복음 13:15) 이 백성들의 마음이 완악하여져서 그 귀는 듣기에 둔하고 눈은 감았으니 이는 눈으로 보고 귀로 듣고 마음으로 깨달아 돌이켜 내게 고침을 받을까 두려워함이라 하였느니라

(마태복음 13:16) 그러나 너희 눈은 봄으로, 너희 귀는 들음으로 복이 있도다

(마태복음 13:17) 내가 진실로 너희에게 이르노니 많은 선지자와 의인이 너희 보는 것들을 보고자 하여도 보지 못하였고 너희 듣는 것들을 듣고자 하여도 듣지 못하였느니라

(Matthew 13:10) And the disciples came, and said unto him, Why speakest thou unto them in parables?

(Matthew 13:11) He answered and said unto them, Because it is given unto you to know the mysteries of the kingdom of heaven, but to them it is not given.

(Matthew 13:12) For whosoever hath, to him shall be given, and he shall have more abundance: but whosoever hath not, from him shall be taken away even that he hath.

(Matthew 13:13) Therefore speak I to them in parables: because they seeing see not; and hearing they hear not, neither do they understand.

(Matthew 13:14) And in them is fulfilled the prophecy of Esaias, which saith, By hearing ye shall hear, and shall not understand; and seeing ye shall see, and shall not perceive:

(Matthew 13:15) For this people's heart is waxed gross, and [their] ears are dull of hearing, and their eyes they have closed; lest at any time they should see with [their] eyes, and hear with [their] ears, and should understand with [their] heart, and should be converted, and I should heal them.

(Matthew 13:16) But blessed [are] your eyes, for they see: and your ears, for they hear.

(Matthew 13:17) For verily I say unto you, That many prophets and righteous [men] have desired to see [those things] which ye see, and have not seen [them;] and to hear [those things] which ye hear, and have not heard [them.]

예수의 공개적인 가르침 중에서도 가장 훌륭하고 완전한 산상수훈은 그가 열두 사도를 선정한 거의 직후에 이루어졌다. 사실 산상수훈은 그의 설교를 듣기 위해 몰려든 대중보다는 사도들을 위한 것이었다. 예수는 비밀 가르침을 이미 습득한 사도들이 산상수훈의 메시지를 올바르게 이해하리라는 사실을 잘 알고 있었다. 그는 군중이 운집해있다는 사실도 잊은 채, 자신이 선정한 소수의 사도를 위해 비밀 가르침을 풀어서 설명했다.

산상수훈의 의미를 제대로 파악하려면 신비스러운 베일에 싸여 있는 예수의 여러 가르침을 풀 수 있는 비밀 열쇠가 있어야만 한다. 책의 후반부에서 이 위대한 가르침에 숨겨진 의미를 자세히 다룰 예정이므로 이번 강의에서는 깊게 들어가지 않고, 계속해서 마스터의 행적을 따라가며 이야기를 진행하겠다. (역자: 예습 차원에서 산상수훈 전문을 아래와 같이 옮겼다.)

(마태복음 5:1) 예수께서 무리를 보시고 산에 올라가 앉으시니 제자들이 나아온지라

(마태복음 5:2) 입을 열어 가르쳐 가라사대

(마태복음 5:3) 심령이 가난한 자는 복이 있나니 천국이 저희 것임이요

(마태복음 5:4) 애통하는 자는 복이 있나니 저희가 위로를 받을 것임이요

(마태복음 5:5) 온유한 자는 복이 있나니 저희가 땅을 기업으로 받을 것임이요

(마태복음 5:6) 의에 주리고 목마른 자는 복이 있나니 저희가 배부를 것임이요

(마태복음 5:7) 긍휼히 여기는 자는 복이 있나니 저희가 긍휼히 여김을 받을 것임이요

(마태복음 5:8) 마음이 청결한 자는 복이 있나니 저희가 하나님을 볼 것임이요

(마태복음 5:9) 화평케 하는 자는 복이 있나니 저희가 하나님의 아들이라 일컬음을 받을 것임이요

(마태복음 5:10) 의를 위하여 핍박을 받은 자는 복이 있나니 천국이 저희 것임이라

(마태복음 5:11) 나를 인하여 너희를 욕하고 핍박하고 거짓으로 너희를 거스려 모든 악한 말을 할 때에는 너희에게 복이 있나니

(마태복음 5:12) 기뻐하고 즐거워하라 하늘에서 너희의 상이 큼이라 너희 전에

있던 선지자들을 이같이 핍박하였느니라

(마태복음 5:13) 너희는 세상의 소금이니 소금이 만일 그 맛을 잃으면 무엇으로 짜게 하리요 후에는 아무 쓸데 없어 다만 밖에 버리워 사람에게 밟힐 뿐이니라

(마태복음 5:14) 너희는 세상의 빛이라 산 위에 있는 동네가 숨기우지 못할 것이요

(마태복음 5:15) 사람이 등불을 켜서 말 아래 두지 아니하고 등경 위에 두나니 이러므로 집안 모든 사람에게 비취느니라

(마태복음 5:16) 이같이 너희 빛을 사람 앞에 비취게 하여 저희로 너희 착한 행실을 보고 하늘에 계신 너희 아버지께 영광을 돌리게 하라

(마태복음 5:17) 내가 율법이나 선지자나 폐하러 온 줄로 생각지 말라 폐하러 온 것이 아니요 완전케 하려 함이로다

(마태복음 5:18) 진실로 너희에게 이르노니 천지가 없어지기 전에는 율법의 일점 일획이라도 반드시 없어지지 아니하고 다 이루리라

(마태복음 5:19) 그러므로 누구든지 이 계명 중에 지극히 작은 것 하나라도 버리고 또 그같이 사람을 가르치는 자는 천국에서 지극히 작다 일컬음을 받을 것이요 누구든지 이를 행하며 가르치는 자는 천국에서 크다 일컬음을 받으리라

(마태복음 5:20) 내가 너희에게 이르노니 너희 의가 서기관과 바리새인보다 더 낫지 못하면 결단코 천국에 들어가지 못하리라

(마태복음 5:21) 옛 사람에게 말한 바 살인치 말라 누구든지 살인하면 심판을 받게 되리라 하였다는 것을 너희가 들었으나

(마태복음 5:22) 나는 너희에게 이르노니 형제에게 노하는 자마다 심판을 받게 되고 형제를 대하여 라가라 하는 자는 공회에 잡히게 되고 미련한 놈이라

하는 자는 지옥 불에 들어가게 되리라

(마태복음 5:23) 그러므로 예물을 제단에 드리다가 거기서 네 형제에게 원망 들을 만한 일이 있는 줄 생각나거든

(마태복음 5:24) 예물을 제단 앞에 두고 먼저 가서 형제와 화목하고 그 후에 와서 예물을 드리라

(마태복음 5:25) 너를 송사하는 자와 함께 길에 있을 때에 급히 사화하라 그 송사하는 자가 너를 재판관에게 내어 주고 재판관이 관예에게 내어 주어 옥에 가둘까 염려하라

(마태복음 5:26) 진실로 네게 이르노니 네가 호리라도 남김이 없이 다 갚기 전에는 결단코 거기서 나오지 못하리라

(마태복음 5:27) 또 간음치 말라 하였다는 것을 너희가 들었으나

(마태복음 5:28) 나는 너희에게 이르노니 여자를 보고 음욕을 품는 자마다 마음에 이미 간음하였느니라

(마태복음 5:29) 만일 네 오른눈이 너로 실족케 하거든 빼어 내버리라 네 백체 중 하나가 없어지고 온 몸이 지옥에 던지우지 않는 것이 유익하며

(마태복음 5:30) 또한 만일 네 오른손이 너로 실족케 하거든 찍어 내버리라 네 백체 중 하나가 없어지고 온 몸이 지옥에 던지우지 않는 것이 유익하니라

(마태복음 5:31) 또 일렀으되 누구든지 아내를 버리거든 이혼 증서를 줄 것이라 하였으나

(마태복음 5:32) 나는 너희에게 이르노니 누구든지 음행한 연고없이 아내를 버리면 이는 저로 간음하게 함이요 또 누구든지 버린 여자에게 장가드는 자도 간음함이니라

(마태복음 5:33) 또 옛 사람에게 말한 바 헛 맹세를 하지 말고 네 맹세한 것을 주께 지키라 하였다는 것을 너희가 들었으나

(마태복음 5:34) 나는 너희에게 이르노니 도무지 맹세하지 말지니 하늘로도 말라 이는 하나님의 보좌임이요

(마태복음 5:35) 땅으로도 말라 이는 하나님의 발등상임이요 예루살렘으로도 말라 이는 큰 임금의 성임이요

(마태복음 5:36) 네 머리로도 말라 이는 네가 한 터럭도 희고 검게 할 수 없음이라

(마태복음 5:37) 오직 너희 말은 옳다 옳다, 아니라 아니라 하라 이에서 지나는 것은 악으로 좇아 나느니라

(마태복음 5:38) 또 눈은 눈으로, 이는 이로 갚으라 하였다는 것을 너희가 들었으나

(마태복음 5:39) 나는 너희에게 이르노니 악한 자를 대적지 말라 누구든지 네 오른편 뺨을 치거든 왼편도 돌려대며

(마태복음 5:40) 또 너를 송사하여 속옷을 가지고자 하는 자에게 겉옷까지도 가지게 하며

(마태복음 5:41) 또 누구든지 너로 억지로 오리를 가게 하거든 그 사람과 십리를 동행하고

(마태복음 5:42) 네게 구하는 자에게 주며 네게 꾸고자 하는 자에게 거절하지 말라

(마태복음 5:43) 또 네 이웃을 사랑하고 네 원수를 미워하라 하였다는 것을 너희가 들었으나

(마태복음 5:44) 나는 너희에게 이르노니 너희 원수를 사랑하며 너희를 핍박하는 자를 위하여 기도하라

(마태복음 5:45) 이같이 한즉 하늘에 계신 너희 아버지의 아들이 되리니 이는 하나님이 그 해를 악인과 선인에게 비취게 하시며 비를 의로운 자와 불의한

자에게 내리우심이니라

(마태복음 5:46) 너희가 너희를 사랑하는 자를 사랑하면 무슨 상이 있으리요 세리도 이같이 아니하느냐

(마태복음 5:47) 또 너희가 너희 형제에게만 문안하면 남보다 더하는 것이 무엇이냐 이방인들도 이같이 아니하느냐

(마태복음 5:48) 그러므로 하늘에 계신 너희 아버지의 온전하심과 같이 너희도 온전하라

(마태복음 6:1) 사람에게 보이려고 그들 앞에서 너희 의를 행치 않도록 주의하라 그렇지 아니하면 하늘에 계신 너희 아버지께 상을 얻지 못하느니라

(마태복음 6:2) 그러므로 구제할 때에 외식하는 자가 사람에게 영광을 얻으려고 회당과 거리에서 하는 것같이 너희 앞에 나팔을 불지 말라 진실로 너희에게 이르노니 저희는 자기 상을 이미 받았느니라

(마태복음 6:3) 너는 구제할 때에 오른손의 하는 것을 왼손이 모르게 하여

(마태복음 6:4) 네 구제함이 은밀하게 하라 은밀한 중에 보시는 너의 아버지가 갚으시리라

(마태복음 6:5) 또 너희가 기도할 때에 외식하는 자와 같이 되지 말라 저희는 사람에게 보이려고 회당과 큰 거리 어귀에 서서 기도하기를 좋아하느니라 내가 진실로 너희에게 이르노니 저희는 자기 상을 이미 받았느니라

(마태복음 6:6) 너는 기도할 때에 네 골방에 들어가 문을 닫고 은밀한 중에 계신 네 아버지께 기도하라 은밀한 중에 보시는 네 아버지께서 갚으시리라

(마태복음 6:7) 또 기도할 때에 이방인과 같이 중언 부언하지 말라 저희는 말을 많이 하여야 들으실 줄 생각하느니라

(마태복음 6:8) 그러므로 저희를 본받지 말라 구하기 전에 너희에게 있어야 할 것을 하나님 너희 아버지께서 아시느니라

(마태복음 6:9) 그러므로 너희는 이렇게 기도하라 하늘에 계신 우리 아버지여 이름이 거룩히 여김을 받으시오며

(마태복음 6:10) 나라이 임하옵시며 뜻이 하늘에서 이룬 것같이 땅에서도 이루어지이다

(마태복음 6:11) 오늘날 우리에게 일용할 양식을 주옵시고

(마태복음 6:12) 우리가 우리에게 죄 지은 자를 사하여 준 것같이 우리 죄를 사하여 주옵시고

(마태복음 6:13) 우리를 시험에 들게 하지 마옵시고 다만 악에서 구하옵소서 (나라와 권세와 영광이 아버지께 영원히 있사옵나이다 아멘)

(마태복음 6:14) 너희가 사람의 과실을 용서하면 너희 천부께서도 너희 과실을 용서하시려니와

(마태복음 6:15) 너희가 사람의 과실을 용서하지 아니하면 너희 아버지께서도 너희 과실을 용서하지 아니하시리라

(마태복음 6:16) 금식할 때에 너희는 외식하는 자들과 같이 슬픈 기색을 내지 말라 저희는 금식하는 것을 사람에게 보이려고 얼굴을 흉하게 하느니라 내가 진실로 너희에게 이르노니 저희는 자기 상을 이미 받았느니라

(마태복음 6:17) 너는 금식할 때에 머리에 기름을 바르고 얼굴을 씻으라

(마태복음 6:18) 이는 금식하는 자로 사람에게 보이지 않고 오직 은밀한 중에 계신 네 아버지께 보이게 하려 함이라 은밀한 중에 보시는 네 아버지께서 갚으시리라

(마태복음 6:19) 너희를 위하여 보물을 땅에 쌓아 두지 말라 거기는 좀과 동록이 해하며 도적이 구멍을 뚫고 도적질하느니라

(마태복음 6:20) 오직 너희를 위하여 보물을 하늘에 쌓아 두라 거기는 좀이나 동록이 해하지 못하며 도적이 구멍을 뚫지도 못하고 도적질도 못하느니라

(마태복음 6:21) 네 보물 있는 그 곳에는 네 마음도 있느니라

(마태복음 6:22) 눈은 몸의 등불이니 그러므로 네 눈이 성하면 온 몸이 밝을 것이요

(마태복음 6:23) 눈이 나쁘면 온 몸이 어두울 것이니 그러므로 네게 있는 빛이 어두우면 그 어두움이 얼마나 하겠느뇨

(마태복음 6:24) 한 사람이 두 주인을 섬기지 못할 것이니 혹 이를 미워하며 저를 사랑하거나 혹 이를 중히 여기며 저를 경히 여김이라 너희가 하나님과 재물을 겸하여 섬기지 못하느니라

(마태복음 6:25) 그러므로 내가 너희에게 이르노니 목숨을 위하여 무엇을 먹을까 무엇을 마실까 몸을 위하여 무엇을 입을까 염려하지 말라 목숨이 음식보다 중하지 아니하며 몸이 의복보다 중하지 아니하냐

(마태복음 6:26) 공중의 새를 보라 심지도 않고 거두지도 않고 창고에 모아 들이지도 아니하되 너희 천부께서 기르시나니 너희는 이것들보다 귀하지 아니하냐

(마태복음 6:27) 너희 중에 누가 염려함으로 그 키를 한 자나 더할 수 있느냐

(마태복음 6:28) 또 너희가 어찌 의복을 위하여 염려하느냐 들의 백합화가 어떻게 자라는가 생각하여 보라 수고도 아니하고 길쌈도 아니하느니라

(마태복음 6:29) 그러나 내가 너희에게 말하노니 솔로몬의 모든 영광으로도 입은 것이 이 꽃 하나만 같지 못하였느니라

(마태복음 6:30) 오늘 있다가 내일 아궁이에 던지우는 들풀도 하나님이 이렇게 입히시거든 하물며 너희일까보냐 믿음이 적은 자들아

(마태복음 6:31) 그러므로 염려하여 이르기를 무엇을 먹을까 무엇을 마실까 무엇을 입을까 하지 말라

(마태복음 6:32) 이는 다 이방인들이 구하는 것이라 너희 천부께서

이 모든 것이 너희에게 있어야 할 줄을 아시느니라

(마태복음 6:33) 너희는 먼저 그의 나라와 그의 의를 구하라 그리하면 이 모든 것을 너희에게 더하시리라

(마태복음 6:34) 그러므로 내일 일을 위하여 염려하지 말라 내일 일은 내일 염려할 것이요 한 날 괴로움은 그날에 족하니라

(마태복음 7:1) 비판을 받지 아니하려거든 비판하지 말라

(마태복음 7:2) 너희의 비판하는 그 비판으로 너희가 비판을 받을 것이요 너희의 헤아리는 그 헤아림으로 너희가 헤아림을 받을 것이니라

(마태복음 7:3) 어찌하여 형제의 눈 속에 있는 티는 보고 네 눈 속에 있는 들보는 깨닫지 못하느냐

(마태복음 7:4) 보라 네 눈 속에 들보가 있는데 어찌하여 형제에게 말하기를 나로 네 눈 속에 있는 티를 빼게 하라 하겠느냐

(마태복음 7:5) 외식하는 자여 먼저 네 눈 속에서 들보를 빼어라 그 후에야 밝히 보고 형제의 눈 속에서 티를 빼리라

(마태복음 7:6) 거룩한 것을 개에게 주지 말며 너희 진주를 돼지 앞에 던지지 말라 저희가 그것을 발로 밟고 돌이켜 너희를 찢어 상할까 염려하라

(마태복음 7:7) 구하라 그러면 너희에게 주실 것이요 찾으라 그러면 찾을 것이요 문을 두드리라 그러면 너희에게 열릴 것이니

(마태복음 7:8) 구하는 이마다 얻을 것이요 찾는 이가 찾을 것이요 두드리는 이에게 열릴 것이니라

(마태복음 7:9) 너희 중에 누가 아들이 떡을 달라 하면 돌을 주며

(마태복음 7:10) 생선을 달라 하면 뱀을 줄 사람이 있겠느냐

(마태복음 7:11) 너희가 악한 자라도 좋은 것으로 자식에게 줄 줄 알거든 하물며 하늘에 계신 너희 아버지께서 구하는 자에게 좋은 것으로 주시지

않겠느냐

(마태복음 7:12) 그러므로 무엇이든지 남에게 대접을 받고자 하는 대로 너희도 남을 대접하라 이것이 율법이요 선지자니라

(마태복음 7:13) 좁은 문으로 들어가라 멸망으로 인도하는 문은 크고 그 길이 넓어 그리로 들어가는 자가 많고

(마태복음 7:14) 생명으로 인도하는 문은 좁고 길이 협착하여 찾는 이가 적음이니라

(마태복음 7:15) 거짓 선지자들을 삼가라 양의 옷을 입고 너희에게 나아오나 속에는 노략질하는 이리라

(마태복음 7:16) 그의 열매로 그들을 알지니 가시나무에서 포도를, 또는 엉겅퀴에서 무화과를 따겠느냐

(마태복음 7:17) 이와 같이 좋은 나무마다 아름다운 열매를 맺고 못된 나무가 나쁜 열매를 맺나니

(마태복음 7:18) 좋은 나무가 나쁜 열매를 맺을 수 없고 못된 나무가 아름다운 열매를 맺을 수 없느니라

(마태복음 7:19) 아름다운 열매를 맺지 아니하는 나무마다 찍혀 불에 던지우느니라

(마태복음 7:20) 이러므로 그의 열매로 그들을 알리라

(마태복음 7:21) 나더러 주여 주여 하는 자마다 천국에 다 들어갈 것이 아니요 다만 하늘에 계신 내 아버지의 뜻대로 행하는 자라야 들어가리라

(마태복음 7:22) 그 날에 많은 사람이 나더러 이르되 주여 주여 우리가 주의 이름으로 선지자 노릇 하며 주의 이름으로 귀신을 쫓아내며 주의 이름으로 많은 권능을 행치 아니하였나이까 하리니

(마태복음 7:23) 그 때에 내가 저희에게 밝히 말하되 내가 너희를 도무지

알지 못하니 불법을 행하는 자들아 내게서 떠나가라 하리라

(마태복음 7:24) 그러므로 누구든지 나의 이 말을 듣고 행하는 자는 그 집을 반석 위에 지은 지혜로운 사람 같으리니

(마태복음 7:25) 비가 내리고 창수가 나고 바람이 불어 그 집에 부딪히되 무너지지 아니하나니 이는 주초를 반석 위에 놓은 연고요

(마태복음 7:26) 나의 이 말을 듣고 행치 아니하는 자는 그 집을 모래 위에 지은 어리석은 사람 같으리니

(마태복음 7:27) 비가 내리고 창수가 나고 바람이 불어 그 집에 부딪히매 무너져 그 무너짐이 심하니라

(마태복음 7:28) 예수께서 이 말씀을 마치시매 무리들이 그 가르치심에 놀래니

(마태복음 7:29) 이는 그 가르치시는 것이 권세 있는 자와 같고 저희 서기관들과 같지 아니함일러라

(Matthew 5:1) And seeing the multitudes, he went up into a mountain: and when he was set, his disciples came unto him:

(Matthew 5:2) And he opened his mouth, and taught them, saying,

(Matthew 5:3) Blessed [are] the poor in spirit: for theirs is the kingdom of heaven.

(Matthew 5:4) Blessed [are] they that mourn: for they shall be comforted.

(Matthew 5:5) Blessed [are] the meek: for they shall inherit the earth.

(Matthew 5:6) Blessed [are] they which do hunger and thirst after righteousness: for they shall be filled.

(Matthew 5:7) Blessed [are] the merciful: for they shall obtain mercy.

(Matthew 5:8) Blessed [are] the pure in heart: for they shall see God.

(Matthew 5:9) Blessed [are] the peacemakers: for they shall be called the children of God.

(Matthew 5:10) Blessed [are] they which are persecuted for righteousness sake: for theirs is the kingdom of heaven.

(Matthew 5:11) Blessed are ye, when [men] shall revile you, and persecute [you,] and shall say all manner of evil against you falsely, for my sake.

(Matthew 5:12) Rejoice, and be exceeding glad: for great [is] your reward in heaven: for so persecuted they the prophets which were before you.

(Matthew 5:13) Ye are the salt of the earth: but if the salt have lost his savour, wherewith shall it be salted? it is thenceforth good for nothing, but to be cast out, and to be trodden under foot of men.

(Matthew 5:14) Ye are the light of the world. A city that is set on an hill cannot be hid.

(Matthew 5:15) Neither do men light a candle, and put it under a bushel, but on a candlestick; and it giveth light unto all that are in the house.

(Matthew 5:16) Let your light so shine before men, that they may see your good works, and glorify your Father which is in heaven.

(Matthew 5:17) Think not that I am come to destroy the law, or the prophets: I am not come to destroy, but to fulfil.

(Matthew 5:18) For verily I say unto you, Till heaven and earth pass, one jot or one tittle shall in no wise pass from the law, till all be fulfilled.

(Matthew 5:19) Whosoever therefore shall break one of these least commandments, and shall teach men so, he shall be called the least in the kingdom of heaven: but whosoever shall do and teach [them,] the same shall be called great in the kingdom of heaven.

(Matthew 5:20) For I say unto you, That except your righteousness shall exceed [the righteousness] of the scribes and Pharisees, ye shall in no case enter into the kingdom of heaven.

(Matthew 5:21) Ye have heard that it was said by them of old time, Thou shalt not kill; and whosoever shall kill shall be in danger of the judgment:

(Matthew 5:22) But I say unto you, That whosoever is angry with his brother without a cause shall be in danger of the judgment: and whosoever shall say to his brother, Raca, shall be in danger of the council: but whosoever shall say, Thou fool, shall be in danger of hell fire.

(Matthew 5:23) Therefore if thou bring thy gift to the altar, and there rememberest that thy brother hath ought against thee;

(Matthew 5:24) Leave there thy gift before the altar, and go thy way; first be reconciled to thy brother, and then come and offer thy gift.

(Matthew 5:25) Agree with thine adversary quickly, whiles thou art in the way with him; lest at any time the adversary deliver thee to the judge, and the judge deliver thee to the officer, and thou be cast into prison.

(Matthew 5:26) Verily I say unto thee, Thou shalt by no means come out thence, till thou hast paid the uttermost farthing.

(Matthew 5:27) Ye have heard that it was said by them of old time, Thou shalt not commit adultery:

(Matthew 5:28) But I say unto you, That whosoever looketh on a woman to lust after her hath committed adultery with her already in his heart.

(Matthew 5:29) And if thy right eye offend thee, pluck it out, and cast [it] from thee: for it is profitable for thee that one of thy members should perish, and not [that] thy whole body should be cast into hell.

(Matthew 5:30) And if thy right hand offend thee, cut if off, and cast it from thee: for it is profitable for thee that one of thy members should perish, and not [that] thy whole body should be cast into hell.

(Matthew 5:31) It hath been said, Whosoever shall put away his wife, let him give her a writing of divorcement:

(Matthew 5:32) But I say unto you, That whosoever shall put away his wife, saving for the cause of fornication, causeth her to commit adultery: and whosoever shall marry her that is divorced committeth adultery.

(Matthew 5:33) Again, ye have heard that it hath been said by them of old time, Thou shalt not forswear thyself, but shalt perform unto the Lord thine oaths:

(Matthew 5:34) But I say unto you, Swear not at all; neither by heaven; for it is God's throne:

(Matthew 5:35) Nor by the earth; for it is his footstool: neither by Jerusalem; for it is the city of the great King.

(Matthew 5:36) Neither shalt thou swear by thy head, because thou canst not make one hair white or black.

(Matthew 5:37) But let your communication be, Yea, yea; Nay, nay: for whatsoever is more than these cometh of evil.

(Matthew 5:38) Ye have heard that it hath been said, An eye for an eye, and a tooth for a tooth:

(Matthew 5:39) But I say unto you, That ye resist not evil: but whosoever shall smite thee on thy right cheek, turn to him the other also.

(Matthew 5:40) And if any man will sue thee at the law, and take away thy coat, let him have [thy] cloke also.

(Matthew 5:41) And whosoever shall compel thee to go a mile, go with him twain.

(Matthew 5:42) Give to him that asketh thee, and from him that would borrow of thee turn not thou away.

(Matthew 5:43) Ye have heard that it hath been said, Thou shalt love thy neighbour, and hate thine enemy.

(Matthew 5:44) But I say unto you, Love your enemies, bless them that curse you, do good to them that hate you, and pray for them which despitefully use you, and persecute you;

(Matthew 5:45) That ye may be the children of your Father which is in heaven: for he maketh his sun to rise on the evil and on the good, and sendeth rain on the just and on the unjust.

(Matthew 5:46) For if ye love them which love you, what reward have ye? do not even the publicans the same?

(Matthew 5:47) And if ye salute your brethren only, what do ye more [than others?] do not even the publicans so?

(Matthew 5:48) Be ye therefore perfect, even as your Father which is in heaven is perfect.

(Matthew 6:1) Take heed that ye do not your alms before men, to be seen of them: otherwise ye have no reward of your Father which is in heaven.

(Matthew 6:2) Therefore when thou doest [thine] alms, do not sound a trumpet before thee, as the hypocrites do in the synagogues and in the streets, that they may have glory of men. Verily I say unto you, They have their reward.

(Matthew 6:3) But when thou doest alms, let not thy left hand know what thy right hand doeth:

(Matthew 6:4) That thine alms may be in secret: and thy Father which seeth in secret himself shall reward thee openly.

(Matthew 6:5) And when thou prayest, thou shalt not be as the hypocrites [are:] for they love to pray standing in the synagogues and in the corners of the streets, that they may be seen of men. Verily I say unto you, They have their reward.

(Matthew 6:6) But thou, when thou prayest, enter into thy closet, and when thou hast shut thy door, pray to thy Father which is in secret: and thy Father which seeth in secret shall reward thee openly.

(Matthew 6:7) But when ye pray, use not vain repetitions, as the heathen [do:] for they think that they shall be heard for their much speaking.

(Matthew 6:8) Be not ye therefore like unto them: for your Father knoweth what things ye have need of, before ye ask him.

(Matthew 6:9) After this manner therefore pray ye: Our Father which art in heaven, Hallowed be thy name.

(Matthew 6:10) Thy kingdom come. Thy will be done in earth, as [it is] in heaven.

(Matthew 6:11) Give us this day our daily bread.

(Matthew 6:12) And forgive us our debts, as we forgive our debtors.

(Matthew 6:13) And lead us not into temptation, but deliver us from evil: For thine is the kingdom, and the power, and the glory, for ever. Amen.

(Matthew 6:14) For if ye forgive men their trespasses, your heavenly Father will also forgive you:

(Matthew 6:15) But if ye forgive not men their trespasses, neither will your Father forgive your trespasses.

(Matthew 6:16) Moreover when ye fast, be not, as the hypocrites, of a sad countenance: for they disfigure their faces, that they may appear unto men to fast. Verily I say unto you, They have their reward.

(Matthew 6:17) But thou, when thou fastest, anoint thine head, and wash thy face;

(Matthew 6:18) That thou appear not unto men to fast, but unto thy Father which is in secret: and thy Father, which seeth in secret, shall reward thee openly.

(Matthew 6:19) Lay not up for yourselves treasures upon earth, where moth and rust doth corrupt, and where thieves break through and steal:

(Matthew 6:20) But lay up for yourselves treasures in heaven, where neither moth nor rust doth corrupt, and where thieves do not break through nor steal:

(Matthew 6:21) For where your treasure is, there will your heart be also.

(Matthew 6:22) The light of the body is the eye: if therefore thine eye be single, thy whole body shall be full of light.

(Matthew 6:23) But if thine eye be evil, thy whole body shall be full of darkness. If therefore the light that is in thee be darkness, how great [is] that darkness!

(Matthew 6:24) No man can serve two masters: for either he will hate the one, and love the other; or else he will hold to the one, and despise the other. Ye cannot serve God and mammon.

(Matthew 6:25) Therefore I say unto you, Take no thought for your life, what ye shall eat, or what ye shall drink; nor yet for your body, what ye shall put on. Is not the life more than meat, and the body than raiment?

(Matthew 6:26) Behold the fowls of the air: for they sow not, neither do they reap, nor gather into barns; yet your heavenly Father feedeth them. Are ye not much better than they?

(Matthew 6:27) Which of you by taking thought can add one cubit unto his stature?

(Matthew 6:28) And why take ye thought for raiment? Consider the lilies of the field, how they grow; they toil not, neither do they spin:

(Matthew 6:29) And yet I say unto you, That even Solomon in all his glory was not arrayed like one of these.

(Matthew 6:30) Wherefore, if God so clothe the grass of the field, which to day is, and to morrow is cast into the oven, [shall he] not much more [clothe] you, O ye of little faith?

(Matthew 6:31) Therefore take no thought, saying, What shall we eat? or, What shall we drink? or, Wherewithal shall we be clothed?

(Matthew 6:32) (For after all these things do the Gentiles seek:) for your heavenly Father knoweth that ye have need of all these things.

(Matthew 6:33) But seek ye first the kingdom of God, and his righteousness;

and all these things shall be added unto you.

(Matthew 6:34) Take therefore no thought for the morrow: for the morrow shall take thought for the things of itself. Sufficient unto the day [is] the evil thereof.

(Matthew 7:1) Judge not, that ye be not judged.

(Matthew 7:2) For with what judgment ye judge, ye shall be judged: and with what measure ye mete, it shall be measured to you again.

(Matthew 7:3) And why beholdest thou the mote that is in thy brother's eye, but considerest not the beam that is in thine own eye?

(Matthew 7:4) Or how wilt thou say to thy brother, Let me pull out the mote out of thine eye; and, behold, a beam [is] in thine own eye?

(Matthew 7:5) Thou hypocrite, first cast out the beam out of thine own eye; and then shalt thou see clearly to cast out the mote out of thy brother's eye.

(Matthew 7:6) Give not that which is holy unto the dogs, neither cast ye your pearls before swine, lest they trample them under their feet, and turn again and rend you.

(Matthew 7:7) Ask, and it shall be given you; seek, and ye shall find; knock, and it shall be opened unto you:

(Matthew 7:8) For every one that asketh receiveth; and he that seeketh findeth; and to him that knocketh it shall be opened.

(Matthew 7:9) Or what man is there of you, whom if his son ask bread, will he give him a stone?

(Matthew 7:10) Or if he ask a fish, will he give him a serpent?

(Matthew 7:11) If ye then, being evil, know how to give good gifts unto your children, how much more shall your Father which is in heaven give good things to them that ask him?

(Matthew 7:12) Therefore all things whatsoever ye would that men should do to you, do ye even so to them: for this is the law and the prophets.

(Matthew 7:13) Enter ye in at the strait gate: for wide [is] the gate, and broad [is] the way, that leadeth to destruction, and many there be which go in thereat:

(Matthew 7:14) Because strait [is] the gate, and narrow [is] the way, which leadeth unto life, and few there be that find it.

(Matthew 7:15) Beware of false prophets, which come to you in sheep's clothing, but inwardly they are ravening wolves.

(Matthew 7:16) Ye shall know them by their fruits. Do men gather grapes of thorns, or figs of thistles?

(Matthew 7:17) Even so every good tree bringeth forth good fruit; but a corrupt tree bringeth forth evil fruit.

(Matthew 7:18) A good tree cannot bring forth evil fruit, neither [can] a corrupt tree bring forth good fruit.

(Matthew 7:19) Every tree that bringeth not forth good fruit is hewn down, and cast into the fire.

(Matthew 7:20) Wherefore by their fruits ye shall know them.

(Matthew 7:21) Not every one that saith unto me, Lord, Lord, shall enter into the kingdom of heaven; but he that doeth the will of my Father which is in heaven.

(Matthew 7:22) Many will say to me in that day, Lord, Lord, have we not prophesied in thy name? and in thy name have cast out devils? and in thy name done many wonderful works?

(Matthew 7:23) And then will I profess unto them, I never knew you: depart from me, ye that work iniquity.

(Matthew 7:24) Therefore whosoever heareth these sayings of mine, and doeth them, I will liken him unto a wise man, which built his house upon a rock:

(Matthew 7:25) And the rain descended, and the floods came, and the winds blew, and beat upon that house; and it fell not: for it was founded upon a rock.

(Matthew 7:26) And every one that heareth these sayings of mine, and doeth them not, shall be likened unto a foolish man, which built his house upon the sand:

(Matthew 7:27) And the rain descended, and the floods came, and the winds blew, and beat upon that house; and it fell: and great was the fall of it.

(Matthew 7:28) And it came to pass, when Jesus had ended these sayings, the people were astonished at his doctrine:

(Matthew 7:29) For he taught them as [one] having authority, and not as the scribes.

그림 27. **산상수훈** | 카를 블로흐(Carl Bloch)

과부의 죽은 아들을
살려내는 예수

　산상수훈의 가르침을 전하고 며칠이 지난 후, 마스터는 가버나움을 떠나 또 여러 마을을 돌며 메시지를 전파하는 활동을 재개했다. 그러던 중, 그가 오컬트 형제단이 배출한 최고의 마스터 중에서도 독보적인 존재임을 입증하는 또 하나의 사건이 일어났다. 예수 외에는 감히 생각도 할 수 없는, 심지어 웬만한 동양의 최고 마스터들도 시도를 거부했을 법한 놀라운 기적이었다.
　작은 마을로 이어지는 길을 따라 걷던 중, 예수 일행은 그들을 향해 오는 장례행렬과 마주친다. 행렬은 갈릴리의 전통에 따라 여인들의 곡소리에 맞춰 천천히 다가오고 있었다. 당시에는 망자의 친지가 아니더라도 장례행렬과 마주치면 유족과 함께 슬픔을 나누며 행렬에 동참하는 것이 관례였다. 실제로 많은 주민이 행렬에 동참하며 비통한 표정으로 함께 걷고 있었다.
　하지만 예수는 엄숙하게 진행되고 있는 행렬을 멈춰 세웠다. 모든 유대인에게 익숙한 형식과 관습을 무참히 깨버리는 충격적이고 무례한 행동이었다. 예수는 상여 앞으로 나아가 관을 짊어진 사람들에게

관을 내려놓으라고 말했다. 예수의 행동에 분노한 사람들의 입에서는 욕설이 튀어나왔고, 슬픔에 빠진 유족들을 욕보이는 이 무례한 자를 벌하기 위해 팔을 걷고 나서는 사람도 있었다. 하지만 예수의 표정에서 무언가를 감지한 이들은 멈칫하며 걸음을 멈췄고, 잠시 후 이상한 기운이 주변을 에워쌌다. 장례행렬에 포함된 문상객 중에는 예수를 아는 사람도 여럿 있었고, 그가 행한 기적을 목격한 사람도 있었다. 이들이 무언가 희한한 일이 일어날 것 같다고 수군대자 많은 사람이 예수가 서 있는 곳으로 앞다퉈 뛰어가면서 행렬은 곧 흐트러졌다.

  망자는 젊은 사내였고, 그의 홀어머니는 낯선 무뢰한이 가까이 다가오지 못하도록 막겠다는 듯이 두 팔로 아들의 창백한 시신을 가린 채 버티고 서 있었다. 하지만 예수는 사랑으로 가득한 표정으로 아들을 잃은 슬픔에 잠긴 여인을 바라보며 부드러운 목소리로 말했다. "어머니, 울음을 멈추세요. 슬퍼하지 마세요." 놀람과 동시에 감명을 받은 여인은 고개를 들어 자기에게 위로의 말을 건넨 사내의 얼굴을 넌지시 바라보았다. 어머니의 모성애와 본능은 예수의 눈에서 말로 설명할 수 없는 무언가를 감지했고, 그 순간 자기도 모르게 알 수 없는 희망을 품으며 가슴이 마구 뛰는 것을 느꼈다. '이 나사렛 사람의 눈빛이 의미하는 바는 무엇일까?' 그녀의 아들은 이미 죽었다. 신조차도 영혼이 떠난 후 잠든 육신은 건드리는 법이 없었다. 하지만 예수의 표정은 무언가를 말하고 있었다. '왜 이렇게 내 심장이 뛰는 것일까?'

  예수는 단호하고 권위적인 동작으로 상여 주변에 몰려든 사람들에게 물러가라고 손짓했다. 이제 상여 주위에는 어머니와 아들의 시신, 그리고 예수만 남았다. 잠시 후 믿기지 않는 일이 벌어졌다. 마스터는 자기가 가진 모든 힘과 자기가 발휘할 수 있는 최고의 의지를 동원하여 시신의 얼굴을 뚫어지게 쳐다보았다. 예수로부터 직접 오컬트 힘에 담긴 비밀을 배운 사도들은 스승이 지금 시도하는 것이 뭔지 즉각 알아채고 얼굴이 하얗게 변했다. 예수는 지금 단순히 자기 안의 활력 에너지를 시신에 전달하여 프라나로 채우는 것이 아니라, 오컬트 기법 중에서도 가장 어렵고 높은 차원의 작업, 즉, 이미 아스트랄계(Astral Plane)로 넘어간 사내의 상위 육신과 아스트랄체, 다시 말해, 육신을 떠난 젊은이의 영혼을 물질계로 끌어와 에너지와 힘으로 재충전한 육신 속으로 돌려보내는 무시무시한 작업을 시도하는 중이었기 때문이다. 사도들은 예수가 지금 최고의 의지력을 동원하여 죽음의 과정을 거꾸로 되돌리고 있음을 알아챘다. 눈앞에서 벌어지고 있는 상황의 의미와 본질을 명확하게 이해한 사도들은 팔다리를 떨면서 거칠게 숨을 몰아쉬었다.

멀리서 그 놀라운 광경을 지켜보던 사람들이 소리쳤다. "저 사람이 시신을 향해 뭐라고 말하고 있는 것인가?" 잠시 후 예수가 시신을 향해 명령했다. "일어나라 청년아! 눈을 떠라! 숨을 내쉬어라! 다시 명하노니, 일어나라!" 이 낯선 사내는 지금 신의 뜻을 거스르려는 것인가?

잠시 후 눈을 뜬 젊은이는 혼란스러워하며 주변을 둘러보았다! 그를 둘러싼 환한 빛이 채 사라지기도 전이었다! 정신을 차린 젊은이는 마치 삶에 대한 의지를 되찾았다는 듯이 거칠게 숨을 몰아쉬었다! 그다음에는 팔과 다리를 움직이고 자리에서 일어나 의미 없는 말을 내뱉기 시작했다. 비로소 상황을 판단한 그는 곁에서 눈물을 흘리는 어머니를 알아보고 그녀를 두 팔로 껴안은 채 함께 울었다! 죽었던 자가 다시 살아난 것이다! 생명이 떠난 시신에 다시 생명이 깃든 것이다!

죽었던 젊은이가 다시 살아나는 모습을 지켜본 군중은 공포에 질려 뒤로 물러섰고, 장례행렬에 동참했던 사람들도 사방으로 흩어졌다. 어머니와 아들만 남아 서로 부둥켜안고 눈물을 흘릴 뿐이었다. 곁에 예수와 사도들이 있다는 것도 까맣게 잊은 채 기쁨과 사랑을 나누고 있었다.

(누가복음 7:11) 그 후에 예수께서 나인이란 성으로 가실새 제자와 허다한 무리가 동행하더니

(누가복음 7:12) 성문에 가까이 오실 때에 사람들이 한 죽은 자를 메고 나오니 이는 그 어미의 독자요 어미는 과부라 그 성의 많은 사람도 그와 함께 나오거늘

(누가복음 7:13) 주께서 과부를 보시고 불쌍히 여기사 울지 말라 하시고

(누가복음 7:14) 가까이 오사 그 관에 손을 대시니 멘 자들이 서는지라 예수께서 가라사대 청년아 내가 네게 말하노니 일어나라 하시매

(누가복음 7:15) 죽었던 자가 일어 앉고 말도 하거늘 예수께서 그를 어미에게 주신대

(누가복음 7:16) 모든 사람이 두려워하며 하나님께 영광을 돌려 가로되 큰 선지자가 우리 가운데 일어나셨다 하고 또 하나님께서 자기 백성을 돌아보셨다 하더라

(누가복음 7:17) 예수께 대한 이 소문이 온 유대와 사방에 두루 퍼지니라

(Luke 7:11) And it came to pass the day after, that he went into a city called Nain; and many of his disciples went with him, and much people.

(Luke 7:12) Now when he came nigh to the gate of the city, behold, there was a dead man carried out, the only son of his mother, and she was a widow:

and much people of the city was with her.

(Luke 7:13) And when the Lord saw her, he had compassion on her, and said unto her, Weep not.

(Luke 7:14) And he came and touched the bier: and they that bare [him] stood still. And he said, Young man, I say unto thee, Arise.

(Luke 7:15) And he that was dead sat up, and began to speak. And he delivered him to his mother.

(Luke 7:16) And there came a fear on all: and they glorified God, saying, That a great prophet is risen up among us; and, That God hath visited his people.

(Luke 7:17) And this rumour of him went forth throughout all Judaea, and throughout all the region round about.

예수와 일행은 기쁨에 겨워 있는 모자를 뒤로하고 가던 길을 계속 갔다. 놀라운 기적에 관한 소식은 삽시간에 전국으로 퍼져 수도 예루살렘까지 도달했다. 이 이야기에 흥미를 느낀 사람도 있었고, 진위를 의심하는 사람도 있었다. 한편 당국과 종교계는 예수라는 자가 기존의 질서를 와해할 소지가 있는 위험인물이자 공공의 적이라는 공감대를 형성하기 시작했다.

그림 28. **과부의 죽은 아들을 살려내는 예수** | 마르티노 알토몬테(Martino Altomonte)

바리새인의 집에서 미움을 사다

예수가 여러 마을을 순회하며 설교를 하던 중 어느 지역 유지의 집에 저녁 초대를 받은 일도 있었다. 예수를 초청한 인사는 형식과 예식의 준수를 극단적으로 숭배하고 율법의 토씨 하나까지 고집하는 것으로 유명한 바리새인(Pharisees)이었다. 바리새인은 틀에 박힌 정교회를 신성시하는 유대인 중에서도 가장 엄격한 부류의 사람들이었다. 철저하게 예의범절을 지키는 바리새인은 걸을 때도 자세가 워낙 꼿꼿해서 몸이 뒤로 기운다는 말이 있을 정도였다. 이들은 자기가 보통 사람과는 다르다는 점에 대해 신에게 감사하는 자들이었다. 바리새인들은 당시 교회와 사회에서 '보기 드물 정도로 독실한 사람'이라는 평가를 받았다. '바리새인'이라는 말은 오늘날 '경건한 사기꾼'의 동의어로 사용되고 있다.

이 바리새인이 예수를 저녁 식사에 초대한 정확한 이유는 알려지지 않았다. 그에 대한 호기심도 있었을 것이고, 나중에 그를 궁지에 몰기 위한 근거로 써먹을 수 있는 언행을 유도하기 위한 함정이었을 가능성도 높다. 어쨌든 그는 예수에게 초대 의사를 전달했고, 예수는 이에 기꺼이 응했다.

바리새인의 집에 입장한 마스터는 유대인이 자신과 동등한 지위의 손님을 초대했을 때 의례적으로 취하는 사소한 절차들이 생략되었음을 인지했다. 초대자의 가족 모임에 영광을 더해주는 것으로 여겨지는 사람을 귀빈을 맞을 때 머리에 기름을 부어주는 의식도 생략되었다. 이 바리새인이 예수를 친구의 자격으로 초청했다기보다는, 단순히 호기심 차원에서, 또는 광대를 한번 구경하고 싶다는 이유로 초청했을 뿐이라는 사실을 암시하는 무언의 제스처였다. 하지만 예수는 이런 모욕에도 불구하고 아무런 말을 하지 않았고, 초대자가 내어주는 음식을 받아먹었다.

동양의 전통에 따라 초대자와 예수를 포함한 손님들은 식사를 마친 후 편히 앉아 다양한 주제로 대화를 나누고 있었다. 이때 한 여인이 실례를 무릅쓰고 연회장으로 들어왔다. 그녀의 복장으로 미루어 짐작했을 때, 이 지역에서 종종 볼 수 있는 거리의 여인임이 틀림없어 보였다. 그녀는 살이 드러나는 옷을 입고 있었고, 긴 머리카락은 몸을 파는 여성의 스타일대로 어깨 뒤로 내려와 있었다. 그녀는 마스터에게 시선을 고정한 상태로 서서히 그를 향해 걸어갔고, 조만간 볼썽사나운 광경이 벌어지리라 생각한 바리새인은 짜증 난다는 표정을 지었다. 예수가 무엄하게 영적 스승에게 다가간 천박한 여인을 큰소리로 꾸짖을 것이 분명해 보였기 때문이다.

하지만 여인은 바리새인이 주는 눈치에도 아랑곳하지 않고 예수를 향해 계속 걸어갔고, 결국 그 앞에 도달하여 무릎을 꿇고 그의 발에 머리를 댄 채 울음을 터트렸다. 알고 보니 그녀는 예전에 예수의 설교를 들은 후, 그의 가르침을 마음속 깊이 새기며 새로운 사람으로 거듭나고 있는 여성 추종자였다. 존경하는 스승을 향한 충성을 표시하고 감사하는 마음을 전하기 위해 어려운 자리까지 찾아왔던 것이었다. 그녀에게 있어 예수를 가까이서 바라본다는 것은 영적인 부활과 새로운 삶의 시작을 상징하는 중요한 사건이었다. 그녀의 눈에서 흐른 눈물은 예수의 발을 흥건히 적셨고, 그녀는 자신의 긴 머리칼로 그의 발을 닦았다. 그리고 충성을 표시하기 위해 그의 발에 입을 맞추었다.

그녀의 목에는 값비싼 향유가 담긴 작은 상자가 걸려있었다. 장미에서 추출한 진귀한 향유로, 소유자인 본인은 물론이고, 모든 유대인이 특히나 귀하게 여기는 물건이었다. 하지만 그녀는 주저하지 않고 상자의 봉인을 열어 그 귀한 기름으로 마스터의 손과 발을 듬뿍 적셨고, 예수는 바리새인이 예상했던 것처럼 그녀를 꾸짖기는커녕, 사회의 최하층 취급을 받는 그녀의 정성을 온전히 받아들였다. 이 모습을 바라본 바리새인은 속으로 예수를 무시하며 비웃었고, 그를 조롱하듯 입꼬리를 씰룩거렸다.

예수는 미소를 지으며 바리새인을 향해 말했다. "시몬이여, 방금 이런 생각을 하지 않으셨습니까? '예수라는 자가 진정 선지자라면 자기 몸을 만진 이 여인의 신분을 금세 알아차렸을 것이고, 크게 꾸짖은 후 자리에서 쫓아냈을 것이다.'" 바리새인은 예수가 오늘날 오컬티스트들이 '텔레파시'라고 부르는 기법을 이용하여 자기 생각을 세부적인 것까지 정확하게 읽어낸 것을 듣고 혼란에 빠졌다. 마스터는 차분하게 농담하는 투로 집주인이 해야 할 일을 여인이 대신해서 한 것 아니겠냐고 말했다. 바리새인이 진정으로 존경하는 손님을 맞았더라면 이 여인처럼 예수의 발을 씻고 닦아줘야 했다. 여인이 했던 것처럼 향유도 부어줘야 했다. 여인은 예수의 발에 입을 맞추었지만, 바리새인이 진심으로 예수를 손님으로 대했더라면 최소한 그의 뺨에라도 입을 맞췄어야 했다. 여인의 인격에 관해서는 얘기할 것도 없었다. 예수도 그녀의 과거를 알고, 이미 다 용서했기 때문이다. ("그녀에게는 사랑하는 마음이 많으므로 죄도 용서를 받았도다.") 예수는 여인을 바라보며 말했다. "네 죄가 모두 사하여졌으니 평안한 마음으로 가거라." 마스터의 용서와 축복을 받은 여인은 환한 표정을 지으며 자리에서 물러났다.

(누가복음 7:36) 한 바리새인이 예수께 자기와 함께 잡수시기를 청하니 이에 바리새인의 집에 들어가 앉으셨을 때에

(누가복음 7:37) 그 동네에 죄인인 한 여자가 있어 예수께서 바리새인의 집에 앉으셨음을 알고 향유 담은 옥합을 가지고 와서

(누가복음 7:38) 예수의 뒤로 그 발 곁에 서서 울며 눈물로 그 발을 적시고 자기 머리털로 씻고 그 발에 입맞추고 향유를 부으니

(누가복음 7:39) 예수를 청한 바리새인이 이것을 보고 마음에 이르되 이 사람이 만일 선지자더면 자기를 만지는 이 여자가 누구며 어떠한 자 곧 죄인인 줄을 알았으리라 하거늘

(누가복음 7:40) 예수께서 대답하여 가라사대 시몬아 내가 네게 이를 말이 있다 하시니 저가 가로되 선생님 말씀하소서

(누가복음 7:41) 가라사대 빚 주는 사람에게 빚진 자가 둘이 있어 하나는 오백 데나리온을 졌고 하나는 오십 데나리온을 졌는데

(누가복음 7:42) 갚을 것이 없으므로 둘 다 탕감하여 주었으니 둘 중에 누가 저를 더 사랑하겠느냐

(누가복음 7:43) 시몬이 대답하여 가로되 제 생각에는 많이 탕감함을 받은 자니이다 가라사대 네 판단이 옳다 하시고

(**누가복음 7:44**) 여자를 돌아보시며 시몬에게 이르시되 이 여자를 보느냐 내가 네 집에 들어오매 너는 내게 발 씻을 물도 주지 아니하였으되 이 여자는 눈물로 내 발을 적시고 그 머리털로 씻었으며

(**누가복음 7:45**) 너는 내게 입맞추지 아니하였으되 저는 내가 들어올 때로부터 내 발에 입맞추기를 그치지 아니하였으며

(**누가복음 7:46**) 너는 내 머리에 감람유도 붓지 아니하였으되 저는 향유를 내 발에 부었느니라

(**누가복음 7:47**) 이러므로 내가 네게 말하노니 저의 많은 죄가 사하여졌도다 이는 저의 사랑함이 많음이라 사함을 받은 일이 적은 자는 적게 사랑하느니라

(**누가복음 7:48**) 이에 여자에게 이르시되 네 죄 사함을 얻었느니라 하시니

(**누가복음 7:49**) 함께 앉은 자들이 속으로 말하되 이가 누구이기에 죄도 사하는가 하더라

(**누가복음 7:50**) 예수께서 여자에게 이르시되 네 믿음이 너를 구원하였으니 평안히 가라 하시니라

(**Luke 7:36**) And one of the Pharisees desired him that he would eat with him. And he went into the Pharisee's house, and sat down to meat.

(**Luke 7:37**) And, behold, a woman in the city, which was a sinner, when she knew that [Jesus] sat at meat in the Pharisee's house, brought an alabaster box of ointment,

(**Luke 7:38**) And stood at his feet behind [him] weeping, and began to wash his feet with tears, and did wipe [them] with the hairs of her head, and kissed his feet, and anointed [them] with the ointment.

(Luke 7:39) Now when the Pharisee which had bidden him saw [it,] he spake within himself, saying, This man, if he were a prophet, would have known who and what manner of woman [this is] that toucheth him: for she is a sinner.

(Luke 7:40) And Jesus answering said unto him, Simon, I have somewhat to say unto thee. And he saith, Master, say on.

(Luke 7:41) There was a certain creditor which had two debtors: the one owed five hundred pence, and the other fifty.

(Luke 7:42) And when they had nothing to pay, he frankly forgave them both. Tell me therefore, which of them will love him most?

(Luke 7:43) Simon answered and said, I suppose that [he,] to whom he forgave most. And he said unto him, Thou hast rightly judged.

(Luke 7:44) And he turned to the woman, and said unto Simon, Seest thou this woman? I entered into thine house, thou gavest me no water for my feet: but she hath washed my feet with tears, and wiped [them] with the hairs of her head.

(Luke 7:45) Thou gavest me no kiss: but this woman since the time I came in hath not ceased to kiss my feet.

(Luke 7:46) My head with oil thou didst not anoint: but this woman hath anointed my feet with ointment.

(Luke 7:47) Wherefore I say unto thee, Her sins, which are many, are forgiven; for she loved much: but to whom little is forgiven, [the same] loveth little.

(Luke 7:48) And he said unto her, Thy sins are forgiven.

(Luke 7:49) And they that sat at meat with him began to say within themselves, Who is this that forgiveth sins also?

(Luke 7:50) And he said to the woman, Thy faith hath saved thee; go in peace.

이 사건을 계기로 바리새인과 그의 패거리들은 예수를 더욱 증오하는 마음을 품게 되었다. 바리새인의 집에서 주인을 힐책하고, 무엇보다 죄를 용서하는 신성한 권리를 자기 멋대로 행사했기 때문이다. 당시 죄를 용서하는 일은 대제사장만이 행사할 수 있는 고유의 권한이었다. 죄인이 제단에 공물을 바치고, 대제사장이 주관하는 의례를 거쳐야만 죄의 사함을 받을 수 있었다. 형식주의와 권위주의의 최고봉이라 할 수 있는 바리새인의 집에서 교회의 권리와 기능을 무시한 예수를 그들은 절대 용서할 수 없었다.

이 사건을 통해 우리는 예수의 폭넓은 시각과 보편적인 사랑, 형식주의를 대변하는 권력자의 집에서 이에 대한 반감을 여과 없이 드러낸 용기뿐 아니라 여성을 포용하는 면모까지 엿볼 수 있다. 당시 유대인들은 여성을 보잘것없는 존재로 여겼다. 여자에게는 남자들이 예배를 보러 가는 회당에 입장할 자격도 없었고, 남자들끼리 있는 자리에서 여자와의 관계를 얘기하는 것은 큰 실례로 여겨졌다. 쉽게 말해, 여자는 모든 면에서 남자보다 열등한 존재였고, 여성의 신성한 생리 현상은 아예 불결한 것으로 취급되었다.

하지만 예수는 사회적 지위가 낮고 불우한 여성일수록 오히려 따뜻하게 대했다. 예수는 여성들이 몸을 팔도록 유혹하는 불공정한 사회와 그들의 불우한 처지를 잘 이해했다. 그는 남자는 성적인 죄를 범해도

그림 29. **바리새인의 집에 초대된 예수와 그의 발에 입을 맞추는 여인** | 루벤스(Peter Paul Rubens)

가벼운 일탈 정도로 치부하고 여전히 사회의 존경을 받지만, 같은 죄를 범한 여자는 사회적으로 매장되고 수치스러운 격리 대상으로 취급되는 도덕적 이중잣대를 경멸했다. 그는 언제나 이처럼 불행한 처지에 있는 여성을 변호했으며, 여자를 향한 남자들의 차별을 볼 때마다 마치 정의의 스위치가 작동하기라도 하듯이 민감하게 반응했다. 간음죄를 저질렀다는 혐의로 비난을 받는 여인을 보호하기 위해 "너희 중 죄 없는 자가 먼저 그녀를 돌로 치라."는 명언을 남긴 사건을 대표적인 사례로 들 수 있다. 여인이 예수의 발에 입을 맞추고 값비싼 향유를 아낌없이 부은 것도 무리가 아니다. 예수는 그런 사람들의 가장 친한 친구였기 때문이다.

(요한복음 8:1) 예수는 감람 산으로 가시다

(요한복음 8:2) 아침에 다시 성전으로 들어오시니 백성이 다 나아오는지라 앉으사 저희를 가르치시더니

(요한복음 8:3) 서기관들과 바리새인들이 간음 중에 잡힌 여자를 끌고 와서 가운데 세우고

(요한복음 8:4) 예수께 말하되 선생이여 이 여자가 간음하다가 현장에서 잡혔나이다

(요한복음 8:5) 모세는 율법에 이러한 여자를 돌로 치라 명하였거니와 선생은 어떻게 말하겠나이까

(요한복음 8:6) 저희가 이렇게 말함은 고소할 조건을 얻고자 하여 예수를 시험함이러라 예수께서 몸을 굽히사 손가락으로 땅에 쓰시니

(요한복음 8:7) 저희가 묻기를 마지 아니하는지라 이에 일어나 가라사대 너희 중에 죄 없는 자가 먼저 돌로 치라 하시고

(요한복음 8:8) 다시 몸을 굽히사 손가락으로 땅에 쓰시니

(요한복음 8:9) 저희가 이 말씀을 듣고 양심의 가책을 받아 어른으로 시작하여 젊은이까지 하나씩 하나씩 나가고 오직 예수와 그 가운데 섰는 여자만 남았더라

(요한복음 8:10) 예수께서 일어나사 여자 외에 아무도 없는 것을 보시고 이르시되 여자여 너를 고소하던 그들이 어디 있느냐 너를 정죄한 자가 없느냐

(요한복음 8:11) 대답하되 주여 없나이다 예수께서 가라사대 나도 너를 정죄하지 아니하노니 가서 다시는 죄를 범치 말라 하시니라

(요한복음 8:12) 예수께서 또 일러 가라사대 나는 세상의 빛이니 나를 따르는 자는 어두움에 다니지 아니하고 생명의 빛을 얻으리라

(John 8:1) Jesus went unto the mount of Olives.

(John 8:2) And early in the morning he came again into the temple, and all the people came unto him; and he sat down, and taught them.

(John 8:3) And the scribes and Pharisees brought unto him a woman taken in adultery; and when they had set her in the midst,

(John 8:4) They say unto him, Master, this woman was taken in adultery, in the very act.

(John 8:5) Now Moses in the law commanded us, that such should be stoned: but what sayest thou?

(John 8:6) This they said, tempting him, that they might have to accuse him. But Jesus stooped down, and with [his] finger wrote on the ground, [as though he heard them not.]

(John 8:7) So when they continued asking him, he lifted up himself, and said unto them, He that is without sin among you, let him first cast a stone at her.

(John 8:8) And again he stooped down, and wrote on the ground.

(John 8:9) And they which heard [it,] being convicted by [their own] conscience, went out one by one, beginning at the eldest, [even] unto the last: and Jesus was left alone, and the woman standing in the midst.

(John 8:10) When Jesus had lifted up himself, and saw none but the woman, he said unto her, Woman, where are those thine accusers? hath no man

그림 30. "너희 중에 죄 없는 자가 먼저 돌로 치라." | 피터르 브뤼헐(Pieter Breughel the Younger)

condemned thee?

(John 8:11) She said, No man, Lord. And Jesus said unto her, Neither do I condemn thee: go, and sin no more.

(John 8:12) Then spake Jesus again unto them, saying, I am the light of the world: he that followeth me shall not walk in darkness, but shall have the light of life.

제7강
죽음을 향하여

폭풍을 잠재우는 예수

그 후에도 예수의 사역은 같은 방식으로 계속 진행되었다. 전국 방방곡곡을 떠돌며 이 마을에서 설교하고 저 동네에서 가르침을 설파하는 나날들이 꾸준히 이어졌고, 그때마다 추종자의 수도 계속 늘어났다. 그는 청중의 수준에 맞춰 가르침을 전하기 위해 노력했다. 그들이 실제로 필요로 하는 것을 중심으로 메시지를 전달했고, 청중의 이해력을 넘어서는 어려운 개념을 섣불리 설명하려 시도하는 실수를 범하지 않았다. 즉, 대중에게는 누구나 쉽게 이해하고 실생활에서 적용할 수 있는 일반적이고 광범위한 가르침을 전하고, 이보다 높은 차원의 가르침을 이해하고 수용할 준비가 된 이너서클에는 그 수준에 걸맞은 고급 가르침을 전수했다. 이는 예수가 인간의 속성을 꿰뚫고 있으며, '덧셈, 뺄셈, 나눗셈을 공부하고 있는 학생에게는 고등 수학을 가르치지 않는다.'는 신비주의의 기본적인 원칙을 동시에 준수하고 있음을 보여주는 대목이다. 그는 사도들에게도 가르침을 전할 때 지켜야 할 이 원칙을 강조하며 주의를 줬다. 심지어 "돼지에게 진주를 던져줘서는 안 된다."는 표현까지 썼다.

(**마태복음 7:6**) 거룩한 것을 개에게 주지 말며 너희 진주를 돼지 앞에 던지지 말라 저희가 그것을 발로 밟고 돌이켜 너희를 찢어 상할까 염려하라

(**Matthew 7:6**) Give not that which is holy unto the dogs, neither cast ye your pearls before swine, lest they trample them under their feet, and turn again and rend you.

어느 날 그는 어업에 종사하는 몇몇 추종자들과 함께 한밤에 배를 타고 게네사렛 호수를 건너고 있었다. 고된 일정을 마친 후 피로감을 느끼고 의복을 이불 삼아 배 한편에서 잠을 청하던 예수는 갑작스러운 선원들의 소란에 깬다. 잔잔했던 호수에 거대한 폭풍이 몰려와 경험 많은 베테랑 선원들조차 어쩔 바를 모를 정도로 작은 배가 심하게 흔들리기 시작한 것이다. 돛대 일부는 파손되어 물에 떠내려갔고, 조타수가 아무리 방향을 돌리려 애를 써도 배가 말을 듣지 않는 상황이었다. 당황한 선원들은 예수에게 몰려가 애원했다. "스승이여! 스승이여! 저희 모두 익사하기 전에 도와주시옵소서! 배가 침몰하고 있습니다! 스승이여, 저희를 구해주소서!"

잠에서 깨어난 마스터는 오컬트의 힘을 이용하여 거센 바람을 잠재우고 배를 집어삼킬 듯한 기세의 물결을 평정했다. 그는 동양 오컬트의 방식을 따라 말로 명령을 내렸다. 그의 입에서 나온 단어 자체가 어떤 힘을 지닌 것은 아니었다. 단어는 오컬트의 힘을 현실화하기 위해 집중된 생각과 의지를 나르는 매체에 불과했다. 오컬트 힘을 구체화하는 절차를 통달한 오컬티스트들은 예수가 마치 "바람아! 물결아! 가만히 있으라!"라고 소리치고 꾸짖은 덕분에 선원들이 위기를 면했다는

식으로 순진하게 사건을 서술한 복음서의 내용을 보고 미소를 짓는다. 예수가 바람과 파도를 잠재우는 모습을 두 눈으로 직접 목격한 선원들은 그가 바람을 일종의 생명체로 여기며 말로 꾸짖었으며, 같은 방법으로 성난 물결도 가라앉혔다고 생각했다. 그리고 오컬트의 힘이 실현되는 원리를 이해하지 못했던 이들의 진술을 토대로 소문이 퍼져나가면서 단어 자체에 힘이 담겼다는 오해가 생겨났다.

단어의 배후에 있는 정신력의 작용을 이해하지 못했던 이들은 예수가 실제로 바람과 물결에 말을 걸어서 타이르는 것으로 착각했다. 오컬티스트는 물질적인 상황을 다룰 때, 그 상황 자체가 일종의 지성체라고 상상하며 '대화'를 시도하면 오컬트의 힘을 그 방향으로 집중하기 훨씬 수월하다는 사실을 잘 알고 있다.

마스터의 생각과 의지에 따라 거센 바람과 성난 물결은 곧바로 잠잠해졌다. 곧 뒤집어질 기세로 흔들리던 배도 안전한 곳에 정박했고, 한숨을 돌린 선원들은 부러진 돛대를 보수하기 시작했다. 그들은 보수 작업을 하면서도 서로 얼굴을 쳐다보며 말했다. "바람과 물결마저 순종하게 만드는 이 자는 과연 누구란 말인가?" 물질적 상황을 정복할 수 있는 인간의 힘, 믿음을 통해서만 실행으로 옮길 수 있는 의지의 힘을 이해하고 있는 신비주의자 예수는 슬픈 표정을 지으며 그들에게 말했다. "믿음이 약한 자들이여. 뭐가 그리도 두려웠단 말이냐?"

(마태복음 8:23) 배에 오르시매 제자들이 좇았더니

(마태복음 8:24) 바다에 큰 놀이 일어나 물결이 배에 덮이게 되었으되 예수는 주무시는지라

(마태복음 8:25) 그 제자들이 나아와 깨우며 가로되 주여 구원하소서 우리가

죽겠나이다

(마태복음 8:26) 예수께서 이르시되 어찌하여 무서워하느냐 믿음이 적은 자들아 하시고 곧 일어나사 바람과 바다를 꾸짖으신대 아주 잔잔하게 되거늘

(마태복음 8:27) 그 사람들이 기이히 여겨 가로되 이 어떠한 사람이기에 바람과 바다도 순종하는고 하더라

(Matthew 8:23) And when he was entered into a ship, his disciples followed him.

(Matthew 8:24) And, behold, there arose a great tempest in the sea, insomuch that the ship was covered with the waves: but he was asleep.

(Matthew 8:25) And his disciples came to [him,] and awoke him, saying, Lord, save us: we perish.

(Matthew 8:26) And he saith unto them, Why are ye fearful, O ye of little faith? Then he arose, and rebuked the winds and the sea; and there was a great calm.

(Matthew 8:27) But the men marvelled, saying, What manner of man is this, that even the winds and the sea obey him!

(마가복음 4:35) 그 날 저물 때에 제자들에게 이르시되 우리가 저편으로 건너가자 하시니

(마가복음 4:36) 저희가 무리를 떠나 예수를 배에 계신 그대로 모시고 가매 다른 배들도 함께 하더니

(마가복음 4:37) 큰 광풍이 일어나며 물결이 부딪혀 배에 들어와 배에 가득하게 되었더라

(마가복음 4:38) 예수께서는 고물에서 베개를 베시고 주무시더니 제자들이 깨우며 가로되 선생님이여 우리의 죽게 된 것을 돌아보지 아니하시나이까 하니

(마가복음 4:39) 예수께서 깨어 바람을 꾸짖으시며 바다더러 이르시되 잠잠하라 고요하라 하시니 바람이 그치고 아주 잔잔하여지더라

(마가복음 4:40) 이에 제자들에게 이르시되 어찌하여 이렇게 무서워하느냐 너희가 어찌 믿음이 없느냐 하시니

(마가복음 4:41) 저희가 심히 두려워하여 서로 말하되 저가 뉘기에 바람과 바다라도 순종하는고 하였더라

(Mark 4:35) And the same day, when the even was come, he saith unto them, Let us pass over unto the other side.

(Mark 4:36) And when they had sent away the multitude, they took him even as he was in the ship. And there were also with him other little ships.

(Mark 4:37) And there arose a great storm of wind, and the waves beat into the ship, so that it was now full.

(Mark 4:38) And he was in the hinder part of the ship, asleep on a pillow: and they awake him, and say unto him, Master, carest thou not that we perish?

(Mark 4:39) And he arose, and rebuked the wind, and said unto the sea, Peace, be still. And the wind ceased, and there was a great calm.

(Mark 4:40) And he said unto them, Why are ye so fearful? how is it that ye have no faith?

(Mark 4:41) And they feared exceedingly, and said one to another, What manner of man is this, that even the wind and the sea obey him?

(**누가복음 8:22**) 하루는 제자들과 함께 배에 오르사 저희에게 이르시되
호수 저편으로 건너가자 하시매 이에 떠나

(**누가복음 8:23**) 행선할 때에 예수께서 잠이 드셨더니 마침 광풍이 호수로
내리치매 배에 물이 가득하게 되어 위태한지라

(**누가복음 8:24**) 제자들이 나아와 깨워 가로되 주여 주여 우리가 죽겠나이다
한대 예수께서 잠을 깨사 바람과 물결을 꾸짖으시니 이에 그쳐
잔잔하여지더라

(**누가복음 8:25**) 제자들에게 이르시되 너희 믿음이 어디 있느냐 하시니
저희가 두려워하고 기이히 여겨 서로 말하되 저가 뉘기에 바람과 물을
명하매 순종하는고 하더라

(Luke 8:22) Now it came to pass on a certain day, that he went into a ship with his disciples: and he said unto them, Let us go over unto the other side of the lake. And they launched forth.

(Luke 8:23) But as they sailed he fell asleep: and there came down a storm of wind on the lake; and they were filled [with water,] and were in jeopardy.

(Luke 8:24) And they came to him, and awoke him, saying, Master, master, we perish. Then he arose, and rebuked the wind and the raging of the water: and they ceased, and there was a calm.

(Luke 8:25) And he said unto them, Where is your faith? And they being afraid wondered, saying one to another, What manner of man is this! for he commandeth even the winds and water, and they obey him.

신비주의자의 관점에서는 크리스천들이 복음서에서 이와 같은 이야

그림 31. **폭풍을 잠재우는 예수** | 제임스 티소(James Tissot)

기들을 읽으며 예수가 그저 '초능력을 발휘하여 기적을 행했다.'는 정도로만 받아들이고 페이지를 넘기는 행태를 이해하기 어렵다. 예수의 기적에 관한 신약성경의 기록 자체가 완벽하지 않지만, 기본적인 진리를 깨우친 독자라면 이 불완전한 내용 안에도 고급 오컬트 지식이 명확하게 기술되어 있다는 사실을 인지할 것이다. 왜 다른 사람은 이 사실을 눈치채지 못하는지 의아하다는 생각마저 들 것이다. 하지만 고대의 법칙은 예나 지금이나, 항상 정확하고 한결같이 작용한다. 같은 책을 읽더라도 읽는 사람의 수준에 맞는, 이해할 수 있는 내용만 접수하게 되어있다는 사실…. 책을 통해서 무언가를 얻고 싶다면, 내가 책을 위해 바치는 것이 있어야 한다. 말 그대로 있는 자는 받게 된다. 이는 시대와 장소를 불문하고 보편적으로 적용되는 기본적인 법칙 중 하나다.

(마가복음 4:25) 있는 자는 받을 것이요 없는 자는 그 있는 것까지 빼앗기리라

(Mark 4:25) For he that hath, to him shall be given: and he that hath not, from him shall be taken even that which he hath.

사악한 정령에게 빙의된 자들을
치유하는 예수

　게네사렛 호수를 건너는 과정에서 오늘날의 목사들이 애써 외면하거나 숨겨진 의미를 해석하기 위해 끙끙대는, 예수가 오컬트의 힘을 발휘한 또 하나의 놀라운 사건이 있었다. 현대사회를 지배하는 물질주의적 사상이 교회에도 침투하는 바람에 목사와 설교사들조차 정령 또는 아스트랄계에 거주하는 유사 존재들을 믿는다는 혐의를 피하려고 노력하고 있음을 보여주는 또 하나의 사례다.
　예수 일행은 호수 맞은편의 거라사 지역에 도착하여 해안의 마을로 이동한다. 해안을 따라 나 있는 절벽 위로 걷던 중, 이들은 두 명의 수상한 사내가 횡설수설하며 일행을 쫓고 있음을 감지한다. 두 사내는 결국 예수 일행을 따라잡았고, 이 중 한 명이 마스터에게 다가와서 자기들에게 빙의한 악령을 퇴치해달라고 사정했다. "오 마스터여, 살아 있는 신의 아들이시여! 부디 자비를 베푸소서. 저희 안으로 들어오도록 허락한 더러운 존재들을 내쫓아 주소서."
　복음서는 마귀가 이 두 사람에게 빙의한 경위를 일절 언급하지 않으며, 이 이야기를 주제로 설교하는 목사들도 이 대목은 빨리 언급하고 넘어가거나 정신이 온전하지 않은 사람의 망상 정도로 치부하며 설명을 서둘러 끝낸다. 이 두 사람이 정신병자가 아니었음을 신약성경에서 분명히 암시하고 있음에도 불구하고 말이다. 오컬트 전통에 따르면 이 두 사내는 어떤 심령 현상, 즉, 흑마법을 이용하여 영혼을 소환하는 위험한 실험을 하다가 악령들에게 빙의되었다고 한다. 다시 말해, 이들은 유대 전통의 강령술(Jewish Necromancy), 또는 주술을 통해 육신의 소멸 후 아스트랄계에 거주하는 지성체를 소환하는 실험(Invocation and Evocation of Disembodied Astral Intelligences by means of Conjuration)을 함부로 시도했다가 봉변을 당한 것이다. 이들은 아스트랄계에 거주하는 지성체들을 물질계로 불러오는 데는 성공했으나, 소환된 존재들은 왔던 곳으로 되돌아가기를 거부하고 자기들을 불러낸 자들의 육신을 강제로 취했다. 그리하여 두 사람은 광인 취급을 받게 되었고, 결국엔 사회에서 격리되어 벼랑 곳곳에 형성된 동굴까지 쫓겨온 것이었다. 이곳은 망자들을 묻은 묘지가 밀집된 구역이기도 했다. 여기서 당시의 상황을 구체적으로 묘사하지는 않겠지만, 대부분 사람이 올바르게 이해하지 못하는 이 기적에 관한 오컬트의 명확한 설명을 제시하도록 하겠다.

두 사내가 처한 상황을 완벽하게 파악한 예수는 곧바로 오컬트의 힘을 동원하여 이들의 육신을 점령한 아스트랄계의 존재들을 퇴마하는 작업을 개시했다. 얼마 후 근방의 언덕에서 비명이 들려왔고, 한 무리의 돼지가 언덕을 향해 달려가더니 벼랑 아래로 떨어져 익사했다. 복음서에서도 이 대목을 아주 명확하게 묘사하고 있다. 마귀의 무리가 두 남자에서 빠져나와 돼지 안으로 들어갔고, 공포에 질린 돼지들이 물을 향해 질주하며 자살했다는 것이다. 예수는 이 마귀들을 '더러운 귀신'이라고 구체적으로 칭하며 지금 당장 두 사람의 몸에서 '나오라'

고 명한다. 일반 독자를 위한 내용은 아니므로 그 이유까지 자세히 설명하지는 않겠지만, 오컬트의 고급 경지에 도달한 사람들은 아스트랄계의 존재들을 왔던 곳으로 돌려보내기 위해 왜 돼지라는 매개가 사용되어야 했는지 잘 알고 있을 것이다.

예수의 도움으로 두 광인은 정상 상태로 돌아왔다. 전통에 따르면 마스터는 이들이 사악한 길을 추구하는 바람에 악령의 지배를 받는 결과를 맞게 되었고, 앞으로는 이런 비도덕적인 행동을 해선 안 된다고 단단히 타일렀다고 한다.

(마태복음 8:28) 또 예수께서 건너편 가다라 지방에 가시매 귀신들린 자 둘이 무덤 사이에서 나와 예수를 만나니 저희는 심히 사나와 아무도 그 길로 지나갈 수 없을 만하더라

(마태복음 8:29) 이에 저희가 소리질러 가로되 하나님의 아들이여 우리와 당신과 무슨 상관이 있나이까 때가 이르기 전에 우리를 괴롭게 하려고 여기 오셨나이까 하더니

(마태복음 8:30) 마침 멀리서 많은 돼지 떼가 먹고 있는지라

(마태복음 8:31) 귀신들이 예수께 간구하여 가로되 만일 우리를 쫓아내실진대 돼지 떼에 들여 보내소서 한대

(마태복음 8:32) 저희더러 가라 하시니 귀신들이 나와서 돼지에게로 들어가는지라 온 떼가 비탈로 내리달아 바다에 들어가서 물에서 몰사하거늘

(마태복음 8:33) 치던 자들이 달아나 시내에 들어가 이 모든 일과 귀신들린 자의 일을 고하니

(마태복음 8:34) 온 시내가 예수를 만나려고 나가서 보고 그 지방에서 떠나시기를 간구하더라

(Matthew 8:28) And when he was come to the other side into the country of the Gergesenes, there met him two possessed with devils, coming out of the tombs, exceeding fierce, so that no man might pass by that way.

(Matthew 8:29) And, behold, they cried out, saying, What have we to do with thee, Jesus, thou Son of God? art thou come hither to torment us before the time?

(Matthew 8:30) And there was a good way off from them an herd of many swine feeding.

(Matthew 8:31) So the devils besought him, saying, If thou cast us out, suffer us to go away into the herd of swine.

(Matthew 8:32) And he said unto them, Go. And when they were come out, they went into the herd of swine: and, behold, the whole herd of swine ran violently down a steep place into the sea, and perished in the waters.

(Matthew 8:33) And they that kept them fled, and went their ways into the city, and told every thing, and what was befallen to the possessed of the devils.

(Matthew 8:34) And, behold, the whole city came out to meet Jesus: and when they saw him, they besought [him] that he would depart out of their coasts.

(마가복음 5:1) 예수께서 바다 건너편 거라사인의 지방에 이르러

(마가복음 5:2) 배에서 나오시매 곧 더러운 귀신들린 사람이 무덤 사이에서 나와 예수를 만나다

(마가복음 5:3) 그 사람은 무덤 사이에 거처하는데 이제는 아무나 쇠사슬로도 맬 수 없게 되었으니

(마가복음 5:4) 이는 여러 번 고랑과 쇠사슬에 매였어도 쇠사슬을 끊고 고랑을 깨뜨렸음이러라 그리하여 아무도 저를 제어할 힘이 없는지라

(마가복음 5:5) 밤낮 무덤 사이에서나 산에서나 늘 소리지르며 돌로 제 몸을 상하고 있었더라

(마가복음 5:6) 그가 멀리서 예수를 보고 달려와 절하며

(마가복음 5:7) 큰 소리로 부르짖어 가로되 지극히 높으신 하나님의 아들 예수여 나와 당신과 무슨 상관이 있나이까 원컨대 하나님 앞에 맹세하고 나를 괴롭게 마옵소서 하니

(마가복음 5:8) 이는 예수께서 이미 저에게 이르시기를 더러운 귀신아 그 사람에게서 나오라 하셨음이라

(마가복음 5:9) 이에 물으시되 네 이름이 무엇이냐 가로되 내 이름은 군대니 우리가 많음이니이다 하고

(마가복음 5:10) 자기를 이 지방에서 내어 보내지 마시기를 간절히 구하더니

(마가복음 5:11) 마침 거기 돼지의 큰 떼가 산 곁에서 먹고 있는지라

(마가복음 5:12) 이에 간구하여 가로되 우리를 돼지에게로 보내어 들어가게 하소서 하니

(마가복음 5:13) 허락하신대 더러운 귀신들이 나와서 돼지에게로 들어가니 거의 이천 마리 되는 떼가 바다를 향하여 비탈로 내리달아 바다에서 몰사하거늘

(마가복음 5:14) 치던 자들이 도망하여 읍내와 촌에 고하니 사람들이 그 어떻게 된 것을 보러 와서

(마가복음 5:15) 예수께 이르러 그 귀신들렸던 자 곧 군대 지폈던 자가 옷을 입고 정신이 온전하여 앉은 것을 보고 두려워하더라

(마가복음 5:16) 이에 귀신들렸던 자의 당한 것과 돼지의 일을 본 자들이

저희에게 고하매

(마가복음 5:17) 저희가 예수께 그 지경에서 떠나시기를 간구하더라

(마가복음 5:18) 예수께서 배에 오르실 때에 귀신들렸던 사람이 함께 있기를 간구하였으나

(마가복음 5:19) 허락지 아니하시고 저에게 이르시되 집으로 돌아가 주께서 네게 어떻게 큰 일을 행하사 너를 불쌍히 여기신 것을 네 친속에게 고하라 하신대

(마가복음 5:20) 그가 가서 예수께서 자기에게 어떻게 큰 일 행하신 것을 데가볼리에 전파하니 모든 사람이 기이히 여기더라

(Mark 5:1) And they came over unto the other side of the sea, into the country of the Gadarenes.

(Mark 5:2) And when he was come out of the ship, immediately there met him out of the tombs a man with an unclean spirit,

(Mark 5:3) Who had [his] dwelling among the tombs; and no man could bind him, no, not with chains:

(Mark 5:4) Because that he had been often bound with fetters and chains, and the chains had been plucked asunder by him, and the fetters broken in pieces: neither could any [man] tame him.

(Mark 5:5) And always, night and day, he was in the mountains, and in the tombs, crying, and cutting himself with stones.

(Mark 5:6) But when he saw Jesus afar off, he ran and worshipped him,

(Mark 5:7) And cried with a loud voice, and said, What have I to do with thee, Jesus, [thou] Son of the most high God? I adjure thee by God, that thou torment me not.

(Mark 5:8) For he said unto him, Come out of the man, [thou] unclean spirit.

(Mark 5:9) And he asked him, What [is] thy name? And he answered, saying, My name [is] Legion: for we are many.

(Mark 5:10) And he besought him much that he would not send them away out of the country.

(Mark 5:11) Now there was there nigh unto the mountains a great herd of swine feeding.

(Mark 5:12) And all the devils besought him, saying, Send us into the swine, that we may enter into them.

(Mark 5:13) And forthwith Jesus gave them leave. And the unclean spirits went out, and entered into the swine: and the herd ran violently down a steep place into the sea, (they were about two thousand;) and were choked in the sea.

(Mark 5:14) And they that fed the swine fled, and told [it] in the city, and in the country. And they went out to see what it was that was done.

(Mark 5:15) And they come to Jesus, and see him that was possessed with the devil, and had the legion, sitting, and clothed, and in his right mind: and they were afraid.

(Mark 5:16) And they that saw [it] told them how it befell to him that was possessed with the devil, and [also] concerning the swine.

(Mark 5:17) And they began to pray him to depart out of their coasts.

(Mark 5:18) And when he was come into the ship, he that had been possessed with the devil prayed him that he might be with him.

(Mark 5:19) Howbeit Jesus suffered him not, but saith unto him, Go home to thy friends, and tell them how great things the Lord hath done for thee, and hath had compassion on thee.

(Mark 5:20) And he departed, and began to publish in Decapolis how great things Jesus had done for him: and all [men] did marvel.

(누가복음 8:26) 갈릴리 맞은편 거라사인의 땅에 이르러

(누가복음 8:27) 육지에 내리시매 그 도시 사람으로서 귀신들린 자 하나가 예수를 만나니 이 사람은 오래 옷을 입지 아니하며 집에 거하지도 아니하고 무덤 사이에 거하는 자라

(누가복음 8:28) 예수를 보고 부르짖으며 그 앞에 엎드리어 큰 소리로 불러 가로되 지극히 높으신 하나님의 아들 예수여 나와 당신과 무슨 상관이 있나이까 당신께 구하노니 나를 괴롭게 마옵소서 하니

(누가복음 8:29) 이는 예수께서 이미 더러운 귀신을 명하사 이 사람에게서 나오라 하셨음이라 (귀신이 가끔 이 사람을 붙잡으므로 저가 쇠사슬과 고랑에 매이어 지키웠으되 그 맨 것을 끊고 귀신에게 몰려 광야로 나갔더라)

(누가복음 8:30) 예수께서 네 이름이 무엇이냐 물으신즉 가로되 군대라 하니 이는 많은 귀신이 들렸음이라

(누가복음 8:31) 무저갱으로 들어가라 하지 마시기를 간구하더니

(누가복음 8:32) 마침 거기 많은 돼지 떼가 산에서 먹고 있는지라 귀신들이 그 돼지에게로 들어가게 허하심을 간구하니 이에 허하신대

(누가복음 8:33) 귀신들이 그 사람에게서 나와 돼지에게로 들어가니 그 떼가 비탈로 내리달아 호수에 들어가 몰사하거늘

(누가복음 8:34) 치던 자들이 그 된 것을 보고 도망하여 성내와 촌에 고하니

(누가복음 8:35) 사람들이 그 된 것을 보러 나와서 예수께 이르러 귀신 나간 사람이 옷을 입고 정신이 온전하여 예수의 발 아래 앉은 것을 보고 두려워하거늘

(누가복음 8:36) 귀신들렸던 자의 어떻게 구원받은 것을 본 자들이 저희에게 이르매

(누가복음 8:37) 거라사인의 땅 근방 모든 백성이 크게 두려워하여 떠나가시기를 구하더라 예수께서 배에 올라 돌아가실새

(누가복음 8:38) 귀신 나간 사람이 함께 있기를 구하였으나 예수께서 저를 보내시며 가라사대

(누가복음 8:39) 집으로 돌아가 하나님이 네게 어떻게 큰 일 행하신 것을 일일이 고하라 하시니 저가 가서 예수께서 자기에게 어떻게 큰 일 하신 것을 온 성내에 전파하니라

(Luke 8:26) And they arrived at the country of the Gadarenes, which is over against Galilee.

(Luke 8:27) And when he went forth to land, there met him out of the city a certain man, which had devils long time, and ware no clothes, neither abode in [any] house, but in the tombs.

(Luke 8:28) When he saw Jesus, he cried out, and fell down before him, and with a loud voice said, What have I to do with thee, Jesus, [thou] Son of God most high? I beseech thee, torment me not.

(Luke 8:29) (For he had commanded the unclean spirit to come out of the man. For oftentimes it had caught him: and he was kept bound with chains and in fetters; and he brake the bands, and was driven of the devil into the wilderness.)

(Luke 8:30) And Jesus asked him, saying, What is thy name? And he said, Legion: because many devils were entered into him.

(Luke 8:31) And they besought him that he would not command them to go out into the deep.

(Luke 8:32) And there was there an herd of many swine feeding on the mountain: and they besought him that he would suffer them to enter into them. And he suffered them.

(Luke 8:33) Then went the devils out of the man, and entered into the swine: and the herd ran violently down a steep place into the lake, and were choked.

(Luke 8:34) When they that fed [them] saw what was done, they fled, and went and told [it] in the city and in the country.

(Luke 8:35) Then they went out to see what was done; and came to Jesus, and found the man, out of whom the devils were departed, sitting at the feet of Jesus, clothed, and in his right mind: and they were afraid.

(Luke 8:36) They also which saw [it] told them by what means he that was possessed of the devils was healed.

(Luke 8:37) Then the whole multitude of the country of the Gadarenes round about besought him to depart from them: for they were taken with great fear: and he went up into the ship, and returned back again.

(Luke 8:38) Now the man out of whom the devils were departed besought him that he might be with him: but Jesus sent him away, saying,

(Luke 8:39) Return to thine own house, and shew how great things God hath

그림 32. **귀신 들린 두 사람을 치유하는 예수** | 제임스 티소(James Tissot)

done unto thee. And he went his way, and published throughout the whole city how great things Jesus had done unto him.

　깨어 있는 몇몇 소수의 인사를 제외하고, 오늘날 교회와 대부분 성직자는 성경에서 종종 언급되는 마귀, 악령 등의 단어를 완전히 무시하고 배제하는 경향이 있다. 이는 한편으로 '신으로부터 영감과 계시를 받아 예수의 사역에 관한 역사를 기록했다.'고 칭송하는 복음서 저자들을 '당대에 유행했던 어이없는 악마 미신을 믿었던 무지한 자들'이라는 완전히 상반된 시각으로 바라보고 비하하는 것이나 다름없는 일이다. 이들은 예수 본인이 여러 차례 이 정령들과 대화하고, 함부로 취한 육신에서 당장 빠져나오라고 명령했던 구체적 사례들조차 무시하고 있다. 그렇다면 교회는 예수도 당대에 유행했던 미신 따위나 믿었던 무지렁이로 보고 있단 말인가? 아무래도 그런 모양이다. 그나마 정령의 실체를 인지하고 있는 가톨릭교회는 이런 비판을 면할 수 있다. 가톨릭교회는 오래전부터 주술을 활용하여 망자와의 접촉을 시도하거나 아스트랄계의 존재들을 소환하는 흑마법의 위험성을 신도들에게 경고해왔다.

오컬트 과학에서는 우리에게 익숙한 물질 세상 이외의, 눈에 보이지 않는 여러 세상에 대해서도 소상히 설명한다. 각각의 세상마다 그곳에 거주하는 주민들이 있다. 아스트랄계는 육신과 결별한 존재들이 거주하는 곳으로, 이들이 물질 세상으로 함부로 옮겨져서는 안 된다. 오컬트에서는 또한 고대와 중세 시대에 횡행했던 흑마법, 즉, 아스트랄계에 거주하는 하급 정령을 소환하는 모든 행위의 위험성에 대해 경고한다. 심령학을 탐구하는 현대의 일부 연구가들이 이런 경고를 무시하며 위험을 자초하고 있다는 점은 참으로 안타까운 일이다. 이 책을 읽고 있는 독자들은 아스트랄계와 관련한 현상에 함부로 관여하는 일이 없기를 당부하는 바이다. 예전에 심령학을 거대한 기계에 비유한 작가가 있었다. 기계의 작동 원리도 이해하지 못하면서 가까이 다가갔다산 톱니바퀴에 끼여 기계 안으로 빨려 들어가게 된다. 톱니바퀴에 얽히는 일이 없도록 주의해야 할 것이다!

예수가 악령들을 몰아낸 기적에 관한 소식은 또 금세 퍼져나가며 센세이션을 일으켰고, 사람들은 그가 전국을 누비며 선량한 주민들의 중요한 생계유지 수단인 가축에 악령을 옮김으로써 피해를 주고 있다고 비난했다. 사제들은 이때다 싶어 예수를 향한 대중의 불신, 적대감, 두려움에 불을 지폈다. 정교회에 우호적인 국민을 중심으로 갈보리 언덕의 씨앗을 널리 퍼트리기 시작한 것이다. 이 씨앗이 맺게 될 썩은 열매는 이들의 가슴 속에서 독버섯처럼 서서히 자라났다. 이 씨앗과 열매의 본질은 다름 아닌 증오심과 편견이었다.

예수는 가버나움으로 다시 돌아왔고, 작은 마을은 이 소식을 접하고 병을 고치기 위해 몰려든 병자들로 또 붐비기 시작했다. 예수의 놀라운 치유 능력은 이미 전국적으로 널리 알려진 터라 그의 손길이라도 한번 받아보기 위해 먼 고장에서 들것에 실려 온 병자들이 길게 장사진을 이뤘다.

야이로의 딸을 살려내는 예수

 이 무렵 지역과 교회에서 널리 존경을 받던 야이로라는 사람이 예수를 찾아왔다. 그에게는 열두 살 정도 된 딸이 하나 있었는데, 의사들이 치료를 포기했을 정도로 건강이 나쁜 상태였다.
 죽음의 문턱에 서 있는 딸을 구하기 위해 야이로는 예수가 설교하고 있는 현장을 찾아와 그의 발 앞에 무작정 무릎을 꿇고, 사랑하는 딸이 미지의 세계로 넘어가는 문을 통과하기 전에 부디 치료해 달라고 간절히 빌었다. 아버지의 큰 슬픔에 감복한 마스터는 설교를 중단하고 야이로의 집으로 발길을 옮겼다. 야이로의 집을 향해 걸어가던 예수는 아이를 치료해야겠다는 생각에 온 신경을 집중했고, 그의 몸은 치유 작업을 원활하게 수행할 수 있도록 생명력으로 완전히 충전되어 있었다. 그런 상태에서 걷던 중 오랜 지병에 시달려 온 어느 병자가 그의 옷깃을 만졌고, 이를 즉시 감지한 예수는 말했다. "내게 손을 댄 자가 있도다. 이는 내게서 능력이 나간 줄 앎이로다."
 예수 일행이 야이로의 집에 도착했을 무렵, 하인들이 슬피 울며 치유사가 오기를 기다리는 동안 아이가 숨을 거두었다는 비극적인 소식을 전했다. 딸을 소생시킬 수 있다는 희망에 부풀어있던 야이로는 그 자리에서 주저앉으며 울기 시작했다. 하지만 예수는 믿음을 가지라며 그를 안심시키고, 세 명의 사도(요한, 베드로, 야고보)와 함께 죽음의 방으로 들어간다. 잠시 후 예수는 슬픔에 잠긴 가족과 이웃들에게 손짓하며 말했다. "뒤로 물러서시오. 아이는 죽은 것이 아니라 잠들었을 뿐이오."

정교회를 신봉했던 일부 친지와 친구들은 예수의 말을 듣고 경악했다. 의사들마저 포기한 아이가 죽었는데, 사제들이 영혼의 안녕을 기원하는 최후의 의식까지 이미 집전하고 떠났는데, 이런 식으로 유족을 조롱하다니, 도저히 참을 수 없는 일이었다. 하지만 마스터는 그들의 반응을 무시한 채 아이의 머리 위에 손을 얹고 차디찬 손을 붙잡았다. 잠시 후 이상한 일이 벌어졌다. 아이의 작은 가슴이 움직이며 창백한 볼에 혈색이 돌아오기 시작한 것이다. 곧이어 미동도 하지 않던 팔과 다리가 움직이고, 눈을 뜬 아이는 신기하다는 표정으로 예수의 얼굴을 바라보며 미소를 지었다. 예수는 따스하고 인자한 표정을 지으며 방에서 나와 아이에게 먹을 것을 가져다주라고 지시했다.

(마태복음 9:18) 예수께서 이 말씀을 하실 때에 한 직원이 와서 절하고 가로되 내 딸이 방장 죽었사오나 오셔서 그 몸에 손을 얹으소서 그러면 살겠나이다 하니

(마태복음 9:19) 예수께서 일어나 따라가시매 제자들도 가더니

(마태복음 9:20) 열두 해를 혈루증으로 앓는 여자가 예수의 뒤로 와서 그 겉옷 가를 만지니

(마태복음 9:21) 이는 제 마음에 그 겉옷만 만져도 구원을 받겠다 함이라

(마태복음 9:22) 예수께서 돌이켜 그를 보시며 가라사대 딸아 안심하라 네 믿음이 너를 구원하였다 하시니 여자가 그 시로 구원을 받으니라

(마태복음 9:23) 예수께서 그 직원의 집에 가사 피리 부는 자들과 훤화하는 무리를 보시고

(마태복음 9:24) 가라사대 물러가라 이 소녀가 죽은 것이 아니라 잔다 하시니 저들이 비웃더라

(마태복음 9:25) 무리를 내어 보낸 후에 예수께서 들어가사 소녀의 손을 잡으시매 일어나는지라

(마태복음 9:26) 그 소문이 그 온 땅에 퍼지더라

(Matthew 9:18) While he spake these things unto them, behold, there came a certain ruler, and worshipped him, saying, My daughter is even now dead: but come and lay thy hand upon her, and she shall live.

(Matthew 9:19) And Jesus arose, and followed him, and [so did] his disciples.

(Matthew 9:20) And, behold, a woman, which was diseased with an issue of blood twelve years, came behind [him,] and touched the hem of his garment:

(Matthew 9:21) For she said within herself, If I may but touch his garment, I shall be whole.

(Matthew 9:22) But Jesus turned him about, and when he saw her, he said, Daughter, be of good comfort: thy faith hath made thee whole. And the woman was made whole from that hour.

(Matthew 9:23) And when Jesus came into the ruler's house, and saw the minstrels and the people making a noise,

(Matthew 9:24) He said unto them, Give place: for the maid is not dead, but sleepeth. And they laughed him to scorn.

(Matthew 9:25) But when the people were put forth, he went in, and took her by the hand, and the maid arose.

(Matthew 9:26) And the fame hereof went abroad into all that land.

(마가복음 5:21) 예수께서 배를 타시고 다시 저편으로 건너가시매 큰 무리가 그에게로 모이거늘 이에 바닷가에 계시더니

(마가복음 5:22) 회당장 중 하나인 야이로라 하는 이가 와서 예수를 보고 발 아래 엎드리어

(마가복음 5:23) 많이 간구하여 가로되 내 어린 딸이 죽게 되었사오니 오서서 그 위에 손을 얹으사 그로 구원을 얻어 살게 하소서 하거늘

(마가복음 5:24) 이에 그와 함께 가실새 큰 무리가 따라가며 에워싸 밀더라

(마가복음 5:25) 열두 해를 혈루증으로 앓는 한 여자가 있어

(마가복음 5:26) 많은 의원에게 많은 괴로움을 받았고 있던 것도 다 허비하였으되 아무 효험이 없고 도리어 더 중하여졌던 차에

(마가복음 5:27) 예수의 소문을 듣고 무리 가운데 섞여 뒤로 와서 그의 옷에 손을 대니

(마가복음 5:28) 이는 내가 그의 옷에만 손을 대어도 구원을 얻으리라 함일러라

(마가복음 5:29) 이에 그의 혈루 근원이 곧 마르매 병이 나은 줄을 몸에 깨달으니라

(마가복음 5:30) 예수께서 그 능력이 자기에게서 나간 줄을 곧 스스로 아시고 무리 가운데서 돌이켜 말씀하시되 누가 내 옷에 손을 대었느냐 하시니

(마가복음 5:31) 제자들이 여짜오되 무리가 에워싸 미는 것을 보시며 누가 내게 손을 대었느냐 물으시나이까 하되

(마가복음 5:32) 예수께서 이 일 행한 여자를 보려고 둘러보시니

(마가복음 5:33) 여자가 제게 이루어진 일을 알고 두려워하여 떨며 와서
그 앞에 엎드려 모든 사실을 여짜온대

(마가복음 5:34) 예수께서 가라사대 딸아 네 믿음이 너를 구원하였으니 평안히
가라 네 병에서 놓여 건강할지어다

(마가복음 5:35) 아직 말씀하실 때에 회당장의 집에서 사람들이 와서 가로되
당신의 딸이 죽었나이다 어찌하여 선생을 더 괴롭게 하나이까

(마가복음 5:36) 예수께서 그 하는 말을 곁에서 들으시고 회당장에게 이르시되
두려워 말고 믿기만 하라 하시고

(마가복음 5:37) 베드로와 야고보와 야고보의 형제 요한 외에 아무도 따라옴을
허치 아니하시고

(마가복음 5:38) 회당장의 집에 함께 가사 훤화함과 사람들의 울며 심히
통곡함을 보시고

(마가복음 5:39) 들어가서 저희에게 이르시되 너희가 어찌하여 훤화하며
우느냐 이 아이가 죽은 것이 아니라 잔다 하시니

(마가복음 5:40) 저희가 비웃더라 예수께서 저희를 다 내어 보내신 후에 아이의
부모와 또 자기와 함께한 자들을 데리시고 아이 있는 곳에 들어가사

(마가복음 5:41) 그 아이의 손을 잡고 가라사대 달리다굼 하시니 번역하면
곧 소녀야 내가 네게 말하노니 일어나라 하심이라

(마가복음 5:42) 소녀가 곧 일어나서 걸으니 나이 열두 살이라 사람들이
곧 크게 놀라고 놀라거늘

(마가복음 5:43) 예수께서 이 일을 아무도 알지 못하게 하라고 저희를 많이
경계하시고 이에 소녀에게 먹을 것을 주라 하시니라

(Mark 5:21) And when Jesus was passed over again by ship unto the other side, much people gathered unto him: and he was nigh unto the sea.

(Mark 5:22) And, behold, there cometh one of the rulers of the synagogue, Jairus by name; and when he saw him, he fell at his feet,

(Mark 5:23) And besought him greatly, saying, My little daughter lieth at the point of death: [I pray thee,] come and lay thy hands on her, that she may be healed; and she shall live.

(Mark 5:24) And [Jesus] went with him; and much people followed him, and thronged him.

(Mark 5:25) And a certain woman, which had an issue of blood twelve years,

(Mark 5:26) And had suffered many things of many physicians, and had spent all that she had, and was nothing bettered, but rather grew worse,

(Mark 5:27) When she had heard of Jesus, came in the press behind, and touched his garment.

(Mark 5:28) For she said, If I may touch but his clothes, I shall be whole.

(Mark 5:29) And straightway the fountain of her blood was dried up; and she felt in [her] body that she was healed of that plague.

(Mark 5:30) And Jesus, immediately knowing in himself that virtue had gone out of him, turned him about in the press, and said, Who touched my clothes?

(Mark 5:31) And his disciples said unto him, Thou seest the multitude thronging thee, and sayest thou, Who touched me?

(Mark 5:32) And he looked round about to see her that had done this thing.

(Mark 5:33) But the woman fearing and trembling, knowing what was done in her, came and fell down before him, and told him all the truth.

(Mark 5:34) And he said unto her, Daughter, thy faith hath made thee whole; go in peace, and be whole of thy plague.

(Mark 5:35) While he yet spake, there came from the ruler of the synagogue's [house certain] which said, Thy daughter is dead: why troublest thou the Master any further?

(Mark 5:36) As soon as Jesus heard the word that was spoken, he saith unto the ruler of the synagogue, Be not afraid, only believe.

(Mark 5:37) And he suffered no man to follow him, save Peter, and James, and John the brother of James.

(Mark 5:38) And he cometh to the house of the ruler of the synagogue, and seeth the tumult, and them that wept and wailed greatly.

(Mark 5:39) And when he was come in, he saith unto them, Why make ye this ado, and weep? the damsel is not dead, but sleepeth.

(Mark 5:40) And they laughed him to scorn. But when he had put them all out, he taketh the father and the mother of the damsel, and them that were with him, and entereth in where the damsel was lying.

(Mark 5:41) And he took the damsel by the hand, and said unto her, Talitha cumi; which is, being interpreted, Damsel, I say unto thee, arise.

(Mark 5:42) And straightway the damsel arose, and walked; for she was [of the age] of twelve years. And they were astonished with a great astonishment.

(Mark 5:43) And he charged them straitly that no man should know it; and commanded that something should be given her to eat.

(**누가복음 8:40**) 예수께서 돌아오시매 무리가 환영하니 이는

다 기다렸음이러라

(누가복음 8:41) 이에 회당장인 야이로라 하는 사람이 와서 예수의 발 아래 엎드려 자기 집에 오시기를 간구하니

(누가복음 8:42) 이는 자기에게 열두 살 먹은 외딸이 있어 죽어감이러라 예수께서 가실 때에 무리가 옹위하더라

(누가복음 8:43) 이에 열두 해를 혈루증으로 앓는 중에 아무에게도 고침을 받지 못하던 여자가

(누가복음 8:44) 예수의 뒤로 와서 그 옷가에 손을 대니 혈루증이 즉시 그쳤더라

(누가복음 8:45) 예수께서 가라사대 내게 손을 댄 자가 누구냐 하시니 다 아니라 할 때에 베드로가 가로되 주여 무리가 옹위하여 미나이다

(누가복음 8:46) 예수께서 가라사대 내게 손을 댄 자가 있도다 이는 내게서 능력이 나간 줄 앎이로다 하신대

(누가복음 8:47) 여자가 스스로 숨기지 못할 줄을 알고 떨며 나아와 엎드리어 그 손 댄 연고와 곧 나은 것을 모든 사람 앞에서 고하니

(누가복음 8:48) 예수께서 이르시되 딸아 네 믿음이 너를 구원하였으니 평안히 가라 하시더라

(누가복음 8:49) 아직 말씀하실 때에 회당장의 집에서 사람이 와서 말하되 당신의 딸이 죽었나이다 선생을 더 괴롭게 마소서 하거늘

(누가복음 8:50) 예수께서 들으시고 가라사대 두려워 말고 믿기만 하라 그리하면 딸이 구원을 얻으리라 하시고

(누가복음 8:51) 집에 이르러 베드로와 요한과 야고보와 및 아이의 부모 외에는 함께 들어가기를 허하지 아니 하시니라

(누가복음 8:52) 모든 사람이 아이를 위하여 울며 통곡하매 예수께서 이르시되

울지 말라 죽은 것이 아니라 잔다 하시니

(누가복음 8:53) 저희가 그 죽은 것을 아는 고로 비웃더라

(누가복음 8:54) 예수께서 아이의 손을 잡고 불러 가라사대 아이야 일어나라 하시니

(누가복음 8:55) 그 영이 돌아와 아이가 곧 일어나거늘 예수께서 먹을 것을 주라 명하신대

(누가복음 8:56) 그 부모가 놀라는지라 예수께서 경계하사 이 일을 아무에게도 말하지 말라 하시니라

(Luke 8:40) And it came to pass, that, when Jesus was returned, the people [gladly] received him: for they were all waiting for him.

(Luke 8:41) And, behold, there came a man named Jairus, and he was a ruler of the synagogue: and he fell down at Jesus' feet, and besought him that he would come into his house:

(Luke 8:42) For he had one only daughter, about twelve years of age, and she lay a dying. But as he went the people thronged him.

(Luke 8:43) And a woman having an issue of blood twelve years, which had spent all her living upon physicians, neither could be healed of any,

(Luke 8:44) Came behind [him,] and touched the border of his garment: and immediately her issue of blood stanched.

(Luke 8:45) And Jesus said, Who touched me? When all denied, Peter and they that were with him said, Master, the multitude throng thee and press [thee,] and sayest thou, Who touched me?

(Luke 8:46) And Jesus said, Somebody hath touched me: for I perceive that virtue is gone out of me.

(Luke 8:47) And when the woman saw that she was not hid, she came trembling, and falling down before him, she declared unto him before all the people for what cause she had touched him and how she was healed immediately.

(Luke 8:48) And he said unto her, Daughter, be of good comfort: thy faith hath made thee whole: go in peace.

(Luke 8:49) While he yet spake, there cometh one from the ruler of the synagogue's [house,] saying to him, Thy daughter is dead; trouble not the Master.

(Luke 8:50) But when Jesus heard [it,] he answered him, saying, Fear not: believe only, and she shall be made whole.

(Luke 8:51) And when he came into the house, he suffered no man to go in, save Peter, and James, and John, and the father and the mother of the maiden.

(Luke 8:52) And all wept, and bewailed her: but he said, Weep not; she is not dead, but sleepeth.

(Luke 8:53) And they laughed him to scorn, knowing that she was dead.

(Luke 8:54) And he put them all out, and took her by the hand, and called, saying, Maid, arise.

(Luke 8:55) And her spirit came again, and she arose straightway: and he commanded to give her meat.

(Luke 8:56) And her parents were astonished: but he charged them that they should tell no man what was done.

그림 33. **야이로의 딸을 부활시키는 예수** | 조지 퍼시 제이콤 후드(George Percy Jacomb-Hood)

 늘 그렇듯이, 이 사건 이후에도 논쟁이 벌어졌다. 예수가 또 죽은 사람을 살려내는 기적을 행했다고 선언하며 기뻐하는 사람도 있었고, 아이는 애초에 죽은 것이 아니라 깊은 잠에 빠져 있었을 뿐이므로 그가 오지 않았더라도 어차피 깨어났을 것이라고 말하며 예수를 욕하고 비난하는 사람도 있었다. 하지만 마스터 본인도 아이가 단지 잠에 빠진 것이었을 뿐이라고 얘기하지 않았던가? 예수는 그를 두고 왈가왈부하는 사람들에게 신경을 쓰지 않고 묵묵히 설교 현장으로 돌아갔다.

오병이어(五餠二魚)의 기적

예수는 평소처럼 하던 일을 재개했다. 오컬트 치유 기법을 완전하게 습득한 사도들은 전보다 긴 일정의 임무를 맡아 전국 각지에 파견되었다. 훌륭한 스승에게 배운 유능한 제자들은 전국 곳곳에서 눈부신 성과를 올린다. 젊은 마스터의 영향력은 나날이 강해졌고, 이에 긴장한 당국은 첩자를 추가 투입하여 더욱 면밀하게 그를 감시했다. 예수의 가르침과 행적에 관한 정보는 헤롯(예수가 태어났을 당시 아기들의 살해를 명했던 헤롯의 후계자인 헤롯 안디바)에게 속속 보고되었고, 그는 본인이 참수했던 세례 요한의 가르침과 마찬가지로 그 안에서 민중의 심금을 울리는 메시지를 발견했다. 사람이 죽더라도 그가 설파한 가르침은 죽지 않는다는 사실을 깨달은 헤롯은 두려움을 느끼며 부르짖었다. "요한의 영혼이 이 예수라는 자에게 들어갔도다! 내가 참수한 요한이 내게 복수하기 위해 무덤에서 깨어났도다!" 겁먹은 유대 당국은 수많은 국민이 이 예수라는 자를 메시아이자 장차 유대의 왕이 될 인물이라고 믿고 있으며, 이 젊은 광신자를 따르는 자가 전국적으로 수십만에 이른다고 로마에 일러바쳤다. 보고를 받은 로마 당국은 국가 반란을 모의하고 있을지도 모를 이 젊은이에 대한 감시를 강화하고, 그에게 유죄 혐의를 씌울 수 있을 만한 증거를 확보하는 즉시 투옥하거나 사형하라는 지시를 하달한다.

이 무렵 예수는 가버나움으로부터 약 11㎞ 떨어진 지역의 호수에 위치한 베데스다라는 작은 어촌에 있었다. 그는 호숫가에 배를 정박하고 며칠간 쉬려고 했으나, 그가 왔다는 소식을 들은 군중은 아랑곳하지 않고 배 주위로 몰려들어 예수에게 가르침과 치유를 요구했다. 예수는 정신적으로도, 육체적으로도 지친 상태였으나 내색하지 않고 군중의 청에 응했고, 열정과 열성으로 자신의 몸을 던져 치유와 설교를 병행했다. 어느새 오천 명이 넘는 인파가 주변을 가득 메웠고, 날이 어둑해질 무렵 이 많은 사람에게 제공할 음식이 턱없이 부족하다는 우려의 목소리가 들려오기 시작했다. 배가 주린 군중 속에서 볼멘소리가 터져나오고, 불만을 품으며 거침없이 욕설을 내뱉는 사람도 있었다. 영적으로 갈구했던 가르침은 머릿속에서 말끔히 사라지고 육신이 허기를 채워달라고 생떼를 쓰기 시작한 것이다. 이 난국을 어떻게 타개해야 한단 말인가?

예수는 얼마 되지도 않는 일행의 식량 관리를 맡은 측근들을 불러모았다. 남아있는 음식은 고작 빵 다섯 조각과 물고기 두 마리가 전부였다. 방문하는 지역마다 주민들의 인심과 추종자들이 제공하는 공물에 의지하며 하루하루를 보냈던지라 일행이 가지고 있는 돈도 없었다. 사도들은 예수에게 군중을 해산하고 각자 베데스다로 돌아가 먹거리를 구해보도록 설득하자고 제안했다. 하지만 자기를 보기 위해 먼 거리를 마다하지 않고 찾아온 병자 중 아직 차례가 오지 않아 치료를 받지 못한 자들이 많다는 사실을 아는 예수는 차마 그러지 못했다. 그래서 결국 자기가 소유한 힘을 활용하여 군중을 먹이기로 마음먹는다.

예수는 수하들에게 군중을 50명 단위로 나눠 식사할 수 있도록 앉히라고 지시했다. 그런 다음 얼마 있지도 않은 음식을 가져오게 한 뒤, 그 위에 손을 얹어 축복을 내린 뒤 식사를 기다리고 있는 군중에게 내어다 주라고 말했다. 예수의 명을 듣고 음식을 나르는 사람들은 어리둥절하다는 표정을 지으며 서로의 얼굴을 쳐다봤다. '우리 선생님이 정신을 놓은 것일까?' 하지만 이상하게도 음식은 나눌수록 계속 불어났고, 결국엔 오천 명의 군중에게 충분한 배급이 이루어졌다. 모두가 배불리 먹고 난 후 남은 음식은 다음 날 가난한 자들에게 제공하기 위한 용도로 여러 바구니에 담겼다.

(마태복음 14:13) 예수께서 들으시고 배를 타고 떠나사 따로 빈들에 가시니 무리가 듣고 여러 고을로부터 걸어서 좇아간지라

(마태복음 14:14) 예수께서 나오사 큰 무리를 보시고 불쌍히 여기사 그 중에 있는 병인을 고쳐 주시니라

(마태복음 14:15) 저녁이 되매 제자들이 나아와 가로되 이 곳은 빈들이요 때도 이미 저물었으니 무리를 보내어 마을에 들어가 먹을 것을 사 먹게 하소서

(마태복음 14:16) 예수께서 가라사대 갈 것 없다 너희가 먹을 것을 주어라

(마태복음 14:17) 제자들이 가로되 여기 우리에게 있는 것은 떡 다섯 개와 물고기 두 마리뿐이니이다

(마태복음 14:18) 가라사대 그것을 내게 가져오라 하시고

(마태복음 14:19) 무리를 명하여 잔디 위에 앉히시고 떡 다섯 개와 물고기 두 마리를 가지사 하늘을 우러러 축사하시고 떡을 떼어 제자들에게 주시매 제자들이 무리에게 주니

(마태복음 14:20) 다 배불리 먹고 남은 조각을 열 두 바구니에 차게 거두었으며

(마태복음 14:21) 먹은 사람은 여자와 아이 외에 오천 명이나 되었더라

(Matthew 14:13) When Jesus heard [of it,] he departed thence by ship into a desert place apart: and when the people had heard [thereof,] they followed him on foot out of the cities.

(Matthew 14:14) And Jesus went forth, and saw a great multitude, and was moved with compassion toward them, and he healed their sick.

(Matthew 14:15) And when it was evening, his disciples came to him, saying, This is a desert place, and the time is now past; send the multitude away, that they may go into the villages, and buy themselves victuals.

(Matthew 14:16) But Jesus said unto them, They need not depart; give ye them to eat.

(Matthew 14:17) And they say unto him, We have here but five loaves, and two fishes.

(Matthew 14:18) He said, Bring them hither to me.

(Matthew 14:19) And he commanded the multitude to sit down on the grass, and took the five loaves, and the two fishes, and looking up to heaven, he blessed, and brake, and gave the loaves to [his] disciples, and the disciples to the multitude.

(Matthew 14:20) And they did all eat, and were filled: and they took up of the fragments that remained twelve baskets full.

(Matthew 14:21) And they that had eaten were about five thousand men, beside women and children.

(마가복음 6:31) 이르시되 너희는 따로 한적한 곳에 와서 잠깐 쉬어라 하시니 이는 오고 가는 사람이 많아 음식 먹을 겨를도 없음이라

(마가복음 6:32) 이에 배를 타고 따로 한적한 곳에 갈새

(마가복음 6:33) 그 가는 것을 보고 많은 사람이 저희인 줄 안지라 모든 고을로부터 도보로 그 곳에 달려와 저희보다 먼저 갔더라

(마가복음 6:34) 예수께서 나오사 큰 무리를 보시고 그 목자 없는 양 같음을 인하여 불쌍히 여기사 이에 여러가지로 가르치시더라

(마가복음 6:35) 때가 저물어 가매 제자들이 예수께 나아와 여짜오되 이 곳은 빈 들이요 때도 저물어 가니

(마가복음 6:36) 무리를 보내어 두루 촌과 마을로 가서 무엇을 사 먹게 하옵소서

(마가복음 6:37) 대답하여 가라사대 너희가 먹을 것을 주라 하시니 여짜오되 우리가 가서 이백 데나리온의 떡을 사다 먹이리이까

(마가복음 6:38) 이르시되 너희에게 떡 몇 개나 있느냐 가서 보라 하시니 알아보고 가로되 떡 다섯 개와 물고기 두 마리가 있더이다 하거늘

(마가복음 6:39) 제자들을 명하사 그 모든 사람으로 떼를 지어 푸른 잔디 위에 앉게 하시니

(마가복음 6:40) 떼로 혹 백씩, 혹 오십씩 앉은지라

(마가복음 6:41) 예수께서 떡 다섯 개와 물고기 두 마리를 가지사 하늘을 우러러 축사하시고 떡을 떼어 제자들에게 주어 사람들 앞에 놓게 하시고 또 물고기 두 마리도 모든 사람에게 나누어 주시매

(마가복음 6:42) 다 배불리 먹고

(마가복음 6:43) 남은 떡 조각과 물고기를 열두 바구니에 차게 거두었으며

(마가복음 6:44) 떡을 먹은 남자가 오천 명이었더라

(Mark 6:31) And he said unto them, Come ye yourselves apart into a desert place, and rest a while: for there were many coming and going, and they had no leisure so much as to eat.

(Mark 6:32) And they departed into a desert place by ship privately.

(Mark 6:33) And the people saw them departing, and many knew him, and ran afoot thither out of all cities, and outwent them, and came together unto him.

(Mark 6:34) And Jesus, when he came out, saw much people, and was moved with compassion toward them, because they were as sheep not having a shepherd: and he began to teach them many things.

(Mark 6:35) And when the day was now far spent, his disciples came unto him, and said, This is a desert place, and now the time [is] far passed:

(Mark 6:36) Send them away, that they may go into the country round about, and into the villages, and buy themselves bread: for they have nothing to eat.

(Mark 6:37) He answered and said unto them, Give ye them to eat. And they say unto him, Shall we go and buy two hundred pennyworth of bread, and give them to eat?

(Mark 6:38) He saith unto them, How many loaves have ye? go and see. And when they knew, they say, Five, and two fishes.

(Mark 6:39) And he commanded them to make all sit down by companies upon the green grass.

(Mark 6:40) And they sat down in ranks, by hundreds, and by fifties.

(Mark 6:41) And when he had taken the five loaves and the two fishes, he looked up to heaven, and blessed, and brake the loaves, and gave [them] to his disciples to set before them; and the two fishes divided he among them all.

(Mark 6:42) And they did all eat, and were filled.

(Mark 6:43) And they took up twelve baskets full of the fragments, and of the fishes.

(Mark 6:44) And they that did eat of the loaves were about five thousand men.

(누가복음 9:12) 날이 저물어 가매 열 두 사도가 나아와 여짜오되 무리를 보내어 두루 마을과 촌으로 가서 유하며 먹을 것을 얻게 하소서 우리 있는 여기가 빈 들이니이다

(누가복음 9:13) 예수께서 이르시되 너희가 먹을 것을 주어라 하시니 여짜오되 우리에게 떡 다섯 개와 물고기 두 마리 밖에 없으니 이 모든 사람을 위하여 먹을 것을 사지 아니하고는 할 수 없삽나이다 하였으니

(누가복음 9:14) 이는 남자가 한 오천 명 됨이러라 제자들에게 이르시되 떼를 지어 한 오십 명씩 앉히라 하시니

(누가복음 9:15) 제자들이 이렇게 하여 다 앉힌 후

(누가복음 9:16) 예수께서 떡 다섯 개와 물고기 두 마리를 가지사 하늘을 우러러 축사하시고 떼어 제자들에게 주어 무리 앞에 놓게 하시니

(누가복음 9:17) 먹고 다 배불렀더라 그 남은 조각 열두 바구니를 거두니라

(Luke 9:12) And when the day began to wear away, then came the twelve, and said unto him, Send the multitude away, that they may go into the towns and country round about, and lodge, and get victuals: for we are here in a desert place.

(Luke 9:13) But he said unto them, Give ye them to eat. And they said, We have no more but five loaves and two fishes; except we should go and buy meat for all this people.

(Luke 9:14) For they were about five thousand men. And he said to his disciples, Make them sit down by fifties in a company.

(Luke 9:15) And they did so, and made them all sit down.

(Luke 9:16) Then he took the five loaves and the two fishes, and looking up to heaven, he blessed them, and brake, and gave to the disciples to set before the multitude.

(Luke 9:17) And they did eat, and were all filled: and there was taken up of fragments that remained to them twelve baskets.

(요한복음 6:1) 그 후에 예수께서 갈릴리 바다 곧 디베랴 바다 건너편으로 가시매

(요한복음 6:2) 큰 무리가 따르니 이는 병인들에게 행하시는 표적을 봄이러라

(요한복음 6:3) 예수께서 산에 오르사 제자들과 함께 거기 앉으시니

(요한복음 6:4) 마침 유대인의 명절인 유월절이 가까운지라

(요한복음 6:5) 예수께서 눈을 들어 큰 무리가 자기에게로 오는 것을 보시고 빌립에게 이르시되 우리가 어디서 떡을 사서 이 사람들로 먹게 하겠느냐 하시니

(요한복음 6:6) 이렇게 말씀하심은 친히 어떻게 하실 것을 아시고 빌립을 시험코자 하심이라

(요한복음 6:7) 빌립이 대답하되 각 사람으로 조금씩 받게 할지라도 이백 데나리온의 떡이 부족하리이다

(요한복음 6:8) 제자 중 하나 곧 시몬 베드로의 형제 안드레가 예수께 여짜오되

(요한복음 6:9) 여기 한 아이가 있어 보리떡 다섯 개와 물고기 두 마리를 가졌나이다 그러나 그것이 이 많은 사람에게 얼마나 되겠삽나이까

(요한복음 6:10) 예수께서 가라사대 이 사람들로 앉게 하라 하신대 그 곳에 잔디가 많은지라 사람들이 앉으니 수효가 오천쯤 되더라

(요한복음 6:11) 예수께서 떡을 가져 축사하신 후에 앉은 자들에게 나눠 주시고 고기도 그렇게 저희의 원대로 주시다

(요한복음 6:12) 저희가 배부른 후에 예수께서 제자들에게 이르시되 남은 조각을 거두고 버리는 것이 없게 하라 하시므로

(요한복음 6:13) 이에 거두니 보리떡 다섯 개로 먹고 남은 조각이 열두 바구니에 찼더라

(요한복음 6:14) 그 사람들이 예수의 행하신 이 표적을 보고 말하되 이는 참으로 세상에 오실 그 선지자라 하더라

(John 6:1) After these things Jesus went over the sea of Galilee, which is [the sea] of Tiberias.

(John 6:2) And a great multitude followed him, because they saw his miracles which he did on them that were diseased.

(John 6:3) And Jesus went up into a mountain, and there he sat with his disciples.

(John 6:4) And the passover, a feast of the Jews, was nigh.

(John 6:5) When Jesus then lifted up [his] eyes, and saw a great company come unto him, he saith unto Philip, Whence shall we buy bread, that these may eat?

(John 6:6) And this he said to prove him: for he himself knew what he would do.

(John 6:7) Philip answered him, Two hundred pennyworth of bread is not sufficient for them, that every one of them may take a little.

(John 6:8) One of his disciples, Andrew, Simon Peter's brother, saith unto him,

(John 6:9) There is a lad here, which hath five barley loaves, and two small fishes: but what are they among so many?

(John 6:10) And Jesus said, Make the men sit down. Now there was much grass in the place. So the men sat down, in number about five thousand.

(John 6:11) And Jesus took the loaves; and when he had given thanks, he distributed to the disciples, and the disciples to them that were set down; and likewise of the fishes as much as they would.

(John 6:12) When they were filled, he said unto his disciples, Gather up the fragments that remain, that nothing be lost.

(John 6:13) Therefore they gathered [them] together, and filled twelve baskets with the fragments of the five barley loaves, which remained over and above unto them that had eaten.

(John 6:14) Then those men, when they had seen the miracle that Jesus did, said, This is of a truth that prophet that should come into the world.

하지만 곧바로 또 문제가 터졌다. 예수의 기적으로 공짜 밥을 얻어 먹은 자들이 앞으로 잘하면 평생 잘 먹고 살 수 있을지도 모르겠다는 엉뚱한 희망을 품고 광적으로 외치기 시작한 것이다. "저 사람이 바로

그림 34. **오병이어(五餠二魚)의 기적** | 지암바티스타 피토니(Giambattista Pittoni)

메시아다! 저 사람이 바로 유대의 왕이시다! 백성을 위해 베푸는 자! 다윗의 후손! 이스라엘의 통치자다!" 군중 사이로 외침이 퍼져나가자 너도나도 일어나 함께 외쳤다. 광적인 자들, 또는 예수를 궁지로 몰아넣기 위해 몰래 잠입한 첩자들은 이 기회에 아예 군대를 조직하고 예수를 선봉장으로 삼아 차례대로 여러 도시를 함락하고 예루살렘까지 진격하여 그를 이스라엘의 왕으로 옹립하자고 주장했다. 사역을 위협하는 심각한 상황을 감지한 예수는 성급하게 날뛰는 자들의 즉흥적이고 도발적인 계획을 간신히 무마했으나, 자신을 잡겠다는 빌미로 공권력이 인파를 공격하는 사태를 피하고자 열두 사도들에게 어서 배를 타고 호수 반대쪽으로 이동하라고 지시했다. 만일의 사태에 대비하여 사도들을 먼저 피신시키고, 혼자 군중과 남아 다가오는 위험에 대처하기로 한 것이다.

물 위를 걷는
예수와 베드로

그날 밤 예수는 인근의 언덕에서 밤새 명상했다. 다음 날 아침 이른 시각, 그는 호수 쪽으로 거센 폭풍우가 다가오면서 사도들이 탄 작은 배가 조만간 위험에 처할 것이라는 사실을 직감했다. 지금 당장이라도 배가 뒤집힐 수 있는 상황이었다. 예수는 그들과 함께 있으며 걱정을 덜어주고 싶었지만, 근방에 배가 없었다. 그래서 그는 맨몸으로 물가로 나아가 사도들이 탄 배가 있는 방향으로 걸어갔다. 사도들을 걱정하는 마음이 앞섰던 예수는 자기가 무의식중에 중력을 정복하는 공중부양의 힘을 사용하고 있다는 사실도 인지하지 못한 채 발걸음을 재촉했다. 그는 곧 배를 따라잡았고, 사도들은 하얀 형상이 빠른 속도로 물 위를 스치며 접근하는 모습을 보고 정령 또는 귀신이라 여기며 기겁했다. 예수는 그들을 향해 소리쳤다. "안심하라! 내니 두려워 말라!" 그러자 베드로가 말했다. "주여! 만일 주시어든 나를 명하사 물 위로 오라 하소서!" 예수는 웃으며 베드로에게 다가오라고 말했고, 마스터에 대한 큰 믿음으로 내면의 오컬트 힘이 자극된 베드로는 배의 가장자리로 나아가 예수를 향해 몇 걸음을 옮겼다. 하지만 물 위를 걷던 중 갑

자기 믿음과 용기가 흔들렸고, 그 순간 오컬트의 힘도 사라지면서 그는 물 아래로 가라앉기 시작했다. 마스터는 팔을 뻗어 베드로의 손을 잡고 배 위로 무사히 인도한다. 놀라운 광경을 지켜보던 사도들은 신바람이 나서 배의 방향을 바로잡고 가버나움의 해안을 향해 나아갔다.

(마태복음 14:22) 예수께서 즉시 제자들을 재촉하사 자기가 무리를 보내는 동안에 배를 타고 앞서 건너편으로 가게 하시고

(마태복음 14:23) 무리를 보내신 후에 기도하러 따로 산에 올라가시다 저물매 거기 혼자 계시더니

(마태복음 14:24) 배가 이미 육지에서 수리나 떠나서 바람이 거슬리므로 물결을 인하여 고난을 당하더라

(마태복음 14:25) 밤 사경에 예수께서 바다 위로 걸어서 제자들에게 오시니

(마태복음 14:26) 제자들이 그 바다 위로 걸어오심을 보고 놀라 유령이라 하며 무서워하여 소리지르거늘

(마태복음 14:27) 예수께서 즉시 일러 가라사대 안심하라 내니 두려워 말라

(마태복음 14:28) 베드로가 대답하여 가로되 주여 만일 주시어든 나를 명하사 물 위로 오라 하소서 한대

(마태복음 14:29) 오라 하시니 베드로가 배에서 내려 물 위로 걸어서 예수께로 가되

(마태복음 14:30) 바람을 보고 무서워 빠져 가는지라 소리질러 가로되 주여 나를 구원하소서 하니

(마태복음 14:31) 예수께서 즉시 손을 내밀어 저를 붙잡으시며 가라사대 믿음이 적은 자여 왜 의심하였느냐 하시고

(마태복음 14:32) 배에 함께 오르매 바람이 그치는지라

(마태복음 14:33) 배에 있는 사람들이 예수께 절하며 가로되 진실로 하나님의 아들이로소이다 하더라

(마태복음 14:34) 저희가 건너가 게네사렛 땅에 이르니

(Matthew 14:22) And straightway Jesus constrained his disciples to get into a ship, and to go before him unto the other side, while he sent the multitudes away.

(Matthew 14:23) And when he had sent the multitudes away, he went up into a mountain apart to pray: and when the evening was come, he was there alone.

(Matthew 14:24) But the ship was now in the midst of the sea, tossed with waves: for the wind was contrary.

(Matthew 14:25) And in the fourth watch of the night Jesus went unto them, walking on the sea.

(Matthew 14:26) And when the disciples saw him walking on the sea, they were troubled, saying, It is a spirit; and they cried out for fear.

(Matthew 14:27) But straightway Jesus spake unto them, saying, Be of good cheer; it is I; be not afraid.

(Matthew 14:28) And Peter answered him and said, Lord, if it be thou, bid me come unto thee on the water.

(Matthew 14:29) And he said, Come. And when Peter was come down out of the ship, he walked on the water, to go to Jesus.

(Matthew 14:30) But when he saw the wind boisterous, he was afraid; and beginning to sink, he cried, saying, Lord, save me.

(Matthew 14:31) And immediately Jesus stretched forth [his] hand, and caught him, and said unto him, O thou of little faith, wherefore didst thou doubt?

(Matthew 14:32) And when they were come into the ship, the wind ceased.

(Matthew 14:33) Then they that were in the ship came and worshipped him, saying, Of a truth thou art the Son of God.

(Matthew 14:34) And when they were gone over, they came into the land of Gennesaret.

(마가복음 6:45) 예수께서 즉시 제자들을 재촉하사 자기가 무리를 보내는 동안에 배 타고 앞서 건너편 벳새다로 가게 하시고

(마가복음 6:46) 무리를 작별하신 후에 기도하러 산으로 가시다

(마가복음 6:47) 저물매 배는 바다 가운데 있고 예수는 홀로 뭍에 계시다가

(마가복음 6:48) 바람이 거스리므로 제자들의 괴로이 노 젓는 것을 보시고 밤 사경 즈음에 바다 위로 걸어서 저희에게 오사 지나가려고 하시매

(마가복음 6:49) 제자들이 그의 바다 위로 걸어오심을 보고 유령인가 하여 소리지르니

(마가복음 6:50) 저희가 다 예수를 보고 놀람이라 이에 예수께서 곧 더불어 말씀하여 가라사대 안심하라 내니 두려워 말라 하시고

(마가복음 6:51) 배에 올라 저희에게 가시니 바람이 그치는지라 제자들이 마음에 심히 놀라니

(마가복음 6:52) 이는 저희가 그 떡 떼시던 일을 깨닫지 못하고 도리어 그 마음이 둔하여졌음이러라

(마가복음 6:53) 건너가 게네사렛 땅에 이르러 대고

(Mark 6:45) And straightway he constrained his disciples to get into the ship, and to go to the other side before unto Bethsaida, while he sent away the people.

(Mark 6:46) And when he had sent them away, he departed into a mountain to pray.

(Mark 6:47) And when even was come, the ship was in the midst of the sea, and he alone on the land.

(Mark 6:48) And he saw them toiling in rowing; for the wind was contrary unto them: and about the fourth watch of the night he cometh unto them, walking upon the sea, and would have passed by them.

(Mark 6:49) But when they saw him walking upon the sea, they supposed it had been a spirit, and cried out:

(Mark 6:50) For they all saw him, and were troubled. And immediately he talked with them, and saith unto them, Be of good cheer: it is I; be not afraid.

(Mark 6:51) And he went up unto them into the ship; and the wind ceased: and they were sore amazed in themselves beyond measure, and wondered.

(Mark 6:52) For they considered not [the miracle] of the loaves: for their heart was hardened.

(Mark 6:53) And when they had passed over, they came into the land of Gennesaret, and drew to the shore.

(요한복음 6:15) 그러므로 예수께서 저희가 와서 자기를 억지로 잡아 임금 삼으려는 줄을 아시고 다시 혼자 산으로 떠나가시니라

(요한복음 6:16) 저물매 제자들이 바다에 내려가서

(요한복음 6:17) 배를 타고 바다를 건너 가버나움으로 가는데 이미 어두웠고 예수는 아직 저희에게 오시지 아니하셨더니

(요한복음 6:18) 큰 바람이 불어 파도가 일어나더라

(요한복음 6:19) 제자들이 노를 저어 십여 리쯤 가다가 예수께서 바다 위로 걸어 배에 가까이 오심을 보고 두려워하거늘

(요한복음 6:20) 가라사대 내니 두려워 말라 하신대

(요한복음 6:21) 이에 기뻐서 배로 영접하니 배는 곧 저희의 가려던 땅에 이르렀더라

(John 6:15) When Jesus therefore perceived that they would come and take him by force, to make him a king, he departed again into a mountain himself alone.

(John 6:16) And when even was [now] come, his disciples went down unto the sea,

(John 6:17) And entered into a ship, and went over the sea toward Capernaum. And it was now dark, and Jesus was not come to them.

(John 6:18) And the sea arose by reason of a great wind that blew.

(John 6:19) So when they had rowed about five and twenty or thirty furlongs, they see Jesus walking on the sea, and drawing nigh unto the ship: and they were afraid.

(John 6:20) But he saith unto them, It is I; be not afraid.

(John 6:21) Then they willingly received him into the ship: and immediately the ship was at the land whither they went.

그림 35. **물 위를 걷는 예수와 물에 빠지는 베드로** | 작자 미상

　물 위를 걷는 경험을 한 베드로의 사례를 통해 우리는 믿음과 신념이 오컬트 힘의 발휘에 얼마나 큰 영향을 주는지 볼 수 있다. 모든 오컬티스트가 믿음의 중요성을 잘 알고 있다. 그래서 이들은 어떤 힘을 발휘할 수 있다는 확고한 믿음이 내면에서 느껴지지 않으면 시도하지도 않는다. 오컬티스트는 일반적으로 불가능하게 여겨지는 기적이라도 강력한 믿음이 뒷받침되면 실현 가능하다는 사실을 알고 있다. 베드로 역시 흔들리지 않는 굳건한 믿음을 가진 상태에서는 널리 알려지지 않은 자연의 법칙을 이용하여 일시적으로나마 중력의 법칙을 초월하는 오컬트의 힘을 발휘할 수 있었다. 하지만 두려움의 감정이 믿음을 밀어내는 순간 그 힘도 온데간데없이 사라졌다. 베드로가 물 위를 걸은 사건에는 세월이 흘러도 변치 않는 오컬트의 핵심 원칙이 담겨있다.

예수와 바리새인들의 갈등

호숫가에 무사히 이른 예수는 사역을 재개했고, 평소와 다름없이 그가 왔다는 소식을 듣고 많은 사람이 몰려왔다. 하지만 공짜로 빵과 생선을 얻어먹은 호수 반대편의 군중은 뿔난 상태였다. 그들은 지도자가 자기들을 버리고 도망쳤다며 항의했다. 앞으로 꾸준히 무료로 제공될 줄 알았던 빵과 생선이 사라진 것에 대해, 심지어 새로운 기적을 선보이지 않은 것에 대해서도 불만을 제기했다. 바로 전날까지만 해도 마스터를 향한 칭송과 경배를 아끼지 않았던 자들이 하룻밤 만에 태세를 전환하여 그를 매도하기 시작한 것이다. 역사에 기록된 모든 위대한 스승이 그랬듯이, 예수도 대중의 배은망덕과 비합리적인 욕설의 화살을 피해 가지 못했다. 더 많은 빵과 생선을 원했던 자들은 본인의 노력은 들이지 않고 예수가 의식주를 전부 해결해 주기를 요구했다. 호의가 계속될수록 더 많은 권리를 내세우는 자들, 더 새롭고 놀라운 기적을 보여달라고 요구하는 자들은 예나 지금이나 진리를 전파하는 스승들의 가장 큰 적이었다. 인정하고 싶지 않은 불편한 진실이지만, 진리를 사랑하고 전파하는 모든 이들이 받아들이고 알아야 할 냉엄한 현실이다. 오늘 영적 마스터를 존경하는 대중이 하루만 지나면 그를 찢어

발겨 죽일 수도 있다는 점을 항상 명심해야 한다.

예수는 오컬트의 힘을 이용하여 백성을 먹이는 행위가 오컬트 형제단의 전통과 규칙에 어긋난다는 사실을 알면서도 선행을 베풀었지만, 그 결과 또 다른 곤경에 처하게 되었다. 오천 명의 백성을 배불리 먹인 예수의 이야기를 전해 들은 형식숭배자, 바리새인, 서기관들은 그가 교회에서 정한 예법을 어겼다는 이유로 비난을 퍼부었다. 식사하기 전에 경건한 자세로 손을 씻는 예법을 지키지 않았다는 것이다. 그들은 이를 빌미로 삼아 예수를 거짓 가르침으로 순진한 백성을 꼬드기는 이단자로 몰아세웠다. 그의 설교를 접한 정교회의 신도들이 교회에서 정한 의식과 예법으로부터 멀어지는 경향이 있었기 때문이다. 예수는 이에 분노하며 직설적으로 대응했다. "이 위선자들아! 너희가 하나님의 계명은 버리고 사람의 법은 지키는구나! 손은 열심히 씻지만, 영혼은 씻지 않는구나! 소경이 소경을 인도하고 있도다! 너희와 너희를 따르는 자들 모두 구덩이에 빠질지어다!" 하지만 그를 향한 대중의 비난은 수그러들지 않았고, 지금까지 열심히 소중한 진리의 씨앗을 뿌려온 토양이 생각했던 것보다 거칠다는 사실을 뼈저리게 깨달은 예수는 실망하며 추종자들을 이끌고 두로와 시돈으로 향했다. 상대적으로 조용한 이 지역에서 휴식을 취하며 향후 계획과 사역에 관해 명상하기 위함이었다. 예수는 자신의 최후가 머지않았음을 느끼고 있었다.

(마태복음 15:1) 그 때에 바리새인과 서기관들이 예루살렘으로부터 예수께 나아와 가로되

(마태복음 15:2) 당신의 제자들이 어찌하여 장로들의 유전을 범하나이까 떡 먹을 때에 손을 씻지 아니하나이다

(마태복음 15:3) 대답하여 가라사대 너희는 어찌하여 너희 유전으로 하나님의 계명을 범하느뇨

(마태복음 15:4) 하나님이 이르셨으되 네 부모를 공경하라 하시고 또 아비나 어미를 훼방하는 자는 반드시 죽으리라 하셨거늘

(마태복음 15:5) 너희는 가로되 누구든지 아비에게나 어미에게 말하기를 내가 드려 유익하게 할 것이 하나님께 드림이 되었다고 하기만 하면

(마태복음 15:6) 그 부모를 공경할 것이 없다 하여 너희 유전으로 하나님의 말씀을 폐하는도다

(마태복음 15:7) 외식하는 자들아 이사야가 너희에게 대하여 잘 예언하였도다 일렀으되

(마태복음 15:8) 이 백성이 입술로는 나를 존경하되 마음은 내게서 멀도다

(마태복음 15:9) 사람의 계명으로 교훈을 삼아 가르치니 나를 헛되이 경배하는도다 하였느니라 하시고

(마태복음 15:10) 무리를 불러 이르시되 듣고 깨달으라

(마태복음 15:11) 입에 들어가는 것이 사람을 더럽게 하는 것이 아니라 입에서 나오는 그것이 사람을 더럽게 하는 것이니라

(마태복음 15:12) 이에 제자들이 나아와 가로되 바리새인들이 이 말씀을 듣고 걸림이 된 줄 아시나이까

(마태복음 15:13) 예수께서 대답하여 가라사대 심은 것마다 내 천부께서 심으시지 않은 것은 뽑힐 것이니

(마태복음 15:14) 그냥 두어라 저희는 소경이 되어 소경을 인도하는 자로다 만일 소경이 소경을 인도하면 둘이 다 구덩이에 빠지리라 하신대

(마태복음 15:15) 베드로가 대답하여 가로되 이 비유를 우리에게 설명하여 주옵소서

(마태복음 15:16) 예수께서 가라사대 너희도 아직까지 깨달음이 없느냐

(마태복음 15:17) 입으로 들어가는 모든 것은 배로 들어가서 뒤로 내어 버려지는 줄을 알지 못하느냐

(마태복음 15:18) 입에서 나오는 것들은 마음에서 나오나니 이것이야말로 사람을 더럽게 하느니라

(마태복음 15:19) 마음에서 나오는 것은 악한 생각과 살인과 간음과 음란과 도적질과 거짓 증거와 훼방이니

(마태복음 15:20) 이런 것들이 사람을 더럽게 하는 것이요 씻지 않은 손으로 먹는 것은 사람을 더럽게 하지 못하느니라

(마태복음 15:21) 예수께서 거기서 나가사 두로와 시돈 지방으로 들어가시니

(Matthew 15:1) Then came to Jesus scribes and Pharisees, which were of Jerusalem, saying,

(Matthew 15:2) Why do thy disciples transgress the tradition of the elders? for they wash not their hands when they eat bread.

(Matthew 15:3) But he answered and said unto them, Why do ye also transgress the commandment of God by your tradition?

(Matthew 15:4) For God commanded, saying, Honour thy father and mother: and, He that curseth father or mother, let him die the death.

(Matthew 15:5) But ye say, Whosoever shall say to [his] father or [his] mother, [It is] a gift, by whatsoever thou mightest be profited by me;

(Matthew 15:6) And honour not his father or his mother, [he shall be free.] Thus have ye made the commandment of God of none effect by your tradition.

(Matthew 15:7) [Ye] hypocrites, well did Esaias prophesy of you, saying,

(Matthew 15:8) This people draweth nigh unto me with their mouth, and honoureth me with [their] lips; but their heart is far from me.

(Matthew 15:9) But in vain they do worship me, teaching [for] doctrines the commandments of men.

(Matthew 15:10) And he called the multitude, and said unto them, Hear, and understand:

(Matthew 15:11) Not that which goeth into the mouth defileth a man; but that which cometh out of the mouth, this defileth a man.

(Matthew 15:12) Then came his disciples, and said unto him, Knowest thou that the Pharisees were offended, after they heard this saying?

(Matthew 15:13) But he answered and said, Every plant, which my heavenly Father hath not planted, shall be rooted up.

(Matthew 15:14) Let them alone: they be blind leaders of the blind. And if the blind lead the blind, both shall fall into the ditch.

(Matthew 15:15) Then answered Peter and said unto him, Declare unto us this parable.

(Matthew 15:16) And Jesus said, Are ye also yet without understanding?

(Matthew 15:17) Do not ye yet understand, that whatsoever entereth in at the mouth goeth into the belly, and is cast out into the draught?

(Matthew 15:18) But those things which proceed out of the mouth come forth from the heart; and they defile the man.

(Matthew 15:19) For out of the heart proceed evil thoughts, murders, adulteries, fornications, thefts, false witness, blasphemies:

(Matthew 15:20) These are [the things] which defile a man : but to eat with unwashen hands defileth not a man.

(Matthew 15:21) Then Jesus went thence, and departed into the coasts of Tyre and Sidon.

(마가복음 7:1) 바리새인들과 또 서기관 중 몇이 예루살렘에서 와서 예수께 모였다가

(마가복음 7:2) 그의 제자 중 몇 사람의 부정한 손 곧 씻지 아니한 손으로 떡 먹는 것을 보았더라

(마가복음 7:3) (바리새인들과 모든 유대인들이 장로들의 유전을 지키어 손을 부지런히 씻지 않으면 먹지 아니하며

(마가복음 7:4) 또 시장에서 돌아와서는 물을 뿌리지 않으면 먹지 아니하며 그 외에도 여러 가지를 지키어 오는 것이 있으니 잔과 주발과 놋그릇을 씻음이러라)

(마가복음 7:5) 이에 바리새인들과 서기관들이 예수께 묻되 어찌하여 당신의 제자들은 장로들의 유전을 준행치 아니하고 부정한 손으로 떡을 먹나이까

(마가복음 7:6) 가라사대 이사야가 너희 외식하는 자에 대하여 잘 예언하였도다 기록하였으되 이 백성이 입술로는 나를 존경하되 마음은 내게서 멀도다

(마가복음 7:7) 사람의 계명으로 교훈을 삼아 가르치니 나를 헛되이 경배하는도다 하였느니라

(마가복음 7:8) 너희가 하나님의 계명은 버리고 사람의 유전을 지키느니라

(마가복음 7:9) 또 가라사대 너희가 너희 유전을 지키려고 하나님의 계명을 잘 저버리는도다

(마가복음 7:10) 모세는 네 부모를 공경하라 하고 또 아비나 어미를 훼방하는

자는 반드시 죽으리라 하였거늘

(마가복음 7:11) 너희는 가로되 사람이 아비에게나 어미에게나 말하기를 내가 드려 유익하게 할 것이 고르반 곧 하나님께 드림이 되었다고 하기만 하면 그만이라 하고

(마가복음 7:12) 제 아비나 어미에게 다시 아무것이라도 하여 드리기를 허하지 아니하여

(마가복음 7:13) 너희의 전한 유전으로 하나님의 말씀을 폐하며 또 이같은 일을 많이 행하느니라 하시고

(마가복음 7:14) 무리를 다시 불러 이르시되 너희는 다 내 말을 듣고 깨달으라

(마가복음 7:15) 무엇이든지 밖에서 사람에게로 들어가는 것은 능히 사람을 더럽게 하지 못하되

(마가복음 7:16) 사람 안에서 나오는 것이 사람을 더럽게 하는 것이니라 하시고

(마가복음 7:17) 무리를 떠나 집으로 들어가시니 제자들이 그 비유를 묻자온대

(마가복음 7:18) 예수께서 이르시되 너희도 이렇게 깨달음이 없느냐 무엇이든지 밖에서 들어가는 것이 능히 사람을 더럽게 하지 못함을 알지 못하느냐

(마가복음 7:19) 이는 마음에 들어가지 아니하고 배에 들어가 뒤로 나감이니라 하심으로 모든 식물을 깨끗하다 하셨느니라

(마가복음 7:20) 또 가라사대 사람에게서 나오는 그것이 사람을 더럽게 하느니라

(마가복음 7:21) 속에서 곧 사람의 마음에서 나오는 것은 악한 생각 곧 음란과 도적질과 살인과

(마가복음 7:22) 간음과 탐욕과 악독과 속임과 음탕과 흘기는 눈과 훼방과 교만과 광패니

(마가복음 7:23) 이 모든 악한 것이 다 속에서 나와서 사람을 더럽게 하느니라

(마가복음 7:24) 예수께서 일어나사 거기를 떠나 두로 지경으로 가서 한 집에 들어가 아무도 모르게 하시려 하나 숨길 수 없더라

(Mark 7:1) Then came together unto him the Pharisees, and certain of the scribes, which came from Jerusalem.

(Mark 7:2) And when they saw some of his disciples eat bread with defiled, that is to say, with unwashen, hands, they found fault.

(Mark 7:3) For the Pharisees, and all the Jews, except they wash [their] hands oft, eat not, holding the tradition of the elders.

(Mark 7:4) And [when they come] from the market, except they wash, they eat not. And many other things there be, which they have received to hold, [as] the washing of cups, and pots, brasen vessels, and of tables.

(Mark 7:5) Then the Pharisees and scribes asked him, Why walk not thy disciples according to the tradition of the elders, but eat bread with unwashen hands?

(Mark 7:6) He answered and said unto them, Well hath Esaias prophesied of you hypocrites, as it is written, This people honoureth me with [their] lips, but their heart is far from me.

(Mark 7:7) Howbeit in vain do they worship me, teaching [for] doctrines the commandments of men.

(Mark 7:8) For laying aside the commandment of God, ye hold the tradition of men, [as] the washing of pots and cups: and many other such like things ye do.

(Mark 7:9) And he said unto them, Full well ye reject the commandment of God, that ye may keep your own tradition.

(Mark 7:10) For Moses said, Honour thy father and thy mother; and, Whoso curseth father or mother, let him die the death:

(Mark 7:11) But ye say, If a man shall say to his father or mother, [It is] Corban, that is to say, a gift, by whatsoever thou mightest be profited by me; [he shall be free.]

(Mark 7:12) And ye suffer him no more to do ought for his father or his mother;

(Mark 7:13) Making the word of God of none effect through your tradition, which ye have delivered: and many such like things do ye.

(Mark 7:14) And when he had called all the people [unto him,] he said unto them, Hearken unto me every one [of you,] and understand:

(Mark 7:15) There is nothing from without a man, that entering into him can defile him: but the things which come out of him, those are they that defile the man.

(Mark 7:16) If any man have ears to hear, let him hear.

(Mark 7:17) And when he was entered into the house from the people, his disciples asked him concerning the parable.

(Mark 7:18) And he saith unto them, Are ye so without understanding also? Do ye not perceive, that whatsoever thing from without entereth into the man, [it] cannot defile him;

(Mark 7:19) Because it entereth not into his heart, but into the belly, and goeth out into the draught, purging all meats?

(Mark 7:20) And he said, That which cometh out of the man, that defileth the man.

(Mark 7:21) For from within, out of the heart of men, proceed evil thoughts, adulteries, fornications, murders,

(Mark 7:22) Thefts, covetousness, wickedness, deceit, lasciviousness, an evil eye, blasphemy, pride, foolishness:

(Mark 7:23) All these evil things come from within, and defile the man.

(Mark 7:24) And from thence he arose, and went into the borders of Tyre and Sidon, and entered into an house, and would have no man know [it:] but he could not be hid.

그림 36. **바리새인들을 비난하는 예수** | 제임스 티소(James Tissot)

궁지에 몰린 예수

당시 예수가 처한 상황을 제대로 이해하려면, 그의 강력한 영향력은 그를 가장 열렬히 추종하고 지지했던 일반 대중에서 나왔다는 점을 기억해야 한다. 대중의 마음이 그를 지지하는 한, 권력층과 사제 계급도 그를 함부로 건드릴 수 없었다. 그랬다가는 민중의 반란이라는 큰 역풍을 맞을 가능성이 높았기 때문이다. 하지만 거짓 선동으로 대중의 지지기반을 약화하는 데 성공한 그들은 전보다 한층 강력하게 예수를 핍박하기 시작했고, 선동에 넘어간 대중은 결국 등을 돌리고 그를 향한 적개심을 드러내기 시작한다. 그 결과 예수는 큰 마을에서는 환대는커녕 쫓겨나는 신세가 되었고, 이제는 인구가 적은 마을을 전전하고 있었다. 이런 지역에서도 당국에서 파견한 첩자와 요원들은 예수를 단죄할 수 있는 결정적 증거를 확보하기 위해 열심히 그를 미행하고 있었다.

이 무렵 예수는 자신의 본질, 즉, 자신의 신성에 관한 사실을 사도들에게 공개했다. 자신이 곧 맞게 될 비극적인 운명, 그리고 이것도 자발적인 선택이었음을 설명했다. 그는 자신이 수백, 수천 년 후에 비로소 맺어질 열매를 위해 열심히 씨를 뿌리는 일을 진행하는 중이며, 따라서 사도들도 생전에 결실을 볼 생각은 접으라고 말했다. 또한 오늘날에도 오컬트 형제단에서 입문자에게 가르치는 것처럼 사역에 담긴 신비주의 비밀의 본질을 전수했다. 하지만 예수가 친히 선정한 사도들도 그 가르침의 진짜 의미를 온전히 이해하지는 못했다. 예수는 자기들끼리만 있는 자리에서 일부 사도들이 장차 예수의 힘을 등에 업고 나라에서 벼슬 한자리를 차지하게 되리라는 헛된 희망을 얘기하는 것을 엿듣고 큰 실의에 빠진 적도 있었다.

(마태복음 16:20) 이에 제자들을 경계하사 자기가 그리스도인 것을 아무에게도 이르지 말라 하시니라

(마태복음 16:21) 이 때로부터 예수 그리스도께서 자기가 예루살렘에 올라가 장로들과 대제사장들과 서기관들에게 많은 고난을 받고 죽임을 당하고 제 삼 일에 살아나야 할 것을 제자들에게 비로소 가르치시니

(마태복음 16:22) 베드로가 예수를 붙들고 간하여 가로되 주여 그리 마옵소서 이 일이 결코 주에게 미치지 아니하리이다

(마태복음 16:23) 예수께서 돌이키시며 베드로에게 이르시되 사단아 내 뒤로 물러가라 너는 나를 넘어지게 하는 자로다 네가 하나님의 일을 생각지 아니하고 도리어 사람의 일을 생각하는도다 하시고

(마태복음 16:24) 이에 예수께서 제자들에게 이르시되 아무든지 나를 따라오려거든 자기를 부인하고 자기 십자가를 지고 나를 좇을 것이니라

(마태복음 16:25) 누구든지 제 목숨을 구원코자 하면 잃을 것이요 누구든지 나를 위하여 제 목숨을 잃으면 찾으리라

(마태복음 16:26) 사람이 만일 온 천하를 얻고도 제 목숨을 잃으면 무엇이 유익하리요 사람이 무엇을 주고 제 목숨을 바꾸겠느냐

(마태복음 16:27) 인자가 아버지의 영광으로 그 천사들과 함께 오리니 그 때에 각 사람의 행한 대로 갚으리라

(마태복음 16:28) 진실로 너희에게 이르노니 여기 섰는 사람 중에 죽기 전에 인자가 그 왕권을 가지고 오는 것을 볼 자들도 있느니라

(Matthew 16:20) Then charged he his disciples that they should tell no man that he was Jesus the Christ.

(Matthew 16:21) From that time forth began Jesus to shew unto his disciples, how that he must go unto Jerusalem, and suffer many things of the elders and chief priests and scribes, and be killed, and be raised again the third day.

(Matthew 16:22) Then Peter took him, and began to rebuke him, saying, Be it far from thee, Lord: this shall not be unto thee.

(Matthew 16:23) But he turned, and said unto Peter, Get thee behind me, Satan: thou art an offence unto me: for thou savourest not the things that be of God, but those that be of men.

(Matthew 16:24) Then said Jesus unto his disciples, If any [man] will come after me, let him deny himself, and take up his cross, and follow me.

(Matthew 16:25) For whosoever will save his life shall lose it: and whosoever will lose his life for my sake shall find it.

(Matthew 16:26) For what is a man profited, if he shall gain the whole world, and lose his own soul? or what shall a man give in exchange for his soul?

(Matthew 16:27) For the Son of man shall come in the glory of his Father with his angels; and then he shall reward every man according to his works.

(Matthew 16:28) Verily I say unto you, There be some standing here, which shall not taste of death, till they see the Son of man coming in his kingdom.

(마가복음 10:32) 예루살렘으로 올라가는 길에 예수께서 제자들 앞에 서서 가시는데 저희가 놀라고 좇는 자들은 두려워하더라 이에 다시 열두 제자를 데리시고 자기의 당할 일을 일러 가라사대

(마가복음 10:33) 보라 우리가 예루살렘에 올라가노니 인자가 대제사장들과 서기관들에게 넘기우매 저희가 죽이기로 결안하고 이방인들에게 넘겨 주겠고

(마가복음 10:34) 그들은 능욕하며 침 뱉으며 채찍질하고 죽일 것이니 저는 삼 일 만에 살아나리라 하시니라

(마가복음 10:35) 세베대의 아들 야고보와 요한이 주께 나아와 여짜오되 선생님이여 무엇이든지 우리의 구하는 바를 우리에게 하여 주시기를 원하옵나이다

(마가복음 10:36) 이르시되 너희에게 무엇을 하여 주기를 원하느냐

(마가복음 10:37) 여짜오되 주의 영광 중에서 우리를 하나는 주의 우편에, 하나는 좌편에 앉게 하여 주옵소서

(마가복음 10:38) 예수께서 가라사대 너희 구하는 것을 너희가 알지 못하는도다 너희가 나의 마시는 잔을 마시며 나의 받는 세례를 받을 수 있느냐

(마가복음 10:39) 저희가 말하되 할 수 있나이다 예수께서 이르시되 너희가 나의 마시는 잔을 마시며 나의 받는 세례를 받으려니와

(마가복음 10:40) 내 좌우편에 앉는 것은 나의 줄 것이 아니라 누구를 위하여 예비되었든지 그들이 얻을 것이니라

(마가복음 10:41) 열 제자가 듣고 야고보와 요한에 대하여 분히 여기거늘

(마가복음 10:42) 예수께서 불러다가 이르시되 이방인의 소위 집권자들이

저희를 임의로 주관하고 그 대인들이 저희에게 권세를 부리는 줄을 너희가 알거니와

(마가복음 10:43) 너희 중에는 그렇지 아니하니 너희 중에 누구든지 크고자 하는 자는 너희를 섬기는 자가 되고

(마가복음 10:44) 너희 중에 누구든지 으뜸이 되고자 하는 자는 모든 사람의 종이 되어야 하리라

(마가복음 10:45) 인자의 온 것은 섬김을 받으려 함이 아니라 도리어 섬기려 하고 자기 목숨을 많은 사람의 대속물로 주려 함이니라

(Mark 10:32) And they were in the way going up to Jerusalem; and Jesus went before them: and they were amazed; and as they followed, they were afraid. And he took again the twelve, and began to tell them what things should happen unto him,

(Mark 10:33) [Saying,] Behold, we go up to Jerusalem; and the Son of man shall be delivered unto the chief priests, and unto the scribes; and they shall condemn him to death, and shall deliver him to the Gentiles:

(Mark 10:34) And they shall mock him, and shall scourge him, and shall spit upon him, and shall kill him: and the third day he shall rise again.

(Mark 10:35) And James and John, the sons of Zebedee, come unto him, saying, Master, we would that thou shouldest do for us whatsoever we shall desire.

(Mark 10:36) And he said unto them, What would ye that I should do for you?

(Mark 10:37) They said unto him, Grant unto us that we may sit, one on thy right hand, and the other on thy left hand, in thy glory.

(Mark 10:38) But Jesus said unto them, Ye know not what ye ask: can ye drink of the cup that I drink of? and be baptized with the baptism that I am baptized with?

(Mark 10:39) And they said unto him, We can. And Jesus said unto them, Ye shall indeed drink of the cup that I drink of; and with the baptism that I am baptized withal shall ye be baptized:

(Mark 10:40) But to sit on my right hand and on my left hand is not mine to give; but [it shall be given to them] for whom it is prepared.

(Mark 10:41) And when the ten heard [it,] they began to be much displeased with James and John.

(Mark 10:42) But Jesus called them [to him,] and saith unto them, Ye know

그림 37. **예수를 죽일 계획을 모의하는 바리새인들** | 제임스 티소(James Tissot)

죽음을 향하여

that they which are accounted to rule over the Gentiles exercise lordship over them; and their great ones exercise authority upon them.
(Mark 10:43) But so shall it not be among you: but whosoever will be great among you, shall be your minister:
(Mark 10:44) And whosoever of you will be the chiefest, shall be servant of all.
(Mark 10:45) For even the Son of man came not to be ministered unto, but to minister, and to give his life a ransom for many.

예수는 이제 예루살렘에 입성하여 자신의 파란만장한 삶을 마무리해야 할 시기가 왔음을 느꼈다. 이 시점에 예루살렘으로 간다는 것은 그를 향해 이빨을 드러내며 으르렁대고 있는 권력과 사제 계급의 아가리 속에 머리를 집어넣는 것이나 다름없는 행위라는 사실을 잘 알고 있었지

그림 38. **예수를 향해 돌을 던지는 유대인들** | 제임스 티소(James Tissot)

만, 그는 마음을 확고하게 정하고 유대 민족의 수도이자 교회 권력의 중심지인 그곳을 향해 발길을 옮겼다. 예루살렘으로 가는 여정은 쉽지 않았다. 수도에 가까워질수록 그에게 반감을 품은 적의 수는 늘어나고 저항도 강해졌다. 한 마을에서는 여행객을 하룻밤 재워주는 관례도 거부당했다. 이는 당시 동양에서 상상조차 할 수 없는 모욕에 가까운 일이었다. 또 다른 마을에서는 주민들의 돌팔매질에 맞아 크게 다친 적도 있었다. 예수가 백성을 위해 베푼 선행이 학대와 폭력으로 되돌아온 것이다. 이것이 바로 가르침을 받을 자격이 없는 사람들에게 신성한 진리의 보석을 전파하는 스승들의 운명이다. 역사적으로 세상을 위해 자기 한 몸을 바쳐 헌신하고 희생한 모든 자가 공통으로 경험한 일이다. 대중은 소수의 사람에게만 비밀 가르침을 전수하는 것에 대해 불만을 품는다. 왜 모든 사람에게 공평하게 전파하지 않느냐고 목소리를 높이며 비난한다. 그 이유는 간단하다. 그랬다간 화형대와 고문대, 돌팔매, 투옥, 십자가형 등의 형벌을 면키 어렵기 때문이다.

나사로의 부활

온갖 고초를 겪으며 예루살렘을 향해 가던 중, 예수 일행은 베다니에서 가까운 페레아라는 작은 마을에 당도한다. 베다니는 예수의 친구인 마르다, 마리아, 나사로의 가족이 사는 지역이었다. 페레아에서 잠시 쉬고 있는데, 베다니에서 보낸 사람이 급히 예수를 찾아와 나사로가 지금 죽음을 앞둔 채 사경을 헤매고 있으니 부디 발걸음을 재촉하여 그를 살려달라는 청을 전달했다. 하지만 예수는 청을 거부하고 페레아에서 며칠을 더 머물렀다. 그곳에서 충분한 휴식을 취한 후 비로소 예수는 베다니로 향하며 사도들에게 나사로는 이미 죽었다고 말했다. 일행이 베다니에 도착하니 예수의 말대로 나사로는 이미 죽어 무덤에 안치된 상태였다.

베다니의 주민들은 예수에게 독설을 퍼부었다. "이 거짓 이단 선지자가 또 왔도다! 자기 친구가 죽어가고 있음을 알고도 겁먹고 도움을 주지 않았도다! 그의 신통력도 사라지고, 드디어 이 사기꾼의 정체가 탄로 났도다!" 마르다도 예수의 무관심과 그가 뒤늦게 베다니에 도착한 것을 원망하며 그를 나무랐다. 예수는 나사로가 다시 살아날 것이라고 말했지만, 그녀는 그의 말을 믿지 않았다. 그다음에는 마리아가 찾아왔다. 그동안 인간의 갖은 고통을 너무 많이 보고 경험한 터라 눈물샘이 말라버린 예수도 깊은 슬픔에 잠긴 마리아를 보곤 눈물을 흘렸다.

예수는 나사로의 무덤이 어디인지 물었고, 유족은 그를 그곳으로 안내했다. 그를 증오하고 경멸하면서 동시에 두려워한 주민들도 혹시 새로운 기적을 보게 되지 않을까 하는 궁금증에 그를 따라갔다. 예수는 음습한 무덤 앞에 서서 입구를 막은 돌을 치워달라고 요청했다. 인부들은 그의 말을 듣고 주저했다. 돌 뒤에는 죽은 지 얼마 되지 않은 시신이 안치되어 있고, 입구가 닫힌 상태에서도 부패한 시신 특유의 냄새가 벌써 새어 나오고 있었기 때문이다. 하지만 예수는 계속 돌을 치워달라고 요청했고, 그들은 결국 두 손 들고 그의 요청에 응했다. 예수는 어두컴컴한 입구 앞에 서서 동굴 안을 바라보았다.

예수는 무덤 앞에 서서 명상하며 정신력을 집중하여 기를 모았다. 그의 눈빛은 예사롭지 않았고, 그의 근육은 자기가 소유한 모든 힘을 끌어내어 한곳으로 모으느라 수시로 움찔거렸다. 예수는 지난 몇 주 동안 자신을 괴롭히던 잡념을 말끔히 지워버리고 지금 해야 할 일을 위해 정신을 한곳에 집중하고 있었다. 그는 있는 힘을 다 짜내어 권위 있는 목소리로 소리쳤다. "나사로여! 나사로여! 내게 오라!"

지켜보던 사람들은 이미 부패가 시작되어 소멸 과정에 있는 시신을 향해 일어서라고 외치는 예수를 보고 공포에 질려 욕설을 퍼부었다. 하지만 예수는 이에 개의치 않고 다시 외쳤다. "나사로여! 나사로여! 명하노니, 어서 내게 오라!"

잠시 후 동굴 입구 주변에 모여있던 사람들의 눈에 도저히 믿기지 않는 광경이 들어왔다. 이 지역에서 사용하는 수의로 둘둘 말린 시신이 속박에서 벗어나기 위해 몸부림을 치며 입구의 빛을 향해 걸어오는 섬뜩한 모습이 보인 것이다. 그는 다름 아닌 나사로였다! 썩은 육신의 악취가 밴 수의를 찢어내고 모습을 드러낸 나사로의 몸은 마치 갓 태어난 아기의 피부처럼 깨끗하고 순수했다. 지금까지 예수가 행한 수많은 기적 중에서도 가장 놀라운 기적이 일어난 것이다.

(요한복음 11:1) 어떤 병든 자가 있으니 이는 마리아와 그 형제 마르다의 촌 베다니에 사는 나사로라

(요한복음 11:2) 이 마리아는 향유를 주께 붓고 머리털로 주의 발을 씻기던 자요 병든 나사로는 그의 오라비러라

(요한복음 11:3) 이에 그 누이들이 예수께 사람을 보내어 가로되 주여 보시옵소서 사랑하시는 자가 병들었나이다 하니

(요한복음 11:4) 예수께서 들으시고 가라사대 이 병은 죽을 병이 아니라 하나님의 영광을 위함이요 하나님의 아들로 이를 인하여 영광을 얻게 하려 함이라 하시더라

(요한복음 11:5) 예수께서 본래 마르다와 그 동생과 나사로를 사랑하시더니

(요한복음 11:6) 나사로가 병들었다 함을 들으시고 그 계시던 곳에 이틀을 더 유하시고

(요한복음 11:7) 그 후에 제자들에게 이르시되 유대로 다시 가자 하시니

(요한복음 11:8) 제자들이 말하되 랍비여 방금도 유대인들이 돌로 치려 하였는데 또 그리로 가시려 하나이까

(요한복음 11:9) 예수께서 대답하시되 낮이 열두 시가 아니냐 사람이 낮에 다니면 이 세상의 빛을 보므로 실족하지 아니하고

(요한복음 11:10) 밤에 다니면 빛이 그 사람 안에 없는 고로 실족하느니라

(요한복음 11:11) 이 말씀을 하신 후에 또 가라사대 우리 친구 나사로가

잠들었도다 그러나 내가 깨우러 가노라

(요한복음 11:12) 제자들이 가로되 주여 잠들었으면 낫겠나이다 하더라

(요한복음 11:13) 예수는 그의 죽음을 가리켜 말씀하신 것이나 저희는
잠들어 쉬는 것을 가리켜 말씀하심인줄 생각하는지라

(요한복음 11:14) 이에 예수께서 밝히 이르시되 나사로가 죽었느니라

(요한복음 11:15) 내가 거기 있지 아니한 것을 너희를 위하여 기뻐하노니
이는 너희로 믿게 하려 함이라 그러나 그에게로 가자 하신대

(요한복음 11:16) 디두모라 하는 도마가 다른 제자들에게 말하되 우리도
주와 함께 죽으러 가자 하니라

(요한복음 11:17) 예수께서 와서 보시니 나사로가 무덤에 있은 지
이미 나흘이라

(요한복음 11:18) 베다니는 예루살렘에서 가깝기가 한 오 리쯤 되매

(요한복음 11:19) 많은 유대인이 마르다와 마리아에게 그 오라비의 일로
위문하러 왔더니

(요한복음 11:20) 마르다는 예수 오신다는 말을 듣고 곧 나가 맞되 마리아는
집에 앉았더라

(요한복음 11:21) 마르다가 예수께 여짜오되 주께서 여기 계셨더면
내 오라비가 죽지 아니하였겠나이다

(요한복음 11:22) 그러나 나는 이제라도 주께서 무엇이든지 하나님께
구하시는 것을 하나님이 주실 줄을 아나이다

(요한복음 11:23) 예수께서 가라사대 네 오라비가 다시 살리라

(요한복음 11:24) 마르다가 가로되 마지막 날 부활에는 다시 살 줄을
내가 아나이다

(요한복음 11:25) 예수께서 가라사대 나는 부활이요 생명이니 나를 믿는 자는

죽어도 살겠고

(요한복음 11:26) 무릇 살아서 나를 믿는 자는 영원히 죽지 아니하리니
이것을 네가 믿느냐

(요한복음 11:27) 가로되 주여 그러하외다 주는 그리스도시요 세상에 오시는
하나님의 아들이신 줄 내가 믿나이다

(요한복음 11:28) 이 말을 하고 돌아가서 가만히 그 형제 마리아를 불러 말하되
선생님이 오셔서 너를 부르신다 하니

(요한복음 11:29) 마리아가 이 말을 듣고 급히 일어나 예수께 나아가매

(요한복음 11:30) 예수는 아직 마을로 들어오지 아니하시고 마르다의 맞던 곳에
그저 계시더라

(요한복음 11:31) 마리아와 함께 집에 있어 위로하던 유대인들은 그의 급히
일어나 나가는 것을 보고 곡하러 무덤에 가는 줄로 생각하고 따라가더니

(요한복음 11:32) 마리아가 예수 계신 곳에 와서 보이고 그 발 앞에 엎드리어
가로되 주께서 여기 계셨더면 내 오라비가 죽지 아니하였겠나이다 하더라

(요한복음 11:33) 예수께서 그의 우는 것과 또 함께 온 유대인들의 우는 것을
보시고 심령에 통분히 여기시고 민망히 여기사

(요한복음 11:34) 가라사대 그를 어디 두었느냐 가로되 주여 와서 보옵소서
하니

(요한복음 11:35) 예수께서 눈물을 흘리시더라

(요한복음 11:36) 이에 유대인들이 말하되 보라 그를 어떻게 사랑하였는가 하며

(요한복음 11:37) 그 중 어떤 이는 말하되 소경의 눈을 뜨게 한 이 사람이
그 사람은 죽지 않게 할 수 없었더냐 하더라

(요한복음 11:38) 이에 예수께서 다시 속으로 통분히 여기시며 무덤에 가시니
무덤이 굴이라 돌로 막았거늘

(요한복음 11:39) 예수께서 가라사대 돌을 옮겨 놓으라 하시니 그 죽은 자의 누이 마르다가 가로되 주여 죽은 지가 나흘이 되었으매 벌써 냄새가 나나이다

(요한복음 11:40) 예수께서 가라사대 내 말이 네가 믿으면 하나님의 영광을 보리라 하지 아니하였느냐 하신대

(요한복음 11:41) 돌을 옮겨 놓으니 예수께서 눈을 들어 우러러 보시고 가라사대 아버지여 내 말을 들으신 것을 감사하나이다

(요한복음 11:42) 항상 내 말을 들으시는 줄을 내가 알았나이다 그러나 이 말씀하옵는 것은 둘러선 무리를 위함이니 곧 아버지께서 나를 보내신 것을 저희로 믿게 하려 함이니이다

(요한복음 11:43) 이 말씀을 하시고 큰 소리로 나사로야 나오라 부르시니

(요한복음 11:44) 죽은 자가 수족을 베로 동인 채로 나오는데 그 얼굴은 수건에 싸였더라 예수께서 가라사대 풀어 놓아 다니게 하라 하시니라

(John 11:1) Now a certain [man] was sick, [named] Lazarus, of Bethany, the town of Mary and her sister Martha.

(John 11:2) (It was [that] Mary which anointed the Lord with ointment, and wiped his feet with her hair, whose brother Lazarus was sick.)

(John 11:3) Therefore his sisters sent unto him, saying, Lord, behold, he whom thou lovest is sick.

(John 11:4) When Jesus heard [that,] he said, This sickness is not unto death, but for the glory of God, that the Son of God might be glorified thereby.

(John 11:5) Now Jesus loved Martha, and her sister, and Lazarus.

(John 11:6) When he had heard therefore that he was sick, he abode two days still in the same place where he was.

(John 11:7) Then after that saith he to [his] disciples, Let us go into Judaea again.

(John 11:8) [His] disciples say unto him, Master, the Jews of late sought to stone thee; and goest thou thither again?

(John 11:9) Jesus answered, Are there not twelve hours in the day? If any man walk in the day, he stumbleth not, because he seeth the light of this world.

(John 11:10) But if a man walk in the night, he stumbleth, because there is no light in him.

(John 11:11) These things said he: and after that he saith unto them, Our friend Lazarus sleepeth; but I go, that I may awake him out of sleep.

(John 11:12) Then said his disciples, Lord, if he sleep, he shall do well.

(John 11:13) Howbeit Jesus spake of his death: but they thought that he had spoken of taking of rest in sleep.

(John 11:14) Then said Jesus unto them plainly, Lazarus is dead.

(John 11:15) And I am glad for your sakes that I was not there, to the intent ye may believe; nevertheless let us go unto him.

(John 11:16) Then said Thomas, which is called Didymus, unto his fellow disciples, Let us also go, that we may die with him.

(John 11:17) Then when Jesus came, he found that he had [lain] in the grave four days already.

(John 11:18) Now Bethany was nigh unto Jerusalem, about fifteen furlongs off:

(John 11:19) And many of the Jews came to Martha and Mary, to comfort them concerning their brother.

(John 11:20) Then Martha, as soon as she heard that Jesus was coming, went and met him: but Mary sat [still] in the house.

(John 11:21) Then said Martha unto Jesus, Lord, if thou hadst been here, my brother had not died.

(John 11:22) But I know, that even now, whatsoever thou wilt ask of God, God will give [it] thee.

(John 11:23) Jesus saith unto her, Thy brother shall rise again.

(John 11:24) Martha saith unto him, I know that he shall rise again in the resurrection at the last day.

(John 11:25) Jesus said unto her, I am the resurrection, and the life: he that believeth in me, though he were dead, yet shall he live:

(John 11:26) And whosoever liveth and believeth in me shall never die. Believest thou this?

(John 11:27) She saith unto him, Yea, Lord: I believe that thou art the Christ, the Son of God, which should come into the world.

(John 11:28) And when she had so said, she went her way, and called Mary her sister secretly, saying, The Master is come, and calleth for thee.

(John 11:29) As soon as she heard [that,] she arose quickly, and came unto him.

(John 11:30) Now Jesus was not yet come into the town, but was in that place where Martha met him.

(John 11:31) The Jews then which were with her in the house, and comforted her, when they saw Mary, that she rose up hastily and went out, followed her, saying, She goeth unto the grave to weep there.

(John 11:32) Then when Mary was come where Jesus was, and saw him, she fell down at his feet, saying unto him, Lord, if thou hadst been here, my brother had not died.

(John 11:33) When Jesus therefore saw her weeping, and the Jews also weeping which came with her, he groaned in the spirit, and was troubled,

(John 11:34) And said, Where have ye laid him? They said unto him, Lord, come and see.

(John 11:35) Jesus wept.

(John 11:36) Then said the Jews, Behold how he loved him!

(John 11:37) And some of them said, Could not this man, which opened the eyes of the blind, have caused that even this man should not have died?

(John 11:38) Jesus therefore again groaning in himself cometh to the grave. It was a cave, and a stone lay upon it.

(John 11:39) Jesus said, Take ye away the stone. Martha, the sister of him that was dead, saith unto him, Lord, by this time he stinketh: for he hath been [dead] four days.

(John 11:40) Jesus saith unto her, Said I not unto thee, that, if thou wouldest believe, thou shouldest see the glory of God?

(John 11:41) Then they took away the stone [from the place] where the dead was laid. And Jesus lifted up [his] eyes, and said, Father, I thank thee that thou hast heard me.

(John 11:42) And I knew that thou hearest me always: but because of the people which stand by I said [it,] that they may believe that thou hast sent

그림 39. **죽은 나사로를 살려내는 예수** | 클라스 코르넬리스존 무야르트 (Claes Corneliszoon Moeyaert)

me.

(John 11:43) And when he thus had spoken, he cried with a loud voice, Lazarus, come forth.

(John 11:44) And he that was dead came forth, bound hand and foot with graveclothes: and his face was bound about with a napkin. Jesus saith unto them, Loose him, and let him go.

예수를 죽이기 위한 계획

 한동안 사역을 중단하고 은둔자가 되어 백성의 뇌리에서 영원히 사라진 줄로만 알았던 예수가 예루살렘으로 입성하는 길에 사상 최고의 기적을 행하자 공권력은 그 어느 때보다 긴장하며 심심할 때마다 나타나는 이 사기꾼을 이번에는 확실하게 밟아버려야겠다고 결단을 내린다. 썩어가고 있던 시신을 되살려내다니, 세상에 그런 거짓말이 어디 있단 말인가! 이런 터무니 없는 거짓말에 속아 넘어가는 순진한 백성을 다음에는 또 어떤 요사스러운 술법으로 꼬드겨 혁명을 일으키려 한단 말인가! 예수가 지극히 위험한 인물이라는 사실은 이제 명백해졌고, 다시는 그가 사회에 해악을 끼치지 않도록 당장 결정적인 행동을 개시해야 할 터였다.
 나사로가 제 발로 무덤에서 걸어 나왔다는 소식이 퍼진지 몇 시간 후, 사제들은 유대교의 최고 공회인 산헤드린(Sanhedrin)을 소집하여 지난 몇 년간 정교회를 조롱하며 기존 질서를 어지럽혀 온 이 불경한 이단자 사기꾼을 처단하는 방안을 논의하기 시작했다. 그가 대중을 한 번 더 선동하기 전에 확실한 조처를 해야 하는 상황이었다. 사제들은 유대의 메시아를 칭하는 예수라는 위험인물이 지금 예루살렘을 향해 오고 있으며, 그가 수도에 입성하면 교회의 지도자들부터 몰아낸 후 자기가 유대의 왕임을 선포하고, 백성을 선동하고 혁명군의 선봉장이 되어 로마의 통치마저 거역하고 반란을 일으킬 것이라고 로마 당국에 고했다.

이렇게 하여 예수를 함정에 빠트릴 모든 계획이 완료되었다. 법 집행관들은 예수와 사도들이 예루살렘 입성 후 조금이라도 이상한 행동을 하면 사회, 종교, 국가의 적으로 규정하고 감옥에 처넣을 만반의 준비를 마쳤다. 예수의 일거수일투족을 트집 잡으며 수시로 보고하는 고위급 유대 인사들의 행태에 짜증을 느낀 로마 당국 역시 반란의 기미가 보이는 즉시 일사천리로 문제를 확실하게 해결하겠다는 심산이었다. 유대교의 사제들은 대제사장인 가야바(Caiaphas)의 지시에 따라 모두 한자리에 모였고, 교회의 권력과 권위를 지키기 위해서는 이 거짓 메시아를 어떤 식으로든 죽여버리는 것 외에는 다른 방법이 없다는 결론을 내렸다. 이렇게 예수의 운명은 사제들에 의해 정해지기에 이른다.

한편 예수는 죽었다 살아난 나사로를 보기 위해 몰려든 인파에 둘러싸여 쉬고 있었다. 새로운 기적을 확인한 그들은 그새 또 태세를 전환하여 불과 얼마 전 손바닥 뒤집듯이 배신했던 예수를 향한 변치 않는 충성을 다시금 다짐했다. 시류에 따라 왔다 갔다 하는 이들은 따끈따끈한 최신 기적을 본 후 꺼져가던 믿음의 불씨를 되살렸고, 그 어느 때보다 열정적으로 예수를 칭송하며 큰 소리로 떠들어댔다. 하지만 어제 그에게 등을 돌렸던 자들은 내일이 오면 "그를 십자가에 매달아라!"고 외친다. 이것이 바로 대중의 본성이기 때문이다. 예수를 따르던 수많은 추종자 중 그가 체포당할 때 곁에 남아있던 사람은 한 명도 없었다. 심지어 열두 명의 사도 중에서도 한 명은 그를 배신했고, 한 명은 그와의 친분을 부인했고, 그가 잡혀가는 순간 모두 도망쳤다. 이런 자들을 위해 사람의 아들은 자신의 삶을 바치고, 가르치고, 고통받았다. 예수가 행한 가장 큰 기적은 이런 환경에서도 잘 버텨내고 사역을 마무리 했다는 사실, 즉, 그의 삶 자체가 아닐까 싶다.

(요한복음 11:45) 마리아에게 와서 예수의 하신 일을 본 많은 유대인이 저를 믿었으나

(요한복음 11:46) 그 중에 어떤 자는 바리새인들에게 가서 예수의 하신 일을 고하니라

(요한복음 11:47) 이에 대제사장들과 바리새인들이 공회를 모으고 가로되 이 사람이 많은 표적을 행하니 우리가 어떻게 하겠느냐

(요한복음 11:48) 만일 저를 이대로 두면 모든 사람이 저를 믿을 것이요 그리고 로마인들이 와서 우리 땅과 민족을 빼앗아 가리라 하니

(요한복음 11:49) 그 중에 한 사람 그 해 대제사장인 가야바가 저희에게 말하되 너희가 아무것도 알지 못하는도다

(요한복음 11:50) 한 사람이 백성을 위하여 죽어서 온 민족이 망하지 않게 되는 것이 너희에게 유익한 줄을 생각지 아니하는도다 하였으니

(요한복음 11:51) 이 말은 스스로 함이 아니요 그 해에 대제사장이므로 예수께서 그 민족을 위하시고

(요한복음 11:52) 또 그 민족만 위할 뿐 아니라 흩어진 하나님의 자녀를 모아 하나가 되게 하기 위하여 죽으실 것을 미리 말함이러라

(요한복음 11:53) 이 날부터는 저희가 예수를 죽이려고 모의하니라

(요한복음 11:54) 그러므로 예수께서 다시 유대인 가운데 드러나게 다니지 아니하시고 여기를 떠나 빈 들 가까운 곳인 에브라임이라는 동네에 가서

제자들과 함께 거기 유하시니라

(요한복음 11:55) 유대인의 유월절이 가까우매 많은 사람이 자기를 성결케 하기 위하여 유월절 전에 시골서 예루살렘으로 올라갔더니

(요한복음 11:56) 저희가 예수를 찾으며 성전에 서서 서로 말하되 너희 생각에는 어떠하뇨 저가 명절에 오지 아니하겠느냐 하니

(요한복음 11:57) 이는 대제사장들과 바리새인들이 누구든지 예수 있는 곳을 알거든 고하여 잡게 하라 명령하였음이러라

(John 11:45) Then many of the Jews which came to Mary, and had seen the things which Jesus did, believed on him.

(John 11:46) But some of them went their ways to the Pharisees, and told them what things Jesus had done.

(John 11:47) Then gathered the chief priests and the Pharisees a council, and said, What do we? for this man doeth many miracles.

(John 11:48) If we let him thus alone, all [men] will believe on him: and the Romans shall come and take away both our place and nation.

(John 11:49) And one of them, [named] Caiaphas, being the high priest that same year, said unto them, Ye know nothing at all,

(John 11:50) Nor consider that it is expedient for us, that one man should die for the people, and that the whole nation perish not.

(John 11:51) And this spake he not of himself: but being high priest that year, he prophesied that Jesus should die for that nation;

(John 11:52) And not for that nation only, but that also he should gather together in one the children of God that were scattered abroad.

(John 11:53) Then from that day forth they took counsel together for to put him to death.

(John 11:54) Jesus therefore walked no more openly among the Jews; but went thence unto a country near to the wilderness, into a city called Ephraim, and there continued with his disciples.

(John 11:55) And the Jews' passover was nigh at hand: and many went out of the country up to Jerusalem before the passover, to purify themselves.

(John 11:56) Then sought they for Jesus, and spake among themselves, as they stood in the temple, What think ye, that he will not come to the feast?

(John 11:57) Now both the chief priests and the Pharisees had given a commandment, that, if any man knew where he were, he should shew [it,] that they might take him.

제8강

대업의 완성

적의 소굴,
예루살렘으로

예루살렘에 정식으로 입성하기 전에 잠시 휴식을 취하던 예수는 인적이 드문 광야 근방의 지역으로 향했다. 그는 열두 사도와 함께 에브라임, 페레아, 갈릴리 등지의 마을을 거닐었다. 그곳에서도 그는 치유와 설교의 사역을 멈추지 않았다.

이 지역에서의 짧은 활동을 마친 후, 예수는 자신을 잡아먹기 위해 호시탐탐 기회를 노리고 있는 권력과 사제 계급의 심장부를 향해 직진하기로 한다. 유월절이 오기 직전, 그는 열두 명의 사도를 불러모은 후 여정의 마지막 단계를 시작한다. 유월절을 맞아 수도 예루살렘으로 여행하는 순례자들은 흥미를 느끼며 적의 소굴을 향해 걸어가는 예수 일행을 유심히 지켜봤다. 그가 예루살렘의 성문을 통과하는 순간 자신을 따르는 세력을 규합하여 적을 단숨에 쓸어버릴 것이라는 소문도 돌기 시작했다. 산헤드린이 예수의 목숨을 노리고 있다는 사실은 이미 공공연한 비밀이었고, 사람들은 이런 상황에서 예수가 적의 본진을 향해 나아가는 이유는 단 하나, 즉, 최후의 담판을 벌이고 승리를 쟁취하기 위함이라고 생각했다. 전쟁에서 승리할 목적이 아닌 이상, 자발적으로 적을 향해 순순히 걸어갈 이유가 없었기 때문이다.

예수의 의지에 대한 사람들의 믿음은 또 갈대처럼 흔들렸고, 그를 버렸던 사람 중 상당수가 다시 그의 주위로 몰려들었다. 그들은 또다시 승리를 꿈꿨고, 빵과 물고기가 무한 공급되는 황홀한 미래를 떠올리며 저마다 상상의 나래를 펼쳤다. 그들은 승자와 함께 행진하는 영광을 누리고 싶어 그에게 가까이 다가와 병풍을 자처했다. 하지만 예수는 그들을 독려하지 않았다. 단 한마디도 하지 않고 침묵을 지켰다. 그들은 어디까지나 시류를 좇는 무리라는 사실을 잘 알고 있었기 때문이다.

예수가 수도 입성을 앞두고 있다는 소식을 전해 들은 예루살렘 주민들도 호기심을 이기지 못하고 그의 예상 진입로 주변에 몰려들었다. 그의 모습이 시야에 들어오자 누군가 외쳤다. "그가 저기 오고 있다!" 하지만 화려하고 요란한 진군을 기대했던 군중은 곧 크게 실망하며 역겨움을 느낀다. 아무런 팡파르도 없이, 나귀에 올라탄 채 조용히 다가오는 그의 모습이 너무나 초라해 보였기 때문이다. 희망을 품었던 군중은 그새 그를 조롱하고 욕설을 퍼부으며 순식간에 뿔뿔이 흩어졌다. 반면 그와 함께 예루살렘을 향해 걸어가던 순례자들은 갈수록 열광했고, 그가 나아가는 길 앞에 나뭇가지를 던지며 칭송했다. "우리의 메시아에게 축복을! 이스라엘의 왕이 수도에 접근하고 있도다!"

(마태복음 21:1) 저희가 예루살렘에 가까이 와서 감람 산 벳바게에 이르렀을 때에 예수께서 두 제자를 보내시며

(마태복음 21:2) 이르시되 너희 맞은편 마을로 가라 곧 매인 나귀와 나귀 새끼가 함께 있는 것을 보리니 풀어 내게로 끌고 오너라

(마태복음 21:3) 만일 누가 무슨 말을 하거든 주가 쓰시겠다 하라 그리하면 즉시 보내리라 하시니

(마태복음 21:4) 이는 선지자로 하신 말씀을 이루려 하심이라 일렀으되

(마태복음 21:5) 시온 딸에게 이르기를 네 왕이 네게 임하나니 그는 겸손하여 나귀, 곧 멍에 메는 짐승의 새끼를 탔도다 하라 하였느니라

(마태복음 21:6) 제자들이 가서 예수의 명하신 대로 하여

(마태복음 21:7) 나귀와 나귀 새끼를 끌고 와서 자기들의 겉옷을 그 위에 얹으매 예수께서 그 위에 타시니

(마태복음 21:8) 무리의 대부분은 그 겉옷을 길에 펴며 다른 이는 나뭇가지를 베어 길에 펴고

(마태복음 21:9) 앞에서 가고 뒤에서 따르는 무리가 소리질러 가로되 호산나 다윗의 자손이여 찬송하리로다 주의 이름으로 오시는 이여 가장 높은 곳에서 호산나 하더라

(마태복음 21:10) 예수께서 예루살렘에 들어가시니 온 성이 소동하여 가로되 이는 누구뇨 하거늘

(마태복음 21:11) 무리가 가로되 갈릴리 나사렛에서 나온 선지자 예수라 하니라

(Matthew 21:1) And when they drew nigh unto Jerusalem, and were come to Bethphage, unto the mount of Olives, then sent Jesus two disciples,

(Matthew 21:2) Saying unto them, Go into the village over against you, and straightway ye shall find an ass tied, and a colt with her: loose [them,] and bring [them] unto me.

(Matthew 21:3) And if any [man] say ought unto you, ye shall say, The Lord hath need of them; and straightway he will send them.

(Matthew 21:4) All this was done, that it might be fulfilled which was spoken by the prophet, saying,

(Matthew 21:5) Tell ye the daughter of Sion, Behold, thy King cometh unto thee, meek, and sitting upon an ass, and a colt the foal of an ass.

(Matthew 21:6) And the disciples went, and did as Jesus commanded them,

(Matthew 21:7) And brought the ass, and the colt, and put on them their clothes, and they set [him] thereon.

(Matthew 21:8) And a very great multitude spread their garments in the way; others cut down branches from the trees, and strawed [them] in the way.

(Matthew 21:9) And the multitudes that went before, and that followed, cried, saying, Hosanna to the Son of David: Blessed [is] he that cometh in the name of the Lord; Hosanna in the highest.

(Matthew 21:10) And when he was come into Jerusalem, all the city was moved, saying, Who is this?

(Matthew 21:11) And the multitude said, This is Jesus the prophet of Nazareth of Galilee.

(마가복음 11:1) 저희가 예루살렘에 가까이 와서 감람 산 벳바게와 베다니에 이르렀을 때에 예수께서 제자 중 둘을 보내시며

(마가복음 11:2) 이르시되 너희 맞은편 마을로 가라 그리로 들어가면 곧 아직 아무 사람도 타 보지 않은 나귀 새끼의 매여 있는 것을 보리니 풀어 끌고 오너라

(마가복음 11:3) 만일 누가 너희에게 왜 이리 하느냐 묻거든 주가 쓰시겠다 하라 그리하면 즉시 이리로 보내리라 하시니

(마가복음 11:4) 제자들이 가서 본즉 나귀 새끼가 문 앞 거리에 매여 있는지라 그것을 푸니

(마가복음 11:5) 거기 섰는 사람 중 어떤 이들이 가로되 나귀 새끼를 풀어 무엇하려느냐 하매

(마가복음 11:6) 제자들이 예수의 이르신 대로 말한대 이에 허락하는지라

(마가복음 11:7) 나귀 새끼를 예수께로 끌고 와서 자기들의 겉옷을 그 위에 걸쳐 두매 예수께서 타시니

(마가복음 11:8) 많은 사람은 자기 겉옷과 다른 이들은 밭에서 벤 나뭇가지를 길에 펴며

(마가복음 11:9) 앞에서 가고 뒤에서 따르는 자들이 소리지르되 호산나 찬송하리로다 주의 이름으로 오시는 이여

(마가복음 11:10) 찬송하리로다 오는 우리 조상 다윗의 나라여 가장 높은 곳에서 호산나 하더라

(마가복음 11:11) 예수께서 예루살렘에 이르러 성전에 들어가사 모든 것을 둘러보시고 때가 이미 저물매 열두 제자를 데리시고 베다니에 나가시다

(Mark 11:1) And when they came nigh to Jerusalem, unto Bethphage and Bethany, at the mount of Olives, he sendeth forth two of his disciples,

(Mark 11:2) And saith unto them, Go your way into the village over against you: and as soon as ye be entered into it, ye shall find a colt tied, whereon never man sat; loose him, and bring [him.]

(Mark 11:3) And if any man say unto you, Why do ye this? say ye that the Lord hath need of him; and straightway he will send him hither.

(Mark 11:4) And they went their way, and found the colt tied by the door without in a place where two ways met; and they loose him.

(Mark 11:5) And certain of them that stood there said unto them, What do ye, loosing the colt?

(Mark 11:6) And they said unto them even as Jesus had commanded: and they let them go.

(Mark 11:7) And they brought the colt to Jesus, and cast their garments on him; and he sat upon him.

(Mark 11:8) And many spread their garments in the way: and others cut down branches off the trees, and strawed [them] in the way.

(Mark 11:9) And they that went before, and they that followed, cried, saying, Hosanna; Blessed [is] he that cometh in the name of the Lord:

(Mark 11:10) Blessed [be] the kingdom of our father David, that cometh in the name of the Lord: Hosanna in the highest.

(Mark 11:11) And Jesus entered into Jerusalem, and into the temple: and when he had looked round about upon all things, and now the eventide was come, he went out unto Bethany with the twelve.

(누가복음 19:28) 예수께서 이 말씀을 하시고 예루살렘을 향하여 앞서서 가시더라

(누가복음 19:29) 감람원이라는 산의 벳바게와 베다니에 가까이 왔을 때에 제자 중 둘을 보내시며

(누가복음 19:30) 이르시되 너희 맞은편 마을로 가라 그리로 들어가면 아직 아무 사람도 타 보지 않은 나귀새끼의 매여 있는 것을 보리니 풀어 끌고 오너라

(누가복음 19:31) 만일 누가 너희에게 어찌하여 푸느냐 묻거든 이렇게 말하되 주가 쓰시겠다 하라 하시매

(누가복음 19:32) 보내심을 받은 자들이 가서 그 말씀하신 대로 만난지라

(누가복음 19:33) 나귀새끼를 풀 때에 그 임자들이 이르되 어찌하여 나귀새끼를 푸느냐

(누가복음 19:34) 대답하되 주께서 쓰시겠다 하고

(누가복음 19:35) 그것을 예수께로 끌고 와서 자기들의 겉옷을 나귀새끼 위에 걸쳐 놓고 예수를 태우니

(누가복음 19:36) 가실 때에 저희가 자기의 겉옷을 길에 펴더라

(누가복음 19:37) 이미 감람 산에서 내려가는 편까지 가까이 오시매 제자의 온 무리가 자기의 본 바 모든 능한 일을 인하여 기뻐하며 큰 소리로 하나님을 찬양하여

(누가복음 19:38) 가로되 찬송하리로다 주의 이름으로 오시는 왕이여 하늘에는 평화요 가장 높은 곳에는 영광이로다 하니

(누가복음 19:39) 무리 중 어떤 바리새인들이 말하되 선생이여 당신의 제자들을 책망하소서 하거늘

(누가복음 19:40) 대답하여 가라사대 내가 너희에게 말하노니 만일 이 사람들이 잠잠하면 돌들이 소리지르리라 하시니라

(누가복음 19:41) 가까이 오사 성을 보시고 우시며

(누가복음 19:42) 가라사대 너도 오늘날 평화에 관한 일을 알았더면 좋을 뻔하였거니와 지금 네 눈에 숨기웠도다

(누가복음 19:43) 날이 이를지라 네 원수들이 토성을 쌓고 너를 둘러 사면으로 가두고

(누가복음 19:44) 또 너와 및 그 가운데 있는 네 자식들을 땅에 메어치며

돌 하나도 돌 위에 남기지 아니하리니 이는 권고받는 날을 네가 알지 못함을 인함이니라 하시니라

(Luke 19:28) And when he had thus spoken, he went before, ascending up to Jerusalem.

(Luke 19:29) And it came to pass, when he was come nigh to Bethphage and Bethany, at the mount called [the mount] of Olives, he sent two of his disciples,

(Luke 19:30) Saying, Go ye into the village over against [you;] in the which at your entering ye shall find a colt tied, whereon yet never man sat: loose him, and bring [him hither.]

(Luke 19:31) And if any man ask you, Why do ye loose [him?] thus shall ye say unto him, Because the Lord hath need of him.

(Luke 19:32) And they that were sent went their way, and found even as he had said unto them.

(Luke 19:33) And as they were loosing the colt, the owners thereof said unto them, Why loose ye the colt?

(Luke 19:34) And they said, The Lord hath need of him.

(Luke 19:35) And they brought him to Jesus: and they cast their garments upon the colt, and they set Jesus thereon.

(Luke 19:36) And as he went, they spread their clothes in the way.

(Luke 19:37) And when he was come nigh, even now at the descent of the mount of Olives, the whole multitude of the disciples began to rejoice and praise God with a loud voice for all the mighty works that they had seen;

(Luke 19:38) Saying, Blessed [be] the King that cometh in the name of the Lord: peace in heaven, and glory in the highest.

(Luke 19:39) And some of the Phariseces from among the multitude said unto him, Master, rebuke thy disciples.

(Luke 19:40) And he answered and said unto them, I tell you that, if these should hold their peace, the stones would immediately cry out.

(Luke 19:41) And when he was come near, he beheld the city, and wept over it,

(Luke 19:42) Saying, If thou hadst known, even thou, at least in this thy day, the things [which belong] unto thy peace! but now they are hid from thine eyes.

(Luke 19:43) For the days shall come upon thee, that thine enemies shall cast a trench about thee, and compass thee round, and keep thee in on every side,

(Luke 19:44) And shall lay thee even with the ground, and thy children within thee; and they shall not leave in thee one stone upon another; because thou knewest not the time of thy visitation.

(요한복음 12:12) 그 이튿날에는 명절에 온 큰 무리가 예수께서 예루살렘으로 오신다 함을 듣고

(요한복음 12:13) 종려나무 가지를 가지고 맞으러 나가 외치되 호산나 찬송하리로다 주의 이름으로 오시는 이 곧 이스라엘의 왕이시여 하더라

(요한복음 12:14) 예수는 한 어린 나귀를 만나서 타시니

(요한복음 12:15) 이는 기록된 바 시온 딸아 두려워 말라 보라 너의 왕이 나귀 새끼를 타고 오신다 함과 같더라

(요한복음 12:16) 제자들은 처음에 이 일을 깨닫지 못하였다가 예수께서 영광을 얻으신 후에야 이것이 예수께 대하여 기록된 것임과 사람들이 예수께 이같이 한 것인 줄 생각났더라

(요한복음 12:17) 나사로를 무덤에서 불러내어 죽은 자 가운데서 살리실 때에 함께 있던 무리가 증거한지라

(요한복음 12:18) 이에 무리가 예수를 맞음은 이 표적 행하심을 들었음이러라

(요한복음 12:19) 바리새인들이 서로 말하되 볼지어다 너희 하는 일이 쓸데없다 보라 온 세상이 저를 좇는도다 하니라

(John 12:12) On the next day much people that were come to the feast, when they heard that Jesus was coming to Jerusalem,

(John 12:13) Took branches of palm trees, and went forth to meet him, and cried, Hosanna: Blessed [is] the King of Israel that cometh in the name of the Lord.

(John 12:14) And Jesus, when he had found a young ass, sat thereon; as it is written,

(John 12:15) Fear not, daughter of Sion: behold, thy King cometh, sitting on an ass's colt.

(John 12:16) These things understood not his disciples at the first: but when Jesus was glorified, then remembered they that these things were written of him, and [that] they had done these things unto him.

(John 12:17) The people therefore that was with him when he called Lazarus out of his grave, and raised him from the dead, bare record.

(John 12:18) For this cause the people also met him, for that they heard that

그림 40. **나귀를 타고 예루살렘에 입성하는 예수와 추종자들** | 루벤스(Peter Paul Rubens)

he had done this miracle.

(John 12:19) The Pharisees therefore said among themselves, Perceive ye how ye prevail nothing? behold, the world is gone after him.

예루살렘 입성 직후 예수는 사원으로 직행하여 관례대로 예식을 치렀다. 그를 감시하던 당국은 두려움의 기미조차 내비치지 않는 그의 모습을 보고 오히려 놀라 긴장하며 그를 즉시 연행하려던 계획을 보류한다. 워낙 당당하게 행동하는 예수의 모습을 보고 틀림없이 어떤 함정이 있을 것으로 판단한 것이다. 그들은 심지어 예수가 베다니로 돌아가 하룻밤을 보내는 것까지 허락했다. 다음 날 아침, 예수는 예루살렘으로 다시 돌아와 그곳에 거주하는 친구들과 함께 시간을 보냈다. 그는 정기적으로 사원을 찾아 예배를 드렸고, 적의 그림자가 짙게 드리운 그곳에서 가르침과 치유의 사역을 이어갔다.

한편 그를 손봐줄 순간만 기다리고 있던 공권력은 시시각각 그의 숨통을 조여왔다. 열두 사도 중, 열렬한 추종자들의 후원을 등에 업고 유대의 메시아이자 왕의 지위를 내세우고 되찾기 거부한 예수에 대해 무척 못마땅했을 뿐 아니라 그와 계속 어울리다가 함께 험한 꼴을 당하는 것이 두려웠던 가룟 유다는 아무도 모르게 유대 당국과 은밀한 뒷거래를 한다. 마스터를 넘겨주는 대가로 면책 특권과 은화 몇 점을 보상으로 받기로 한 것이다.

낮에는 예루살렘의 사원에서 활동하고 밤에는 베다니에서 잠을 청하는 나날들이 한동안 이어졌다. 그러던 중 참다못한 사제들이 먼저 움직였다. 그들은 사제의 자격으로 예수 앞에 나타나 그에게 유대교 랍비의 서품과 정교회 신도들에게 가르침을 전파할 권리를 입증할 것을 요구했다. 이에 예수는 사제들이 대답하기 꺼림칙한 질문을 던짐으로써 대응했다. 사제들은 예수가 교회법에 어긋나는 말을 할 때까지 계속해서 질문을 던졌다. 그를 이단으로 몰아 체포할 명분을 얻기 위함이었다. 하지만 그들의 간교한 의도를 간파한 예수는 교묘하게 대답하며 덫에 말려들지 않았다. 그들은 또한 예수가 로마의 권위를 비판하도록 유도 신문을 했지만, 역시 예수는 그들에게 빌미를 주지 않았다.

(마태복음 21:23) 예수께서 성전에 들어가 가르치실새 대제사장들과 백성의 장로들이 나아와 가로되 네가 무슨 권세로 이런 일을 하느뇨 또 누가 이 권세를 주었느뇨

(마태복음 21:24) 예수께서 대답하시되 나도 한 말을 너희에게 물으리니 너희가 대답하면 나도 무슨 권세로 이런 일을 하는지 이르리라

(마태복음 21:25) 요한의 세례가 어디로서 왔느냐 하늘로서냐 사람에게로서냐 저희가 서로 의논하여 가로되 만일 하늘로서라 하면 어찌하여 저를 믿지 아니하였느냐 할 것이오

(마태복음 21:26) 만일 사람에게로서라 하면 모든 사람이 요한을 선지자로 여기니 백성이 무섭다 하여

(마태복음 21:27) 예수께 대답하여 가로되 우리가 알지 못하노라 하니 예수께서 가라사대 나도 무슨 권세로 이런 일을 하는지 너희에게 이르지 아니하리라

(Matthew 21:23) And when he was come into the temple, the chief priests and the elders of the people came unto him as he was teaching, and said, By what authority doest thou these things? and who gave thee this authority?

(Matthew 21:24) And Jesus answered and said unto them, I also will ask you one thing, which if ye tell me, I in like wise will tell you by what authority I do these things.

(Matthew 21:25) The baptism of John, whence was it? from heaven, or of men? And they reasoned with themselves, saying, If we shall say, From heaven; he will say unto us, Why did ye not then believe him?

(Matthew 21:26) But if we shall say, Of men; we fear the people; for all hold John as a prophet.

(Matthew 21:27) And they answered Jesus, and said, We cannot tell. And he said unto them, Neither tell I you by what authority I do these things.

(마가복음 11:27) 저희가 다시 예루살렘에 들어가니라 예수께서 성전에서 걸어다니실 때에 대제사장들과 서기관들과 장로들이 나아와
(마가복음 11:28) 가로되 무슨 권세로 이런 일을 하느뇨 누가 이런 일할 이 권세를 주었느뇨
(마가복음 11:29) 예수께서 가라사대 나도 한 말을 너희에게 물으리니 대답하라 그리하면 나도 무슨 권세로 이런 일을 하는지 이르리라
(마가복음 11:30) 요한의 세례가 하늘로서냐 사람에게로서냐 내게 대답하라
(마가복음 11:31) 저희가 서로 의논하여 가로되 만일 하늘로서라 하면 어찌하여 저를 믿지 아니하였느냐 할 것이니
(마가복음 11:32) 그러면 사람에게로서라 할까 하였으나 모든 사람이 요한을 참 선지자로 여기므로 저희가 백성을 무서워하는지라
(마가복음 11:33) 이에 예수께 대답하여 가로되 우리가 알지 못하노라 하니 예수께서 가라사대 나도 무슨 권세로 이런 일을 하는지 너희에게 이르지 아니하리라 하시니라

(Mark 11:27) And they come again to Jerusalem: and as he was walking in the temple, there come to him the chief priests, and the scribes, and the elders.

(Mark 11:28) And say unto him, By what authority doest thou these things?

and who gave thee this authority to do these things?

(Mark 11:29) And Jesus answered and said unto them, I will also ask of you one question, and answer me, and I will tell you by what authority I do these things.

(Mark 11:30) The baptism of John, was [it] from heaven, or of men? answer me.

(Mark 11:31) And they reasoned with themselves, saying, If we shall say, From heaven; he will say, Why then did ye not believe him?

(Mark 11:32) But if we shall say, Of men; they feared the people: for all [men] counted John, that he was a prophet indeed.

(Mark 11:33) And they answered and said unto Jesus, We cannot tell. And Jesus answering saith unto them, Neither do I tell you by what authority I do these things.

(누가복음 20:1) 하루는 예수께서 성전에서 백성을 가르치시며 복음을 전하실새 대제사장들과 서기관들이 장로들과 함께 가까이 와서

(누가복음 20:2) 말하여 가로되 당신이 무슨 권세로 이런 일을 하는지 이 권세를 준 이가 누구인지 우리에게 말하라

(누가복음 20:3) 대답하여 가라사대 나도 한 말을 너희에게 물으리니 내게 말하라

(누가복음 20:4) 요한의 세례가 하늘로서냐 사람에게로서냐

(누가복음 20:5) 저희가 서로 의논하여 가로되 만일 하늘로서라 하면 어찌하여 저를 믿지 아니하였느냐 할 것이요

(누가복음 20:6) 만일 사람에게로서라 하면 백성이 요한을 선지자로 인정하니

저희가 다 우리를 돌로 칠 것이라 하고

(누가복음 20:7) 대답하되 어디로서인지 알지 못하노라 하니

(누가복음 20:8) 예수께서 이르시되 나도 무슨 권세로 이런 일을 하는지 너희에게 이르지 아니하리라 하시니라

(Luke 20:1) And it came to pass, [that] on one of those days, as he taught the people in the temple, and preached the gospel, the chief priests and the scribes came upon [him] with the elders.

(Luke 20:2) And spake unto him, saying, Tell us, by what authority doest thou these things? or who is he that gave thee this authority?

(Luke 20:3) And he answered and said unto them, I will also ask you one thing; and answer me:

(Luke 20:4) The baptism of John, was it from heaven, or of men?

(Luke 20:5) And they reasoned with themselves, saying, If we shall say, From heaven; he will say, Why then believed ye him not?

(Luke 20:6) But and if we say, Of men; all the people will stone us: for they be persuaded that John was a prophet.

(Luke 20:7) And they answered, that they could not tell whence [it was.]

(Luke 20:8) And Jesus said unto them, Neither tell I you by what authority I do these things.

하지만 그들은 결국 예수가 권력을 비난하도록 유도하는 데 성공했다. 참다못한 예수가 소리쳤다.

화 있을진저! 너희 뱀들아! 너희 독사들아! 너희 위선자들아! 가난한 자들을 억압하는 자들아! 목자를 사칭하며 호시탐탐 양을 잡아먹을 기회를 노리고 있는 늑대들아! 화 있을진서, 너희 서기관, 위선자, 바리새인들아!

(마태복음 22:15) 이에 바리새인들이 가서 어떻게 하여 예수로 말의 올무에 걸리게 할까 상론하고

(마태복음 22:16) 자기 제자들을 헤롯 당원들과 함께 예수께 보내어 말하되 선생님이여 우리가 아노니 당신은 참되시고 참으로써 하나님의 도를 가르치시며 아무라도 꺼리는 일이 없으시니 이는 사람을 외모로 보지 아니하심이니이다

(마태복음 22:17) 그러면 당신의 생각에는 어떠한지 우리에게 이르소서 가이사에게 세를 바치는 것이 가하니이까 불가하니이까 한대

(마태복음 22:18) 예수께서 저희의 악함을 아시고 가라사대 외식하는 자들아 어찌하여 나를 시험하느냐

(마태복음 22:19) 셋돈을 내게 보이라 하시니 데나리온 하나를 가져왔거늘

(마태복음 22:20) 예수께서 말씀하시되 이 형상과 이 글이 뉘 것이냐

(마태복음 22:21) 가로되 가이사의 것이니이다 이에 가라사대 그런즉 가이사의 것은 가이사에게, 하나님의 것은 하나님께 바치라 하시니

(마태복음 22:22) 저희가 이 말씀을 듣고 기이히 여겨 예수를 떠나가니라

(마태복음 22:23) 부활이 없다 하는 사두개인들이 그 날에 예수께 와서 물어 가로되

(마태복음 22:24) 선생님이여 모세가 일렀으되 사람이 만일 자식이 없이 죽으면 그 동생이 그 아내에게 장가들어 형을 위하여 후사를 세울지니라 하였나이다

(마태복음 22:25) 우리 중에 칠 형제가 있었는데 맏이 장가들었다가 죽어

후사가 없으므로 그의 아내를 그 동생에게 끼쳐두고

(마태복음 22:26) 그 둘째와 셋째로 일곱째까지 그렇게 하다가

(마태복음 22:27) 최후에 그 여자도 죽었나이다

(마태복음 22:28) 그런즉 저희가 다 그를 취하였으니 부활 때에 일곱 중에 뉘 아내가 되리이까

(마태복음 22:29) 예수께서 대답하여 가라사대 너희가 성경도, 하나님의 능력도 알지 못하는 고로 오해하였도다

(마태복음 22:30) 부활 때에는 장가도 아니가고 시집도 아니가고 하늘에 있는 천사들과 같으니라

(마태복음 22:31) 죽은 자의 부활을 의논할진대 하나님이 너희에게 말씀하신 바

(마태복음 22:32) 나는 아브라함의 하나님이요 이삭의 하나님이요 야곱의 하나님이로라 하신 것을 읽어 보지 못하였느냐 하나님은 죽은 자의 하나님이 아니요 산 자의 하나님이시니라 하시니

(마태복음 22:33) 무리가 듣고 그의 가르치심에 놀라더라

(마태복음 22:34) 예수께서 사두개인들로 대답할 수 없게 하셨다 함을 바리새인들이 듣고 모였는데

(마태복음 22:35) 그 중에 한 율법사가 예수를 시험하여 묻되

(마태복음 22:36) 선생님이여 율법 중에 어느 계명이 크니이까

(마태복음 22:37) 예수께서 가라사대 네 마음을 다하고 목숨을 다하고 뜻을 다하여 주 너의 하나님을 사랑하라 하셨으니

(마태복음 22:38) 이것이 크고 첫째 되는 계명이요

(마태복음 22:39) 둘째는 그와 같으니 네 이웃을 네 몸과 같이 사랑하라 하셨으니

(마태복음 22:40) 이 두 계명이 온 율법과 선지자의 강령이니라

(마태복음 22:41) 바리새인들이 모였을 때에 예수께서 그들에게 물으시되

(마태복음 22:42) 너희는 그리스도에 대하여 어떻게 생각하느냐 뉘 자손이냐 대답하되 다윗의 자손이니이다

(마태복음 22:43) 가라사대 그러면 다윗이 성령에 감동하여 어찌 그리스도를 주라 칭하여 말하되

(마태복음 22:44) 주께서 내 주께 이르시되 내가 네 원수를 네 발 아래 둘 때까지 내 우편에 앉았으라 하셨도다 하였느냐

(마태복음 22:45) 다윗이 그리스도를 주라 칭하였은즉 어찌 그의 자손이 되겠느냐 하시니

(마태복음 22:46) 한 말도 능히 대답하는 자가 없고 그 날부터 감히 그에게 묻는 자도 없더라

(마태복음 23:1) 이에 예수께서 무리와 제자들에게 말씀하여 가라사대

(마태복음 23:2) 서기관들과 바리새인들이 모세의 자리에 앉았으니

(마태복음 23:3) 그러므로 무엇이든지 저희의 말하는 바는 행하고 지키되 저희의 하는 행위는 본받지 말라 저희는 말만 하고 행치 아니하며

(마태복음 23:4) 또 무거운 짐을 묶어 사람의 어깨에 지우되 자기는 이것을 한 손가락으로도 움직이려 하지 아니하며

(마태복음 23:5) 저희 모든 행위를 사람에게 보이고자 하여 하나니 곧 그 차는 경문을 넓게 하며 옷술을 크게 하고

(마태복음 23:6) 잔치의 상석과 회당의 상좌와

(마태복음 23:7) 시장에서 문안받는 것과 사람에게 랍비라 칭함을 받는 것을 좋아하느니라

(마태복음 23:8) 그러나 너희는 랍비라 칭함을 받지 말라 너희 선생은 하나요 너희는 다 형제니라

(마태복음 23:9) 땅에 있는 자를 아비라 하지 말라 너희 아버지는 하나이시니 곧 하늘에 계신 자시니라

(마태복음 23:10) 또한 지도자라 칭함을 받지 말라 너희 지도자는 하나이니 곧 그리스도니라

(마태복음 23:11) 너희 중에 큰 자는 너희를 섬기는 자가 되어야 하리라

(마태복음 23:12) 누구든지 자기를 높이는 자는 낮아지고 누구든지 자기를 낮추는 자는 높아지리라

(마태복음 23:13) 화 있을진저 외식하는 서기관들과 바리새인들이여 너희는 천국 문을 사람들 앞에서 닫고 너희도 들어가지 않고 들어가려 하는 자도 들어가지 못하게 하는도다

(마태복음 23:14) (없음)

(마태복음 23:15) 화 있을진저 외식하는 서기관들과 바리새인들이여 너희는 교인 하나를 얻기 위하여 바다와 육지를 두루 다니다가 생기면 너희보다 배나 더 지옥 자식이 되게 하는도다

(마태복음 23:16) 화 있을진저 소경된 인도자여 너희가 말하되 누구든지 성전으로 맹세하면 아무 일 없거니와 성전의 금으로 맹세하면 지킬지라 하는도다

(마태복음 23:17) 우맹이요 소경들이여 어느 것이 크뇨 그 금이냐 금을 거룩하게 하는 성전이냐

(마태복음 23:18) 너희가 또 이르되 누구든지 제단으로 맹세하면 아무 일 없거니와 그 위에 있는 예물로 맹세하면 지킬지라 하는도다

(마태복음 23:19) 소경들이여 어느 것이 크뇨 그 예물이냐 예물을 거룩하게 하는 제단이냐

(마태복음 23:20) 그러므로 제단으로 맹세하는 자는 제단과 그 위에 있는

모든 것으로 맹세함이요

(마태복음 23:21) 또 성전으로 맹세하는 자는 성전과 그 안에 계신 이로 맹세함이요

(마태복음 23:22) 또 하늘로 맹세하는 자는 하나님의 보좌와 그 위에 앉으신 이로 맹세함이니라

(마태복음 23:23) 화 있을진저 외식하는 서기관들과 바리새인들이여 너희가 박하와 회향과 근채의 십일조를 드리되 율법의 더 중한 바 의와 인과 신은 버렸도다 그러나 이것도 행하고 저것도 버리지 말아야 할지니라

(마태복음 23:24) 소경된 인도자여 하루살이는 걸러내고 약대는 삼키는도다

(마태복음 23:25) 화 있을진저 외식하는 서기관들과 바리새인들이여 잔과 대접의 겉은 깨끗이 하되 그 안에는 탐욕과 방탕으로 가득하게 하는도다

(마태복음 23:26) 소경된 바리새인아 너는 먼저 안을 깨끗이 하라 그리하면 겉도 깨끗하리라

(마태복음 23:27) 화 있을진저 외식하는 서기관들과 바리새인들이여 회칠한 무덤 같으니 겉으로는 아름답게 보이나 그 안에는 죽은 사람의 뼈와 모든 더러운 것이 가득하도다

(마태복음 23:28) 이와 같이 너희도 겉으로는 사람에게 옳게 보이되 안으로는 외식과 불법이 가득하도다

(마태복음 23:29) 화 있을진저 외식하는 서기관들과 바리새인들이여 너희는 선지자들의 무덤을 쌓고 의인들의 비석을 꾸미며 가로되

(마태복음 23:30) 만일 우리가 조상 때에 있었더면 우리는 저희가 선지자의 피를 흘리는데 참여하지 아니하였으리라 하니

(마태복음 23:31) 그러면 너희가 선지자를 죽인 자의 자손 됨을 스스로 증거함이로다

(마태복음 23:32) 너희가 너희 조상의 양을 채우라

(마태복음 23:33) 뱀들아 독사의 새끼들아 너희가 어떻게 지옥의 판결을 피하겠느냐

(마태복음 23:34) 그러므로 내가 너희에게 선지자들과 지혜 있는 자들과 서기관들을 보내매 너희가 그 중에서 더러는 죽이고 십자가에 못 박고 그 중에 더러는 너희 회당에서 채찍질하고 이 동네에서 저 동네로 구박하리라

(마태복음 23:35) 그러므로 의인 아벨의 피로부터 성전과 제단 사이에서 너희가 죽인 바라갸의 아들 사가랴의 피까지 땅 위에서 흘린 의로운 피가 다 너희에게 돌아가리라

(마태복음 23:36) 내가 진실로 너희에게 이르노니 이것이 다 이 세대에게 돌아가리라

(마태복음 23:37) 예루살렘아 예루살렘아 선지자들을 죽이고 네게 파송된 자들을 돌로 치는 자여 암탉이 그 새끼를 날개 아래 모음같이 내가 네 자녀를 모으려 한 일이 몇 번이냐 그러나 너희가 원치 아니하였도다

(마태복음 23:38) 보라 너희 집이 황폐하여 버린 바 되리라

(마태복음 23:39) 내가 너희에게 이르노니 이제부터 너희는 찬송하리로다 주의 이름으로 오시는 이여 할 때까지 나를 보지 못하리라 하시니라

(Matthew 22:15) Then went the Pharisees, and took counsel how they might entangle him in [his] talk.

(Matthew 22:16) And they sent out unto him their disciples with the Herodians, saying, Master, we know that thou art true, and teachest the way of God in truth, neither carest thou for any [man:] for thou regardest not the person of men.

(Matthew 22:17) Tell us therefore, What thinkest thou? Is it lawful to give tribute unto Caesar, or not?

(Matthew 22:18) But Jesus perceived their wickedness, and said, Why tempt ye me, [ye] hypocrites?

(Matthew 22:19) Shew me the tribute money. And they brought unto him a penny.

(Matthew 22:20) And he saith unto them, Whose [is] this image and superscription?

(Matthew 22:21) They say unto him, Caesar's. Then saith he unto them, Render therefore unto Caesar the things which are Caesar's; and unto God the things that are God's.

(Matthew 22:22) When they had heard [these words,] they marvelled, and left him, and went their way.

(Matthew 22:23) The same day came to him the Sadducees, which say that there is no resurrection, and asked him,

(Matthew 22:24) Saying, Master, Moses said, If a man die, having no children, his brother shall marry his wife, and raise up seed unto his brother.

(Matthew 22:25) Now there were with us seven brethren: and the first, when he had married a wife, deceased, and, having no issue, left his wife unto his brother:

(Matthew 22:26) Likewise the second also, and the third, unto the seventh.

(Matthew 22:27) And last of all the woman died also.

(Matthew 22:28) Therefore in the resurrection whose wife shall she be of the seven? for they all had her.

(Matthew 22:29) Jesus answered and said unto them, Ye do err, not knowing the scriptures, nor the power of God.

(Matthew 22:30) For in the resurrection they neither marry, nor are given in marriage, but are as the angels of God in heaven.

(Matthew 22:31) But as touching the resurrection of the dead, have ye not read that which was spoken unto you by God, saying,

(Matthew 22:32) I am the God of Abraham, and the God of Isaac, and the God of Jacob? God is not the God of the dead, but of the living.

(Matthew 22:33) And when the multitude heard [this,] they were astonished at his doctrine.

(Matthew 22:34) But when the Pharisees had heard that he had put the Sadducees to silence, they were gathered together.

(Matthew 22:35) Then one of them, [which was] a lawyer, asked [him a question,] tempting him, and saying,

(Matthew 22:36) Master, which [is] the great commandment in the law?

(Matthew 22:37) Jesus said unto him, Thou shalt love the Lord thy God with all thy heart, and with all thy soul, and with all thy mind.

(Matthew 22:38) This is the first and great commandment.

(Matthew 22:39) And the second [is] like unto it, Thou shalt love thy neighbour as thyself.

(Matthew 22:40) On these two commandments hang all the law and the prophets.

(Matthew 22:41) While the Pharisees were gathered together, Jesus asked them,

(**Matthew 22:42**) Saying, What think ye of Christ? whose son is he? They say unto him, [The Son] of David.

(**Matthew 22:43**) He saith unto them, How then doth David in spirit call him Lord, saying,

(**Matthew 22:44**) The LORD said unto my Lord, Sit thou on my right hand, till I make thine enemies thy footstool?

(**Matthew 22:45**) If David then call him Lord, how is he his son?

(**Matthew 22:46**) And no man was able to answer him a word, neither durst any [man] from that day forth ask him any more [questions.]

(**Matthew 23:1**) Then spake Jesus to the multitude, and to his disciples,

(**Matthew 23:2**) Saying, The scribes and the Pharisees sit in Moses' seat:

(**Matthew 23:3**) All therefore whatsoever they bid you observe, [that] observe and do; but do not ye after their works: for they say, and do not.

(**Matthew 23:4**) For they bind heavy burdens and grievous to be borne, and lay [them] on men's shoulders; but they [themselves] will not move them with one of their fingers.

(**Matthew 23:5**) But all their works they do for to be seen of men: they make broad their phylacteries, and enlarge the borders of their garments,

(**Matthew 23:6**) And love the uppermost rooms at feasts, and the chief seats in the synagogues,

(**Matthew 23:7**) And greetings in the markets, and to be called of men, Rabbi, Rabbi.

(**Matthew 23:8**) But be not ye called Rabbi: for one is your Master, [even] Christ; and all ye are brethren.

(Matthew 23:9) And call no [man] your father upon the earth: for one is your Father, which is in heaven.

(Matthew 23:10) Neither be ye called masters: for one is your Master, [even] Christ.

(Matthew 23:11) But he that is greatest among you shall be your servant.

(Matthew 23:12) And whosoever shall exalt himself shall be abased; and he that shall humble himself shall be exalted.

(Matthew 23:13) But woe unto you, scribes and Pharisees, hypocrites! for ye shut up the kingdom of heaven against men: for ye neither go in [yourselves,] neither suffer ye them that are entering to go in.

(Matthew 23:14) Woe unto you, scribes and Pharisees, hypocrites! for ye devour widows' houses, and for a pretence make long prayer: therefore ye shall receive the greater damnation.

(Matthew 23:15) Woe unto you, scribes and Pharisees, hypocrites! for ye compass sea and land to make one proselyte, and when he is made, ye make him twofold more the child of hell than yourselves.

(Matthew 23:16) Woe unto you, [ye] blind guides, which say, Whosoever shall swear by the temple, it is nothing; but whosoever shall swear by the gold of the temple, he is a debtor!

(Matthew 23:17) [Ye] fools and blind: for whether is greater, the gold, or the temple that sanctifieth the gold?

(Matthew 23:18) And, Whosoever shall swear by the altar, it is nothing; but whosoever sweareth by the gift that is upon it, he is guilty.

(Matthew 23:19) [Ye] fools and blind: for whether [is] greater, the gift, or the altar that sanctifieth the gift?

(Matthew 23:20) Whoso therefore shall swear by the altar, sweareth by it, and by all things thereon.

(Matthew 23:21) And whoso shall swear by the temple, sweareth by it, and by him that dwelleth therein.

(Matthew 23:22) And he that shall swear by heaven, sweareth by the throne of God, and by him that sitteth thereon.

(Matthew 23:23) Woe unto you, scribes and Pharisees, hypocrites! for ye pay tithe of mint and anise and cummin, and have omitted the weightier [matters] of the law, judgment, mercy, and faith: these ought ye to have done, and not to leave the other undone.

(Matthew 23:24) [Ye] blind guides, which strain at a gnat, and swallow a camel.

(Matthew 23:25) Woe unto you, scribes and Pharisees, hypocrites! for ye make clean the outside of the cup and of the platter, but within they are full of extortion and excess.

(Matthew 23:26) [Thou] blind Pharisee, cleanse first that [which is] within the cup and platter, that the outside of them may be clean also.

(Matthew 23:27) Woe unto you, scribes and Pharisees, hypocrites! for ye are like unto whited sepulchres, which indeed appear beautiful outward, but are within full of dead [men's] bones, and of all uncleanness.

(Matthew 23:28) Even so ye also outwardly appear righteous unto men, but within ye are full of hypocrisy and iniquity.

(Matthew 23:29) Woe unto you, scribes and Pharisees, hypocrites! because ye build the tombs of the prophets, and garnish the sepulchres of the righteous.

(Matthew 23:30) And say, If we had been in the days of our fathers, we would not have been partakers with them in the blood of the prophets.

(Matthew 23:31) Wherefore ye be witnesses unto yourselves, that ye are the children of them which killed the prophets.

(Matthew 23:32) Fill ye up then the measure of your fathers.

(Matthew 23:33) [Ye] serpents, [ye] generation of vipers, how can ye escape the damnation of hell?

(Matthew 23:34) Wherefore, behold, I send unto you prophets, and wise men, and scribes: and [some] of them ye shall kill and crucify; and [some] of them shall ye scourge in your synagogues, and persecute [them] from city to city:

(Matthew 23:35) That upon you may come all the righteous blood shed upon the earth, from the blood of righteous Abel unto the blood of Zacharias son of Barachias, whom ye slew between the temple and the altar.

(Matthew 23:36) Verily I say unto you, All these things shall come upon this generation.

(Matthew 23:37) O Jerusalem, Jerusalem, [thou] that killest the prophets, and stonest them which are sent unto thee, how often would I have gathered thy children together, even as a hen gathereth her chickens under [her] wings, and ye would not!

(Matthew 23:38) Behold, your house is left unto you desolate.

(Matthew 23:39) For I say unto you, Ye shall not see me henceforth, till ye shall say, Blessed [is] he that cometh in the name of the Lord.

예수는 돌 하나도 돌 위에 남지 않을 정도로 성전이 파괴될 것이라는 예언을 한 후, 그곳을 떠나 베다니로 가서 밤을 보냈다.

(마가복음 13:1) 예수께서 성전에서 나가실 때에 제자 중 하나가 가로되 선생님이여 보소서 이 돌들이 어떠하며 이 건물들이 어떠하니이까
(마가복음 13:2) 예수께서 이르시되 네가 이 큰 건물들을 보느냐 돌 하나도 돌 위에 남지 않고 다 무너뜨려지리라 하시니라

(Mark 13:1) And as he went out of the temple, one of his disciples saith unto him, Master, see what manner of stones and what buildings [are here!]
(Mark 13:2) And Jesus answering said unto him, Seest thou these great buildings? there shall not be left one stone upon another, that shall not be thrown down.

그날 밤 예수는 열두 사도들에게 속내를 털어놓았다. 그는 이제 최후까지의 시간이 얼마 남지 않았으며, 불과 몇 시간 안에 자기가 죽임을 당할 것이라고 얘기했다. 또한 사도들은 예수의 제자라는 이유로, 그의 측근이라는 이유로 핍박을 받으며 이곳저곳을 방랑하는 도망자 신세가 될 것이라고도 얘기했다. 예수가 왕이 되면 본인도 높은 지위에 올라 명예와 영광을 동시에 얻을 것으로 기대했던 몇몇 사도들에게는 청천벽력같은 계시였을 것이다! 때가 무르익었음을 느낀 유다는 몰래 일행에서 빠져나와 대제사장에게 달려가 그의 이름을 '배신자'의 대명사로 만든 계약의 이행을 마무리한다.

(마태복음 26:14) 그 때에 열둘 중에 하나인 가룟 유다라 하는 자가 대제사장들에게 가서 말하되

(마태복음 26:15) 내가 예수를 너희에게 넘겨 주리니 얼마나 주려느냐 하니 그들이 은 삼십을 달아 주거늘

(마태복음 26:16) 저가 그 때부터 예수를 넘겨 줄 기회를 찾더라

(Matthew 26:14) Then one of the twelve, called Judas Iscariot, went unto the chief priests,

(Matthew 26:15) And said [unto them,] What will ye give me, and I will deliver him unto you? And they covenanted with him for thirty pieces of silver.

(Matthew 26:16) And from that time he sought opportunity to betray him.

(마가복음 14:10) 열둘 중에 하나인 가룟 유다가 예수를 넘겨 주려고 대제사장들에게 가매

(마가복음 14:11) 저희가 듣고 기뻐하여 돈을 주기로 약속하니 유다가 예수를 어떻게 넘겨 줄 기회를 찾더라

(Mark 14:10) And Judas Iscariot, one of the twelve, went unto the chief priests, to betray him unto them.

(Mark 14:11) And when they heard [it,] they were glad, and promised to give him money. And he sought how he might conveniently betray him.

(누가복음 22:1) 유월절이라 하는 무교절이 가까우매

대업의 완성

(**누가복음 22:2**) 대제사장들과 서기관들이 예수를 무슨 방책으로 죽일꼬 연구하니 이는 저희가 백성을 두려워 함이더라

(**누가복음 22:3**) 열둘 중에 하나인 가룟인이라 부르는 유다에게 사단이 들어가니

(**누가복음 22:4**) 이에 유다가 대제사장들과 군관들에게 가서 예수를 넘겨 줄 방책을 의논하매

(**누가복음 22:5**) 저희가 기뻐하여 돈을 주기로 언약하는지라

(**누가복음 22:6**) 유다가 허락하고 예수를 무리가 없을 때에 넘겨 줄 기회를 찾더라

(**Luke 22:1**) Now the feast of unleavened bread drew nigh, which is called the Passover.

(**Luke 22:2**) And the chief priests and scribes sought how they might kill him; for they feared the people.

(**Luke 22:3**) Then entered Satan into Judas surnamed Iscariot, being of the number of the twelve.

(**Luke 22:4**) And he went his way, and communed with the chief priests and captains, how he might betray him unto them.

(**Luke 22:5**) And they were glad, and covenanted to give him money.

(**Luke 22:6**) And he promised, and sought opportunity to betray him unto them in the absence of the multitude.

최후의 만찬

수요일인 다음날, 예수는 베다니에서 온종일 머무르며 코앞으로 다가온 시련에 맞서기 위한 힘과 에너지를 충전했다. 그는 사도들과도 거리를 두고 홀로 명상하며 하루를 보냈다. 목요일 오전도 비슷한 식으로 시간을 소비했다. 저녁이 되자 예수는 열두 제자를 모두 불러 유월절의 중요 의식 중 하나인 유월절 만찬(Paschal Supper)을 제안했다.

스승과 제자들이 마지막으로 함께 시간을 보내는 이 성스러운 자리에서도 볼썽사나운 일이 벌어졌다. 사도들이 만찬에서 앉을 자리를 정하면서 서열을 운운하며 싸움이 벌어진 것이다. 유다는 마스터 옆의 자리를 확보하는 데 성공했다. 만찬에 앞서 예수는 열두 사도의 발을 일일이 씻겨주며 그들을 자기보다 높이는 행동으로 사도들을 당황케 했다. 사도들이 그 깊은 의미를 이해하지 못했던 이 의식은 본래 오컬트 형제단의 사제가 장차 중요한 임무를 맡게 된 동료 사제, 또는 자신의 후계자가 될 사람을 위해 행하던 의식이었다. 예수도 그런 의도로 사도들의 발을 씻어준 것이다. 세족을 마친 후, 예수는 사도들끼리도 서로 발을 씻어주라고 명했다. 예수가 떠난 후 사도들이 후계자가 되어 사역을 이어가는 중대한 임무를 맡았으므로 상호 존경을 표시하는 의미에서 서로 발을 씻어주라고 한 것이다.

(요한복음 13:1) 유월절 전에 예수께서 자기가 세상을 떠나 아버지께로 돌아가실 때가 이른 줄 아시고 세상에 있는 자기 사람들을 사랑하시되 끝까지 사랑하시니라

(요한복음 13:2) 마귀가 벌써 시몬의 아들 가룟 유다의 마음에 예수를 팔려는 생각을 넣었더니

(요한복음 13:3) 저녁 먹는 중 예수는 아버지께서 모든 것을 자기 손에 맡기신 것과 또 자기가 하나님께로부터 오셨다가 하나님께로 돌아가실 것을 아시고

(요한복음 13:4) 저녁 잡수시던 자리에서 일어나 겉옷을 벗고 수건을 가져다가 허리에 두르시고

(요한복음 13:5) 이에 대야에 물을 담아 제자들의 발을 씻기시고 그 두르신 수건으로 씻기기를 시작하여

(요한복음 13:6) 시몬 베드로에게 이르시니 가로되 주여 주께서 내 발을 씻기시나이까

(요한복음 13:7) 예수께서 대답하여 가라사대 나의 하는 것을 네가 이제는 알지 못하나 이후에는 알리라

(요한복음 13:8) 베드로가 가로되 내 발을 절대로 씻기지 못하시리이다 예수께서 대답하시되 내가 너를 씻기지 아니하면 네가 나와 상관이 없느니라

(요한복음 13:9) 시몬 베드로가 가로되 주여 내 발뿐 아니라 손과 머리도 씻겨 주옵소서

(요한복음 13:10) 예수께서 가라사대 이미 목욕한 자는 발밖에 씻을 필요가 없느니라 온 몸이 깨끗하니라 너희가 깨끗하나 다는 아니니라 하시니

(요한복음 13:11) 이는 자기를 팔 자가 누구인지 아심이라 그러므로

다는 깨끗지 아니하다 하시니라

(**요한복음 13:12**) 저희 발을 씻기신 후에 옷을 입으시고 다시 앉아 저희에게 이르시되 내가 너희에게 행한 것을 너희가 아느냐

(**요한복음 13:13**) 너희가 나를 선생이라 또는 주라 하니 너희 말이 옳도다 내가 그러하다

(**요한복음 13:14**) 내가 주와 또는 선생이 되어 너희 발을 씻겼으니 너희도 서로 발을 씻기는 것이 옳으니라

(**요한복음 13:15**) 내가 너희에게 행한 것같이 너희도 행하게 하려 하여 본을 보였노라

(**요한복음 13:16**) 내가 진실로 진실로 너희에게 이르노니 종이 상전보다 크지 못하고 보냄을 받은 자가 보낸 자보다 크지 못하니

(**요한복음 13:17**) 너희가 이것을 알고 행하면 복이 있으리라

(John 13:1) Now before the feast of the passover, when Jesus knew that his hour was come that he should depart out of this world unto the Father, having loved his own which were in the world, he loved them unto the end.

(John 13:2) And supper being ended, the devil having now put into the heart of Judas Iscariot, Simon's [son,] to betray him:

(John 13:3) Jesus knowing that the Father had given all things into his hands, and that he was come from God, and went to God;

(John 13:4) He riseth from supper, and laid aside his garments; and took a towel, and girded himself.

(John 13:5) After that he poureth water into a bason, and began to wash the disciples' feet, and to wipe [them] with the towel wherewith he was girded.

(John 13:6) Then cometh he to Simon Peter: and Peter saith unto him, Lord, dost thou wash my feet?

(John 13:7) Jesus answered and said unto him, What I do thou knowest not now; but thou shalt know hereafter.

(John 13:8) Peter saith unto him, Thou shalt never wash my feet. Jesus answered him, If I wash thee not, thou hast no part with me.

(John 13:9) Simon Peter saith unto him, Lord, not my feet only, but also [my] hands and [my] head.

(John 13:10) Jesus saith to him, He that is washed needeth not save to wash [his] feet, but is clean every whit: and ye are clean, but not all.

(John 13:11) For he knew who should betray him; therefore said he, Ye are not all clean.

(John 13:12) So after he had washed their feet, and had taken his garments, and was set down again, he said unto them, Know ye what I have done to you?

(John 13:13) Ye call me Master and Lord: and ye say well; for so I am.

(John 13:14) If I then, [your] Lord and Master, have washed your feet; ye also ought to wash one another's feet.

(John 13:15) For I have given you an example, that ye should do as I have done to you.

(John 13:16) Verily, verily, I say unto you, The servant is not greater than his lord; neither he that is sent greater than he that sent him.

(John 13:17) If ye know these things, happy are ye if ye do them.

그림 41. **제자들의 발을 씻어주는 예수** | 파올로 베로네세(Paolo Veronese)

    다음날 일어날 일을 이미 소상히 알고 있는 예수는 괴로워하는 목소리로 소리쳤다. "심지어 내가 손수 선택한 너희 중 한 명마저 나를 배신할 것이다!" 충격적인 발언을 들은 사도들은 저마다 돌아가며 화가 난 투로 되물었다. "저입니까?" 예수는 질문을 던진 모든 사도를 향해 고개를 저었다. 하지만 유다는 묻지 않았다. 당황한 유다는 예수 앞에 놓인 접시에서 빵을 한 점 뜯었다. 그러자 예수도 빵을 뜯어 접시에 적신 후, 유다에게 건네며 단호하게 말했다. "유다여, 어서 지체하지 말고 네가 해야 할 일을 하라." 유다는 수치스러워하며 슬그머니 만찬장을 빠져나온다.

    유다가 떠난 뒤, 복음서에 기록된 최후 만찬의 대화가 진행된다. 성체성사(聖體聖事: Holy Communion)도 치르고, 예수가 유월절 찬송가를 부르며 만찬은 마무리된다.

    (마태복음 26:17) 무교절의 첫날에 제자들이 예수께 나아와서 가로되

유월절 잡수실 것을 우리가 어디서 예비하기를 원하시나이까

(마태복음 26:18) 가라사대 성 안 아무에게 가서 이르되 선생님 말씀이 내 때가 가까왔으니 내 제자들과 함께 유월절을 네 집에서 지키겠다 하시더라 하라 하신대

(마태복음 26:19) 제자들이 예수의 시키신 대로 하여 유월절을 예비하였더라

(마태복음 26:20) 저물 때에 예수께서 열두 제자와 함께 앉으셨더니

(마태복음 26:21) 저희가 먹을 때에 이르시되 내가 진실로 너희에게 이르노니 너희 중에 한 사람이 나를 팔리라 하시니

(마태복음 26:22) 저희가 심히 근심하여 각각 여짜오되 주여 내니이까

(마태복음 26:23) 대답하여 가라사대 나와 함께 그릇에 손을 넣는 그가 나를 팔리라

(마태복음 26:24) 인자는 자기에게 대하여 기록된 대로 가거니와 인자를 파는 그 사람에게는 화가 있으리로다 그 사람은 차라리 나지 아니하였더면 제게 좋을 뻔하였느니라

(마태복음 26:25) 예수를 파는 유다가 대답하여 가로되 랍비여 내니이까 대답하시되 네가 말하였도다 하시니라

(마태복음 26:26) 저희가 먹을 때에 예수께서 떡을 가지사 축복하시고 떼어 제자들을 주시며 가라사대 받아 먹으라 이것이 내 몸이니라 하시고

(마태복음 26:27) 또 잔을 가지사 사례하시고 저희에게 주시며 가라사대 너희가 다 이것을 마시라

(마태복음 26:28) 이것은 죄 사함을 얻게 하려고 많은 사람을 위하여 흘리는 바 나의 피 곧 언약의 피니라

(마태복음 26:29) 그러나 너희에게 이르노니 내가 포도나무에서 난 것을 이제부터 내 아버지의 나라에서 새 것으로 너희와 함께 마시는 날까지

마시지 아니하리라 하시니라

(Matthew 26:17) Now the first [day] of the [feast of] unleavened bread the disciples came to Jesus, saying unto him, Where wilt thou that we prepare for thee to eat the passover?

(Matthew 26:18) And he said, Go into the city to such a man, and say unto him, The Master saith, My time is at hand: I will keep the passover at thy house with my disciples.

(Matthew 26:19) And the disciples did as Jesus had appointed them: and they made ready the passover.

(Matthew 26:20) Now when the even was come, he sat down with the twelve.

(Matthew 26:21) And as they did eat, he said, Verily I say unto you, that one of you shall betray me.

(Matthew 26:22) And they were exceeding sorrowful, and began every one of them to say unto him, Lord, is it I?

(Matthew 26:23) And he answered and said, He that dippeth [his] hand with me in the dish, the same shall betray me.

(Matthew 26:24) The Son of man goeth as it is written of him: but woe unto that man by whom the Son of man is betrayed! it had been good for that man if he had not been born.

(Matthew 26:25) Then Judas, which betrayed him, answered and said, Master, is it I? He said unto him, Thou hast said.

(Matthew 26:26) And as they were eating, Jesus took bread, and blessed [it,] and brake [it,] and gave [it] to the disciples, and said, Take, eat; this is my body.

(Matthew 26:27) And he took the cup, and gave thanks, and gave [it] to them, saying, Drink ye all of it;

(Matthew 26:28) For this is my blood of the new testament, which is shed for many for the remission of sins.

(Matthew 26:29) But I say unto you, I will not drink henceforth of this fruit of the vine, until that day when I drink it new with you in my Father's kingdom.

(마가복음 14:12) 무교절의 첫날 곧 유월절 양 잡는 날에 제자들이 예수께 여짜오되 우리가 어디로 가서 선생님으로 유월절을 잡수시게 예비하기를 원하시나이까 하매

(마가복음 14:13) 예수께서 제자 중에 둘을 보내시며 가라사대 성내로 들어가라 그리하면 물 한 동이를 가지고 가는 사람을 만나리니 그를 따라가서

(마가복음 14:14) 어디든지 그의 들어가는 그 집주인에게 이르되 선생님의 말씀이 내가 내 제자들과 함께 유월절을 먹을 나의 객실이 어디 있느뇨 하시더라 하라

(마가복음 14:15) 그리하면 자리를 베풀고 예비된 큰 다락방을 보이리니 거기서 우리를 위하여 예비하라 하신대

(마가복음 14:16) 제자들이 나가 성내로 들어가서 예수의 하시던 말씀대로 만나 유월절을 예비하니라

(마가복음 14:17) 저물매 그 열둘을 데리시고 와서

(마가복음 14:18) 다 앉아 먹을 때에 예수께서 가라사대 내가 진실로 너희에게 이르노니 너희 중에 한 사람 곧 나와 함께 먹는 자가 나를 팔리라 하신대

(마가복음 14:19) 저희가 근심하여 하나씩 하나씩 여짜오되 내니이까

(마가복음 14:20) 이르시되 열둘 중 하나 곧 나와 함께 그릇에 손을 넣는 자니라

(마가복음 14:21) 인자는 자기에게 대하여 기록된 대로 가거니와 인자를 파는 그 사람에게는 화가 있으리로다 그 사람은 차라리 나지 아니하였더면 제게 좋을 뻔하였느니라 하시니라

(마가복음 14:22) 저희가 먹을 때에 예수께서 떡을 가지사 축복하시고 떼어 제자들에게 주시며 가라사대 받으라 이것이 내 몸이니라 하시고

(마가복음 14:23) 또 잔을 가지사 사례하시고 저희에게 주시니 다 이를 마시매

(마가복음 14:24) 가라사대 이것은 많은 사람을 위하여 흘리는 바 나의 피 곧 언약의 피니라

(마가복음 14:25) 진실로 너희에게 이르노니 내가 포도나무에서 난 것을 하나님 나라에서 새 것으로 마시는 날까지 다시 마시지 아니하리라 하시니라

(Mark 14:12) And the first day of unleavened bread, when they killed the passover, his disciples said unto him, Where wilt thou that we go and prepare that thou mayest eat the passover?

(Mark 14:13) And he sendeth forth two of his disciples, and saith unto them, Go ye into the city, and there shall meet you a man bearing a pitcher of water: follow him.

(Mark 14:14) And wheresoever he shall go in, say ye to the goodman of the house, The Master saith, Where is the guestchamber, where I shall eat the passover with my disciples?

(Mark 14:15) And he will shew you a large upper room furnished [and] prepared: there make ready for us.

(Mark 14:16) And his disciples went forth, and came into the city, and found as he had said unto them: and they made ready the passover.

(Mark 14:17) And in the evening he cometh with the twelve.

(Mark 14:18) And as they sat and did eat, Jesus said, Verily I say unto you, One of you which eateth with me shall betray me.

(Mark 14:19) And they began to be sorrowful, and to say unto him one by one, [Is] it I? and another [said, Is] it I?

(Mark 14:20) And he answered and said unto them, [It is] one of the twelve, that dippeth with me in the dish.

(Mark 14:21) The Son of man indeed goeth, as it is written of him: but woe to that man by whom the Son of man is betrayed! good were it for that man if he had never been born.

(Mark 14:22) And as they did eat, Jesus took bread, and blessed, and brake [it,] and gave to them, and said, Take, eat: this is my body.

(Mark 14:23) And he took the cup, and when he had given thanks, he gave [it] to them: and they all drank of it.

(Mark 14:24) And he said unto them, This is my blood of the new testament, which is shed for many.

(Mark 14:25) Verily I say unto you, I will drink no more of the fruit of the vine, until that day that I drink it new in the kingdom of God.

(누가복음 22:7) 유월절 양을 잡을 무교절일이 이른지라

(누가복음 22:8) 예수께서 베드로와 요한을 보내시며 가라사대 가서 우리를 위하여 유월절을 예비하여 우리로 먹게 하라

(**누가복음 22:9**) 여짜오되 어디서 예비하기를 원하시나이까

(**누가복음 22:10**) 이르시되 보라 너희가 성내로 들어가면 물 한 동이를 가지고 가는 사람을 만나리니 그의 들어가는 집으로 따라 들어가서

(**누가복음 22:11**) 그 집주인에게 이르되 선생님이 네게 하는 말씀이 내가 내 제자들과 함께 유월절을 먹을 객실이 어디 있느뇨 하시더라 하라

(**누가복음 22:12**) 그리하면 저가 자리를 베푼 큰 다락방을 보이리니 거기서 예비하라 하신대

(**누가복음 22:13**) 저희가 나가 그 하시던 말씀대로 만나 유월절을 예비하니라

(**누가복음 22:14**) 때가 이르매 예수께서 사도들과 함께 앉으사

(**누가복음 22:15**) 이르시되 내가 고난을 받기 전에 너희와 함께 이 유월절 먹기를 원하고 원하였노라

(**누가복음 22:16**) 내가 너희에게 이르노니 이 유월절이 하나님의 나라에서 이루기까지 다시 먹지 아니하리라 하시고

(**누가복음 22:17**) 이에 잔을 받으사 사례하시고 가라사대 이것을 갖다가 너희끼리 나누라

(**누가복음 22:18**) 내가 너희에게 이르노니 내가 이제부터 하나님의 나라가 임할 때까지 포도나무에서 난 것을 다시 마시지 아니하리라 하시고

(**누가복음 22:19**) 또 떡을 가져 사례하시고 떼어 저희에게 주시며 가라사대 이것은 너희를 위하여 주는 내 몸이라 너희가 이를 행하여 나를 기념하라 하시고

(**누가복음 22:20**) 저녁 먹은 후에 잔도 이와 같이 하여 가라사대 이 잔은 내 피로 세우는 새 언약이니 곧 너희를 위하여 붓는 것이라

(**누가복음 22:21**) 그러나 보라 나를 파는 자의 손이 나와 함께 상 위에 있도다

(**누가복음 22:22**) 인자는 이미 작정된 대로 가거니와 그를 파는 그 사람에게는

화가 있으리로다 하시니

(누가복음 22:23) 저희가 서로 묻되 우리 중에서 이 일을 행할 자가 누구일까 하더라

(누가복음 22:24) 또 저희 사이에 그 중 누가 크냐 하는 다툼이 난지라

(누가복음 22:25) 예수께서 이르시되 이방인의 임금들은 저희를 주관하며 그 집권자들은 은인이라 칭함을 받으나

(누가복음 22:26) 너희는 그렇지 않을지니 너희 중에 큰 자는 젊은 자와 같고 두목은 섬기는 자와 같을지니라

(누가복음 22:27) 앉아서 먹는 자가 크냐 섬기는 자가 크냐 앉아 먹는 자가 아니냐 그러나 나는 섬기는 자로 너희 중에 있노라

(누가복음 22:28) 너희는 나의 모든 시험 중에 항상 나와 함께한 자들인즉

(누가복음 22:29) 내 아버지께서 나라를 내게 맡기신 것같이 나도 너희에게 맡겨

(누가복음 22:30) 너희로 내 나라에 있어 내 상에서 먹고 마시며 또는 보좌에 앉아 이스라엘 열두 지파를 다스리게 하려 하노라

(누가복음 22:31) 시몬아, 시몬아, 보라 사단이 밀 까부르듯 하려고 너희를 청구하였으나

(누가복음 22:32) 그러나 내가 너를 위하여 네 믿음이 떨어지지 않기를 기도하였노니 너는 돌이킨 후에 네 형제를 굳게 하라

(누가복음 22:33) 저가 말하되 주여 내가 주와 함께 옥에도, 죽는 데도 가기를 준비하였나이다

(누가복음 22:34) 가라사대 베드로야 내가 네게 말하노니 오늘 닭 울기 전에 네가 세 번 나를 모른다고 부인하리라 하시니라

(누가복음 22:35) 저희에게 이르시되 내가 너희를 전대와 주머니와 신도 없이

보내었을 때에 부족한 것이 있더냐 가로되 없었나이다

(누가복음 22:36) 이르시되 이제는 전대 있는 자는 가질 것이요 주머니도 그리하고 검 없는 자는 겉옷을 팔아 살지어다

(누가복음 22:37) 내가 너희에게 말하노니 기록된 바 저는 불법자의 동류로 여김을 받았다 한 말이 내게 이루어져야 하리니 내게 관한 일이 이루어 감이니라

(누가복음 22:38) 저희가 여짜오되 주여 보소서 여기 검 둘이 있나이다 대답하시되 족하다 하시니라

(Luke 22:7) Then came the day of unleavened bread, when the passover must be killed.

(Luke 22:8) And he sent Peter and John, saying, Go and prepare us the passover, that we may eat.

(Luke 22:9) And they said unto him, Where wilt thou that we prepare?

(Luke 22:10) And he said unto them, Behold, when ye are entered into the city, there shall a man meet you, bearing a pitcher of water; follow him into the house where he entereth in.

(Luke 22:11) And ye shall say unto the goodman of the house, The Master saith unto thee, Where is the guestchamber, where I shall eat the passover with my disciples?

(Luke 22:12) And he shall shew you a large upper room furnished: there make ready.

(Luke 22:13) And they went, and found as he had said unto them: and they made ready the passover.

(Luke 22:14) And when the hour was come, he sat down, and the twelve apostles with him.

(Luke 22:15) And he said unto them, With desire I have desired to eat this passover with you before I suffer:

(Luke 22:16) For I say unto you, I will not any more eat thereof, until it be fulfilled in the kingdom of God.

(Luke 22:17) And he took the cup, and gave thanks, and said, Take this, and divide [it] among yourselves:

(Luke 22:18) For I say unto you, I will not drink of the fruit of the vine, until the kingdom of God shall come.

(Luke 22:19) And he took bread, and gave thanks, and brake [it,] and gave unto them, saying, This is my body which is given for you: this do in remembrance of me.

(Luke 22:20) Likewise also the cup after supper, saying, This cup [is] the new testament in my blood, which is shed for you.

(Luke 22:21) But, behold, the hand of him that betrayeth me [is] with me on the table.

(Luke 22:22) And truly the Son of man goeth, as it was determined: but woe unto that man by whom he is betrayed!

(Luke 22:23) And they began to enquire among themselves, which of them it was that should do this thing.

(Luke 22:24) And there was also a strife among them, which of them should be accounted the greatest.

(Luke 22:25) And he said unto them, The kings of the Gentiles exercise lordship over them; and they that exercise authority upon them are called benefactors.

(Luke 22:26) But ye [shall] not [be] so: but he that is greatest among you, let him be as the younger; and he that is chief, as he that doth serve.

(Luke 22:27) For whether [is] greater, he that sitteth at meat, or he that serveth? [is] not he that sitteth at meat? but I am among you as he that serveth.

(Luke 22:28) Ye are they which have continued with me in my temptations.

(Luke 22:29) And I appoint unto you a kingdom, as my Father hath appointed unto me;

(Luke 22:30) That ye may eat and drink at my table in my kingdom, and sit on thrones judging the twelve tribes of Israel.

(Luke 22:31) And the Lord said, Simon, Simon, behold, Satan hath desired [to have] you, that he may sift [you] as wheat:

(Luke 22:32) But I have prayed for thee, that thy faith fail not: and when thou art converted, strengthen thy brethren.

(Luke 22:33) And he said unto him, Lord, I am ready to go with thee, both into prison, and to death.

(Luke 22:34) And he said, I tell thee, Peter, the cock shall not crow this day, before that thou shalt thrice deny that thou knowest me.

(Luke 22:35) And he said unto them, When I sent you without purse, and scrip, and shoes, lacked ye any thing? And they said, Nothing.

(Luke 22:36) Then said he unto them, But now, he that hath a purse, let him take [it,] and likewise [his] scrip: and he that hath no sword, let him sell his garment, and buy one.

(Luke 22:37) For I say unto you, that this that is written must yet be accomplished in me. And he was reckoned among the transgressors: for the things concerning me have an end.

(Luke 22:38) And they said, Lord, behold, here [are] two swords. And he said unto them, It is enough.

(요한복음 13:21) 예수께서 이 말씀을 하시고 심령에 민망하여 증거하여 가라사대 내가 진실로 진실로 너희에게 이르노니 너희 중 하나가 나를 팔리라 하시니

(요한복음 13:22) 제자들이 서로 보며 뉘게 대하여 말씀하시는지 의심하더라

(요한복음 13:23) 예수의 제자 중 하나 곧 그의 사랑하시는 자가 예수의 품에 의지하여 누웠는지라

(요한복음 13:24) 시몬 베드로가 머릿짓을 하여 말하되 말씀하신 자가 누구인지 말하라 한대

(요한복음 13:25) 그가 예수의 가슴에 그대로 의지하여 말하되 주여 누구오니이까

(요한복음 13:26) 예수께서 대답하시되 내가 한 조각을 찍어다가 주는 자가 그니라 하시고 곧 한 조각을 찍으셔다가 가룟 시몬의 아들 유다를 주시니

(요한복음 13:27) 조각을 받은 후 곧 사단이 그 속에 들어간지라 이에 예수께서 유다에게 이르시되 네 하는 일을 속히 하라 하시니

(John 13:21) When Jesus had thus said, he was troubled in spirit, and testified, and said, Verily, verily, I say unto you, that one of you shall betray

그림 42. **최후의 만찬** | 레오나르도 다빈치(Leonardo da Vinci)

me.

(John 13:22) Then the disciples looked one on another, doubting of whom he spake.

(John 13:23) Now there was leaning on Jesus' bosom one of his disciples, whom Jesus loved.

(John 13:24) Simon Peter therefore beckoned to him, that he should ask who it should be of whom he spake.

(John 13:25) He then lying on Jesus' breast saith unto him, Lord, who is it?

(John 13:26) Jesus answered, He it is, to whom I shall give a sop, when I have dipped [it.] And when he had dipped the sop, he gave [it] to Judas Iscariot, [the son] of Simon.

(John 13:27) And after the sop Satan entered into him. Then said Jesus unto him, That thou doest, do quickly.

겟세마네 동산의 고뇌

식사 후 예수와 일행은 만찬장을 나와 거리를 걸었다. 예수는 이제 열한 명만 남은 사도들을 남겨두고 근방 초원에 있는 겟세마네 동산으로 들어갔다. 그는 그곳에서 기도와 명상을 하며 이승에서의 마지막 시련을 잘 견뎌낼 힘을 달라고 아버지 하나님께 요청했다. 의심, 두려움, 불안…. 육신의 나약함과 충동에 맞서 싸우던 예수는 급기야 그의 모든 의지를 담은 말을 내뱉는다. "나의 원대로 마옵시고 아버지의 원대로 하옵소서!" 이 말 한마디로 예수는 자기에게 주어진 선택권을 영원히 포기하고, 시시각각 다가오는 고난의 길을 기꺼이 받아들인다. 자기를 핍박하러 오는 무리 정도는 쉽게 섬멸할 수 있는 오컬트 힘의 사용을 내려놓고 유월절에 제물로 바쳐지는 양(Paschal Lamb)이 되기 위해 스스로 제단에 오른 것이다.

(마태복음 26:36) 이에 예수께서 제자들과 함께 겟세마네라 하는 곳에 이르러 제자들에게 이르시되 내가 저기 가서 기도할 동안에 너희는 여기 앉아 있으라 하시고

(마태복음 26:37) 베드로와 세베대의 두 아들을 데리고 가실새 고민하고

슬퍼하사

(마태복음 26:38) 이에 말씀하시되 내 마음이 심히 고민하여 죽게 되었으니
너희는 여기 머물러 나와 함께 깨어 있으라 하시고

(마태복음 26:39) 조금 나아가사 얼굴을 땅에 대시고 엎드려 기도하여 가라사대
내 아버지여 만일 할 만하시거든 이 잔을 내게서 지나가게 하옵소서 그러나
나의 원대로 마옵시고 아버지의 원대로 하옵소서 하시고

(마태복음 26:40) 제자들에게 오사 그 자는 것을 보시고 베드로에게 말씀하시되
너희가 나와 함께 한 시 동안도 이렇게 깨어 있을 수 없더냐

(마태복음 26:41) 시험에 들지 않게 깨어 있어 기도하라 마음에는 원이로되
육신이 약하도다 하시고

(마태복음 26:42) 다시 두 번째 나아가 기도하여 가라사대 내 아버지여
만일 내가 마시지 않고는 이 잔이 내게서 지나갈 수 없거든 아버지의 원대로
되기를 원하나이다 하시고

(Matthew 26:36) Then cometh Jesus with them unto a place called
Gethsemane, and saith unto the disciples, Sit ye here, while I go and pray
yonder.

(Matthew 26:37) And he took with him Peter and the two sons of Zebedee,
and began to be sorrowful and very heavy.

(Matthew 26:38) Then saith he unto them, My soul is exceeding sorrowful,
even unto death: tarry ye here, and watch with me.

(Matthew 26:39) And he went a little farther, and fell on his face, and prayed,
saying, O my Father, if it be possible, let this cup pass from me: nevertheless
not as I will, but as thou [wilt.]

(Matthew 26:40) And he cometh unto the disciples, and findeth them asleep, and saith unto Peter, What, could ye not watch with me one hour?

(Matthew 26:41) Watch and pray, that ye enter not into temptation: the spirit indeed [is] willing, but the flesh [is] weak.

(Matthew 26:42) He went away again the second time, and prayed, saying, O my Father, if this cup may not pass away from me, except I drink it, thy will be done.

(마가복음 14:32) 저희가 겟세마네라 하는 곳에 이르매 예수께서 제자들에게 이르시되 나의 기도할 동안에 너희는 여기 앉았으라 하시고

(마가복음 14:33) 베드로와 야고보와 요한을 데리고 가실새 심히 놀라시며 슬퍼하사

(마가복음 14:34) 말씀하시되 내 마음이 심히 고민하여 죽게 되었으니 너희는 여기 머물러 깨어 있으라 하시고

(마가복음 14:35) 조금 나아가사 땅에 엎드리어 될 수 있는 대로 이 때가 자기에게서 지나가기를 구하여

(마가복음 14:36) 가라사대 아바 아버지여 아버지께서는 모든 것이 가능하오니 이 잔을 내게서 옮기시옵소서 그러나 나의 원대로 마옵시고 아버지의 원대로 하옵소서 하시고

(Mark 14:32) And they came to a place which was named Gethsemane: and he saith to his disciples, Sit ye here, while I shall pray.

(Mark 14:33) And he taketh with him Peter and James and John, and began to be sore amazed, and to be very heavy;

그림 43. **겟세마네 동산의 고뇌** | 하인리히 호프만(Heinrich Hofmann)

(Mark 14:34) And saith unto them, My soul is exceeding sorrowful unto death: tarry ye here, and watch.

(Mark 14:35) And he went forward a little, and fell on the ground, and prayed that, if it were possible, the hour might pass from him.

(Mark 14:36) And he said, Abba, Father, all things [are] possible unto thee; take away this cup from me: nevertheless not what I will, but what thou wilt.

죽은 나사로를 살려낸 것보다 더 위대한 기적, 즉, 자신의 운명을 신에게 맡기는 포기의 기적(Miracle of Renunciation)을 행한 예수는 사도들에게 돌아가 말했다. "이제 때가 되었도다. 배신자가 자기 일을 하기 위해 왔도다."

유다의 배신

잠시 후 무기가 맞부딪치고 군인들이 발을 맞춰 걷는 소리가 들려왔다. 군인들은 순식간에 예수 일행을 포위했다. 여러 명의 사제가 군인들을 대동하고 있었고, 가장 앞장서서 걸으며 이들을 이끄는 자는 다름 아닌 가룟 유다였다. 유다는 마치 최면에 걸린 사람처럼 마스터를 향해 다가가더니 그의 뺨에 입을 맞추며 말했다. "스승님이시여, 안녕하시옵니까?" 유다와 대제사장이 사전에 협의한 신호였다. 그러자 예수가 말했다. "아, 유다여. 입맞춤으로 사람의 아들(인자)을 배신하도다! 아!" 그 순간 마스터의 슬픔은 최고조에 달했고, 군인들은 곧바로 그를 체포하여 연행했다.

(마태복음 26:47) 말씀하실 때에 열둘 중에 하나인 유다가 왔는데 대제사장들과 백성의 장로들에게서 파송된 큰 무리가 검과 몽치를 가지고 그와 함께 하였더라

(마태복음 26:48) 예수를 파는 자가 그들에게 군호를 짜 가로되 내가 입맞추는 자가 그이니 그를 잡으라 하였는지라

(마태복음 26:49) 곧 예수께 나아와 랍비여 안녕하시옵니까 하고 입을 맞추니

(마태복음 26:50) 예수께서 가라사대 친구여 네가 무엇을 하려고 왔는지 행하라 하신대 이에 저희가 나아와 예수께 손을 대어 잡는지라

(Matthew 26:47) And while he yet spake, lo, Judas, one of the twelve, came, and with him a great multitude with swords and staves, from the chief priests and elders of the people.

(Matthew 26:48) Now he that betrayed him gave them a sign, saying, Whomsoever I shall kiss, that same is he: hold him fast.

(Matthew 26:49) And forthwith he came to Jesus, and said, Hail, master; and kissed him.

(Matthew 26:50) And Jesus said unto him, Friend, wherefore art thou come? Then came they, and laid hands on Jesus, and took him.

(마가복음 14:42) 일어나라 함께 가자 보라 나를 파는 자가 가까이 왔느니라

(마가복음 14:43) 말씀하실 때에 곧 열둘 중의 하나인 유다가 왔는데 대제사장들과 서기관들과 장로들에게서 파송된 무리가 검과 몽치를 가지고 그와 함께 하였더라

(마가복음 14:44) 예수를 파는 자가 이미 그들과 군호를 짜 가로되 내가 입맞추는 자가 그이니 그를 잡아 단단히 끌어가라 하였는지라

(마가복음 14:45) 이에 와서 곧 예수께 나아와 랍비여 하고 입을 맞추니

(마가복음 14:46) 저희가 예수께 손을 대어 잡거늘

(Mark 14:42) Rise up, let us go; lo, he that betrayeth me is at hand.

(Mark 14:43) And immediately, while he yet spake, cometh Judas, one of the twelve, and with him a great multitude with swords and staves, from the chief priest and the scribes and the elders.

(Mark 14:44) And he that betrayed him had given them a token, saying, Whomsoever I shall kiss, that same is he; take him, and lead [him] away safely.

(Mark 14:45) And as soon as he was come, he goeth straightway to him, and saith, Master, master; and kissed him.

(Mark 14:46) And they laid their hands on him, and took him.

(누가복음 22:47) 말씀하실 때에 한 무리가 오는데 열둘 중의 하나인 유다라 하는 자가 그들의 앞에 서서 와서

(누가복음 22:48) 예수께 입을 맞추려고 가까이 하는지라 예수께서 이르시되 유다야 네가 입맞춤으로 인자를 파느냐 하시니

(Luke 22:47) And while he yet spake, behold a multitude, and he that was called Judas, one of the twelve, went before them, and drew near unto Jesus to kiss him.

(Luke 22:48) But Jesus said unto him, Judas, betrayest thou the Son of man with a kiss?

(요한복음 18:1) 예수께서 이 말씀을 하시고 제자들과 함께 기드론 시내 저편으로 나가시니 거기 동산이 있는데 제자들과 함께 들어가시다

(요한복음 18:2) 거기는 예수께서 제자들과 가끔 모이시는 곳이므로 예수를 파는 유다도 그 곳을 알더라

(요한복음 18:3) 유다가 군대와 및 대제사장들과 바리새인들에게서 얻은 하속들을 데리고 등과 홰와 병기를 가지고 그리로 오는지라

(John 18:1) When Jesus had spoken these words, he went forth with his disciples over the brook Cedron, where was a garden, into the which he entered, and his disciples.

(John 18:2) And Judas also, which betrayed him, knew the place: for Jesus ofttimes resorted thither with his disciples.

(John 18:3) Judas then, having received a band [of men] and officers from the chief priests and Pharisees, cometh thither with lanterns and torches and weapons.

하지만 예수는 저항하지 않았다. 군인과 사제들이 다가오자 그는 물었다. "누구를 찾고 있소?" 무리의 리더가 "사람들이 나사렛의 예수라 부르는 자를 찾고 있소."라고 말하자 마스터는 덤덤하게 대답했다. "내가 바로 당신이 찾고 있는 자요." 사도들은 격렬하게 저항했다. 베드로는 지니고 있던 칼을 꺼내어 대제사장 휘하에 있는 하인의 귀를 베었다. 하지만 예수는 사도들에게 저항하지 말라고 지시했고, 귀를 베인 자의 얼굴에 다시 귀를 붙여 본래의 상태로 되돌렸다. 그리고 자기가 원했더라면 천국의 군대 전체를 소환할 수도 있건만 그렇게 하지 않은 것이라고 말하며 사도들을 꾸짖었다. 그런 다음 무리의 지휘관에게 자기를 끌고 가라고 몸을 내맡긴 후 사도들에게 마지막 작별을 고하기 위해 몸을 돌리는데, 그곳에는 아무도 없었다! 목숨까지 바치며 충성하겠다고 다짐했던 자들이 스승이 절체절명의 위기에 처한 순간

그림 44. **예수에게 입을 맞추는 배신자 유다** | 조르다노(Luca Giordano)

에 혼자 놔두고 줄행랑을 친 것이다! 최고의 위기는 역시 혼자서 헤쳐 나가야 하는가? 그 순간에는 나와 신만 남게 되는 것이던가?

(마태복음 26:51) 예수와 함께 있던 자 중에 하나가 손을 펴 검을 빼어 대제사장의 종을 쳐 그 귀를 떨어뜨리니

(마태복음 26:52) 이에 예수께서 이르시되 네 검을 도로 집에 꽂으라 검을 가지는 자는 다 검으로 망하느니라

(마태복음 26:53) 너는 내가 내 아버지께 구하여 지금 열두 영 더 되는 천사를 보내시게 할 수 없는 줄로 아느냐

(마태복음 26:54) 내가 만일 그렇게 하면 이런 일이 있으리라 한 성경이 어떻게 이루어지리요 하시더라

(마태복음 26:55) 그 때에 예수께서 무리에게 말씀하시되 너희가 강도를 잡는 것같이 검과 몽치를 가지고 나를 잡으러 나왔느냐 내가 날마다 성전에 앉아 가르쳤으되 너희가 나를 잡지 아니하였도다

(마태복음 26:56) 그러나 이렇게 된 것은 다 선지자들의 글을 이루려 함이니라 하시더라 이에 제자들이 다 예수를 버리고 도망하니라

(Matthew 26:51) And, behold, one of them which were with Jesus stretched out [his] hand, and drew his sword, and struck a servant of the high priest's, and smote off his ear.

(Matthew 26:52) Then said Jesus unto him, Put up again thy sword into his place: for all they that take the sword shall perish with the sword.

(Matthew 26:53) Thinkest thou that I cannot now pray to my Father, and he shall presently give me more than twelve legions of angels?

(Matthew 26:54) But how then shall the scriptures be fulfilled, that thus it must be?

(Matthew 26:55) In that same hour said Jesus to the multitudes, Are ye come out as against a thief with swords and staves for to take me? I sat daily with you teaching in the temple, and ye laid no hold on me.

(Matthew 26:56) But all this was done, that the scriptures of the prophets might be fulfilled. Then all the disciples forsook him, and fled.

(마가복음 14:47) 곁에 섰는 자 중에 한 사람이 검을 빼어 대제사장의 종을 쳐 그 귀를 떨어뜨리니라

(마가복음 14:48) 예수께서 무리에게 말씀하여 가라사대 너희가 강도를 잡는 것

같이 검과 몽치를 가지고 나를 잡으러 나왔느냐

(마가복음 14:49) 내가 날마다 너희와 함께 성전에 있어서 가르쳤으되 너희가 나를 잡지 아니하였도다 그러나 이는 성경을 이루려 함이니라 하시더라

(마가복음 14:50) 제자들이 다 예수를 버리고 도망하니라

(Mark 14:47) And one of them that stood by drew a sword, and smote a servant of the high priest, and cut off his ear.

(Mark 14:48) And Jesus answered and said unto them, Are ye come out, as against a thief, with swords and [with] staves to take me?

(Mark 14:49) I was daily with you in the temple teaching, and ye took me not: but the scriptures must be fulfilled.

(Mark 14:50) And they all forsook him, and fled.

(누가복음 22:49) 좌우가 그 될 일을 보고 여짜오되 주여 우리가 검으로 치리이까 하고

(누가복음 22:50) 그 중에 한 사람이 대제사장의 종을 쳐 그 오른편 귀를 떨어뜨린지라

(누가복음 22:51) 예수께서 일러 가라사대 이것까지 참으라 하시고 그 귀를 만져 낫게 하시더라

(누가복음 22:52) 예수께서 그 잡으러 온 대제사장들과 성전의 군관들과 장로들에게 이르시되 너희가 강도를 잡는 것같이 검과 몽치를 가지고 나왔느냐

(누가복음 22:53) 내가 날마다 너희와 함께 성전에 있을 때에 내게 손을 대지 아니하였도다 그러나 이제는 너희 때요 어두움의 권세로다 하시더라

(Luke 22:49) When they which were about him saw what would follow, they said unto him, Lord, shall we smite with the sword?

(Luke 22:50) And one of them smote the servant of the high priest, and cut off his right ear.

(Luke 22:51) And Jesus answered and said, Suffer ye thus far. And he touched his ear, and healed him.

(Luke 22:52) Then Jesus said unto the chief priests, and captains of the temple, and the elders, which were come to him, Be ye come out, as against a thief, with swords and staves?

(Luke 22:53) When I was daily with you in the temple, ye stretched forth no hands against me: but this is your hour, and the power of darkness.

(요한복음 18:4) 예수께서 그 당할 일을 다 아시고 나아가 가라사대 너희가 누구를 찾느냐

(요한복음 18:5) 대답하되 나사렛 예수라 하거늘 가라사대 내로라 하시니라 그를 파는 유다도 저희와 함께 섰더라

(요한복음 18:6) 예수께서 저희에게 내로라 하실 때에 저희가 물러가서 땅에 엎드러지는지라

(요한복음 18:7) 이에 다시 누구를 찾느냐고 물으신대 저희가 말하되 나사렛 예수라 하거늘

(요한복음 18:8) 예수께서 대답하시되 너희에게 내로라 하였으니 나를 찾거든 이 사람들의 가는 것을 용납하라 하시니

(요한복음 18:9) 이는 아버지께서 내게 주신 자 중에서 하나도 잃지 아니하였삽나이다 하신 말씀을 응하게 하려 함이러라

(요한복음 18:10) 이에 시몬 베드로가 검을 가졌는데 이것을 빼어 대제사장의 종을 쳐서 오른편 귀를 베어 버리니 그 종의 이름은 말고라

(요한복음 18:11) 예수께서 베드로더러 이르시되 검을 집에 꽂으라 아버지께서 주신 잔을 내가 마시지 아니하겠느냐 하시니라

(John 18:4) Jesus therefore, knowing all things that should come upon him, went forth, and said unto them, Whom seek ye?

(John 18:5) They answered him, Jesus of Nazareth. Jesus saith unto them, I am [he]. And Judas also, which betrayed him, stood with them.

(John 18:6) As soon then as he had said unto them, I am [he,] they went backward, and fell to the ground.

(John 18:7) Then asked he them again, Whom seek ye? And they said, Jesus of Nazareth.

(John 18:8) Jesus answered, I have told you that I am [he:] if therefore ye seek me, let these go their way:

(John 18:9) That the saying might be fulfilled, which he spake, Of them which thou gavest me have I lost none.

(John 18:10) Then Simon Peter having a sword drew it, and smote the high priest's servant, and cut off his right ear. The servant's name was Malchus.

(John 18:11) Then said Jesus unto Peter, Put up thy sword into the sheath: the cup which my Father hath given me, shall I not drink it?

그림 45. **체포되는 예수와 검을 빼든 베드로** | 작자 미상

심문, 고문, 재판, 그리고 판결

군인들은 세상의 모든 힘을 정복했음에도 저항하지 않으며 겸손한 자세로 신의 의지에 자신을 내맡긴 마스터를 끌고 도심을 향해 걸어갔다. 그들은 우선 산헤드린이 소집된 대제사장의 저택으로 예수를 연행했다. 예수는 일반 범죄자처럼 포박된 채, 재판을 받기 위해 교회의 독재자들 앞에 섰다. 그가 마음만 먹었더라면 저택과 그 안에 있는 모든 사람까지 한순간에 가루로 만들 수 있었지만, 그는 그대로 잠자코 서 있었다.

하지만 이건 시작에 불과했다. 예수는 체포된 후 여덟시간 동안 무려 여섯 번의 재판을 받았다. 물론 이런 엉터리 절차에 '재판'이라는 용어를 갖다 붙여도 될지는 의문이다. 여러 차례의 구타와 온갖 저속한 욕설의 공격을 받으면서도 그는 마스터의 품위를 지켰다. 증인들은 예수의 유죄를 입증하기 위해 거짓말을 꾸며댔고, 피고인에게는 다양한 범죄와 이단의 죄목이 적용되었다. 그리고 가야바가 결정적인 질문을 던졌다. "네가 그리스도더냐?" 지금까지 침묵하던 예수는 드디어 입을 열고 대답했다. "그렇소!" 대답을 들은 대제사장은 자기 옷을 찢어발기며 분노한 목소리로 소리쳤다. "네가 감히 신성을 모독했도다!"

(마태복음 26:57) 예수를 잡은 자들이 끌고 대제사장 가야바에게로 가니 거기 서기관과 장로들이 모여 있더라

(마태복음 26:58) 베드로가 멀찍이 예수를 좇아 대제사장의 집 뜰에까지 가서 그 결국을 보려고 안에 들어가 하속들과 함께 앉았더라

(마태복음 26:59) 대제사장들과 온 공회가 예수를 죽이려고 그를 칠 거짓 증거를 찾으매

(마태복음 26:60) 거짓 증인이 많이 왔으나 얻지 못하더니 후에 두 사람이 와서

(마태복음 26:61) 가로되 이 사람의 말이 내가 하나님의 성전을 헐고 사흘에 지을 수 있다 하더라 하니

(마태복음 26:62) 대제사장이 일어서서 예수께 묻되 아무 대답도 없느냐 이 사람들의 너를 치는 증거가 어떠하뇨 하되

(마태복음 26:63) 예수께서 잠잠하시거늘 대제사장이 가로되 내가 너로 살아 계신 하나님께 맹세하게 하노니 네가 하나님의 아들 그리스도인지 우리에게 말하라

(마태복음 26:64) 예수께서 가라사대 네가 말하였느니라 그러나 내가 너희에게 이르노니 이 후에 인자가 권능의 우편에 앉은 것과 하늘 구름을 타고 오는 것을 너희가 보리라 하시니

(마태복음 26:65) 이에 대제사장이 자기 옷을 찢으며 가로되 저가 참람한 말을 하였으니 어찌 더 증인을 요구하리요 보라 너희가 지금 이 참람한 말을 들었도다

(마태복음 26:66) 생각이 어떠하뇨 대답하여 가로되 저는 사형에 해당하니라 하고

(마태복음 26:67) 이에 예수의 얼굴에 침 뱉으며 주먹으로 치고 혹은 손바닥으로 때리며

(마태복음 26:68) 가로되 그리스도야 우리에게 선지자 노릇을 하라 너를 친 자가 누구냐 하더라

(Matthew 26:57) And they that had laid hold on Jesus led [him] away to Caiaphas the high priest, where the scribes and the elders were assembled.
(Matthew 26:58) But Peter followed him afar off unto the high priest's palace, and went in, and sat with the servants, to see the end.
(Matthew 26:59) Now the chief priests, and elders, and all the council, sought false witness against Jesus, to put him to death;
(Matthew 26:60) But found none: yea, though many false witnesses came, [yet] found they none. At the last came two false witnesses,
(Matthew 26:61) And said, This [fellow] said, I am able to destroy the temple of God, and to build it in three days.
(Matthew 26:62) And the high priest arose, and said unto him, Answerest thou nothing? what [is it which] these witness against thee?
(Matthew 26:63) But Jesus held his peace. And the high priest answered and said unto him, I adjure thee by the living God, that thou tell us whether thou be the Christ, the Son of God.
(Matthew 26:64) Jesus saith unto him, Thou hast said: nevertheless I say unto you, Hereafter shall ye see the Son of man sitting on the right hand of power, and coming in the clouds of heaven.
(Matthew 26:65) Then the high priest rent his clothes, saying, He hath spoken blasphemy; what further need have we of witnesses? behold, now ye have heard his blasphemy.

(Matthew 26:66) What think ye? They answered and said, He is guilty of death.

(Matthew 26:67) Then did they spit in his face, and buffeted him; and others smote [him] with the palms of their hands.

(Matthew 26:68) Saying, Prophesy unto us, thou Christ, Who is he that smote thee?

(마가복음 14:53) 저희가 예수를 끌고 대제사장에게로 가니 대제사장들과 장로들과 서기관들이 다 모이더라

(마가복음 14:54) 베드로가 예수를 멀찍이 좇아 대제사장의 집 뜰 안까지 들어가서 하속들과 함께 앉아 불을 쬐더라

(마가복음 14:55) 대제사장들과 온 공회가 예수를 죽이려고 그를 칠 증거를 찾되 얻지 못하니

(마가복음 14:56) 이는 예수를 쳐서 거짓 증거하는 자가 많으나 그 증거가 서로 합하지 못함이라

(마가복음 14:57) 어떤 사람들이 일어나 예수를 쳐서 거짓 증거하여 가로되

(마가복음 14:58) 우리가 그의 말을 들으니 손으로 지은 이 성전을 내가 헐고 손으로 짓지 아니한 다른 성전을 사흘에 지으리라 하더라 하되

(마가복음 14:59) 오히려 그 증거도 서로 합하지 않더라

(마가복음 14:60) 대제사장이 가운데 일어서서 예수에게 물어 가로되 너는 아무 대답도 없느냐 이 사람들의 너를 치는 증거가 어떠하냐 하되

(마가복음 14:61) 잠잠하고 아무 대답도 아니하시거늘 대제사장이 다시 물어 가로되 네가 찬송받을 자의 아들 그리스도냐

(마가복음 14:62) 예수께서 이르시되 내가 그니라 인자가 권능자의 우편에 앉은 것과 하늘 구름을 타고 오는 것을 너희가 보리라 하시니

(마가복음 14:63) 대제사장이 자기 옷을 찢으며 가로되 우리가 어찌 더 증인을 요구하리요

(마가복음 14:64) 그 참람한 말을 너희가 들었도다 너희는 어떻게 생각하느뇨 하니 저희가 다 예수를 사형에 해당한 자로 정죄하고

(마가복음 14:65) 혹은 그에게 침을 뱉으며 그의 얼굴을 가리우고 주먹으로 치며 가로되 선지자 노릇을 하라 하고 하속들은 손바닥으로 치더라

(Mark 14:53) And they led Jesus away to the high priest: and with him were assembled all the chief priests and the elders and the scribes.

(Mark 14:54) And Peter followed him afar off, even into the palace of the high priest: and he sat with the servants, and warmed himself at the fire.

(Mark 14:55) And the chief priests and all the council sought for witness against Jesus to put him to death; and found none.

(Mark 14:56) For many bare false witness against him, but their witness agreed not together.

(Mark 14:57) And there arose certain, and bare false witness against him, saying,

(Mark 14:58) We heard him say, I will destroy this temple that is made with hands, and within three days I will build another made without hands.

(Mark 14:59) But neither so did their witness agree together.

(Mark 14:60) And the high priest stood up in the midst, and asked Jesus, saying, Answerest thou nothing? what [is it which] these witness against thee?

(Mark 14:61) But he held his peace, and answered nothing. Again the high priest asked him, and said unto him, Art thou the Christ, the Son of the

Blessed?

(Mark 14:62) And Jesus said, I am: and ye shall see the Son of man sitting on the right hand of power, and coming in the clouds of heaven.

(Mark 14:63) Then the high priest rent his clothes, and saith, What need we any further witnesses?

(Mark 14:64) Ye have heard the blasphemy: what think ye? And they all condemned him to be guilty of death.

(Mark 14:65) And some began to spit on him, and to cover his face, and to buffet him, and to say unto him, Prophesy: and the servants did strike him with the palms of their hands.

(누가복음 22:63) 지키는 사람들이 예수를 희롱하고 때리며

(누가복음 22:64) 그의 눈을 가리우고 물어 가로되 선지자 노릇 하라 너를 친 자가 누구냐 하고

(누가복음 22:65) 이 외에도 많은 말로 욕하더라

(누가복음 22:66) 날이 새매 백성의 장로들 곧 대제사장들과 서기관들이 모이어 예수를 그 공회로 끌어들여

(누가복음 22:67) 가로되 네가 그리스도여든 우리에게 말하라 대답하시되 내가 말할지라도 너희가 믿지 아니할 것이요

(누가복음 22:68) 내가 물어도 너희가 대답지 아니할 것이니라

(누가복음 22:69) 그러나 이제 후로는 인자가 하나님의 권능의 우편에 앉아 있으리라 하시니

(누가복음 22:70) 다 가로되 그러면 네가 하나님의 아들이냐 대답하시되 너희 말과 같이 내가 그니라

(누가복음 22:71) 저희가 가로되 어찌 더 증거를 요구하리요 우리가 친히 그 입에서 들었노라 하더라

(Luke 22:63) And the men that held Jesus mocked him, and smote [him.]
(Luke 22:64) And when they had blindfolded him, they struck him on the face, and asked him, saying, Prophesy, who is it that smote thee?
(Luke 22:65) And many other things blasphemously spake they against him.
(Luke 22:66) And as soon as it was day, the elders of the people and the chief priests and the scribes came together, and led him into their council, saying,
(Luke 22:67) Art thou the Christ? tell us. And he said unto them, If I tell you, ye will not believe:
(Luke 22:68) And if I also ask [you,] ye will not answer me, nor let [me] go.
(Luke 22:69) Hereafter shall the Son of man sit on the right hand of the power of God.
(Luke 22:70) Then said they all, Art thou then the Son of God? And he said unto them, Ye say that I am.
(Luke 22:71) And they said, What need we any further witness? for we ourselves have heard of his own mouth.

자신이 그리스도라고 말한 순간, 예수가 위기를 모면할 마지막 가능성마저 사라졌다. 사실상 스스로 유죄판결을 내린 셈이었다. 이미 내뱉은 말을 무르거나 취소할 방법도 없었다. 무뢰한들은 마스터를 흉악범으로 취급하며 거칠게 법정에서 끌어냈고, 굶주린 늑대에게 먹이라도 주듯이 대중 앞에 그의 모습을 공개했다. 군중은 기다렸다는 듯이

그림 46. **가야바 앞에 끌려온 예수** | 빌렘 반 헤르프(Willem van Herp)

인자를 비웃고 매도할 권리를 최대한 행사했다. 수많은 모욕, 욕설, 조롱, 심지어 물리적 폭력이 그에게 한꺼번에 쏟아졌다. 하지만 그는 신음조차 내지 않고 참았다. 그의 정신은 이미 물질 세상을 초월하여 보통 인간이 상상도 할 수 없는 높은 영역에 머무르고 있었다. 진짜 현실에 정신을 집중하면서 허상은 의식 속에서 지워진 상태였다.

사제들에게 체포된 다음 날 아침 일찍, 예수는 행정당국의 재판을 받기 위해 로마의 총독, 본디오 빌라도 앞에 끌려갔다. 예수와 관련한 문제는 어디까지나 신학과 교회법의 해석에 관한 문제이므로 행정당국이 관여할 일은 아니라고 생각했던 빌라도는 예수에게 유죄판결을 내리고 싶지 않았다. 구체적인 경위는 알 수 없으나, 남몰래 예수의 인격을 흠모했던 빌라도의 부인도 남편에게 이 문제에 연루되면 안 된다고 여러 차례 경고했었다. 하지만 빌라도는 당시 로마의 정책에 따라 예수에 대한 강력한 처벌을 요구하는 유대교 사제들의 영향력을 무시할 수도 없는 입장이었다. 사제들은 예수가 유대의 왕이 되기 위해 혁명을 모의하고 있다는 죄목을 명분으로 민사 소송을 제기한 터였다. 그가 의도적으로 공공질서를 교란하고 있으며, 로마 제국에 대한 납세 의무를 저버리도록 유대 백성을 부추기고 있다는 주장까지 덧붙였다. 하지만 예수에게 유죄판결을 내릴만한 근거가 부족했기 때문에 빌라도는 결정을 내리지 못하고 망설일 수밖에 없는 상황이었다. 이러지도 저러지도 못하는 교착상태에서 한 사제가 예수는 갈릴리 사람이므로 그가 대부분 범죄를 저지른 지역을 통치하는 헤롯에게 예수의 신변을 인도하는 것이 어떻겠냐고 제안했고, 골치 아픈 일에서 손을 뗄 수 있는 명분을 얻은 빌라도는 이에 흔쾌히 응했다. 그리하여 예수의 처벌에 관한 건은 마침 예루살렘을 방문 중이던 헤롯에게 이관되었다. 헤롯의 궁궐에 끌려간 예수는 그곳에서도 독재자에게 참기 어려운 수모와 모욕을 당했다. 예수를 한껏 짓밟은 헤롯은 그가 민사 재판을 받도록 빌리도에게 다시 떠넘겼다.

   예수는 빌라도의 궁중으로 다시 보내졌고, 수많은 백성이 따라가며 그를 조롱했다. 빌라도는 헤롯이 골치 아픈 예수의 처리 문제를 다시 자기에게 던진 것을 두고 무척 불쾌해했다. 고민하던 그는 책임에서 벗어날 수 있는 묘안을 찾아냈다. 유월절 기간 중 악명 높은 범죄자 한 명을 사면하는 유대 풍습을 예수에게 적용하기로 한 것이다. 이는 로마의 통치자들도 지금껏 존중해 온 유대의 오랜 전통이었다. 빌라도는 이 풍습에 따라 예수를 사면하겠다고 선포했다. 하지만 유대 지도자들은 예수를 사면 대상으로 인정할 수 없으며, 그 대신 당시 악명을 떨치던 살인범 바라바를 사면해야 한다고 주장했다. 예수를 죽이기로 굳게 마음 먹은 유대교 사제들의 계략을 피할 길을 찾지 못한 빌라도는 결국 역겨움을 느끼며 두 손 들고 바라바를 사면하고 예수의 사형을 명한다. 빌라도의 궁중을 에워싼 군중은 사제들의 선동에 따라 큰소리로 외쳤다. "그를 십자가에 못박으라! 십자가에 못박으라!" 사제들과 군중 앞에 선 빌라도는 동양의 전통에 따라 손을 씻고 유대인들을 향해 말했다. "이 사람의 피에 대하여 나는 무죄하니 너희가 당하라!" 그러자 흥분한 군중이 대답했다. "그 피를 우리와 우리 자손에게 돌릴지어다!"

(마태복음 27:1) 새벽에 모든 대제사장과 백성의 장로들이 예수를 죽이려고 함께 의논하고

(마태복음 27:2) 결박하여 끌고 가서 총독 빌라도에게 넘겨 주니라

(마태복음 27:3) 때에 예수를 판 유다가 그의 정죄됨을 보고 스스로 뉘우쳐 그 은 삼십을 대제사장들과 장로들에게 도로 갖다 주며

(마태복음 27:4) 가로되 내가 무죄한 피를 팔고 죄를 범하였도다 하니 저희가 가로되 그것이 우리에게 무슨 상관이 있느냐 네가 당하라 하거늘

(마태복음 27:5) 유다가 은을 성소에 던져넣고 물러가서 스스로 목매어 죽은지라

(마태복음 27:6) 대제사장들이 그 은을 거두며 가로되 이것은 피 값이라 성전고에 넣어 둠이 옳지 않다 하고

(마태복음 27:7) 의논한 후 이것으로 토기장이의 밭을 사서 나그네의 묘지를 삼았으니

(마태복음 27:8) 그러므로 오늘날까지 그 밭을 피밭이라 일컫느니라

(마태복음 27:9) 이에 선지자 예레미야로 하신 말씀이 이루었나니 일렀으되

저희가 그 정가된 자 곧 이스라엘 자손 중에서 정가한 자의 가격

곧 은 삼십을 가지고

(마태복음 27:10) 토기장이의 밭 값으로 주었으니 이는 주께서 내게

명하신 바와 같으니라 하였더라

(마태복음 27:11) 예수께서 총독 앞에 섰으매 총독이 물어 가로되 네가

유대인의 왕이냐 예수께서 대답하시되 네 말이 옳도다 하시고

(마태복음 27:12) 대제사장들과 장로들에게 고소를 당하되 아무 대답도

아니하시는지라

(마태복음 27:13) 이에 빌라도가 이르되 저희가 너를 쳐서 얼마나 많은 것으로

증거하는지 듣지 못하느냐 하되

(마태복음 27:14) 한 마디도 대답지 아니하시니 총독이 심히 기이히 여기더라

(마태복음 27:15) 명절을 당하면 총독이 무리의 소원대로 죄수 하나를

놓아 주는 전례가 있더니

(마태복음 27:16) 그 때에 바라바라 하는 유명한 죄수가 있는데

(마태복음 27:17) 저희가 모였을 때에 빌라도가 물어 가로되 너희는

내가 누구를 너희에게 놓아 주기를 원하느냐 바라바냐 그리스도라 하는

예수냐 하니

(마태복음 27:18) 이는 저가 그들의 시기로 예수를 넘겨 준 줄 앎이러라

(마태복음 27:19) 총독이 재판 자리에 앉았을 때에 그 아내가 사람을 보내어

가로되 저 옳은 사람에게 아무 상관도 하지 마옵소서 오늘 꿈에 내가

그 사람을 인하여 애를 많이 썼나이다 하더라

(마태복음 27:20) 대제사장들과 장로들이 무리를 권하여 바라바를 달라 하게

하고 예수를 멸하자 하게 하였더니

(마태복음 27:21) 총독이 대답하여 가로되 둘 중에 누구를 너희에게

놓아 주기를 원하느냐 가로되 바라바로소이다

(마태복음 27:22) 빌라도가 가로되 그러면 그리스도라 하는 예수를 내가 어떻게 하랴 저희가 다 가로되 십자가에 못 박혀야 하겠나이다

(마태복음 27:23) 빌라도가 가로되 어찜이뇨 무슨 악한 일을 하였느냐 저희가 더욱 소리질러 가로되 십자가에 못 박혀야 하겠나이다 하는지라

(마태복음 27:24) 빌라도가 아무 효험도 없이 도리어 민란이 나려는 것을 보고 물을 가져다가 무리 앞에서 손을 씻으며 가로되 이 사람의 피에 대하여 나는 무죄하니 너희가 당하라

(마태복음 27:25) 백성이 다 대답하여 가로되 그 피를 우리와 우리 자손에게 돌릴지어다 하거늘

(마태복음 27:26) 이에 바라바는 저희에게 놓아 주고 예수는 채찍질하고 십자가에 못 박히게 넘겨 주니라

(Matthew 27:1) When the morning was come, all the chief priests and elders of the people took counsel against Jesus to put him to death:

(Matthew 27:2) And when they had bound him, they led [him] away, and delivered him to Pontius Pilate the governor.

(Matthew 27:3) Then Judas, which had betrayeth him, when he saw that he was condemned, repented himself, and brought again the thirty pieces of silver to the chief priests and elders,

(Matthew 27:4) Saying, I have sinned in that I have betrayed the innocent blood. And they said, What [is that] to us? see thou [to that.]

(Matthew 27:5) And he cast down the pieces of silver in the temple, and departed, and went and hanged himself.

(Matthew 27:6) And the chief priests took the silver pieces, and said, It is not lawful for to put them into the treasury, because it is the price of blood.

(Matthew 27:7) And they took counsel, and bought with them the potter's field, to bury strangers in.

(Matthew 27:8) Wherefore that field was called, The field of blood, unto this day.

(Matthew 27:9) Then was fulfilled that which was spoken by Jeremy the prophet, saying, And they took the thirty pieces of silver, the price of him that was valued, whom they of the children of Israel did value;

(Matthew 27:10) And gave them for the potter's field, as the Lord appointed me.

(Matthew 27:11) And Jesus stood before the governor: and the governor asked him, saying, Art thou the King of the Jews? And Jesus said unto him, Thou sayest.

(Matthew 27:12) And when he was accused of the chief priests and elders, he answered nothing.

(Matthew 27:13) Then said Pilate unto him, Hearest thou not how many things they witness against thee?

(Matthew 27:14) And he answered him to never a word; insomuch that the governor marvelled greatly.

(Matthew 27:15) Now at [that] feast the governor was wont to release unto the people a prisoner, whom they would.

(Matthew 27:16) And they had then a notable prisoner, called Barabbas.

(Matthew 27:17) Therefore when they were gathered together, Pilate said unto them, Whom will ye that I release unto you? Barabbas, or Jesus which is called Christ?

(Matthew 27:18) For he knew that for envy they had delivered him.

(Matthew 27:19) When he was set down on the judgment seat, his wife sent unto him, saying, Have thou nothing to do with that just man: for I have suffered many things this day in a dream because of him.

(Matthew 27:20) But the chief priests and elders persuaded the multitude that they should ask Barabbas, and destroy Jesus.

(Matthew 27:21) The governor answered and said unto them, Whether of the twain will ye that I release unto you? They said, Barabbas.

(Matthew 27:22) Pilate saith unto them, What shall I do then with Jesus which is called Christ? [They] all say unto him, Let him be crucified.

(Matthew 27:23) And the governor said, Why, what evil hath he done? But they cried out the more, saying, Let him be crucified.

(Matthew 27:24) When Pilate saw that he could prevail nothing, but [that] rather a tumult was made, he took water, and washed [his] hands before the multitude, saying, I am innocent of the blood of this just person: see ye [to it.]

(Matthew 27:25) Then answered all the people, and said, His blood [be] on us, and on our children.

(Matthew 27:26) Then released he Barabbas unto them: and when he had scourged Jesus, he delivered [him] to be crucified.

(마가복음 15:1) 새벽에 대제사장들이 즉시 장로들과 서기관들 곧 온 공회로

더불어 의논하고 예수를 결박하여 끌고 가서 빌라도에게 넘겨 주니

(마가복음 15:2) 빌라도가 묻되 네가 유대인의 왕이냐 예수께서 대답하여 가라사대 네 말이 옳도다 하시매

(마가복음 15:3) 대제사장들이 여러 가지로 고소하는지라

(마가복음 15:4) 빌라도가 또 물어 가로되 아무 대답도 없느냐 저희가 얼마나 많은 것으로 너를 고소하는가 보라 하되

(마가복음 15:5) 예수께서 다시 아무 말씀도 대답지 아니하시니 빌라도가 기이히 여기더라

(마가복음 15:6) 명절을 당하면 백성의 구하는 대로 죄수 하나를 놓아 주는 전례가 있더니

(마가복음 15:7) 민란을 꾸미고 이 민란에 살인하고 포박된 자 중에 바라바라 하는 자가 있는지라

(마가복음 15:8) 무리가 나아가서 전례대로 하여 주기를 구한대

(마가복음 15:9) 빌라도가 대답하여 가로되 너희는 내가 유대인의 왕을 너희에게 놓아 주기를 원하느냐 하니

(마가복음 15:10) 이는 저가 대제사장들이 시기로 예수를 넘겨 준 줄 앎이러라

(마가복음 15:11) 그러나 대제사장들이 무리를 충동하여 도리어 바라바를 놓아 달라 하게 하니

(마가복음 15:12) 빌라도가 또 대답하여 가로되 그러면 너희가 유대인의 왕이라 하는 이는 내가 어떻게 하랴

(마가복음 15:13) 저희가 다시 소리지르되 저를 십자가에 못 박게 하소서

(마가복음 15:14) 빌라도가 가로되 어쩜이뇨 무슨 악한 일을 하였느냐 하니 더욱 소리지르되 십자가에 못 박게 하소서 하는지라

(마가복음 15:15) 빌라도가 무리에게 만족을 주고자 하여 바라바는

놓아 주고 예수는 채찍질하고 십자가에 못박히게 넘겨 주니라

(Mark 15:1) And straightway in the morning the chief priests held a consultation with the elders and scribes and the whole council, and bound Jesus, and carried [him] away, and delivered [him] to Pilate.

(Mark 15:2) And Pilate asked him, Art thou the King of the Jews? And he answering said unto him, Thou sayest [it.]

(Mark 15:3) And the chief priests accused him of many things: but he answered nothing.

(Mark 15:4) And Pilate asked him again, saying, Answerest thou nothing? behold how many things they witness against thee.

(Mark 15:5) But Jesus yet answered nothing; so that Pilate marvelled.

(Mark 15:6) Now at [that] feast he released unto them one prisoner, whomsoever they desired.

(Mark 15:7) And there was [one] named Barabbas, [which lay] bound with them that had made insurrection with him, who had committed murder in the insurrection.

(Mark 15:8) And the multitude crying aloud began to desire [him to do] as he had ever done unto them.

(Mark 15:9) But Pilate answered them, saying, Will ye that I release unto you the King of the Jews?

(Mark 15:10) For he knew that the chief priests had delivered him for envy.

(Mark 15:11) But the chief priests moved the people, that he should rather release Barabbas unto them.

(Mark 15:12) And Pilate answered and said again unto them, What will ye then that I shall do [unto him] whom ye call the King of the Jews?

(Mark 15:13) And they cried out again, Crucify him.

(Mark 15:14) Then Pilate said unto them, Why, what evil hath he done? And they cried out the more exceedingly, Crucify him.

(Mark 15:15) And [so] Pilate, willing to content the people, released Barabbas unto them, and delivered Jesus, when he had scourged [him,] to be crucified.

(누가복음 23:1) 무리가 다 일어나 예수를 빌라도에게 끌고 가서

(누가복음 23:2) 고소하여 가로되 우리가 이 사람을 보매 우리 백성을 미혹하고 가이사에게 세 바치는 것을 금하며 자칭 왕 그리스도라 하더이다 하니

(누가복음 23:3) 빌라도가 예수께 물어 가로되 네가 유대인의 왕이냐 대답하여 가라사대 네 말이 옳도다

(누가복음 23:4) 빌라도가 대제사장들과 무리에게 이르되 내가 보니 이 사람에게 죄가 없도다 하니

(누가복음 23:5) 무리가 더욱 굳세게 말하되 저가 온 유대에서 가르치고 갈릴리에서부터 시작하여 여기까지 와서 백성을 소동케 하나이다

(누가복음 23:6) 빌라도가 듣고 묻되 저가 갈릴리 사람이냐 하여

(누가복음 23:7) 헤롯의 관할에 속한 줄을 알고 헤롯에게 보내니 때에 헤롯이 예루살렘에 있더라

(누가복음 23:8) 헤롯이 예수를 보고 심히 기뻐하니 이는 그의 소문을 들었으므로 보고자 한 지 오래였고 또한 무엇이나 이적 행하심을 볼까 바랐던 연고러라

(누가복음 23:9) 여러 말로 물으나 아무 말도 대답지 아니하시니

(누가복음 23:10) 대제사장들과 서기관들이 서서 힘써 고소하더라

(누가복음 23:11) 헤롯이 그 군병들과 함께 예수를 업신여기며 희롱하고 빛난 옷을 입혀 빌라도에게 도로 보내니

(누가복음 23:12) 헤롯과 빌라도가 전에는 원수이었으나 당일에 서로 친구가 되니라

(누가복음 23:13) 빌라도가 대제사장들과 관원들과 백성을 불러 모으고

(누가복음 23:14) 이르되 너희가 이 사람을 백성을 미혹하는 자라 하여 내게 끌어왔도다 보라 내가 너희 앞에서 사실하였으되 너희의 고소하는 일에 대하여 이 사람에게서 죄를 찾지 못하였고

(누가복음 23:15) 헤롯이 또한 그렇게 하여 저를 우리에게 도로 보내었도다 보라 저의 행한 것은 죽일 일이 없느니라

(누가복음 23:16) 그러므로 때려서 놓겠노라

(누가복음 23:17) (없음)

(누가복음 23:18) 무리가 일제히 소리질러 가로되 이 사람을 없이 하고 바라바를 우리에게 놓아 주소서 하니

(누가복음 23:19) 이 바라바는 성중에서 일어난 민란과 살인을 인하여 옥에 갇힌 자러라

(누가복음 23:20) 빌라도는 예수를 놓고자 하여 다시 저희에게 말하되

(누가복음 23:21) 저희는 소리질러 가로되 저를 십자가에 못 박게 하소서 십자가에 못 박게 하소서 하는지라

(누가복음 23:22) 빌라도가 세 번째 말하되 이 사람이 무슨 악한 일을 하였느냐 나는 그 죽일 죄를 찾지 못하였나니 때려서 놓으리라 한대

(누가복음 23:23) 저희가 큰 소리로 재촉하여 십자가에 못 박기를 구하니 저희의 소리가 이긴지라

(누가복음 23:24) 이에 빌라도가 저희의 구하는 대로 하기를 언도하고

(누가복음 23:25) 저희의 구하는 자 곧 민란과 살인을 인하여 옥에 갇힌 자를 놓고 예수를 넘겨 주어 저희 뜻대로 하게 하니라

(Luke 23:1) And the whole multitude of them arose, and led him unto Pilate.

(Luke 23:2) And they began to accuse him, saying, We found this [fellow] perverting the nation, and forbidding to give tribute to Caesar, saying that he himself is Christ a King.

(Luke 23:3) And Pilate asked him, saying, Art thou the King of the Jews? And he answered him and said, Thou sayest [it.]

(Luke 23:4) Then said Pilate to the chief priests and [to] the people, I find no fault in this man.

(Luke 23:5) And they were the more fierce, saying, He stirreth up the people, teaching throughout all Jewry, beginning from Galilee to this place.

(Luke 23:6) When Pilate heard of Galilee, he asked whether the man were a Galilaean.

(Luke 23:7) And as soon as he knew that he belonged unto Herod's jurisdiction, he sent him to Herod, who himself also was at Jerusalem at that time.

(Luke 23:8) And when Herod saw Jesus, he was exceeding glad: for he was desirous to see him of a long [season,] because he had heard many things of him; and he hoped to have seen some miracle done by him.

(Luke 23:9) Then he questioned with him in many words; but he answered him nothing.

(Luke 23:10) And the chief priests and scribes stood and vehemently accused him.

(Luke 23:11) And Herod with his men of war set him at nought, and mocked [him,] and arrayed him in a gorgeous robe, and sent him again to Pilate.

(Luke 23:12) And the same day Pilate and Herod were made friends together: for before they were at enmity between themselves.

(Luke 23:13) And Pilate, when he had called together the chief priests and the rulers and the people,

(Luke 23:14) Said unto them, Ye have brought this man unto me, as one that perverteth the people: and, behold, I, having examined [him] before you, have found no fault in this man touching those things whereof ye accuse him:

(Luke 23:15) No, nor yet Herod: for I sent you to him; and, lo, nothing worthy of death is done unto him.

(Luke 23:16) I will therefore chastise him, and release [him.]

(Luke 23:17) (For of necessity he must release one unto them at the feast.)

(Luke 23:18) And they cried out all at once, saying, Away with this [man,] and release unto us Barabbas:

(Luke 23:19) (Who for a certain sedition made in the city, and for murder, was cast into prison.)

(Luke 23:20) Pilate therefore, willing to release Jesus, spake again to them.

(Luke 23:21) But they cried, saying, Crucify [him,] crucify him.

(Luke 23:22) And he said unto them the third time, Why, what evil hath he done? I have found no cause of death in him: I will therefore chastise him, and let [him] go.

(Luke 23:23) And they were instant with loud voices, requiring that he might be crucified. And the voices of them and of the chief priests prevailed.

(Luke 23:24) And Pilate gave sentence that it should be as they required.

(Luke 23:25) And he released unto them him that for sedition and murder was cast into prison, whom they had desired: but he delivered Jesus to their will.

(요한복음 18:29) 그러므로 빌라도가 밖으로 저희에게 나가서 말하되 너희가 무슨 일로 이 사람을 고소하느냐

(요한복음 18:30) 대답하여 가로되 이 사람이 행악자가 아니었더면 우리가 당신에게 넘기지 아니하였겠나이다

(요한복음 18:31) 빌라도가 가로되 너희가 저를 데려다가 너희 법대로 재판하라 유대인들이 가로되 우리에게는 사람을 죽이는 권이 없나이다 하니

(요한복음 18:32) 이는 예수께서 자기가 어떠한 죽음으로 죽을 것을 가리켜 하신 말씀을 응하게 하려 함이러라

(요한복음 18:33) 이에 빌라도가 다시 관정에 들어가 예수를 불러 가로되 네가 유대인의 왕이냐

(요한복음 18:34) 예수께서 대답하시되 이는 네가 스스로 하는 말이뇨 다른 사람들이 나를 대하여 네게 한 말이뇨

(요한복음 18:35) 빌라도가 대답하되 내가 유대인이냐 네 나라 사람과 대제사장들이 너를 내게 넘겼으니 네가 무엇을 하였느냐

(요한복음 18:36) 예수께서 대답하시되 내 나라는 이 세상에 속한 것이 아니라 만일 내 나라가 이 세상에 속한 것이었더면 내 종들이 싸워 나로 유대인들에게 넘기우지 않게 하였으리라 이제 내 나라는 여기에 속한 것이 아니니라

(요한복음 18:37) 빌라도가 가로되 그러면 네가 왕이 아니냐 예수께서
대답하시되 네 말과 같이 내가 왕이니라 내가 이를 위하여 났으며
이를 위하여 세상에 왔나니 곧 진리에 대하여 증거하려 함이로다 무릇
진리에 속한 자는 내 소리를 듣느니라 하신대
(요한복음 18:38) 빌라도가 가로되 진리가 무엇이냐 하더라 이 말을 하고
다시 유대인들에게 나가서 이르되 나는 그에게서 아무 죄도 찾지 못하노라
(요한복음 18:39) 유월절이면 내가 너희에게 한 사람을 놓아 주는 전례가 있으니
그러면 너희는 내가 유대인의 왕을 너희에게 놓아 주기를 원하느냐 하니
(요한복음 18:40) 저희가 또 소리질러 가로되 이 사람이 아니라 바라바라 하니
바라바는 강도러라
(요한복음 19:1) 이에 빌라도가 예수를 데려다가 채찍질하더라
(요한복음 19:2) 군병들이 가시로 면류관을 엮어 그의 머리에 씌우고 자색 옷을
입히고
(요한복음 19:3) 앞에 와서 가로되 유대인의 왕이여 평안할지어다 하며
손바닥으로 때리더라
(요한복음 19:4) 빌라도가 다시 밖에 나가 말하되 보라 이 사람을 데리고
너희에게 나오나니 이는 내가 그에게서 아무 죄도 찾지 못한 것을
너희로 알게 하려 함이로다 하더라
(요한복음 19:5) 이에 예수께서 가시 면류관을 쓰고 자색 옷을 입고 나오시니
빌라도가 저희에게 말하되 보라 이 사람이로다 하매
(요한복음 19:6) 대제사장들과 하속들이 예수를 보고 소리질러 가로되
십자가에 못 박게 하소서 십자가에 못 박게 하소서 하는지라
빌라도가 가로되 너희가 친히 데려다가 십자가에 못 박으라 나는 그에게서
죄를 찾지 못하노라

(요한복음 19:7) 유대인들이 대답하되 우리에게 법이 있으니 그 법대로 하면 저가 당연히 죽을 것은 저가 자기를 하나님 아들이라 함이니이다

(요한복음 19:8) 빌라도가 이 말을 듣고 더욱 두려워하여

(요한복음 19:9) 다시 관정에 들어가서 예수께 말하되 너는 어디로서냐 하되 예수께서 대답하여 주지 아니하시는지라

(요한복음 19:10) 빌라도가 가로되 내게 말하지 아니하느냐 내가 너를 놓을 권세도 있고 십자가에 못 박을 권세도 있는 줄 알지 못하느냐

(요한복음 19:11) 예수께서 대답하시되 위에서 주지 아니하셨더면 나를 해할 권세가 없었으리니 그러므로 나를 네게 넘겨 준 자의 죄는 더 크니라 하시니

(요한복음 19:12) 이러하므로 빌라도가 예수를 놓으려고 힘썼으나 유대인들이 소리질러 가로되 이 사람을 놓으면 가이사의 충신이 아니니이다 무릇 자기를 왕이라 하는 자는 가이사를 반역하는 것이니이다

(요한복음 19:13) 빌라도가 이 말을 듣고 예수를 끌고 나와서 박석 (히브리 말로 가바다) 이란 곳에서 재판석에 앉았더라

(요한복음 19:14) 이 날은 유월절의 예비일이요 때는 제 육 시라 빌라도가 유대인들에게 이르되 보라 너희 왕이로다

(요한복음 19:15) 저희가 소리지르되 없이 하소서 없이 하소서 저를 십자가에 못 박게 하소서 빌라도가 가로되 내가 너희 왕을 십자가에 못 박으랴 대제사장들이 대답하되 가이사 외에는 우리에게 왕이 없나이다 하니

(요한복음 19:16) 이에 예수를 십자가에 못 박히게 저희에게 넘겨 주니라

(John 18:29) Pilate then went out unto them, and said, What accusation bring ye against this man?

(John 18:30) They answered and said unto him, If he were not a malefactor, we would not have delivered him up unto thee.

(John 18:31) Then said Pilate unto them, Take ye him, and judge him according to your law. The Jews therefore said unto him, It is not lawful for us to put any man to death:

(John 18:32) That the saying of Jesus might be fulfilled, which he spake, signifying what death he should die.

(John 18:33) Then Pilate entered into the judgment hall again, and called Jesus, and said unto him, Art thou the King of the Jews?

(John 18:34) Jesus answered him, Sayest thou this thing of thyself, or did others tell it thee of me?

(John 18:35) Pilate answered, Am I a Jew? Thine own nation and the chief priests have delivered thee unto me: what hast thou done?

(John 18:36) Jesus answered, My kingdom is not of this world: if my kingdom were of this world, then would my servants fight, that I should not be delivered to the Jews: but now is my kingdom not from hence.

(John 18:37) Pilate therefore said unto him, Art thou a king then? Jesus answered, Thou sayest that I am a king. To this end was I born, and for this cause came I into the world, that I should bear witness unto the truth. Every one that is of the truth heareth my voice.

(John 18:38) Pilate saith unto him, What is truth? And when he had said this, he went out again unto the Jews, and saith unto them, I find in him no fault [at all.]

(John 18:39) But ye have a custom, that I should release unto you one at the passover: will ye therefore that I release unto you the King of the Jews?

(John 18:40) Then cried they all again, saying, Not this man, but Barabbas. Now Barabbas was a robber.

(John 19:1) Then Pilate therefore took Jesus, and scourged [him.]

(John 19:2) And the soldiers platted a crown of thorns, and put [it] on his head, and they put on him a purple robe,

(John 19:3) And said, Hail, King of the Jews! and they smote him with their hands.

(John 19:4) Pilate therefore went forth again, and saith unto them, Behold, I bring him forth to you, that ye may know that I find no fault in him.

(John 19:5) Then came Jesus forth, wearing the crown of thorns, and the purple robe. And [Pilate] saith unto them, Behold the man!

(John 19:6) When the chief priests therefore and officers saw him, they cried out, saying, Crucify [him,] crucify [him.] Pilate saith unto them, Take ye him, and crucify [him:] for I find no fault in him.

(John 19:7) The Jews answered him, We have a law, and by our law he ought to die, because he made himself the Son of God.

(John 19:8) When Pilate therefore heard that saying, he was the more afraid;

(John 19:9) And went again into the judgment hall, and saith unto Jesus, Whence art thou? But Jesus gave him no answer.

(John 19:10) Then saith Pilate unto him, Speakest thou not unto me? knowest thou not that I have power to crucify thee, and have power to release thee?

(John 19:11) Jesus answered, Thou couldest have no power [at all] against me, except it were given thee from above: therefore he that delivered me unto thee hath the greater sin.

(John 19:12) And from thenceforth Pilate sought to release him: but the Jews cried out, saying, If thou let this man go, thou art not Caesar's friend: whosoever maketh himself a king

speaketh against Caesar.

(John 19:13) When Pilate therefore heard that saying, he brought Jesus forth, and sat down in the judgment seat in a place that is called the Pavement, but in the Hebrew, Gabbatha.

(John 19:14) And it was the preparation of the passover, and about the sixth hour: and he saith unto the Jews, Behold your King!

(John 19:15) But they cried out, Away with (him,) away with (him,) crucify him. Pilate saith unto them, Shall I crucify your King? The chief priests answered, We have no king but Caesar.

(John 19:16) Then delivered he him therefore unto them to be crucified. And they took Jesus, and led (him) away.

그림 47. **본디오 빌라도 앞에 선 예수** | 제임스 티소 (James Tissot)

십자가형

 예수는 그 후 당시에 사용되었던 여러 종류의 야만적인 기구로 매질과 고문을 당했다. 찢어진 살갗은 피로 물들었고, 계속되는 고문과 출혈로 그는 수차례 혼절했다. 그의 머리에는 살을 뚫는 가시 왕관이 씌워져 모욕이 더해졌다. 사형 집행 이전에 주어지는 며칠 간의 휴식도 그에게는 거부되었다. 선고가 이루어진 날 당일에 속전속결로 사형을 집행하기로 한 것이다.

 그는 자신이 못 박힐 십자가를 등에 매달은 상태로 걸었다. 피로와 고문의 후유증으로 혼절하기 일쑤였지만, 그는 쓰러지고 일어서기를 반복하면서 무거운 짐을 지고 계속 걸었다. 비로소 십자가형의 현장인 골고다에 도착한 후, 애통하는 자는 십자가에 못 박혀 길고 고통스러운 죽임을 당했다. 그의 양옆에는 두 명의 도둑이 함께 신음하며 최후를 맞고 있었다.

 예수는 극심한 육체적 고통을 완화하기 위해 사형수들에게 지급되는 약도 거부했다. 정신이 온전한 상태에서 죽음을 맞고 싶었기 때문이다. 그의 머리 위에는 '유대의 왕(The King of the Jews)'이라고 적힌 팻말이 달려 있었다. 예수를 죽이도록 강요한 유대인들을 조롱하기 위해

그림 48. **십자가를 짊어지고 형장으로 향하는 예수** | 티치아노(Titano)

빌라도가 준비한 것이었다. 예수를 매달 십자가가 세워지는 순간 그는 큰소리로 외쳤다. "아버지여 저희를 사하여 주옵소서 자기의 하는 것을 알지 못함이니이다."

예수는 그렇게 군중의 조롱을 받으며 십자가에 못 박힌 상태에서 고통스럽게, 천천히 죽어갔다. 심지어 그 옆에서 함께 십자가에 매달린 사형수도 예수를 향해 "왜 너 자신을 구하고 우리도 구해주지 않느냐?"고 말하며 욕했다. 구경하던 사람들은 "남을 구한다는 사람이 왜 자기 자신은 못 구하느냐?"며 손가락질했다. 군중이 그토록 보고 싶어 했던 기적을 얼마든 행할 수 있는 그였지만, 예수는 이에 응하지 않고 최후의 순간이 오길 기다렸다.

육신의 죽음 직전에 의식이 혼미해진 예수는 아버지를 향해 "어찌하여 나를 버리셨나이까! (엘리 엘리 라마 사박다니!)"라고 외쳤다. 죽음의 순간이 임박했음이다.

잠시 후 원인을 알 수 없는 돌풍이 일어났다. 주변 모든 지역이 갑자기 컴컴하게 어두워지고, 사방에서 번개가 치더니 바람이 멎고 사방이 조용해지면서 섬뜩한 빛이 주변을 밝혔다. 그다음에는 땅이 흔들리면서 정체 모를 신음과 탄성이 여기저기서 들려왔다. 유황과 가스의 악취가 지역을 뒤덮고, 마치 예루살렘의 지대가 통째로 흔들리는 것 같은 큰 지진이 일어났다. 수많은 묘지의 문을 가로막은 돌멩이가 날아가고, 동굴에 안치되었던 시신이 노출되는 기현상도 벌어졌다. 성전의 지성소(Holy of Holies)를 가리던 베일도 두 가닥으로 찢어졌다.

공포에 질린 군중은 예수와 십자가에 관한 일은 까맣게 잊고 걸음아 나 살리라는 식으로 사방을 향해 도망쳤다. 소란이 잠잠해진 후 예수의 사형을 집행했던 로마 군인은 십자가를 올려보며 그 앞에 무릎을 꿇고 외쳤다. "이 자는 진정으로 신이었도다!"

마스터 예수가 33년이라는 세월 동안 임시 거처로 활용한 육신에서 드디어 빠져나온 것이다. 그를 끝까지 사랑했던 친구들은 시신을 정성스럽게 염한 후, 비밀 장소에 안치했다.

(마태복음 27:27) 이에 총독의 군병들이 예수를 데리고 관정 안으로 들어가서 온 군대를 그에게로 모으고

(마태복음 27:28) 그의 옷을 벗기고 홍포를 입히며

(마태복음 27:29) 가시 면류관을 엮어 그 머리에 씌우고 갈대를 그 오른손에 들리고 그 앞에서 무릎을 꿇고 희롱하여 가로되 유대인의 왕이여

평안할지어다 하며

(마태복음 27:30) 그에게 침 뱉고 갈대를 빼앗아 그의 머리를 치더라

(마태복음 27:31) 희롱을 다한 후 홍포를 벗기고 도로 그의 옷을 입혀 십자가에 못 박으려고 끌고 나가니라

(마태복음 27:32) 나가다가 시몬이란 구레네 사람을 만나매 그를 억지로 같이 가게 하여 예수의 십자가를 지웠더라

(마태복음 27:33) 골고다 즉 해골의 곳이라는 곳에 이르러

(마태복음 27:34) 쓸개 탄 포도주를 예수께 주어 마시게 하려 하였더니 예수께서 맛보시고 마시고자 아니하시더라

(마태복음 27:35) 저희가 예수를 십자가에 못 박은 후에 그 옷을 제비뽑아 나누고

(마태복음 27:36) 거기 앉아 지키더라

(마태복음 27:37) 그 머리 위에 이는 유대인의 왕 예수라 쓴 죄패를 붙였더라

(마태복음 27:38) 이 때에 예수와 함께 강도 둘이 십자가에 못 박히니 하나는 우편에, 하나는 좌편에 있더라

(마태복음 27:39) 지나가는 자들은 자기 머리를 흔들며 예수를 모욕하여

(마태복음 27:40) 가로되 성전을 헐고 사흘에 짓는 자여 네가 만일 하나님의 아들이어든 자기를 구원하고 십자가에서 내려오라 하며

(마태복음 27:41) 그와 같이 대제사장들과 서기관들과 장로들도 함께 희롱하여 가로되

(마태복음 27:42) 저가 남은 구원하였으되 자기는 구원할 수 없도다 저가 이스라엘의 왕이로다 지금 십자가에서 내려올지어다 그러면 우리가 믿겠노라

(마태복음 27:43) 저가 하나님을 신뢰하니 하나님이 저를 기뻐하시면 이제 구원하실지라 제 말이 나는 하나님의 아들이라 하였도다 하며

(마태복음 27:44) 함께 십자가에 못 박힌 강도들도 이와 같이 욕하더라

(마태복음 27:45) 제 육 시로부터 온 땅에 어두움이 임하여 제 구 시까지 계속하더니

(마태복음 27:46) 제 구 시 즈음에 예수께서 크게 소리질러 가라사대 엘리 엘리 라마 사박다니 하시니 이는 곧 나의 하나님, 나의 하나님, 어찌하여 나를 버리셨나이까 하는 뜻이라

(마태복음 27:47) 거기 섰던 자 중 어떤 이들이 듣고 가로되 이 사람이 엘리야를 부른다 하고

(마태복음 27:48) 그 중에 한 사람이 곧 달려가서 해융을 가지고 신 포도주를 머금게 하여 갈대에 꿰어 마시우거늘

(마태복음 27:49) 그 남은 사람들이 가로되 가만 두어라 엘리야가 와서 저를 구원하나 보자 하더라

(마태복음 27:50) 예수께서 다시 크게 소리지르시고 영혼이 떠나시다

(마태복음 27:51) 이에 성소 휘장이 위로부터 아래까지 찢어져 둘이 되고 땅이 진동하며 바위가 터지고

(마태복음 27:52) 무덤들이 열리며 자던 성도의 몸이 많이 일어나되

(마태복음 27:53) 예수의 부활 후에 저희가 무덤에서 나와서 거룩한 성에 들어가 많은 사람에게 보이니라

(마태복음 27:54) 백부장과 및 함께 예수를 지키던 자들이 지진과 그 되는 일들을 보고 심히 두려워하여 가로되 이는 진실로 하나님의 아들이었도다 하더라

(마태복음 27:55) 예수를 섬기며 갈릴리에서부터 좇아온 많은 여자가 거기 있어 멀리서 바라보고 있으니

(마태복음 27:56) 그 중에 막달라 마리아와 또 야고보와 요셉의 어머니

마리아와 또 세베대의 아들들의 어머니도 있더라

(마태복음 27:57) 저물었을 때에 아리마대 부자 요셉이라 하는 사람이 왔으니 그도 예수의 제자라

(마태복음 27:58) 빌라도에게 가서 예수의 시체를 달라 하니 이에 빌라도가 내어 주라 분부하거늘

(마태복음 27:59) 요셉이 시체를 가져다가 정한 세마포로 싸서

(마태복음 27:60) 바위 속에 판 자기 새 무덤에 넣어 두고 큰 돌을 굴려 무덤 문에 놓고 가니

(마태복음 27:61) 거기 막달라 마리아와 다른 마리아가 무덤을 향하여 앉았더라

(Matthew 27:27) Then the soldiers of the governor took Jesus into the common hall, and gathered unto him the whole band [of soldiers.]

(Matthew 27:28) And they stripped him, and put on him a scarlet robe.

(Matthew 27:29) And when they had platted a crown of thorns, they put [it] upon his head, and a reed in his right hand: and they bowed the knee before him, and mocked him, saying, Hail, King of the Jews!

(Matthew 27:30) And they spit upon him, and took the reed, and smote him on the head.

(Matthew 27:31) And after that they had mocked him, they took the robe off from him, and put his own raiment on him, and led him away to crucify [him.]

(Matthew 27:32) And as they came out, they found a man of Cyrene, Simon by name: him they compelled to bear his cross.

(Matthew 27:33) And when they were come unto a place called Golgotha, that is to say, a place of a skull.

(Matthew 27:34) They gave him vinegar to drink mingled with gall: and when he had tasted [thereof,] he would not drink.

(Matthew 27:35) And they crucified him, and parted his garments, casting lots: that it might be fulfilled which was spoken by the prophet, They parted my garments among them, and upon my vesture did they cast lots.

(Matthew 27:36) And sitting down they watched him there;

(Matthew 27:37) And set up over his head his accusation written, THIS IS JESUS THE KING OF THE JEWS.

(Matthew 27:38) Then were there two thieves crucified with him, one on the right hand, and another on the left.

(Matthew 27:39) And they that passed by reviled him, wagging their heads,

(Matthew 27:40) And saying, Thou that destroyest the temple, and buildest [it] in three days, save thyself. If thou be the Son of God, come down from the cross.

(Matthew 27:41) Likewise also the chief priests mocking [him,] with the scribes and elders, said,

(Matthew 27:42) He saved others; himself he cannot save. If he be the King of Israel, let him now come down from the cross, and we will believe him.

(Matthew 27:43) He trusted in God: let him deliver him now, if he will have him: for he said, I am the Son of God.

(Matthew 27:44) The thieves also, which were crucified with him, cast the same in his teeth.

(Matthew 27:45) Now from the sixth hour there was darkness over all the land unto the ninth hour.

(Matthew 27:46) And about the ninth hour Jesus cried with a loud voice, saying, Eli, Eli, lama sabachthani? that is to say, My God, my God, why hast thou forsaken me?

(Matthew 27:47) Some of them that stood there, when they heard [that,] said, This [man] calleth for Elias.

(Matthew 27:48) And straightway one of them ran, and took a spunge, and filled [it] with vinegar, and put [it] on a reed, and gave him to drink.

(Matthew 27:49) The rest said, Let be, let us see whether Elias will come to save him.

(Matthew 27:50) Jesus, when he had cried again with a loud voice, yielded up the ghost.

(Matthew 27:51) And, behold, the veil of the temple was rent in twain from the top to the bottom; and the earth did quake, and the rocks rent;

(Matthew 27:52) And the graves were opened; and many bodies of the saints which slept arose,

(Matthew 27:53) And came out of the graves after his resurrection, and went into the holy city, and appeared unto many.

(Matthew 27:54) Now when the centurion, and they that were with him, watching Jesus, saw the earthquake, and those things that were done, they feared greatly, saying, Truly this was the Son of God.

(Matthew 27:55) And many women were there beholding afar off, which followed Jesus from Galilee, ministering unto him:

(Matthew 27:56) Among which was Mary Magdalene, and Mary the mother of

James and Joses, and the mother of Zebedee's children.

(Matthew 27:57) When the even was come, there came a rich man of Arimathaea, named Joseph, who also himself was Jesus' disciple:

(Matthew 27:58) He went to Pilate, and begged the body of Jesus. Then Pilate commanded the body to be delivered.

(Matthew 27:59) And when Joseph had taken the body, he wrapped it in a clean linen cloth,

(Matthew 27:60) And laid it in his own new tomb, which he had hewn out in the rock: and he rolled a great stone to the door of the sepulchre, and departed.

(Matthew 27:61) And there was Mary Magdalene, and the other Mary, sitting over against the sepulchre.

(마가복음 15:16) 군병들이 예수를 끌고 브라이도리온이라는 뜰 안으로 들어가서 온 군대를 모으고

(마가복음 15:17) 예수에게 자색 옷을 입히고 가시 면류관을 엮어 씌우고

(마가복음 15:18) 예하되 가로되 유대인의 왕이여 평안할지어다 하고

(마가복음 15:19) 갈대로 그의 머리를 치며 침을 뱉으며 꿇어 절하더라

(마가복음 15:20) 희롱을 다한 후 자색 옷을 벗기고 도로 그의 옷을 입히고 십자가에 못 박으려고 끌고 나가니라

(마가복음 15:21) 마침 알렉산더와 루포의 아비인 구레네 사람 시몬이 시골로서 와서 지나가는데 저희가 그를 억지로 같이 가게 하여 예수의 십자가를 지우고

(마가복음 15:22) 예수를 끌고 골고다라 하는 곳(번역하면 해골의 곳)에 이르러

(마가복음 15:23) 몰약을 탄 포도주를 주었으나 예수께서 받지 아니하시니라

(마가복음 15:24) 십자가에 못 박고 그 옷을 나눌새 누가 어느 것을 얻을까 하여 제비를 뽑더라

(마가복음 15:25) 때가 제 삼 시가 되어 십자가에 못 박으니라

(마가복음 15:26) 그 위에 있는 죄패에 유대인의 왕이라 썼고

(마가복음 15:27) 강도 둘을 예수와 함께 십자가에 못 박으니 하나는 그의 우편에, 하나는 좌편에 있더라

(마가복음 15:28) (없음)

(마가복음 15:29) 지나가는 자들은 자기 머리를 흔들며 예수를 모욕하여 가로되 아하 성전을 헐고 사흘에 짓는 자여

(마가복음 15:30) 네가 너를 구원하여 십자가에서 내려오라 하고

(마가복음 15:31) 그와 같이 대제사장들도 서기관들과 함께 희롱하며 서로 말하되 저가 남은 구원하였으되 자기는 구원할 수 없도다

(마가복음 15:32) 이스라엘의 왕 그리스도가 지금 십자가에서 내려와 우리로 보고 믿게 할지어다 하며 함께 십자가에 못 박힌 자들도 예수를 욕하더라

(마가복음 15:33) 제 육 시가 되매 온 땅에 어두움이 임하여 제 구 시까지 계속하더니

(마가복음 15:34) 제 구 시에 예수께서 크게 소리지르시되 엘리 엘리 라마 사박다니 하시니 이를 번역하면 나의 하나님, 나의 하나님 어찌하여 나를 버리셨나이까 하는 뜻이라

(마가복음 15:35) 곁에 섰던 자 중 어떤 이들이 듣고 가로되 보라 엘리야를 부른다 하고

(마가복음 15:36) 한 사람이 달려가서 해융에 신 포도주를 머금게 하여 갈대에 꿰어 마시우고 가로되 가만 두어라 엘리야가 와서 저를 내려 주나 보자 하더라

(마가복음 15:37) 예수께서 큰 소리를 지르시고 운명하시다

(마가복음 15:38) 이에 성소 휘장이 위로부터 아래까지 찢어져 둘이 되니라

(마가복음 15:39) 예수를 향하여 섰던 백부장이 그렇게 운명하심을 보고 가로되 이 사람은 진실로 하나님의 아들이었도다 하더라

(마가복음 15:40) 멀리서 바라보는 여자들도 있는데 그 중에 막달라 마리아와 또 작은 야고보와 요세의 어머니 마리아와 또 살로메가 있었으니

(마가복음 15:41) 이들은 예수께서 갈릴리에 계실 때에 좇아 섬기던 자요 또 이 외에도 예수와 함께 예루살렘에 올라온 여자가 많이 있었더라

(마가복음 15:42) 이 날은 예비일 곧 안식일 전날이므로 저물었을 때에

(마가복음 15:43) 아리마대 사람 요셉이 와서 당돌히 빌라도에게 들어가 예수의 시체를 달라 하니 이 사람은 존귀한 공회원이요 하나님의 나라를 기다리는 자라

(마가복음 15:44) 빌라도는 예수께서 벌써 죽었을까 하고 이상히 여겨 백부장을 불러 죽은 지 오래냐 묻고

(마가복음 15:45) 백부장에게 알아본 후에 요셉에게 시체를 내어 주는지라

(마가복음 15:46) 요셉이 세마포를 사고 예수를 내려다가 이것으로 싸서 바위 속에 판 무덤에 넣어 두고 돌을 굴려 무덤 문에 놓으매

(마가복음 15:47) 때에 막달라 마리아와 요세의 어머니 마리아가 예수 둔 곳을 보더라

(Mark 15:16) And the soldiers led him away into the hall, called Praetorium; and they call together the whole band.

(Mark 15:17) And they clothed him with purple, and platted a crown of thorns, and put it about his [head,]

(Mark 15:18) And began to salute him, Hail, King of the Jews!

(Mark 15:19) And they smote him on the head with a reed, and did spit upon him, and bowing [their] knees worshipped him.

(Mark 15:20) And when they had mocked him, they took off the purple from him, and put his own clothes on him, and led him out to crucify him.

(Mark 15:21) And they compel one Simon a Cyrenian, who passed by, coming out of the country, the father of Alexander and Rufus, to bear his cross.

(Mark 15:22) And they bring him unto the place Golgotha, which is, being interpreted, The place of a skull.

(Mark 15:23) And they gave him to drink wine mingled with myrrh: but he received [it] not.

(Mark 15:24) And when they had crucified him, they parted his garments, casting lots upon them, what every man should take.

(Mark 15:25) And it was the third hour, and they crucified him.

(Mark 15:26) And the superscription of his accusation was written over, THE KING OF THE JEWS.

(Mark 15:27) And with him they crucify two thieves: the one on his right hand, and the other on his left.

(Mark 15:28) And the scripture was fulfilled, which saith, And he was numbered with the transgressors.

(Mark 15:29) And they that passed by railed on him, wagging their heads, and saying, Ah, thou that destroyest the temple, and buildest [it] in three days,

(Mark 15:30) Save thyself, and come down from the cross.

(Mark 15:31) Likewise also the chief priests mocking said among themselves with the scribes, He saved others: himself he cannot save.

(Mark 15:32) Let Christ the King of Israel descend now from the cross, that we may see and believe. And they that were crucified with him reviled him.
(Mark 15:33) And when the sixth hour was come, there was darkness over the whole land until the ninth hour.
(Mark 15:34) And at the ninth hour Jesus cried with a loud voice, saying, Eloi, Eloi, lama sabachthani? which is, being interpreted, My God, my God, why hast thou forsaken me?
(Mark 15:35) And some of them that stood by, when they heard [it,] said, Behold, he calleth Elias.
(Mark 15:36) And one ran and filled a spunge full of vinegar, and put [it] on a reed, and gave him to drink, saying, Let alone; let us see whether Elias will come to take him down.
(Mark 15:37) And Jesus cried with a loud voice, and gave up the ghost.
(Mark 15:38) And the veil of the temple was rent in twain from the top to the bottom.
(Mark 15:39) And when the centurion, which stood over against him, saw that he so cried out, and gave up the ghost, he said, Truly this man was the Son of God.
(Mark 15:40) There were also women looking on afar off: among whom was Mary Magdalene, and Mary the mother of James the less and of Joses, and Salome;
(Mark 15:41) (Who also, when he was in Galilee, followed him, and ministered unto him;) and many other women which came up with him unto Jerusalem.
(Mark 15:42) And now when the even was come, because it was the

preparation, that is, the day before the sabbath.

(Mark 15:43) Joseph of Arimathaea, an honourable counsellor, which also waited for the kingdom of God, came, and went in boldly unto Pilate, and craved the body of Jesus.

(Mark 15:44) And Pilate marvelled if he were already dead: and calling [unto him] the centurion, he asked him whether he had been any while dead.

(Mark 15:45) And when he knew [it] of the centurion, he gave the body to Joseph.

(Mark 15:46) And he bought fine linen, and took him down, and wrapped him in the linen, and laid him in a sepulchre which was hewn out of a rock, and rolled a stone unto the door of the sepulchre.

(Mark 15:47) And Mary Magdalene and Mary [the mother] of Joses beheld where he was laid.

(누가복음 23:26) 저희가 예수를 끌고 갈 때에 시몬이라는 구레네 사람이 시골로서 오는 것을 잡아 그에게 십자가를 지워 예수를 좇게 하더라

(누가복음 23:27) 또 백성과 및 그를 위하여 가슴을 치며 슬피 우는 여자의 큰 무리가 따라오는지라

(누가복음 23:28) 예수께서 돌이켜 그들을 향하여 가라사대 예루살렘의 딸들아 나를 위하여 울지 말고 너희와 너희 자녀를 위하여 울라

(누가복음 23:29) 보라 날이 이르면 사람이 말하기를 수태 못하는 이와 해산하지 못한 배와 먹이지 못한 젖이 복이 있다 하리라

(누가복음 23:30) 그 때에 사람이 산들을 대하여 우리 위에 무너지라 하며 작은 산들을 대하여 우리를 덮으라 하리라

(누가복음 23:31) 푸른 나무에도 이같이 하거든 마른 나무에는 어떻게 되리요 하시니라

(누가복음 23:32) 또 다른 두 행악자도 사형을 받게 되어 예수와 함께 끌려가니라

(누가복음 23:33) 해골이라 하는 곳에 이르러 거기서 예수를 십자가에 못 박고 두 행악자도 그렇게 하니 하나는 우편에, 하나는 좌편에 있더라

(누가복음 23:34) 이에 예수께서 가라사대 아버지여 저희를 사하여 주옵소서 자기의 하는 것을 알지 못함이니이다 하시더라 저희가 그의 옷을 나눠 제비 뽑을새

(누가복음 23:35) 백성은 서서 구경하며 관원들도 비웃어 가로되 저가 남을 구원하였으니 만일 하나님의 택하신 자 그리스도여든 자기도 구원할지어다 하고

(누가복음 23:36) 군병들도 희롱하면서 나아와 신 포도주를 주며

(누가복음 23:37) 가로되 네가 만일 유대인의 왕이어든 네가 너를 구원하라 하더라

(누가복음 23:38) 그의 위에 이는 유대인의 왕이라 쓴 패가 있더라

(누가복음 23:39) 달린 행악자 중 하나는 비방하여 가로되 네가 그리스도가 아니냐 너와 우리를 구원하라 하되

(누가복음 23:40) 하나는 그 사람을 꾸짖어 가로되 네가 동일한 정죄를 받고서도 하나님을 두려워 아니하느냐

(누가복음 23:41) 우리는 우리의 행한 일에 상당한 보응을 받는 것이니 이에 당연하거니와 이 사람의 행한 것은 옳지 않은 것이 없느니라 하고

(누가복음 23:42) 가로되 예수여 당신의 나라에 임하실 때에 나를 생각하소서 하니

(누가복음 23:43) 예수께서 이르시되 내가 진실로 네게 이르노니 오늘 네가

나와 함께 낙원에 있으리라 하시니라

(누가복음 23:44) 때가 제 육 시쯤 되어 해가 빛을 잃고 온 땅에 어두움이 임하여 제 구 시까지 계속하며

(누가복음 23:45) 성소의 휘장이 한가운데가 찢어지더라

(누가복음 23:46) 예수께서 큰 소리로 불러 가라사대 아버지여 내 영혼을 아버지 손에 부탁하나이다 하고 이 말씀을 하신 후 운명하시다

(누가복음 23:47) 백부장이 그 된 일을 보고 하나님께 영광을 돌려 가로되 이 사람은 정녕 의인이었도다 하고

(누가복음 23:48) 이를 구경하러 모인 무리도 그 된 일을 보고 다 가슴을 두드리며 돌아가고

(누가복음 23:49) 예수의 아는 자들과 및 갈릴리로부터 따라온 여자들도 다 멀리 서서 이 일을 보니라

(누가복음 23:50) 공회 의원으로 선하고 의로운 요셉이라 하는 사람이 있으니

(누가복음 23:51) (저희의 결의와 행사에 가타 하지 아니한 자라) 그는 유대인의 동네 아리마대 사람이요 하나님의 나라를 기다리는 자러니

(누가복음 23:52) 빌라도에게 가서 예수의 시체를 달라 하여

(누가복음 23:53) 이를 내려 세마포로 싸고 아직 사람을 장사한 일이 없는 바위에 판 무덤에 넣어 두니

(누가복음 23:54) 이 날은 예비일이요 안식일이 거의 되었더라

(누가복음 23:55) 갈릴리에서 예수와 함께 온 여자들이 뒤를 좇아 그 무덤과 그의 시체를 어떻게 둔 것을 보고

(누가복음 23:56) 돌아가 향품과 향유를 예비하더라 계명을 좇아 안식일에 쉬더라

(Luke 23:26) And as they led him away, they laid hold upon one Simon, a Cyrenian, coming out of the country, and on him they laid the cross, that he might bear [it] after Jesus.

(Luke 23:27) And there followed him a great company of people, and of women, which also bewailed and lamented him.

(Luke 23:28) But Jesus turning unto them said, Daughters of Jerusalem, weep not for me, but weep for yourselves, and for your children.

(Luke 23:29) For, behold, the days are coming, in the which they shall say, Blessed [are] the barren, and the wombs that never bare, and the paps which never gave suck.

(Luke 23:30) Then shall they begin to say to the mountains, Fall on us; and to the hills, Cover us.

(Luke 23:31) For if they do these things in a green tree, what shall be done in the dry?

(Luke 23:32) And there were also two others, malefactors, led with him to be put to death.

(Luke 23:33) And when they were come to the place, which is called Calvary, there they crucified him, and the malefactors, one on the right hand, and the other on the left.

(Luke 23:34) Then said Jesus, Father, forgive them; for they know not what they do. And they parted his raiment, and cast lots.

(Luke 23:35) And the people stood beholding. And the rulers also with them derided [him,] saying, He saved others; let him save himself, if he be Christ, the chosen of God.

(Luke 23:36) And the soldiers also mocked him, coming to him, and offering him vinegar,

(Luke 23:37) And saying, If thou be the king of the Jews, save thyself.

(Luke 23:38) And a superscription also was written over him in letters of Greek, and Latin, and Hebrew, THIS IS THE KING OF THE JEWS.

(Luke 23:39) And one of the malefactors which were hanged railed on him, saying, If thou be Christ, save thyself and us.

(Luke 23:40) But the other answering rebuked him, saying, Dost not thou fear God, seeing thou art in the same condemnation?

(Luke 23:41) And we indeed justly; for we receive the due reward of our deeds: but this man hath done nothing amiss.

(Luke 23:42) And he said unto Jesus, Lord, remember me when thou comest into thy kingdom.

(Luke 23:43) And Jesus said unto him, Verily I say unto thee, To day shalt thou be with me in paradise.

(Luke 23:44) And it was about the sixth hour, and there was a darkness over all the earth until the ninth hour.

(Luke 23:45) And the sun was darkened, and the veil of the temple was rent in the midst.

(Luke 23:46) And when Jesus had cried with a loud voice, he said, Father, into thy hands I commend my spirit: and having said thus, he gave up the ghost.

(Luke 23:47) Now when the centurion saw what was done, he glorified God, saying, Certainly this was a righteous man.

(Luke 23:48) And all the people that came together to that sight, beholding the things which were done, smote their breasts, and returned.

(Luke 23:49) And all his acquaintance, and the women that followed him from Galilee, stood afar off, beholding these things.

(Luke 23:50) And, behold, [there was] a man named Joseph, a counsellor; [and he was] a good man, and a just:

(Luke 23:51) (The same had not consented to the counsel and deed of them;) [he was] of Arimathaea, a city of the Jews: who also himself waited for the kingdom of God.

(Luke 23:52) This [man] went unto Pilate, and begged the body of Jesus.

(Luke 23:53) And he took it down, and wrapped it in linen, and laid it in a sepulchre that was hewn in stone, wherein never man before was laid.

(Luke 23:54) And that day was the preparation, and the sabbath drew on.

(Luke 23:55) And the women also, which came with him from Galilee, followed after, and beheld the sepulchre, and how his body was laid.

(Luke 23:56) And they returned, and prepared spices and ointments: and rested the sabbath day according to the commandment.

(요한복음 19:17) 저희가 예수를 맡으매 예수께서 자기의 십자가를 지시고 해골 (히브리 말로 골고다) 이라 하는 곳에 나오시니

(요한복음 19:18) 저희가 거기서 예수를 십자가에 못 박을새 다른 두 사람도 그와 함께 좌우편에 못 박으니 예수는 가운데 있더라

(요한복음 19:19) 빌라도가 패를 써서 십자가 위에 붙이니 나사렛 예수 유대인의 왕이라 기록되었더라

(요한복음 19:20) 예수의 못 박히신 곳이 성에서 가까운 고로 많은 유대인이

이 패를 읽는데 히브리와 로마와 헬라 말로 기록되었더라

(요한복음 19:21) 유대인의 대제사장들이 빌라도에게 이르되 유대인의 왕이라 말고 자칭 유대인의 왕이라 쓰라 하니

(요한복음 19:22) 빌라도가 대답하되 나의 쓸 것을 썼다 하니라

(요한복음 19:23) 군병들이 예수를 십자가에 못 박고 그의 옷을 취하여 네 깃에 나눠 각각 한 깃씩 얻고 속옷도 취하니 이 속옷은 호지 아니하고 위에서부터 통으로 짠 것이라

(요한복음 19:24) 군병들이 서로 말하되 이것을 찢지 말고 누가 얻나 제비뽑자 하니 이는 성경에 저희가 내 옷을 나누고 내 옷을 제비뽑나이다 한 것을 응하게 하려 함이러라 군병들은 이런 일을 하고

(요한복음 19:25) 예수의 십자가 곁에는 그 모친과 이모와 글로바의 아내 마리아와 막달라 마리아가 섰는지라

(요한복음 19:26) 예수께서 그 모친과 사랑하시는 제자가 곁에 섰는 것을 보시고 그 모친께 말씀하시되 여자여 보소서 아들이니이다 하시고

(요한복음 19:27) 또 그 제자에게 이르시되 보라 네 어머니라 하신대 그 때부터 그 제자가 자기 집에 모시니라

(요한복음 19:28) 이 후에 예수께서 모든 일이 이미 이룬 줄 아시고 성경으로 응하게 하려 하사 가라사대 내가 목마르다 하시니

(요한복음 19:29) 거기 신 포도주가 가득히 담긴 그릇이 있는지라 사람들이 신 포도주를 머금은 해융을 우슬초에 매어 예수의 입에 대니

(요한복음 19:30) 예수께서 신 포도주를 받으신 후 가라사대 다 이루었다 하시고 머리를 숙이시고 영혼이 돌아가시니라

(요한복음 19:31) 이 날은 예비일이라 유대인들은 그 안식일이 큰 날이므로 그 안식일에 시체들을 십자가에 두지 아니하려 하여 빌라도에게 그들의

다리를 꺾어 시체를 치워 달라 하니

(요한복음 19:32) 군병들이 가서 예수와 함께 못 박힌 첫째 사람과 또 그 다른 사람의 다리를 꺾고

(요한복음 19:33) 예수께 이르러는 이미 죽은 것을 보고 다리를 꺾지 아니하고

(요한복음 19:34) 그 중 한 군병이 창으로 옆구리를 찌르니 곧 피와 물이 나오더라

(요한복음 19:35) 이를 본 자가 증거하였으니 그 증거가 참이라 저가 자기의 말하는 것이 참인 줄 알고 너희로 믿게 하려 함이니라

(요한복음 19:36) 이 일이 이룬 것은 그 뼈가 하나도 꺾이우지 아니하리라 한 성경을 응하게 하려 함이라

(요한복음 19:37) 또 다른 성경에 저희가 그 찌른 자를 보리라 하였느니라

(요한복음 19:38) 아리마대 사람 요셉이 예수의 제자나 유대인을 두려워하여 은휘하더니 이 일 후에 빌라도더러 예수의 시체를 가져가기를 구하매 빌라도가 허락하는지라 이에 가서 예수의 시체를 가져가니라

(요한복음 19:39) 일찍 예수께 밤에 나아왔던 니고데모도 몰약과 침향 섞은 것을 백 근쯤 가지고 온지라

(요한복음 19:40) 이에 예수의 시체를 가져다가 유대인의 장례법대로 그 향품과 함께 세마포로 쌌더라

(요한복음 19:41) 예수의 십자가에 못 박히신 곳에 동산이 있고 동산 안에 아직 사람을 장사한 일이 없는 새 무덤이 있는지라

(요한복음 19:42) 이 날은 유대인의 예비일이요 또 무덤이 가까운 고로 예수를 거기 두니라

(John 19:17) And he bearing his cross went forth into a place called [the place] of a skull, which is called in the Hebrew Golgotha:

(John 19:18) Where they crucified him, and two others with him, on either side one, and Jesus in the midst.

(John 19:19) And Pilate wrote a title, and put [it] on the cross. And the writing was, JESUS OF NAZARETH THE KING OF THE JEWS.

(John 19:20) This title then read many of the Jews: for the place where Jesus was crucified was nigh to the city: and it was written in Hebrew, [and] Greek, [and] Latin.

(John 19:21) Then said the chief priests of the Jews to Pilate, Write not, The King of the Jews: but that he said, I am King of the Jews.

(John 19:22) Pilate answered, What I have written I have written.

(John 19:23) Then the soldiers, when they had crucified Jesus, took his garments, and made four parts, to every soldier a part; and also [his] coat: now the coat was without seam, woven from the top throughout.

(John 19:24) They said therefore among themselves, Let us not rend it, but cast lots for it, whose it shall be: that the scripture might be fulfilled, which saith, They parted my raiment among them, and for my vesture they did cast lots. These things therefore the soldiers did.

(John 19:25) Now there stood by the cross of Jesus his mother, and his mother's sister, Mary the [wife] of Cleophas, and Mary Magdalene.

(John 19:26) When Jesus therefore saw his mother, and the disciple standing by, whom he loved, he saith unto his mother, Woman, behold thy son!

(John 19:27) Then saith he to the disciple, Behold thy mother! And from that hour that disciple took her unto his own [home.]

(John 19:28) After this, Jesus knowing that all things were now accomplished, that the scripture might be fulfilled, saith, I thirst.

(John 19:29) Now there was set a vessel full of vinegar: and they filled a spunge with vinegar, and put [it] upon hyssop, and put [it] to his mouth.

(John 19:30) When Jesus therefore had received the vinegar, he said, It is finished: and he bowed his head, and gave up the ghost.

(John 19:31) The Jews therefore, because it was the preparation, that the bodies should not remain upon the cross on the sabbath day, (for that sabbath day was an high day,) besought Pilate that their legs might be broken, and [that] they might be taken away.

(John 19:32) Then came the soldiers, and brake the legs of the first, and of the other which was crucified with him.

(John 19:33) But when they came to Jesus, and saw that he was dead already, they brake not his legs:

(John 19:34) But one of the soldiers with a spear pierced his side, and forthwith came there out blood and water.

(John 19:35) And he that saw [it] bare record, and his record is true: and he knoweth that he saith true, that ye might believe.

(John 19:36) For these things were done, that the scripture should be fulfilled, A bone of him shall not be broken.

(John 19:37) And again another scripture saith, They shall look on him whom they pierced.

(John 19:38) And after this Joseph of Arimathaea, being a disciple of Jesus, but secretly for fear of the Jews, besought Pilate that he might take away the body

그림 49. **예수의 죽음** | 제임스 티소(James Tissot)

of Jesus: and Pilate gave [him] leave. He came therefore, and took the body of Jesus.

(John 19:39) And there came also Nicodemus, which at the first came to Jesus by night, and brought a mixture of myrrh and aloes, about an hundred pound [weight.]

(John 19:40) Then took they the body of Jesus, and wound it in linen clothes with the spices, as the manner of the Jews is to bury.

(John 19:41) Now in the place where he was crucified there was a garden; and in the garden a new sepulchre, wherein was never man yet laid.

(John 19:42) There laid they Jesus therefore because of the Jews' preparation [day;] for the sepulchre was nigh at hand.

예수의 부활

지금부터는 오컬트 전통과 가르침, 그리고 복음서에 기록된 내용이 엇갈리는 주제에 관해 설명한다. 사실 내용 자체가 다른 것은 아니다. 같은 사건을 바라보는 두 진영의 관점과 해석상에 차이가 있을 뿐이다. 그 주제란 다름 아닌 예수의 부활이다.

예수는 생전에 자신이 죽은 지 3일 만에 살아나 그들 앞에 다시 나타날 것이라고 사도들에게 말했다.

(**마태복음 16:21**) 이 때로부터 예수 그리스도께서 자기가 예루살렘에 올라가 장로들과 대제사장들과 서기관들에게 많은 고난을 받고 죽임을 당하고 제 삼 일에 살아나야 할 것을 제자들에게 비로소 가르치시니

(**Matthew 16:21**) From that time forth began Jesus to shew unto his disciples, how that he must go unto Jerusalem, and suffer many things of the elders and chief priests and scribes, and be killed, and be raised again the third day.

(**마가복음 9:31**) 이는 제자들을 가르치시며 또 인자가 사람들의 손에 넘기워

죽임을 당하고 죽은 지 삼 일 만에 살아나리라는 것을 말씀하시는 연고더라

(Mark 9:31) For he taught his disciples, and said unto them, The Son of man is delivered into the hands of men, and they shall kill him; and after that he is killed, he shall rise the third day.

(**누가복음 9:22**) 가라사대 인자가 많은 고난을 받고 장로들과 대제사장들과 서기관들에게 버린 바 되어 죽임을 당하고 제 삼 일에 살아나야 하리라 하시고

(Luke 9:22) Saying, The Son of man must suffer many things, and be rejected of the elders and chief priests and scribes, and be slain, and be raised the third day.

오컬트에 관한 지식과 이해가 없는 보통 사람의 관점에서 보면 마스터가 사망한 후 자기 시신을 되살려내어 사도들 앞에 나타날 것이라는 얘기처럼 들릴 수 있다. 복음서의 내용도 마치 육신의 부활을 의미하는 것처럼 서술되어 있는데, 이는 평범한 성경 독자가 이야기를 쉽게 이해할 수 있도록 의도한 결과로 보인다.

하지만 예수의 부활에 관한 오컬트 전통의 해석은 전혀 다르다. 오컬트에서는 예수가 실제로 십자가에서 죽은 뒤 3일 후에 사도들에게 나타나 한동안 그들과 함께 거하며 신비주의의 깊은 가르침과 비밀 교리를 추가로 전수했다고 설명한다. 다만 예수가 기존의 육신을 다시 걸친 상태로 돌아온 것이 아니라, 아스트랄체의 형태로 사도들 앞에

모습을 나타냈다는 것이 신비주의 가르침의 설명이다.

책 초반에서 이미 설명했듯이, 대중은 육신을 인간의 거의 전부로 여긴다. 그들은 최후의 심판이 있는 날에 세상에 살았던 모든 인간이 생전에 가졌던 육신을 다시 걸치고 부활할 것으로 생각했을 정도로 육신을 숭배했다. 사정이 이렇다 보니 육신을 배제한 형태의 부활이라는 개념을 이해할 턱이 없었다.

하지만 영혼이 걸치는 여러 겹의 육신에 관한 진리를 이해하고 있는 오컬티스트와 신비주의자들의 관점에서 봤을 때, 육신의 부활은 조잡하고 비과학적인 개념이다. 부활과 관련한 비밀 가르침을 이해하고 있는 이들은 예수가 아스트랄체의 형태를 띠고 다시 나타난 이유도 잘 알고 있다.

복음서의 기록에 따르면 당국은 예수의 시신이 도난당하거나 부활하는 일이 없도록 무덤 앞에 보초를 배치했다. 사제들도 예수가 부활할 것으로 예상했다. 복음서는 당국이 예수의 무덤 입구를 돌로 닫은 후 로마의 병사들이 지키도록 했다고 구체적으로 기록하고 있다. 하지만 이와 같은 철저한 조치에도 마스터는 다시 살아나 무덤 밖으로 나왔고, 그의 추종자들은 예수의 시신이 사라졌음을 암시하는 증거를 보고 괴로워했다고 적혀있다.

하지만 오컬트 전통에 따르면 예수의 측근들은 몰래 그를 추종하던 어느 유대교 고위 인사의 도움을 통해 빌라도로부터 예수의 시신을 인계받아 안전하고 은밀한 곳에 매장하도록 승인을 받았고, 시간이 흘러 그의 시신은 모든 인간과 마찬가지로 자연적인 과정을 거쳐 흙으로 다시 돌아갔다고 한다. 이들은 마스터의 부활이 그의 육신과는 아무런 상관이 없다는 사실을 잘 알고 있었다. 이들은 마스터의 육신은 사라

그림 50. **예수의 탄생, 죽음, 그리고 부활** | 한스 멤링의 신봉자 (Follower of Hans Memling)

졌어도 그의 영혼은 여전히 살아있으며, 아직 육신을 벗어던지지 못한 인간들과 소통할 수 있는 형태로 다시 와야 한다는 것을 알고 있었다. 오컬티스트는 굳이 자세히 설명하지 않아도 이 말이 무엇을 의미하는지 이미 이해하고 있을 것이다. 그렇지 않은 독자들은 아스트랄체와 그 속성에 관한 오컬트의 가르침을 따로 공부할 것을 권하고 싶다.

 육신의 사망 후 아스트랄체의 형태로 다시 나타난 마스터를 가장 먼저 알아본 사람은 예수의 여제자, 막달라 마리아(Mary of Magdala)였다. 비어있는 예수의 무덤 옆에서 울고 있던 그녀 앞에 인간의 형상을 한 어떤 존재가 접근했다. 아스트랄체의 형상을 띤 예수의 모습은 구체적이지도, 익숙하지도 않았기 때문에 처음에 그녀는 예수를 알아보지 못했다. 잠시 후 그녀를 부르는 목소리가 들려왔고, 고개를 들어 위를 쳐다본 마리아는 예수의 모습이 처음 봤을 때보다 선명해지는 것을 보고 나서 비로소 그를 알아차렸다.

오컬트 전설에서는 또한 예수가 갈보리에서 처형된 후, 3일 동안 예루살렘과 주변 지역에서 최근에 사망한 사람들의 정령이 나타나고 여기저기서 목격되었다는 초기 기독교 교회의 전통도 뒷받침하고 있다. 당시 많은 유대인 망자들이 아스트랄체의 형태로 나타나 자기가 생전에 살았던 집과 인연이 있는 현장에 나타났고, 유족과 친구들이 이들을 목격했다고 한다.

예수도 아스트랄체의 형태로 사도들 앞에 나타났다. 전통에 따르면 예수가 막달라 마리아에게 처음으로 모습을 드러낸 날(부활절; Easter Sunday) 오후, 유다를 제외한 열한 명의 사도 중 두 명이 예수를 만났다고 한다. 이상하게 들릴지 모르겠지만, 두 사도는 예수와 함께 길을 걷고 같은 식탁에서 식사까지 했으나, 처음에는 그를 알아보지 못했다고 한다. 사도들이 예수를 알아보지 못했다는 기록은 일반적인 설명으로는 수긍하기 어렵고, 교회에서도 이를 제대로 설명하기 위한 시도조차 않고 있다. 오컬트 전통에 따르면 예수는 아무에게나 모습을 보이지 않기 위해 처음에는 자신의 아스트랄체를 완전하게 드러내지 않았고, 따라서 그의 이목구비가 뚜렷하게 나타나지 않았다고 한다. 예수는 두 사도와 식사를 하는 자리에서 비로소 자신의 모습을 전부 드러냈고, 그제야 사도들도 그를 알아보았다는 것이다. 아스트랄체가 발현되는 모습을 목격한 경험이 있는 오컬티스트라면 이 말이 의미하는 바를 대번에 이해할 것이다. 예수가 생전에 가졌던 육신을 통해 부활했다는 정교회의 이론은 예수가 죽는 날까지 매일 함께 생활했던 사도들이 그를 알아보지 못한 이유를 설명하지 못한다. 조금만 상식적으로 생각해 봐도 정교회의 이론과 오컬트의 설명 중, 어느 쪽이 진실일 가능성이

그림 51. 부활 후 막달라 마리아에게 나타난 예수 | 야콥 코르넬리스존(Jacob Cornelisz van Oostsanen)

더 높은지 쉽게 알 수 있을 것이다.

예수는 부활 후 40일 동안 측근들이 눈으로 볼 수 있는 상태로 세상에 머물렀다. 이 기간에 그를 목격한 증인이 무려 수백에 이르렀다. 신비주의 전통에는 복음서에 수록되지 않은 당시 예수의 행적에 관한 기록이 여럿 있다. 예수가 본디오 빌라도에게 나타나 그가 자기의 죽음에 관여한 일에 대해 용서했다는 기록도 있고, 침실에서 자고 있던 헤롯 앞에 나타나는 바람에 그가 혼비백산했다는 기록도 있다. 사원에 모여있던 고위급 사제들이 그를 보고 공포에 질려 무릎을 꿇었고, 당국의 핍박을 피해 문을 걸어 잠그고 숨어 있던 열한 명의 사도들을 찾아가 "사랑하는 제자들이여, 평온이 깃들기를…."이라고 말하며 위로한 후 홀연히 사라졌다는 기록도 있다.

그림 52. **부활한 예수의 상처를 만져 보는 도마** | 카라바조(Caravaggio)

복음서에는 '의심하는 자, 도마(Thomas the Doubter)'가 예수의 상처 부위를 직접 손으로 만져 보고 비로소 그의 정체를 확신했다는 이야기가 기록되어 있다. 이는 물론 예수가 아스트랄계의 법칙에 따라 생전에 가졌던 육신을 아스트랄체의 형태로 완벽하게 재현했기 때문에 가능했던 일이었다.

동에 번쩍, 서에 번쩍하면서 자기가 선택한 사람들 앞에만 모습을 비치고, 그렇지 않은 사람에게는 자신의 모습을 감추며 나타났다가 사라지기를 반복한 예수의 행동을 보면 그가 어떤 몸으로 부활했는지 쉽게 짐작할 수 있다. 일반 대중도 아스트랄계의 실체와 이 영역을 관장하는 법칙을 알았더라면 예수의 부활을 믿어 의심치 않았을 것이다.

복음서의 기록을 보면 사도들은 예수를 '형태가 없는, 공기에 가까운 영'이 아니라, 육신을 가진 존재처럼 인지했음을 알 수 있다. 사도들은 실제로 예수의 몸을 만지고, 그가 음식을 먹는 모습도 보았다. 이게 도대체 무슨 의미일까? 아스트랄체의 발현을 관장하는 법칙에 따라 특정 조건에서 아스트랄체가 육신과 거의 유사한 형태를 띠게 되어 눈으로 볼 수 있을 뿐 아니라 손으로 만질 수도 있다. 이는 심지어 영국의 심령연구협회(Society for Psychical Research)의 자료에도 명시되어 있는 내용으로, 일정 수준 이상에 이른 오컬티스트들은 다 알고 있는 사실이다.

예수의 '승천'

그러던 어느 날, 예수는 사도들과 함께 산에 올라 그들이 세상에 남아 해야 할 일을 자세히 지도했다. 그리고 마지막 작별 인사를 한 후 그들의 눈앞에서 서서히 사라졌다. 일반적인 생각과 달리 예수는 하늘을 향해 계속 상승하면서 더는 볼 수 없게 된 것이 아니라, 아스트랄체가 느린 속도로 분해(dematerialize)되면서 시야에서 서서히 사라졌다. 사도들은 예수의 영혼이 아스트랄체마저 벗어던지는 광경을 보며 아쉬워했다. 희미해지던 예수의 몸은 결국 완전히 사라지고, 그의 영혼은 물질계보다 높은 차원으로 이동했다.

(마태복음 27:62) 그 이튿날은 예비일 다음 날이라 대제사장들과 바리새인들이 함께 빌라도에게 모여 가로되

(마태복음 27:63) 주여 저 유혹하던 자가 살았을 때에 말하되 내가 사흘 후에 다시 살아나리라 한 것을 우리가 기억하노니

(마태복음 27:64) 그러므로 분부하여 그 무덤을 사흘까지 굳게 지키게 하소서 그의 제자들이 와서 시체를 도적질하여 가고 백성에게 말하되 그가 죽은 자 가운데서 살아났다 하면 후의 유혹이 전보다 더 될까 하나이다 하니

(마태복음 27:65) 빌라도가 가로되 너희에게 파수꾼이 있으니 가서 힘대로 굳게 하라 하거늘

(마태복음 27:66) 저희가 파수꾼과 함께 가서 돌을 인봉하고 무덤을 굳게 하니라

(마태복음 28:1) 안식일이 다하여 가고 안식 후 첫날이 되려는 미명에 막달라 마리아와 다른 마리아가 무덤을 보려고 왔더니

(마태복음 28:2) 큰 지진이 나며 주의 천사가 하늘로서 내려와 돌을 굴려 내고 그 위에 앉았는데

(마태복음 28:3) 그 형상이 번개 같고 그 옷은 눈같이 희거늘

(마태복음 28:4) 수직하던 자들이 저를 무서워하여 떨며 죽은 사람과 같이 되었더라

(마태복음 28:5) 천사가 여자들에게 일러 가로되 너희는 무서워 말라 십자가에 못 박히신 예수를 너희가 찾는 줄을 내가 아노라

(마태복음 28:6) 그가 여기 계시지 않고 그의 말씀하시던 대로 살아나셨느니라 와서 그의 누우셨던 곳을 보라

(마태복음 28:7) 또 빨리 가서 그의 제자들에게 이르되 그가 죽은 자 가운데서 살아나셨고 너희보다 먼저 갈릴리로 가시나니 거기서 너희가 뵈오리라 하라 보라 내가 너희에게 일렀느니라 하거늘

(마태복음 28:8) 그 여자들이 무서움과 큰 기쁨으로 무덤을 빨리 떠나 제자들에게 알게 하려고 달음질할새

(마태복음 28:9) 예수께서 저희를 만나 가라사대 평안하뇨 하시거늘 여자들이 나아가 그 발을 붙잡고 경배하니

(마태복음 28:10) 이에 예수께서 가라사대 무서워 말라 가서 내 형제들에게 갈릴리로 가라 하라 거기서 나를 보리라 하시니라

(마태복음 28:11) 여자들이 갈제 파수꾼 중 몇이 성에 들어가 모든 된 일을 대제사장들에게 고하니

(마태복음 28:12) 그들이 장로들과 함께 모여 의논하고 군병들에게 돈을 많이 주며

(마태복음 28:13) 가로되 너희는 말하기를 그의 제자들이 밤에 와서 우리가 잘 때에 그를 도적질하여 갔다 하라

(마태복음 28:14) 만일 이 말이 총독에게 들리면 우리가 권하여 너희로 근심되지 않게 하리라 하니

(마태복음 28:15) 군병들이 돈을 받고 가르친 대로 하였으니 이 말이 오늘날까지 유대인 가운데 두루 퍼지니라

(마태복음 28:16) 열한 제자가 갈릴리에 가서 예수의 명하시던 산에 이르러

(마태복음 28:17) 예수를 뵈옵고 경배하나 오히려 의심하는 자도 있더라

(마태복음 28:18) 예수께서 나아와 일러 가라사대 하늘과 땅의 모든 권세를 내게 주셨으니

(마태복음 28:19) 그러므로 너희는 가서 모든 족속으로 제자를 삼아 아버지와 아들과 성령의 이름으로 세례를 주고

(마태복음 28:20) 내가 너희에게 분부한 모든 것을 가르쳐 지키게 하라 볼지어다 내가 세상 끝날까지 너희와 항상 함께 있으리라 하시니라

(Matthew 27:62) Now the next day, that followed the day of the preparation, the chief priests and Pharisees came together unto Pilate,

(Matthew 27:63) Saying, Sir, we remember that that deceiver said, while he was yet alive, After three days I will rise again.

(Matthew 27:64) Command therefore that the sepulchre be made sure until the third day, lest his disciples come by night, and steal him away, and say unto the people, He is risen from the dead: so the last error shall be worse than the first.

(Matthew 27:65) Pilate said unto them, Ye have a watch: go your way, make [it] as sure as ye can.

(Matthew 27:66) So they went, and made the sepulchre sure, sealing the stone, and setting a watch.

(Matthew 28:1) In the end of the sabbath, as it began to dawn toward the first [day] of the week, came Mary Magdalene and the other Mary to see the sepulchre.

(Matthew 28:2) And, behold, there was a great earthquake: for the angel of the Lord descended from heaven, and came and rolled back the stone from the door, and sat upon it.

(Matthew 28:3) His countenance was like lightning, and his raiment white as snow:

(Matthew 28:4) And for fear of him the keepers did shake, and became as dead [men.]

(Matthew 28:5) And the angel answered and said unto the women, Fear not ye: for I know that ye seek Jesus, which was crucified.

(Matthew 28:6) He is not here: for he is risen, as he said. Come, see the place where the Lord lay.

(Matthew 28:7) And go quickly, and tell his disciples that he is risen from the dead; and, behold, he goeth before you into Galilee; there shall ye see him: lo, I have told you.

(Matthew 28:8) And they departed quickly from the sepulchre with fear and great joy; and did run to bring his disciples word.

(Matthew 28:9) And as they went to tell his disciples, behold, Jesus met them, saying, All hail. And they came and held him by the feet, and worshipped him.

(Matthew 28:10) Then said Jesus unto them, Be not afraid: go tell my brethren that they go into Galilee, and there shall they see me.

(Matthew 28:11) Now when they were going, behold, some of the watch came into the city, and shewed unto the chief priests all the things that were done.

(Matthew 28:12) And when they were assembled with the elders, and had taken counsel, they gave large money unto the soldiers,

(Matthew 28:13) Saying, Say ye, His disciples came by night, and stole him [away] while we slept.

(Matthew 28:14) And if this come to the governor's ears, we will persuade him, and secure you.

(Matthew 28:15) So they took the money, and did as they were taught: and this saying is commonly reported among the Jews until this day.

(Matthew 28:16) Then the eleven disciples went away into Galilee, into a mountain where Jesus had appointed them.

(Matthew 28:17) And when they saw him, they worshipped him: but some doubted.

(Matthew 28:18) And Jesus came and spake unto them, saying, All power is given unto me in heaven and in earth.

(Matthew 28:19) Go ye therefore, and teach all nations, baptizing them in the name of the Father, and of the Son, and of the Holy Ghost:

(Matthew 28:20) Teaching them to observe all things whatsoever I have commanded you: and, lo, I am with you alway, [even] unto the end of the world. Amen.

(마가복음 16:1) 안식일이 지나매 막달라 마리아와 야고보의 어머니 마리아와 또 살로메가 가서 예수께 바르기 위하여 향품을 사다 두었다가

(마가복음 16:2) 안식 후 첫날 매우 일찌기 해 돋은 때에 그 무덤으로 가며

(마가복음 16:3) 서로 말하되 누가 우리를 위하여 무덤 문에서 돌을 굴려 주리요 하더니

(마가복음 16:4) 눈을 들어 본즉 돌이 벌써 굴려졌으니 그 돌이 심히 크더라

(마가복음 16:5) 무덤에 들어가서 흰 옷을 입은 한 청년이 우편에 앉은 것을 보고 놀라매

(마가복음 16:6) 청년이 이르되 놀라지 말라 너희가 십자가에 못 박히신 나사렛 예수를 찾는구나 그가 살아나셨고 여기 계시지 아니하니라 보라 그를 두었던 곳이니라

(마가복음 16:7) 가서 그의 제자들과 베드로에게 이르기를 예수께서 너희보다 먼저 갈릴리로 가시나니 전에 너희에게 말씀하신 대로 너희가 거기서 뵈오리라 하라 하는지라

(마가복음 16:8) 여자들이 심히 놀라 떨며 나와 무덤에서 도망하고 무서워하여 아무에게 아무 말도 하지 못하더라

(마가복음 16:9) 예수께서 안식 후 첫날 이른 아침에 살아나신 후 전에 일곱 귀신을 쫓아내어 주신 막달라 마리아에게 먼저 보이시니

(마가복음 16:10) 마리아가 가서 예수와 함께 하던 사람들의 슬퍼하며 울고 있는 중에 이 일을 고하매

(마가복음 16:11) 그들은 예수의 살으셨다는 것과 마리아에게 보이셨다는 것을
들고도 믿지 아니하니라

(마가복음 16:12) 그 후에 저희 중 두 사람이 걸어서 시골로 갈 때에 예수께서
다른 모양으로 저희에게 나타나시니

(마가복음 16:13) 두 사람이 가서 남은 제자들에게 고하였으되 역시
믿지 아니하니라

(마가복음 16:14) 그 후에 열한 제자가 음식 먹을 때에 예수께서 저희에게
나타나사 저희의 믿음 없는 것과 마음이 완악한 것을 꾸짖으시니
이는 자기의 살아난 것을 본 자들의 말을 믿지 아니함일러라

(마가복음 16:15) 또 가라사대 너희는 온 천하에 다니며 만민에게 복음을
전파하라

(마가복음 16:16) 믿고 세례를 받는 사람은 구원을 얻을 것이요 믿지 않는
사람은 정죄를 받으리라

(마가복음 16:17) 믿는 자들에게는 이런 표적이 따르리니 곧 저희가
내 이름으로 귀신을 쫓아내며 새 방언을 말하며

(마가복음 16:18) 뱀을 집으며 무슨 독을 마실지라도 해를 받지 아니하며
병든 사람에게 손을 얹은즉 나으리라 하시더라

(마가복음 16:19) 주 예수께서 말씀을 마치신 후에 하늘로 올리우사
하나님 우편에 앉으시니라

(마가복음 16:20) 제자들이 나가 두루 전파할새 주께서 함께 역사하사
그 따르는 표적으로 말씀을 확실히 증거하시니라

(Mark 16:1) And when the sabbath was past, Mary Magdalene, and Mary the
[mother] of James, and Salome, had bought sweet spices, that they might

come and anoint him.

(Mark 16:2) And very early in the morning the first [day] of the week, they came unto the sepulchre at the rising of the sun.

(Mark 16:3) And they said among themselves, Who shall roll us away the stone from the door of the sepulchre?

(Mark 16:4) And when they looked, they saw that the stone was rolled away: for it was very great.

(Mark 16:5) And entering into the sepulchre, they saw a young man sitting on the right side, clothed in a long white garment; and they were affrighted.

(Mark 16:6) And he saith unto them, Be not affrighted: Ye seek Jesus of Nazareth, which was crucified: he is risen; he is not here: behold the place where they laid him.

(Mark 16:7) But go your way, tell his disciples and Peter that he goeth before you into Galilee: there shall ye see him, as he said unto you.

(Mark 16:8) And they went out quickly, and fled from the sepulchre; for they trembled and were amazed: neither said they any thing to any [man;] for they were afraid.

(Mark 16:9) Now when [Jesus] was risen early the first [day] of the week, he appeared first to Mary Magdalene, out of whom he had cast seven devils.

(Mark 16:10) [And] she went and told them that had been with him, as they mourned and wept.

(Mark 16:11) And they, when they had heard that he was alive, and had been seen of her, believed not.

(Mark 16:12) After that he appeared in another form unto two of them, as they walked, and went into the country.

(Mark 16:13) And they went and told [it] unto the residue: neither believed they them.

(Mark 16:14) Afterward he appeared unto the eleven as they sat at meat, and upbraided them with their unbelief and hardness of heart, because they believed not them which had seen him after he was risen.

(Mark 16:15) And he said unto them, Go ye into all the world, and preach the gospel to every creature.

(Mark 16:16) He that believeth and is baptized shall be saved; but he that believeth not shall be damned.

(Mark 16:17) And these signs shall follow them that believe; In my name shall they cast out devils; they shall speak with new tongues;

(Mark 16:18) They shall take up serpents; and if they drink any deadly thing, it shall not hurt them; they shall lay hands on the sick, and they shall recover.

(Mark 16:19) So then after the Lord had spoken unto them, he was received up into heaven, and sat on the right hand of God.

(Mark 16:20) And they went forth, and preached every where, the Lord working with [them,] and confirming the word with signs following. Amen.

(누가복음 24:1) 안식 후 첫날 새벽에 이 여자들이 그 예비한 향품을 가지고 무덤에 가서

(누가복음 24:2) 돌이 무덤에서 굴려 옮기운 것을 보고

(누가복음 24:3) 들어가니 주 예수의 시체가 뵈지 아니하더라

(누가복음 24:4) 이를 인하여 근심할 때에 문득 찬란한 옷을 입은 두 사람이 곁에 섰는지라

(누가복음 24:5) 여자들이 두려워 얼굴을 땅에 대니 두 사람이 이르되 어찌하여 산 자를 죽은 자 가운데서 찾느냐

(누가복음 24:6) 여기 계시지 않고 살아나셨느니라 갈릴리에 계실 때에 너희에게 어떻게 말씀하신 것을 기억하라

(누가복음 24:7) 이르시기를 인자가 죄인의 손에 넘기워 십자가에 못 박히고 제 삼 일에 다시 살아나야 하리라 하셨느니라 한대

(누가복음 24:8) 저희가 예수의 말씀을 기억하고

(누가복음 24:9) 무덤에서 돌아가 이 모든 것을 열한 사도와 모든 다른 이에게 고하니

(누가복음 24:10) (이 여자들은 막달라 마리아와 요안나와 야고보의 모친 마리아라 또 저희와 함께한 다른 여자들도 이것을 사도들에게 고하니라)

(누가복음 24:11) 사도들은 저희 말이 허탄한 듯이 뵈어 믿지 아니하나

(누가복음 24:12) 베드로는 일어나 무덤에 달려가서 구푸려 들여다보니 세마포만 보이는지라 그 된 일을 기이히 여기며 집으로 돌아가니라

(누가복음 24:13) 그 날에 저희 중 둘이 예루살렘에서 이십오 리 되는 엠마오라 하는 촌으로 가면서

(누가복음 24:14) 이 모든 된 일을 서로 이야기하더라

(누가복음 24:15) 저희가 서로 이야기하며 문의할 때에 예수께서 가까이 이르러 저희와 동행하시나

(누가복음 24:16) 저희의 눈이 가리워져서 그인 줄 알아보지 못하거늘

(누가복음 24:17) 예수께서 이르시되 너희가 길 가면서 서로 주고 받고 하는 이야기가 무엇이냐 하시니 두 사람이 슬픈 빛을 띠고 머물러 서더라

(누가복음 24:18) 그 한 사람인 글로바라 하는 자가 대답하여 가로되 당신이 예루살렘에 우거하면서 근일 거기서 된 일을 홀로 알지 못하느뇨

(누가복음 24:19) 가라사대 무슨 일이뇨 가로되 나사렛 예수의 일이니 그는 하나님과 모든 백성 앞에서 말과 일에 능하신 선지자여늘

(누가복음 24:20) 우리 대제사장들과 관원들이 사형 판결에 넘겨 주어 십자가에 못 박았느니라

(누가복음 24:21) 우리는 이 사람이 이스라엘을 구속할 자라고 바랐노라 이뿐 아니라 이 일이 된 지가 사흘째요

(누가복음 24:22) 또한 우리 중에 어떤 여자들이 우리로 놀라게 하였으니 이는 저희가 새벽에 무덤에 갔다가

(누가복음 24:23) 그의 시체는 보지 못하고 와서 그가 살으셨다 하는 천사들의 나타남을 보았다 함이라

(누가복음 24:24) 또 우리와 함께 한 자 중에 두어 사람이 무덤에 가 과연 여자들의 말한 바와 같음을 보았으나 예수는 보지 못하였느니라 하거늘

(누가복음 24:25) 가라사대 미련하고 선지자들의 말한 모든 것을 마음에 더디 믿는 자들이여

(누가복음 24:26) 그리스도가 이런 고난을 받고 자기의 영광에 들어가야 할 것이 아니냐 하시고

(누가복음 24:27) 이에 모세와 및 모든 선지자의 글로 시작하여 모든 성경에 쓴 바 자기에 관한 것을 자세히 설명하시니라

(누가복음 24:28) 저희의 가는 촌에 가까이 가매 예수는 더 가려 하는 것같이 하시니

(누가복음 24:29) 저희가 강권하여 가로되 우리와 함께 유하사이다 때가 저물어 가고 날이 이미 기울었나이다 하니 이에 저희와 함께 유하러 들어가시니라

(누가복음 24:30) 저희와 함께 음식 잡수실 때에 떡을 가지사 축사하시고 떼어 저희에게 주시매

(누가복음 24:31) 저희 눈이 밝아져 그인 줄 알아보더니 예수는 저희에게 보이지 아니하시는지라

(누가복음 24:32) 저희가 서로 말하되 길에서 우리에게 말씀하시고 우리에게 성경을 풀어 주실 때에 우리 속에서 마음이 뜨겁지 아니하더냐 하고

(누가복음 24:33) 곧 그 시로 일어나 예루살렘에 돌아가 보니 열한 사도와 및 그와 함께 한 자들이 모여 있어

(누가복음 24:34) 말하기를 주께서 과연 살아나시고 시몬에게 나타나셨다 하는지라

(누가복음 24:35) 두 사람도 길에서 된 일과 예수께서 떡을 떼심으로 자기들에게 알려지신 것을 말하더라

(누가복음 24:36) 이 말을 할 때에 예수께서 친히 그 가운데 서서 가라사대 너희에게 평강이 있을지어다 하시니

(누가복음 24:37) 저희가 놀라고 무서워하여 그 보는 것을 영으로 생각하는지라

(누가복음 24:38) 예수께서 가라사대 어찌하여 두려워하며 어찌하여 마음에 의심이 일어나느냐

(누가복음 24:39) 내 손과 발을 보고 나인 줄 알라 또 나를 만져 보라 영은 살과 뼈가 없으되 너희 보는 바와 같이 나는 있느니라

(누가복음 24:40) 이 말씀을 하시고 손과 발을 보이시나

(누가복음 24:41) 저희가 너무 기쁘므로 오히려 믿지 못하고 기이히 여길 때에 이르시되 여기 무슨 먹을 것이 있느냐 하시니

(누가복음 24:42) 이에 구운 생선 한 토막을 드리매

(누가복음 24:43) 받으사 그 앞에서 잡수시더라

(누가복음 24:44) 또 이르시되 내가 너희와 함께 있을 때에 너희에게 말한 바 곧 모세의 율법과 선지자의 글과 시편에 나를 가리켜 기록된 모든 것이 이루어져야 하리라 한 말이 이것이라 하시고

(누가복음 24:45) 이에 저희 마음을 열어 성경을 깨닫게 하시고

(누가복음 24:46) 또 이르시되 이같이 그리스도가 고난을 받고 제 삼 일에 죽은 자 가운데서 살아날 것과

(누가복음 24:47) 또 그의 이름으로 죄 사함을 얻게 하는 회개가 예루살렘으로부터 시작하여 모든 족속에게 전파될 것이 기록되었으니

(누가복음 24:48) 너희는 이 모든 일의 증인이라

(누가복음 24:49) 볼지어다 내가 내 아버지의 약속하신 것을 너희에게 보내리니 너희는 위로부터 능력을 입히울 때까지 이 성에 유하라 하시니라

(누가복음 24:50) 예수께서 저희를 데리고 베다니 앞까지 나가사 손을 들어 저희에게 축복하시더니

(누가복음 24:51) 축복하실 때에 저희를 떠나 (하늘로 올리우) 시니

(누가복음 24:52) 저희가 (그에게 경배하고) 큰 기쁨으로 예루살렘에 돌아가

(누가복음 24:53) 늘 성전에 있어 하나님을 찬송하니라

(Luke 24:1) Now upon the first [day] of the week, very early in the morning, they came unto the sepulchre, bringing the spices which they had prepared, and certain [others] with them.

(Luke 24:2) And they found the stone rolled away from the sepulchre.

(Luke 24:3) And they entered in, and found not the body of the Lord Jesus.

(Luke 24:4) And it came to pass, as they were much perplexed thereabout, behold, two men stood by them in shining garments:

(Luke 24:5) And as they were afraid, and bowed down [their] faces to the earth, they said unto them, Why seek ye the living among the dead?

(Luke 24:6) He is not here, but is risen: remember how he spake unto you when he was yet in Galilee,

(Luke 24:7) Saying, The Son of man must be delivered into the hands of sinful men, and be crucified, and the third day rise again.

(Luke 24:8) And they remembered his words,

(Luke 24:9) And returned from the sepulchre, and told all these things unto the eleven, and to all the rest.

(Luke 24:10) It was Mary Magdalene, and Joanna, and Mary [the mother] of James, and other [women that were] with them, which told these things unto the apostles.

(Luke 24:11) And their words seemed to them as idle tales, and they believed them not.

(Luke 24:12) Then arose Peter, and ran unto the sepulchre; and stooping down, he beheld the linen clothes laid by themselves, and departed, wondering in himself at that which was come to pass.

(Luke 24:13) And, behold, two of them went that same day to a village called Emmaus, which was from Jerusalem [about] threescore furlongs.

(Luke 24:14) And they talked together of all these things which had happened.

(Luke 24:15) And it came to pass, that, while they communed [together] and reasoned, Jesus himself drew near, and went with them.

(Luke 24:16) But their eyes were holden that they should not know him.

(Luke 24:17) And he said unto them, What manner of communications [are]

these that ye have one to another, as ye walk, and are sad?

(Luke 24:18) And the one of them, whose name was Cleopas, answering said unto him, Art thou only a stranger in Jerusalem, and hast not known the things which are come to pass there in these days?

(Luke 24:19) And he said unto them, What things? And they said unto him, Concerning Jesus of Nazareth, which was a prophet mighty in deed and word before God and all the people:

(Luke 24:20) And how the chief priests and our rulers delivered him to be condemned to death, and have crucified him.

(Luke 24:21) But we trusted that it had been he which should have redeemed Israel: and beside all this, to day is the third day since these things were done.

(Luke 24:22) Yea, and certain women also of our company made us astonished, which were early at the sepulchre;

(Luke 24:23) And when they found not his body, they came, saying, that they had also seen a vision of angels, which said that he was alive.

(Luke 24:24) And certain of them which were with us went to the sepulchre, and found [it] even so as the women had said: but him they saw not.

(Luke 24:25) Then he said unto them, O fools, and slow of heart to believe all that the prophets have spoken:

(Luke 24:26) Ought not Christ to have suffered these things, and to enter into his glory?

(Luke 24:27) And beginning at Moses and all the prophets, he expounded unto them in all the scriptures the things concerning himself.

(Luke 24:28) And they drew nigh unto the village, whither they went: and he made as though he would have gone further.

(Luke 24:29) But they constrained him, saying, Abide with us: for it is toward evening, and the day is far spent. And he went in to tarry with them.

(Luke 24:30) And it came to pass, as he sat at meat with them, he took bread, and blessed [it,] and brake, and gave to them.

(Luke 24:31) And their eyes were opened, and they knew him; and he vanished out of their sight.

(Luke 24:32) And they said one to another, Did not our heart burn within us, while he talked with us by the way, and while he opened to us the scriptures?

(Luke 24:33) And they rose up the same hour, and returned to Jerusalem, and found the eleven gathered together, and them that were with them,

(Luke 24:34) Saying, The Lord is risen indeed, and hath appeared to Simon.

(Luke 24:35) And they told what things [were done] in the way, and how he was known of them in breaking of bread.

(Luke 24:36) And as they thus spake, Jesus himself stood in the midst of them, and saith unto them, Peace [be] unto you.

(Luke 24:37) But they were terrified and affrighted, and supposed that they had seen a spirit.

(Luke 24:38) And he said unto them, Why are ye troubled? and why do thoughts arise in your hearts?

(Luke 24:39) Behold my hands and my feet, that it is I myself: handle me, and see; for a spirit hath not flesh and bones, as ye see me have.

(Luke 24:40) And when he had thus spoken, he shewed them [his] hands and

[his] feet.

(Luke 24:41) And while they yet believed not for joy, and wondered, he said unto them, Have ye here any meat?

(Luke 24:42) And they gave him a piece of a broiled fish, and of an honeycomb.

(Luke 24:43) And he took [it,] and did eat before them.

(Luke 24:44) And he said unto them, These [are] the words which I spake unto you, while I was yet with you, that all things must be fulfilled, which were written in the law of Moses, and [in] the prophets, and [in] the psalms, concerning me.

(Luke 24:45) Then opened he their understanding, that they might understand the scriptures.

(Luke 24:46) And said unto them, Thus it is written, and thus it behoved Christ to suffer, and to rise from the dead the third day:

(Luke 24:47) And that repentance and remission of sins should be preached in his name among all nations, beginning at Jerusalem.

(Luke 24:48) And ye are witnesses of these things.

(Luke 24:49) And, behold, I send the promise of my Father upon you: but tarry ye in the city of Jerusalem, until ye be endued with power from on high.

(Luke 24:50) And he led them out as far as to Bethany, and he lifted up his hands, and blessed them.

(Luke 24:51) And it came to pass, while he blessed them, he was parted from them, and carried up into heaven.

(Luke 24:52) And they worshipped him, and returned to Jerusalem with great joy:

(Luke 24:53) And were continually in the temple, praising and blessing God. Amen.

(요한복음 20:1) 안식 후 첫날 이른 아침 아직 어두울 때에 막달라 마리아가 무덤에 와서 돌이 무덤에서 옮겨간 것을 보고

(요한복음 20:2) 시몬 베드로와 예수의 사랑하시던 그 다른 제자에게 달려가서 말하되 사람이 주를 무덤에서 가져다가 어디 두었는지 우리가 알지 못하겠다 하니

(요한복음 20:3) 베드로와 그 다른 제자가 나가서 무덤으로 갈새

(요한복음 20:4) 둘이 같이 달음질하더니 그 다른 제자가 베드로보다 더 빨리 달아나서 먼저 무덤에 이르러

(요한복음 20:5) 구푸려 세마포 놓인 것을 보았으나 들어가지는 아니하였더니

(요한복음 20:6) 시몬 베드로도 따라와서 무덤에 들어가 보니 세마포가 놓였고

(요한복음 20:7) 또 머리를 쌌던 수건은 세마포와 함께 놓이지 않고 딴 곳에 개켜 있더라

(요한복음 20:8) 그 때에야 무덤에 먼저 왔던 그 다른 제자도 들어가 보고 믿더라

(요한복음 20:9) (저희는 성경에 그가 죽은 자 가운데서 다시 살아나야 하리라 하신 말씀을 아직 알지 못하더라)

(요한복음 20:10) 이에 두 제자가 자기 집으로 돌아가니라

(요한복음 20:11) 마리아는 무덤 밖에 서서 울고 있더니 울면서 구푸려 무덤 속을 들여다보니

(요한복음 20:12) 흰 옷 입은 두 천사가 예수의 시체 뉘었던 곳에
하나는 머리 편에, 하나는 발 편에 앉았더라

(요한복음 20:13) 천사들이 가로되 여자여 어찌하여 우느냐 가로되
사람이 내 주를 가져다가 어디 두었는지 내가 알지 못함이니이다

(요한복음 20:14) 이 말을 하고 뒤로 돌이켜 예수의 서신 것을 보나
예수신 줄 알지 못하더라

(요한복음 20:15) 예수께서 가라사대 여자여 어찌하여 울며 누구를 찾느냐
하시니 마리아는 그가 동산지기인 줄로 알고 가로되 주여 당신이
옮겨 갔거든 어디 두었는지 내게 이르소서 그리하면 내가 가져가리이다

(요한복음 20:16) 예수께서 마리아야 하시거늘 마리아가 돌이켜 히브리 말로
랍오니여 하니 (이는 선생님이라)

(요한복음 20:17) 예수께서 이르시되 나를 만지지 말라 내가 아직 아버지께로
올라가지 못하였노라 너는 내 형제들에게 가서 이르되 내가 내 아버지
곧 너희 아버지, 내 하나님 곧 너희 하나님께로 올라간다 하라 하신대

(요한복음 20:18) 막달라 마리아가 가서 제자들에게 내가 주를 보았다 하고
또 주께서 자기에게 이렇게 말씀하셨다 이르니라

(요한복음 20:19) 이 날 곧 안식 후 첫날 저녁 때에 제자들이 유대인들을
두려워하여 모인 곳에 문들을 닫았더니 예수께서 오사 가운데 서서 가라사대
너희에게 평강이 있을지어다

(요한복음 20:20) 이 말씀을 하시고 손과 옆구리를 보이시니 제자들이
주를 보고 기뻐하더라

(요한복음 20:21) 예수께서 또 가라사대 너희에게 평강이 있을지어다
아버지께서 나를 보내신 것같이 나도 너희를 보내노라

(요한복음 20:22) 이 말씀을 하시고 저희를 향하사 숨을 내쉬며 가라사대

성령을 받으라

(요한복음 20:23) 너희가 뉘 죄든지 사하면 사하여질 것이요 뉘 죄든지 그대로 두면 그대로 있으리라 하시니라

(요한복음 20:24) 열두 제자 중에 하나인 디두모라 하는 도마는 예수 오셨을 때에 함께 있지 아니한지라

(요한복음 20:25) 다른 제자들이 그에게 이르되 우리가 주를 보았노라 하니 도마가 가로되 내가 그 손의 못자국을 보며 내 손가락을 그 못자국에 넣으며 내 손을 그 옆구리에 넣어 보지 않고는 믿지 아니하겠노라 하니라

(요한복음 20:26) 여드레를 지나서 제자들이 다시 집 안에 있을 때에 도마도 함께 있고 문들이 닫혔는데 예수께서 오사 가운데 서서 가라사대 너희에게 평강이 있을지어다 하시고

(요한복음 20:27) 도마에게 이르시되 네 손가락을 이리 내밀어 내 손을 보고 네 손을 내밀어 내 옆구리에 넣어 보라 그리하고 믿음 없는 자가 되지 말고 믿는 자가 되라

(요한복음 20:28) 도마가 대답하여 가로되 나의 주시며 나의 하나님이시니이다

(요한복음 20:29) 예수께서 가라사대 너는 나를 본 고로 믿느냐 보지 못하고 믿는 자들은 복되도다 하시니라

(요한복음 20:30) 예수께서 제자들 앞에서 이 책에 기록되지 아니한 다른 표적도 많이 행하셨으나

(요한복음 20:31) 오직 이것을 기록함은 너희로 예수께서 하나님의 아들 그리스도이심을 믿게 하려 함이요 또 너희로 믿고 그 이름을 힘입어 생명을 얻게 하려 함이니라

(요한복음 21:1) 그 후에 예수께서 디베랴 바다에서 또 제자들에게 자기를 나타내셨으니 나타내신 일이 이러하니라

(요한복음 21:2) 시몬 베드로와 디두모라 하는 도마와 갈릴리 가나 사람 나다나엘과 세베대의 아들들과 또 다른 제자 둘이 함께 있더니

(요한복음 21:3) 시몬 베드로가 나는 물고기 잡으러 가노라 하매 저희가 우리도 함께 가겠다 하고 나가서 배에 올랐으나 이 밤에 아무것도 잡지 못하였더니

(요한복음 21:4) 날이 새어갈 때에 예수께서 바닷가에 서셨으나 제자들이 예수신 줄 알지 못하는지라

(요한복음 21:5) 예수께서 이르시되 얘들아 너희에게 고기가 있느냐 대답하되 없나이다

(요한복음 21:6) 가라사대 그물을 배 오른편에 던지라 그리하면 얻으리라 하신대 이에 던졌더니 고기가 많아 그물을 들 수 없더라

(요한복음 21:7) 예수의 사랑하시는 그 제자가 베드로에게 이르되 주시라 하니 시몬 베드로가 벗고 있다가 주라 하는 말을 듣고 겉옷을 두른 후에 바다로 뛰어내리더라

(요한복음 21:8) 다른 제자들은 육지에서 상거가 불과 한 오십 간쯤 되므로 작은 배를 타고 고기 든 그물을 끌고 와서

(요한복음 21:9) 육지에 올라 보니 숯불이 있는데 그 위에 생선이 놓였고 떡도 있더라

(요한복음 21:10) 예수께서 가라사대 지금 잡은 생선을 좀 가져오라 하신대

(요한복음 21:11) 시몬 베드로가 올라가서 그물을 육지에 끌어올리니 가득히 찬 큰 고기가 일백쉰세 마리라 이같이 많으나 그물이 찢어지지 아니하였더라

(요한복음 21:12) 예수께서 가라사대 와서 조반을 먹으라 하시니 제자들이 주신 줄 아는 고로 당신이 누구냐 감히 묻는 자가 없더라

(요한복음 21:13) 예수께서 가셔서 떡을 가져다가 저희에게 주시고 생선도 그와 같이 하시니라

(요한복음 21:14) 이것은 예수께서 죽은 자 가운데서 살아나신 후에 세 번째로 제자들에게 나타나신 것이라

(요한복음 21:15) 저희가 조반 먹은 후에 예수께서 시몬 베드로에게 이르시되 요한의 아들 시몬아 네가 이 사람들보다 나를 더 사랑하느냐 하시니 가로되 주여 그러하외다 내가 주를 사랑하는 줄 주께서 아시나이다 가라사대 내 어린 양을 먹이라 하시고

(요한복음 21:16) 또 두 번째 가라사대 요한의 아들 시몬아 네가 나를 사랑하느냐 하시니 가로되 주여 그러하외다 내가 주를 사랑하는 줄 주께서 아시나이다 가라사대 내 양을 치라 하시고

(요한복음 21:17) 세 번째 가라사대 요한의 아들 시몬아 네가 나를 사랑하느냐 하시니 주께서 세 번째 네가 나를 사랑하느냐 하시므로 베드로가 근심하여 가로되 주여 모든 것을 아시오매 내가 주를 사랑하는 줄을 주께서 아시나이다 예수께서 가라사대 내 양을 먹이라

(요한복음 21:18) 내가 진실로 진실로 네게 이르노니 젊어서는 네가 스스로 띠 띠고 원하는 곳으로 다녔거니와 늙어서는 네 팔을 벌리리니 남이 네게 띠 띠우고 원치 아니하는 곳으로 데려가리라

(요한복음 21:19) 이 말씀을 하심은 베드로가 어떠한 죽음으로 하나님께 영광을 돌릴 것을 가리키심이러라 이 말씀을 하시고 베드로에게 이르시되 나를 따르라 하시니

(요한복음 21:20) 베드로가 돌이켜 예수의 사랑하시는 그 제자가 따르는 것을 보니 그는 만찬석에서 예수의 품에 의지하여 주여 주를 파는 자가 누구오니이까 묻던 자러라

(요한복음 21:21) 이에 베드로가 그를 보고 예수께 여짜오되 주여 이 사람은 어떻게 되겠삽나이까

(요한복음 21:22) 예수께서 가라사대 내가 올 때까지 그를 머물게 하고자
할지라도 네게 무슨 상관이냐 너는 나를 따르라 하시더라

(요한복음 21:23) 이 말씀이 형제들에게 나가서 그 제자는 죽지 아니하겠다
하였으나 예수의 말씀은 그가 죽지 않겠다 하신 것이 아니라 내가 올 때까지
그를 머물게 하고자 할지라도 네게 무슨 상관이냐 하신 것이러라

(요한복음 21:24) 이 일을 증거하고 이 일을 기록한 제자가 이 사람이라 우리는
그의 증거가 참인 줄 아노라

(요한복음 21:25) 예수의 행하신 일이 이 외에도 많으니 만일 낱낱이
기록된다면 이 세상이라도 이 기록된 책을 두기에 부족할 줄 아노라

(John 20:1) The first [day] of the week cometh Mary Magdalene early, when it was yet dark, unto the sepulchre, and seeth the stone taken away from the sepulchre.

(John 20:2) Then she runneth, and cometh to Simon Peter, and to the other disciple, whom Jesus loved, and saith unto them, They have taken away the Lord out of the sepulchre, and we know not where they have laid him.

(John 20:3) Peter therefore went forth, and that other disciple, and came to the sepulchre.

(John 20:4) So they ran both together: and the other disciple did outrun Peter, and came first to the sepulchre.

(John 20:5) And he stooping down, [and looking in,] saw the linen clothes lying; yet went he not in.

(John 20:6) Then cometh Simon Peter following him, and went into the sepulchre, and seeth the linen clothes lie,

(John 20:7) And the napkin, that was about his head, not lying with the linen clothes, but wrapped together in a place by itself.

(John 20:8) Then went in also that other disciple, which came first to the sepulchre, and he saw, and believed.

(John 20:9) For as yet they knew not the scripture, that he must rise again from the dead.

(John 20:10) Then the disciples went away again unto their own home.

(John 20:11) But Mary stood without at the sepulchre weeping: and as she wept, she stooped down, [and looked] into the sepulchre,

(John 20:12) And seeth two angels in white sitting, the one at the head, and the other at the feet, where the body of Jesus had lain.

(John 20:13) And they say unto her, Woman, why weepest thou? She saith unto them, Because they have taken away my Lord, and I know not where they have laid him.

(John 20:14) And when she had thus said, she turned herself back, and saw Jesus standing, and knew not that it was Jesus.

(John 20:15) Jesus saith unto her, Woman, why weepest thou? whom seekest thou? She, supposing him to be the gardener, saith unto him, Sir, if thou have borne him hence, tell me where thou hast laid him, and I will take him away.

(John 20:16) Jesus saith unto her, Mary. She turned herself, and saith unto him, Rabboni; which is to say, Master.

(John 20:17) Jesus saith unto her, Touch me not; for I am not yet ascended to my Father: but go to my brethren, and say unto them, I ascend unto my

Father, and your Father; and [to] my God, and your God.

(John 20:18) Mary Magdalene came and told the disciples that she had seen the Lord, and [that] he had spoken these things unto her.

(John 20:19) Then the same day at evening, being the first [day] of the week, when the doors were shut where the disciples were assembled for fear of the Jews, came Jesus and stood in the midst, and saith unto them, Peace [be] unto you.

(John 20:20) And when he had so said, he shewed unto them [his] hands and his side. Then were the disciples glad, when they saw the Lord.

(John 20:21) Then said Jesus to them again, Peace [be] unto you: as [my] Father hath sent me, even so send I you.

(John 20:22) And when he had said this, he breathed on [them,] and saith unto them, Receive ye the Holy Ghost:

(John 20:23) Whose soever sins ye remit, they are remitted unto them; [and] whose soever [sins] ye retain, they are retained.

(John 20:24) But Thomas, one of the twelve, called Didymus, was not with them when Jesus came.

(John 20:25) The other disciples therefore said unto him, We have seen the Lord. But he said unto them, Except I shall see in his hands the print of the nails, and put my finger into the print of the nails, and thrust my hand into his side, I will not believe.

(John 20:26) And after eight days again his disciples were within, and Thomas with them: [then] came Jesus, the doors being shut, and stood in the midst, and said, Peace [be] unto you.

(John 20:27) Then saith he to Thomas, reach hither thy finger, and behold my hands; and reach hither thy hand, and thrust [it] into my side: and be not faithless, but believing.

(John 20:28) And Thomas answered and said unto him, My Lord and my God.

(John 20:29) Jesus saith unto him, Thomas, because thou hast seen me, thou hast believed: blessed [are] they that have not seen, and [yet] have believed.

(John 20:30) And many other signs truly did Jesus in the presence of his disciples, which are not written in this book:

(John 20:31) But these are written, that ye might believe that Jesus is the Christ, the Son of God; and that believing ye might have life through his name.

(John 21:1) After these things Jesus shewed himself again to the disciples at the sea of Tiberias; and on this wise shewed he [himself.]

(John 21:2) There were together Simon Peter, and Thomas called Didymus, and Nathanael of Cana in Galilee, and the [sons] of Zebedee, and two other of his disciples.

(John 21:3) Simon Peter saith unto them, I go a fishing. They say unto him, We also go with thee. They went forth, and entered into a ship immediately; and that night they caught nothing.

(John 21:4) But when the morning was now come, Jesus stood on the shore: but the disciples knew not that it was Jesus.

(John 21:5) Then Jesus saith unto them, Children, have ye any meat? They answered him, No.

(John 21:6) And he said unto them, Cast the net on the right side of the ship, and ye shall find. They cast therefore, and now they were not able to draw it for the multitude of fishes.

(John 21:7) Therefore that disciple whom Jesus loved saith unto Peter, It is the Lord. Now when Simon Peter heard that it was the Lord, he girt [his] fisher's coat [unto him,] (for he was naked,) and did cast himself into the sea.

(John 21:8) And the other disciples came in a little ship: (for they were not far from land, but as it were two hundred cubits,) dragging the net with fishes.

(John 21:9) As soon then as they were come to land, they saw a fire of coals there, and fish laid thereon, and bread.

(John 21:10) Jesus saith unto them, Bring of the fish which ye have now caught.

(John 21:11) Simon Peter went up, and drew the net to land full of great fishes, and hundred and fifty and three: and for all there were so many, yet was not the net broken.

(John 21:12) Jesus saith unto them, Come [and] dine. And none of the disciples durst ask him, Who art thou? knowing that it was the Lord.

(John 21:13) Jesus then cometh, and taketh bread, and giveth them, and fish likewise.

(John 21:14) This is now the third time that Jesus shewed himself to his disciples, after that he was risen from the dead.

(John 21:15) So when they had dined, Jesus saith to Simon Peter, Simon, [son] of Jonas, lovest thou me more than these? He saith unto him, Yea, Lord; thou knowest that I love thee. He saith unto him, Feed my lambs.

(John 21:16) He saith to him again the second time, Simon, [son] of Jonas, lovest thou me? He saith unto him, Yea, Lord; thou knowest that I love thee. He saith unto him, Feed my sheep.

(John 21:17) He saith unto him the third time, Simon, [son] of Jonas, lovest thou me? Peter was grieved because he said unto him the third time, Lovest thou me? And he said unto him, Lord, thou knowest all things; thou knowest that I love thee. Jesus saith unto him, Feed my sheep.

(John 21:18) Verily, verily, I say unto thee, When thou wast young, thou girdedst thyself, and walkedst whither thou wouldest: but when thou shalt be old, thou shalt stretch forth thy hands, and another shall gird thee, and carry [thee] whither thou wouldest not.

(John 21:19) This spake he, signifying by what death he should glorify God. And when he had spoken this, he saith unto him, Follow me.

(John 21:20) Then Peter, turning about, seeth the disciple whom Jesus loved following; which also leaned on his breast at supper, and said, Lord, which is he that betrayeth thee?

(John 21:21) Peter seeing him saith to Jesus, Lord, and what [shall] this man [do?]

(John 21:22) Jesus saith unto him, If I will that he tarry till I come, what [is that] to thee? follow thou me.

(John 21:23) Then went this saying abroad among the brethren, that that disciple should not die: yet Jesus said not unto him, He shall not die; but, If I will that he tarry till I come, what [is that] to thee?

(John 21:24) This is the disciple which testifieth of these things, and wrote these things: and we know that his testimony is true.

(John 21:25) And there are also many other things which Jesus did, the which, if they should be written every one, I suppose that even the world itself could not contain the books that should be written. Amen.

그림 53. **예수의 승천** | 존 싱글턴 코플리(John Singleton Copley)

예수의 육신과 영혼

예수의 부활에 관한 오컬트의 설명에 비해 일반적으로 통용되는 정교회의 주장은 유치하고 조잡하게 들리지 않는가? 베일 뒤편의 세상(Land Behind the Veil)에 적용되는 법칙과 현상에 관해 조금이라도 아는 사람이라면 인간의 육신이 우리에게 익숙한 형태의 물질이 존재하지 않는 영역으로 건너갈 수 있다고 상상조차 할 수 있을까? 이런 발상은 '영생을 위해서는 육신이 반드시 부활해야 한다.'는 생각에 머물러 있는 사람에게만 가능한 것이다. 오컬티스트에게 있어 육신은 영혼이 물질 세상에 있는 동안 잠시 사용하고 때가 되면 버려지는 물질에 불과한 것으로, 인간의 실체인 영혼과는 아무런 관련이 없다. 나비가 날개를 펴고 처음으로 비행할 때 고치를 버리듯이, 인간의 육신도 영혼을 위한 쓸모를 다한 후에 버려지는 것이다.

필멸의 속성을 가진 육신을 두고 영생을 운운하는 것은 인간의 삶은 물질 영역에만 국한되지 않으며, 물질 세상 위에 더 높은 차원의 세상이 있다는 사실을 알지도, 상상하지도, 이해하지도 못하는 지극히 물질주의적인 발상의 산물이다. 이건 물질이 세상 전부라고 생각하는 것이나 다름없다. 기독교부터 이런 껍질을 벗어 던져야 독실한 신도들이 갈망하는 진정한 영성의 부흥을 체험할 수 있을 것이다.

오늘날 교회는 너무나도 깊게 물질주의에 빠져 있어서 심지어 목사도 행여나 심령론자 또는 이상한 사람이라는 소리를 들을까 봐 물질계 위에 있는 영역에 관한 언급조차 하기를 꺼리고 있다. '인간은 영적 존재다.'라는 말이 그리스도의 가르침이나 성경의 내용에 어긋나기라도 한단 말인가? 망자의 육신이 부활한다는 이교도의 교리를 믿기 위해, 오래전에 이미 부패하고 소멸한 살과 뼈가 다시 살아나야만 영생할 수 있다는 교리를 믿기 위해 그리스도와 성경의 가르침은 버려야 한단 말인가? 어느 쪽이 진정으로 영적인 가르침인가? 스스로 생각할 줄 아는 사람이라면 어느 쪽이 진짜인지 굳이 설명하지 않아도 쉽게 알아차릴 수 있지 않을까? 정교회에서 이처럼 자명한 사실을 보지 못한다는 것, 육신과 별개인 영혼의 개념을 주장만 해도 교단에서 쫓아내려 한다는 것은 참으로 슬픈 현실이다.

인간이 영생을 누리기 위해 육신의 부활이 필요하다면 영혼은 도대체 무슨 쓸모가 있단 말인가? 최후 심판의 날을 기다리는 망자들의 영혼은 지금 어디에서 무엇을 하고 있단 말인가? 그들의 영혼은 지금 시체와 함께 있나? 시체에 붙어 있는 것이 아니라면 육신과 독립적인 삶을 살고 있다는 말이 된다. 영혼이 육신에 속박되지 않는다는 것이 사실이라면, 왜 심판 이후에 오래전에 입었던 낡은 육신을 또 걸쳐야 한단 말인가? 지금까지 육신 없이도 잘 살아오지 않았던가? 생전에 병든 몸, 기형이거나 허약한 몸을 가졌던 바람에 고생했던 사람들은 또 어찌 된단 말인가? 이들은 온전치 않은 몸을 걸치고 앞으로 영원히 살아야 한단 말인가? 늙고 병들어서 죽은 사람들은 최후 심판의 날에 쭈글쭈글한 몸으로 다시 들어가야 한단 말인가? 그런 것이 아니라면 미래에 육신이라는 것이 왜 필요하단 말인가? 천사들도 육신을 가지고 있나? 가지고 있지 않다면, 육신의 사망 후 상위 세상으로 올라가는 인간의 영혼만은 왜 유독 육신이 필요하단 말인가? 이 질문들을 염두에 두고 영적 성장을 이루면서 낮은 영역에서 높은 영역으로 상승하는 인간의 여정, 궁극적으로는 오늘날의 인간이 상상도 하기 힘든 차원으로 진화하는 인간의 여정을 가르치는 신비주의 기독교와 비교해 정교회의 교리가 얼마나 물질주의적이고 형이하학적인지 곰곰이 생각해보기 바란다.

오컬트 전통에 따르면 예수는 아스트랄체의 형태로 40일간 세상에 머무르면서 사도들에게 고급 지식을 많이 전수했다고 한다. 심지어 몇몇 사도들에게는 유체이탈의 비법을 전수하여 물질계 위에 있는 아스트랄계에 직접 데려가 보여주기도 했다고 한다. 예수는 또한 육신을 걸쳤을 당시에 잡념으로 작용했던 장벽을 걷어내고 영적 정신과 시각으로 명확하게 알게 된 자신의 진짜 임무가 무엇인지도 사도들에게 자세히 설명했다.

사도들이 해야 할 진짜 일은 즉각적인 결과에 연연하지 않고 예수의 뒤를 이어 진리의 씨앗을 사방에 뿌리는 것이었다. 예수는 그들의 노고가 결실을 보려면 수백 년, 아니, 최소 이천 년의 세월이 흘러야 할 것이라고 설명했다. 위대한 진리가 단단하게 뿌리를 내릴 수 있도록 토양을 준비하는 데만 수백 여년이 소요될 것이고, 그 후에도 한참 후에나 수확의 계절이 찾아올 것이라는 얘기였다.

예수는 또한 '그리스도의 재림(Second Coming of Christ)'의 개념에 관해서도 가르쳤다. 그리스도의 재림은 인류가 예수의 가르침에 담긴 진리를 이해하고, 예수의 삶을 본받아 영적인 삶을 추구하게 되는 시기를 의미하는 것이었다. 예수는 진리와 영의 불꽃이 꺼지지 않도록 잘 간직하고, 횃불을 이어받을 자격이 있는 후계자들에게 안전하게 전달하는 것이 사도들의 중대한 책무라는 점을 강조했다.

예수는 완전히 떠나기 전에 이처럼 사도들에게 많은 것을 전하고 당부했다.

신비주의 기독교에서는 그리스도가 여전히 우리와 더불어 세상 속에서 살고 있다고 가르친다. 지금 지구상에 사는 영혼들과 매일 부대끼면서 자기 안의 참나, 내면의 영을 발견하도록 돕고 있다는 것이다. 그는 지금, 이 순간에도 곁에서 우리를 돕고 있는 변함없는 영, 우리를 매 순간 위로하는 자, 조력자이자 큰 형님이다. 그는 한순간도 우리 곁을 떠난 적이 없다!

그는 예나 지금이나, 그리고 앞으로도 영원히 우리와 영적으로 함께할 것이다!

제9강
예수의 내적 가르침

예수와 그리스도,
사람의 아들과 하나님의 아들

신비주의 기독교 내적 가르침의 첫 번째이자 가장 중요한 내용은 예수의 삶과 관련한 미스터리다. 일반 대중에게 공개된 통속적 가르침은 마스터의 위대한 삶에 관한 불완전한 그림만을 제시하며, 신학자들은 이 불완전한 그림을 토대로 거대한 교리의 벽을 세웠다. 예수의 삶을 둘러싼 미스터리는 신비주의 단체와 오컬트 형제단의 가르침 중 중요하고도 큰 하나의 줄기를 형성할 뿐 아니라, 다른 가르침의 뿌리이자 원천이기도 하다. 따라서 이번 강의에서는 이 주제를 중점적으로 다뤄 보도록 하겠다.

우선 예수의 영혼은 보통 사람의 영혼과 근본적으로 달랐다는 점을 다시 한번 상기하자. 예수의 탄생은 순결한 탄생(Virgin Birth)이었다. 대중이 일반적으로 생각하는 '동정녀의 몸을 통해 태어난 탄생'이 아니라, 제2강에서 자세히 다뤘던 오컬트 관점의 순결한 탄생을 의미하는 것이다. 즉, 예수의 영혼은 신의 손으로 갓 만들어진 영혼이었다. 따라서 그는 우리처럼 무수히 많은 환생을 통해 다양한 생명의 형태를 거치고 체험하면서 천천히 성장하는 영혼이 아니었다. 영혼의 원천에서 갓 나온 그에게는 단 한 점의 흠결조차 없었다. 그래서 '순결한 영혼'이라고 표현하는 것이다.

보통 사람과 달리 예수에게는 전생이 없었고, 전생에서 쌓은 카르마나 업보의 짐도 없었다. 그는 세상에 묶인 것이 하나도 없는 깨끗한 영혼이었다. 전생에서 떠안은 욕망과 충동이 현생에서 수면 위로 떠 오르려고 하는 압박도 없었다. 그는 완전하게 자유롭고 속박 없는 영혼이었다. 본인의 카르마는 물론, 인류라는 종족과 세상의 카르마에서도 자유로운 영혼이었다.

그에게는 카르마라는 짐이 없었기 때문에 인간을 구속하는 욕망과 야망의 굴레에도 얽매일 일이 없었다. 속세의 권력이나 영광을 얻겠다는 욕망도, 생각도 없었으며, 따라서 이에 따른 고통과 슬픔도 느낄 필요가 없었다. 그가 원했더라면 카르마와 윤회의 굴레에 얽매이지 않으면서 관찰자 또는 조력자의 입장에서 인류를 위해 얼마든지 노력할 수 있었다. 하지만 그는 그렇게 하지 않았다.

예수에게는 종족의 카르마(Race-Karma) 또는 세상의 카르마(World-Karma)라는 짐이 없었기에 인류에게 공통으로 적용되는 집단 카르마(Collective Karma)를 겪을 필요도 없었다. 그는 세상 모든 인간이 겪는 고통, 시험, 시련 등, 종족의 카르마에서 비롯되는 모든 비극을 피하며 살 수 있었다. 각종 박해, 육체적/정신적 고통, 심지어 죽음도 면할 수 있었다. 하지만 구세주로의 임무를 완수하기 위해 그는 자발적으로 고통받는 운명을 택했다.

예수가 인류의 구원자 또는 구세주가 되기 위해서는 인류의 카르마를 짊어져야만 했다. 말 그대로 세상의 죄를 자신의 어깨 위에 올려놓아야만 했다. 인류가 짊어진 무거운 짐을 덜어주기 위해 본인도 인류의 일원이 되어야만 했다.

　이 개념을 제대로 이해하려면 카르마에서 자유로운 존재, 즉, 예수 같은 존재에게는 수차례 환생하면서 쌓인 카르마에서 비롯된 유혹, 소망, 욕망 등의 감정이 일절 없다는 사실을 기억해야 한다. 예수에게는 카르마의 짐이 없으므로 이번 생에서 어떤 욕망을 채워야겠다는 야망도, 물질적인 유혹에 흔들릴 일도 없고, 이런 감정이 동기가 되어 행동하고 자신을 표현해야 한다는 충동도 느끼지 않는다.

　문자 그대로 완벽하게 자유로운 영혼인 예수는 세상일에 관여하겠다는 충동을 전혀 느끼지 않고 완전히 객관적인 시각으로 세상이 돌아가는 모습을 관찰할 수 있는 제삼자의 위치에 있었다. 먼발치서 인간끼리 아웅다웅하는 모습을 지켜보면서 세상의 스승 노릇을 하고, 인류가 올바른 방향으로 나아가도록 지도해줄 수도 있었다. 하지만 그렇게 했더라면 가장 높은 영적 이상에서의 세상을 구원하는 대업은 이룰 수 없었을 것이다. 인류를 구원하기 위해서는 본인도 인간이 되어 그들이 짊어지고 있는 짐을 함께 들어야만 했다.

　오컬트의 가르침에 따르면 여러 외국 땅을 전전하며 활동하던 시절의 예수는 자신의 진짜 임무를 어렴풋이만 인지했었다고 한다. 하지만 여러 차례 신비로운 깨달음의 순간을 체험하면서 그는 자신의 진정한 본질, 그리고 자기가 보통 인간과 다른 점을 조금씩 이해하게 되었다. 예수는 결국 자신이 인류의 구원이라는 대업을 이루기 위해 세상에 왔으며, 그 거대한 계획을 실행으로 옮기기 위해서는 순수하고 자유로운 영혼인 자신도 전 인류가 집단으로 체험하며 고통받고 있는 카르마와 윤회의 굴레 속으로 들어가야만 한다는 확신을 얻게 된다. 시간이 흐르면서 그의 확신은 점차 강해졌고, 요한에게 세례를 받은 후 광야에서 머무르는 동안 그는 비로소 최후의 결단을 내리고 자기를 희생하기로 한다.

광야에서 수십 일간 단식과 명상을 한 후, 예수가 인류의 카르마를 짊어지고 그들을 수렁에서 구원하는 방법에 관한 단서가 그 앞에 나타났다. 인류 역사상 최고의 영적 갈등과 번민을 동반한 그 결정적 순간에 예수는 인류의 카르마를 짊어지기 위해 자발적으로 자신의 어깨를 구부렸다. 바로 그 순간, 인류는 그 의미를 헤아릴 수 없을 정도의 엄청난 축복을 받았다. 순수한 영의 현신인 이 강력하고 위대한 영혼이 인류를 억누르며 고통을 유발하는 짐의 일부를 대신 들어주기 위해 카르마의 굴레에 자진하여 들어와 인류의 성장과 구원이라는 대업에 동참하기로 한 것이다.

순수한 영의 의지에 따라 움직이는 자유로운 영혼인 예수는 신이었다는 사실을 기억해야 한다. 비록 뼈와 살로 구성된 인간의 거죽을 걸치고는 있었지만, 그는 엄연한 신이었다. 그는 우주 전역에 고루 분포되어 신의 계획을 추진하는 중요한 임무를 맡은 여러 상위 지성체들이 가진 것보다도 훨씬 강력한 힘을 지니고 있었다. 예수는 육신의 형태로 물질 세상에 내려온 순수한 영으로, 신이 가진 모든 힘을 지닌 존재였다. 물론 육신을 가졌었기 때문에 그 힘을 표현하는 역량은 절대자, 영 중의 영 보다는 낮았지만, 그의 본질은 신과 하나도 다를 바 없었다. 그래서 그가 "나와 아버지는 하나이니라. (요한복음 10장 30절)"라고 말했던 것이었다.

젊은 시절의 예수는 자신의 진정한 본질을 파악하지 못했으나, 세월과 수련을 통해 인간의 중요한 도구 중 하나인 정신이 발달하고 성숙해지면서 비로소 자신의 신성을 인식하고 깨우치게 되었다.

하지만 예수와 같은 신도 밖에서, 제삼자의 입장에서 인류를 억누르고 있는 카르마의 짐을 덜어줄 수는 없다. 이건 신이 만든 우주의 법칙이다. 인류의 짐을 덜어내는 대업을 수행하기 위해서는 예수도 인류의 일원, 즉, 인간이 되어야만 한다. 우리와 똑같은 인간이 되어야 인류가 짊어지고 있는 무거운 카르마를 함께 들 수 있는 것이다. 이것이 바로 예수의 자기희생이 의미하는 바다.

독자들이 예수의 자기희생이 과연 무엇을 의미하는지, 아주 부분적으로나마 실감할 수 있을지 모르겠다. 순수한 영, 자유로운 영혼이 인간을 너무나도 사랑한 나머지, 자발적으로 필멸의 존재가 되어 온갖 고통, 슬픔, 시련, 죄악을 껴안고, 경험하고, 인류의 카르마에 영원히 짓눌리겠다는 살신성인의 선택을 한 것이다. 이는 세상에서 영적으로 가장 크게 성장한 사람이 할 수 있는 희생보다도 최소 천 배 이상 큰 희생이다. 예를 들어보자. 이건 마치 에머슨처럼 높은 영적 경지에 이른 자연주의자가 세상의 모든 지렁이에게 연민을 품은 나머지, 스스로 지렁이가 되어 그들을 계몽하겠다는 선택을 내리는 것과 같다. 이를 위해 본인 스스로 지렁이가 되기로 한 에머슨은 세상의 모든 지렁이가 수많은 환생을 통해 성장하고 인간의 수준에 이를 때까지, 억겁에 이르는 세월 동안 지렁이들과 함께 동고동락하며 그들의 카르마에 동참해야 한다. 예수가 인간이 되기로 한 것은 이것의 천 배에 이르는 희생이라고 보면 된다.

광야에서 예수가 자기의 신적 지위를 포기하고 인류를 위해 희생을 감수하겠다고 결심한 순간, 그는 곧바로 인류의 카르마에 동참하고 인류 고유의 몫인 고통, 슬픔, 유혹, 한계 앞에 벌거벗겨진 사람처럼 노출되었다. 물론 그의 힘이 사라진 것은 아니었지만, 그 시점부터

그림 54. **세상을 다 주겠노라고 예수를 유혹하는 악마** | 보티첼리(Sandro Botticelli)

예수는 밖에서 안을 들여다보는 신이 아니라, 인류와 같이 물질 세상에 갇힌 신이 되었다. 이제부터 그는 세상 안에서 자신의 힘을 발휘하여 인류를 위해 노력하되, 다른 인간처럼 카르마 법칙의 영향을 받아야 한다. 이전까지는 그의 털끝 하나 건드리지 못한 각종 영향에도 노출되었다. 예를 들어, 그가 광야에서 개인적 야망이라는 악마(Devil of Personal Attainment)로부터 속세의 영광과 명예를 추구하라는 유혹을 받았던 일화를 생각해보자. 그에게 갑자기 이런 유혹이 찾아온 이유는, 그가 광야에 머무르는 동안 세상의 카르마를 받아들이고 카르마 법칙의 적용을 받는 인간이 되겠다는 선택을 내렸기 때문이다. 그가 순수한 신(신의 아들)이었던 상태에서는 이러한 유혹이 아무런 의미를 지니지 못했다. 지렁이 세상의 모든 영광과 명예를 주겠다고 유혹한다 한들, 인간이 흔들릴 이유는 없지 않은가? 하지만 인류가 오랜 세월 동안 쌓아온 카르마를 공유하게 된 인간 예수(사람의 아들)는 인류의 욕망과 야망을 느끼지 않을 수 없었다. 게다가 정신의 힘이 발달할수록 자기를 높이고자 하는 유혹도 강해진다는 법칙에 따라(정신의 힘이 강할수록 자기를 높이는 기회를 더 많이 포착할 수 있기 때문) 예수는 보통 인간은 절대로 감당할 수 없는 큰 시험을 받았다.

예수는 자기가 원하기만 하면 세상의 모든 것을 취할 수 있었다. 단순히 유대의 왕이 아니라 인류의 왕이 되어 영원히 권세를 누릴 수도 있었고, 자기에게 그럴 능력이 있다는 것도 잘 알고 있었다. 광야에서 명상하던 중 예수는 두 개의 이미지를 보았다. 하나는 갈보리의 언덕에서 비참한 최후를 맞는 모습이었고, 하나는 이와 정반대로 세상을 호령하며 사는 찬란하고 화려한 자신의 모습이었다. 인류의 카르마를 함께 짊어지기로 결단을 내린 순간, 인간이 오랜 역사 동안 축적해 온 모든 야망과 욕망이 일시에 그를 덮쳤다. 평범한 인간과는 달리, 예수에게는 인간의 모든 야망과 욕망을 실현하고 누릴 힘도 있었다. 이런 유혹을 이겨 내기 위해 얼마나 굉장한 힘이 필요했을지 상상해보라. 보통 사람은 개인적인 야망 앞에서 유혹을 이기지 못하고 무릎을 꿇는다. 그런데 예수에게는 한 개인의 야망이 아니라 지구상 모든 인간의 야망, 다시 말해, 전 인류의 모든 욕망과 야망이 거대한 파도처럼 동시에 밀려왔다. 인류가 역사적으로 품었던 모든 욕망과 야망이 초인적인 능력을 소유한 예수라는 인간을 통해 실현되고자 한꺼번에 몰려온 것이다! 그뿐 아니라 세상의 모든 죄악도 동시에 그를 짓눌렀다. 예수는 자기가 인간이 되겠다는 선택을 내리면서 이런 시련이 닥쳐올 것을 알고 있었고, 인간 중의 인간답게 당당하게 시련에 맞섰다.

예수는 자신의 진아(眞我: His Real Self), 즉, 자신의 영에 정신력을 집중하고 그 상태를 유지함으로써 유혹에 맞서 싸우고 끝내 적을 정복했다. 진리를 직시했던 그는 속세가 제공하는 모든 것에 내재한 허상을 알아챘고, 내면의 강력한 의지를 전면에 내세워 유혹자를 자신의 머릿속에서 몰아냈다. 자신의 영, 진아를 온전하게 인지했기에 예수는 유혹자를 향해 자신 있게 말하며 꾸짖을 수 있었다. "너의 하나님을 시험치 말라!" 예수 본인은 물론, 모든 인간의 내면에 거하는 신에게 의지하며 세상의 모든 것, 즉, 인류를 시험하며 고통을 선사하는 허상을 물리쳤다.

예수가 세상의 카르마를 짊어지기로 한 후 인간의 나약함은 수시로 그를 공격하며 괴롭혔다. 그는 이제 육신의 고통이라는 대가도 느껴야 했다. 다른 모든 인간과 마찬가지로 육신을 가진 존재로서 살고, 고통받고, 죽어야만 했다. 그는 자기가 맞게 될 고통스러운 운명을 분명하게 알면서도 최후의 순간을 향해 거침없이, 주저하지 않고 나아갔다. 신이 인류의 구원자이자 구세주라는 역할을 떠맡기 위해 인간의 모든 약점을 껴안고 받아들인 것이다.

그렇게 그는 우리처럼 살고, 고통받고, 죽었다. 그는 잔에 담긴 쓰디쓴 고통의 물을 한 방울도 남기지 않고 다 삼켰다. 사람들은 그가 십자가에 매달려 마지막 숨을 내뱉은 순간 그의 고통도 끝났다고 말한다. 천만에! 예수의 고통은 그때부터 시작되었다!

그리스도 원리

예수 그리스도는 지금, 이 순간에도 우리와 더불어 살면서 날마다, 매시간 인류의 고통을 느끼며 형벌을 받고 있다. 지금까지 세상에 태어나 존재했던 모든 인간, 인류 역사상 가장 악랄했던 인간마저 수많은 생을 통해 자기가 저지른 모든 죄를 뉘우치고 카르마의 속박에서 완전히 해방되어 구원을 받는 그 날까지 고통과 형벌을 감내해야 한다. 그것이 그리스도의 운명이다. 모든 인간의 영혼 안에는 '그리스도 원리(Christ Principle)'가 새겨져 있다. 이 내면의 그리스도는 인간이 자신의 참모습을 발견하고 깨달음에 이르도록 영원히 자극하고 돕는다. 이것이 바로 구원의 실체다. 뜨거운 지옥 불에 떨어진 인간을 꺼내주는 것이 아니라, 욕망의 불과 필멸의 허상에 사로잡힌 인간을 해방하는 것, 이것이 진짜 구원이다. 상상 속에서 만들어낸 죄로부터의 해방이 아니라, 물질이라는 진흙탕에서 해방되는 것이 구원이다. 우리 내면의 신, 우리 안의 그리스도는 돼지의 몸으로 들어간 후 자기가 신이라는 사실을 망각한 힌두 전설의 신과 비슷한 개념이다. 예수는 우리 영혼 안에 거하는 그리스도 원리가 되어 우리는 돼지가 아니라 신이라는 깨달음을 주기 위해 매 순간 노력하고 있다. 독자들은 진아가 속삭이는 소리를 들은 적이 없는가? 내 안의 그리스도 원리가 하는 말을 들은 적이 없는가? "어서 나오거라. 돼지 안에 계속 갇혀 있지 말고, 너는 본래 신이었다는 사실을 깨닫고 어서 나오거라!" '내 안의 신을 인식하고, 깨닫고, 해방하는 것'이 진짜 구원이다.

오컬트 가르침에 따르면 예수는 부활하여 한동안 물질 세상에서 머물다가 사도들에게 마지막 작별을 고하고 그들의 시야에서 사라진 후, 상위 아스트랄계로 이동하여 그의 영혼이 물질 세상에 머무르는 동안 활용했던 아스트랄체와 정신마저 차례대로 벗어던졌다고 한다. 다만 가장 상위에 있는 아스트랄체만은 남겨두었다. 그가 만약 물질 세상에서 활동하기 위해 활용했던 모든 의복을 다 반납했더라면 그 즉시 그를 탄생시킨 원천인 유일한 영, 절대자와 다시 합쳐졌을 것이고, '예수'라는 존재는 유일한 영에 흡수되어 완전히 사라졌을 것이다. 하지만 그는 구세주의 임무를 완수하기 위해 의도적으로 마지막 의복은 남겨두었다. 최후의 인간마저 구원을 받는 순간까지 세상에 남아서 활동해야 하기 때문이다.

예수는 세상에 계속 남아 인류를 위해 노력할 수 있도록 영혼의 최상위 의복인 영적 정신(Spiritual Mind)은 그대로 유지했다. 따라서 그는 지금도 세상에 존재한다. 신과 하나이면서, 동시에 별개 존재인 상태로 남아 매 순간 우리를 올바른 길로 인도하며 구원하고 있다. 하지만 오해는 없기 바란다. '요셉과 마리아의 아들, 예수'는 이제 존재하지 않는다. 예수가 자신의 인격(personality)을 구성하는 하급 의복을 모두 벗어 던진 순간 요셉과 마리아의 아들, 예수는 이 세상에서 사라졌다. 하지만 그의 개성(individuality)은 사라지지 않았다. 즉, 이천 년 전에 살았던 인간 예수는 존재하지 않지만, 그의 진짜 본질인 그리스도 원리는 여전히 살아 우리 곁에 있다는 얘기다.

영혼이 유일한 영, 즉, 신에게 흡수되기 일보 직전의 상태까지 영적으로 진화하면 사람(person)은 사라지고 원리(principle)로서만 남게 된다. 하지만 이 원리는 '생명력이 없는 기계적 힘'이 아니라, 살아있고, 생각하고, 알고, 행동하는 생명의 원리다. 이 오컬트 가르침은 인간의 언어로 설명하기 어렵다. 이 개념을 제대로 설명할 수 있는 용어가 존재하지 않기 때문이다. 오컬트를 깊게 공부한 사람도 간접적으로나마, 어렴풋이 이해하면 다행이라 할 수 있다.

예수는 그리스도 원리의 형태로 오늘날 세상에 존재한다. 이 원리는 엄연히 살아있으며, 생명체처럼 행동도 한다. 하지만 우리에게 익숙한 육신에 속해있는 것은 아니다. 그리스도, 또는 그리스도 원리는 인류의 삶과 어우러져서 하나가 되었으며, 물질 세상에 태어난 적이 있거나, 태어나서 현재 살고 있거나, 앞으로 태어날 모든 인간의 정신에 깃들어 있다. 세상에 인간이 존재하는 한, 그리스도도 언제나 그와 함께한다. 이는 예수가 세상에 왔다가 십자가에 못 박혀 죽은 이후에 태어난 사람뿐 아니라, 그가 오기 전에 태어나서 살다가 죽은 모든 사람에게도 공통으로 적용되는 얘기다. 예수 시대 이전에 살았던 사람들도 사실은 죽은 적이 없고, 단지 육신의 소멸 후 아스트랄계로 넘어갔다가 때가 되어서 다시 태어나는 과정을 반복했다는 점을 고려하면 역설적으로 들리는 이 말의 의미를 이해할 수 있을 것이다. 아스트랄계로 넘어간 그리스도(예수의 현재 상태)는 지금도 그곳에 있고, 우리가 사는 물질 세상에도 동시에 존재한다. 때와 장소를 불문하고 인간의 영혼이 있는 곳에는 언제나 그리스도가 있고, 그는 매 순간, 모든 곳에서 인류의 구원을 위해 노력하고 있다.

아스트랄계의 그리스도는 육신을 벗어던지고 그곳에 온 영혼들이 물질을 향한 집착을 버리고, 더 높은 이상을 추구하는 목표를 세움으로써 전보다 나은 조건으로 환생할 수 있도록 지도하고 있다. 한편 물질계의 그리스도 역시 지금 지구상에 사는 사람들의 가슴과 정신 속에서 활동하며 우리가 높은 이상을 목표로 삼아 정진해야 한다고 가르치고 있다. 어느 곳에 머무르고 있든, 인간의 궁극적인 목표는 물질의 속박에서 영혼을 해방하고 참나를 깨닫는 것이다. 최후의 영혼이 이 목표를 달성하는 날까지 모든 인간의 가슴에 거하는 그리스도는 우리와 함께 살고, 고통받고, 날마다 십자가에 못 박히는 형벌을 받을 것이다.

방금 설명한 그리스도의 희생은 이천 년 전의 예수가 감수했던 육체적 희생보다 훨씬 큰 것이다. 그처럼 높은 영적 경지에 도달한 존재의 심정이 어떨지 한번 상상해보라. 인간이 조금만 고개를 위로 쳐들고 이상을 추구하면 언제든 자신을 구원하고 영적인 성장을 이룰 수 있는데, 이를 외면하고 물질과 형이하학에 몰두하면서 고통을 자초하는 그들의 모습이 얼마나 딱하고 답답하겠는가? 그처럼 어리석은 인간들의 가슴과 정신에 갇혀서 억겁의 세월을 보내야 하는 그의 처지는 세상에서 가장 잔인한 고문을 영원토록 받는 것과 다를 바 없다. 십자가형을 받으며 겪은 육체적 고통은 그리스도가 지금 겪고 있는 영적 고통에 비하면 아무것도 아니다. 사람들은 구세주를 십자가에 못 박은 유대인들의 잔혹성을 싸잡아 욕하지만, 막상 본인은 물질과 육욕을 탐하면서 평생, 날마다 십자가형보다 천 배 고통스러운 고문을 그에게 가하고 있다.

예수가 사망한 후 긴 세월이 흐르면서 세상의 상태가 조금이나마 여러모로 나아진 데는 인류의 가슴과 정신에 자리를 잡은 그리스도의 영향이 크다. 신은 곧 아버지이고 인류는 형제라는 예수의 가르침은 오늘날 그 어느 때보다 큰 힘을 얻고 있다. 이 역시 구세주 그리스도가 그간 기울인 노력이 맺은 결실 중 하나다. 높은 영적 경지에 오른 현시대의 영혼들이 꿈꾸는 이상은 장차 인류가 맞게 될 찬란한 미래에 비하면 초라하게 느껴질 정도다. 예수가 오래전에 심은 씨앗은 이제야 비로소 싹을 틔우는 중이다. 그 싹이 더 자라나 꽃을 피우고 열매까지 맺으면 지구는 과거의 성인들이 상상했던 지상낙원보다도 훨씬 아름답고 눈부신 곳으로 탈바꿈할 것이다. 물론 이처럼 밝고 희망찬 미래마저도 인류가 물질계를 졸업하고 넘어갈 다음 차원에서의 삶에 비하면 보잘것없다. 그리스도는 인류가 그 목적지를 향해 단 한 발자국이라도 앞으로 나아가도록 매 순간 돕고 있고, 그 과정에서 끊임없이 고통을 받고 있다.

그리스도는 언제나 인류와 함께하고 있다. 우리 곁에, 우리 안에 있는 그리스도의 존재를 인지한다면 영혼의 굶주림과 갈증을 시원하게 해소해주는 그의 따뜻한 사랑을 느낄 수 있을 것이다. 그리스도는 먼 곳에서 찾을 필요가 없다. 우리 안에 이미 있기 때문이다. "믿으면 구원받을 것이다." 이 말의 진짜 의미를 제대로 이해하면 이게 얼마나 굉장한 약속인지 실감할 수 있을 것이다! 그리스도의 가르침에 담긴 내적 진리를 깨우쳤을 때 인간의 영혼이 얼마나 큰 힘과 위안을 얻을 수 있는지! 독자들은 신비주의 기독교에서 전하는 진리의 메시지를 받아들일 것인가?

이 시점에서 구세주 그리스도의 교리와 관련한 신비주의 기독교의 가르침과 정교회에서 전파하는 가르침을 비교해 보았으면 한다. 한편에는 물질의 수렁에 빠진 인류를 구원하는 중대한 임무를 수행하기 위해 인간의 육신을 걸치고 내려와 자발적으로 세상의 카르마를 온몸으로 짊어진 신, 예수가 있다. 그는 인류를 구원하기 위해 신으로서의 특권을 포기하고 인간으로서 경험해야만 하는 고통과 형벌을 기꺼이 받아들였다. 그는 단지 육신의 고통뿐 아니라 인간으로 태어난 모든 영혼이 신의 경지에 이를 때까지, 언제가 될지 모르는 그 날까지 물질 세상에 갇힌 우리와 함께하며 돕기 위해 자기를 희생했다.

반대편에는 항상 화가 나 있는 신이 있다. 그 신은 인간과 똑같은 감정과 성미를 지니고 있으며, 자기 손으로 창조한 피조물에 복수하기 위해 지옥 불에서 영원토록 고통을 느끼는 형벌을 주겠다고 수시로 으름장을 놓는다. 그러던 어느 날, 이 다혈질적인 신은 자기 아들을 세상으로 내보내 십자가에서 피를 흘리는 고통을 받게 한다. 신의 아들이 희생양이 되어 피를 흘려야만 인간의 죄가 씻겨지고 비로소 신의 분노가 풀릴 수 있다는 것이 정교회의 주장이다.

어느 쪽이 진리이고, 어느 쪽이 진리의 왜곡인가? 둘 중 하나는 영적 지식의 순수한 원천에서 나온 것이고, 하나는 신비주의의 가르침을 이해하지 못하는 무지한 자들이 진화가 덜 된 머리로 만들어낸 억지 신학에서 나온 것이다. 그들은 잔혹하고 동물적인 자신들의 본성을 본떠서 잔혹한 신을 만들어냈고, 그들이 그랬던 것처럼 그 신도 피와 고통, 고문과 죽음을 요구하게 했다. 신성함과는 거리가 먼 신의 분노와 복수심을 달래기 위함이라는 명분으로 말이다. 가슴에 손을 얹고 말해보자. 어느 쪽이 진리인가? 내 안의 그리스도는 어느 쪽을 따르라고 말하는가?

기독교 신경(信經)

기독교에서는 세 개의 신경을 공식적으로 인정하고 있다 – 사도신경(使徒信經; The Apostle's Creed), 니케아 신경(The Nicene Creed), 그리고 아타나시오 신경(Athanasian Creed). 이 중 사도신경과 니케아 신경은 자주 쓰이고, 잘 알려지지 않은 아타나시오 신경은 교회에서 사용되는 경우도 드물다.

교회에서 가장 많이 사용되는 것은 사도신경이다. 현재의 사도신경은 니케아 신경 이후에 쓰인 것으로 알려졌으며, 이 분야의 권위자들의 설명에 따르면 초기 기독교 신앙의 교리가 세월이 흐르면서 왜곡되어 오늘날의 버전에 이르렀다고 한다. 사도신경 전문은 다음과 같다.

사도신경 (The Apostle's Creed)

전능하사 천지를 만드신 하나님 아버지를 내가 믿사오며
그 외아들 우리 주 예수 그리스도를 믿사오니
이는 성령으로 잉태하사 동정녀 마리아에게 나시고
본디오 빌라도에게 고난을 받으사 십자가에 못박혀 죽으시고

장사한지 사흘만에 죽은 자 가운데서 다시 살아나시며

하늘에 오르사 전능하신 하나님 우편에 앉아 계시다가

저리로서 산 자와 죽은 자를 심판하러 오시리라.

성령을 믿사오며, 거룩한 공회와,

성도가 서로 교통하는 것과,

죄를 사하여 주시는 것과, 몸이 다시 사는 것과,

영원히 사는 것을 믿사옵나이다.

I believe in God the Father Almighty, Maker of heaven and earth;

and in Jesus Christ his only Son our Lord,

who was conceived by the Holy Ghost, born of the Virgin Mary,

suffered under Pontius Pilate, was crucified, dead and buried;

he descended into hell; the third day he arose again from the dead;

he ascended into heaven, and sitteth on the right hand of God the Father

Almighty;

from thence he shall come to judge the quick and the dead.

I believe in the Holy Ghost, the holy Catholic Church,

the communion of saints,

the forgiveness of sins, the resurrection of the body,

and the life everlasting."

니케아 신경은 서기 325년, 니케아 공회(Council of Nicea)를 통해 작성되고 공표되었다. 본래 버전은 '우리는 성령을 믿는다(I believe in the Holy Ghost)'에서 끝났지만, 서기 381년의 콘스탄티노플 공의회

(Council of Constantinople)에서 이후의 구절들이 추가되었고, '성자와 더불어(and the Son)'는 서기 589년의 톨레도 공의회(Council of Toledo)에서 새로 추가되었다. 오늘날 사용되고 있는 니케아 신경의 전문은 다음과 같다.

니케아 신경 (The Nicene Creed)

한 분이신 하느님 아버지,
전능하시고,
하늘과 땅과,
유형무형한 만물의 창조주이신, 하느님을 믿나이다.

그리고 또 오직 한분이신 주 예수 그리스도를,
모든 세대에 앞서 성부로부터 나신 하느님의 외아들이시며,
빛으로부터 나신 빛이시요,
참 하느님으로부터 나신 참 하느님으로서 창조되지 않고 나시어,
성부와 일체이시며,
만물이 다 이분으로 말미암아 창조되었음을 믿나이다.
우리 인간을 위하여, 우리의 구원을 위하여, 하늘에서 내려오셔서, 성령으로
또 동정녀 마리아께 혈육을 취하시고 사람이 되심을 믿으며,
본디오 빌라도 시대에 우리를 위하여 고난을 받으시고,
십자가에 못 박히시고 묻히심을 믿으며,
성경 말씀대로 사흘 만에 부활하시고,
하늘에 올라 성부 오른편에 앉아 계시며,

산 이와 죽은 이를 심판하러 영광 속에 다시 오시리라 믿나니.

그의 나라는 끝이 없으리이다.

그리고 주님이시며, 생명을 주시는 성령을 믿나니,

성령은 성부께서 좇아 나시며,

성부와 성자와 더불어, 같은 흠숭과 같은 영광을 받으시며,

예언자를 통하여 말씀하셨나이다.

하나인, 거룩하고, 공번되고, 사도로부터 이어 오는 교회를 믿나이다.

죄를 사하는 하나의 세례를 알고 믿나이다.

죽은 이들의 부활과 후세의 영생을 곧게 믿고 기다리나이다.

I believe in one God, the Father,

Almighty,

Maker of Heaven and earth,

and all things visible and invisible;

and in one Lord Jesus Christ, the only-begotten Son of God,

begotten of his Father before all worlds, God of God,

Light of Light,

very God of very God, begotten, not made,

being of one substance with the Father,

by whom all things were made;

who for us men and for our salvation came down from heaven and was

incarnate by the Holy Ghost of the Virgin Mary, and was made man, and was crucified also for us under Pontius Pilate;

he suffered and was buried

and the third day he rose again according to the scriptures

and ascended into heaven, and sitteth on the right hand of the Father;

and he shall come again with glory to judge both the quick and the dead,

whose kingdom shall have no end.

And I believe in the Holy Ghost, the Lord and Giver of Life,

who proceedeth from the Father and the Son,

who with the Father and Son is worshipped and glorified,

who spoke by the prophets;

and I believe in one catholic and apostolic church;

I acknowledge one baptism for the remission of sins,

and I look for the resurrection of the dead and the life of the world to come.

그럼 이제 신비주의 기독교의 관점에서 예수가 사망하고 수백 년 뒤에 쓰인 이 두 신경의 주요 구절들을 비교해 보자.

(니케아 신경) 한 분이신 하느님 아버지, 전능하시고, 하늘과 땅과, 유형무형한 만물의 창조주이신, 하느님을 믿나이다.

(Nicene Creed) I believe in one God, the Father Almighty, Maker of heaven and earth, and all things visible and invisible.

이 구절은 니케아 신경에 명시된 기독교 신앙의 기본 원리 중 하나로, 사도신경의 버전보다 조금 더 구체적이라고 할 수 있다. 별도의 해설은 필요 없을 것으로 보인다. 우주 만물의 원천인 유일한 창조의 힘에 대한 믿음을 선언한 간결한 구절이다. 절대자의 속성을 설명하려 한다거나, 신학자들처럼 그에게 인간의 속성을 부여하려는 시도는 없다. 단지 유일한 절대 신의 존재에 관한 믿음을 표현할 뿐이다. 사실 인간이 할 수 있는 것은 그것뿐이다. 신을 정의하려는 모든 시도는 주제넘은 건방짐에 불과하다.

(사도신경) 그 외아들 우리 주 예수 그리스도를 믿사오니 이는 성령으로 잉태하사

(Apostles' Creed) And in Jesus Christ his only Son our Lord, who was conceived by the Holy Ghost.

(니케아 신경) 그리고 또 오직 한분이신 주 예수 그리스도를, 모든 세대에 앞서 성부로부터 나신 하느님의 외아들이시며, 빛으로부터 나신 빛이시오. 참 하느님으로부터 나신 참 하느님으로서 창조되지 않고 나시어, 성부와 일체이시며,

(Nicene Creed) And in one Lord Jesus Christ, the only begotten Son of God, begotten of his Father before all worlds, God of God, Light of Light, very God of very God, begotten, not made, being of one substance with the Father.

이 구절에서는 예수의 신성에 관한 믿음을 표현하고 있다. 성령의 도움으로 동정녀가 아이를 잉태하게 되었다는 식으로 설명하는 사도신경의 구절은 신인 아버지와 인간인 어머니 사이에서 태어난 영웅 또는 반신반인의 이야기를 전하는 고대의 전설을 연상시키는 왜곡된 버전이다. 이에 비해 니케아 신경의 구절은 신비주의의 가르침을 강력하게 암시하고 있다. 니케아 신경에서는 예수의 탄생을 '성부로부터 나신(begotten of his Father)' – '창조되지 않고 나시어(begotten, not made)'로 묘사하고 있다. '하느님의 외아들이시며, 빛으로부터 나신 빛이시오, 참 하느님으로부터 나신 참 하느님으로서(God of God; Light of Light; very God of very God)' 구절은 예수와 신이 같은 영적 본질을 지니고 있음을 나타낸다. 그리고 '성부와 일체이시며(being of one substance with the Father)' 구절은 니케아 신경을 작성한 사람이 그리스도의 신비를 제대로 이해하고 있었음을 보여주는 대목이다. 신비주의 가르침에도 나와 있듯이, 예수는 세속의 욕망과 카르마로부터 완전히 자유로운 영이었다. 즉, 성부와 일체인 존재다. 예수 본인도 "나와 아버지는 하나이니라."고 말했었다. 정교회 신학에서 신비주의 기독교의 가르침처럼 예수의 본질을 잘 설명했던 적이 있었던가?

(사도신경) 동정녀 마리아에게 나시고

(Apostles' Creed) Born of the Virgin Mary.

(니케아 신경) 우리 인간을 위하여, 우리의 구원을 위하여, 하늘에서 내려오셔서, 성령으로 또 동정녀 마리아께 혈육을 취하시고 사람이 되심을 믿으며

(Nicene Creed) Who for us men and for our salvation came down from heaven, and was incarnate by the Holy Ghost of the Virgin Mary, and was made man.

이 구절에서 니케아 신경은 신비주의 가르침을 놀라울 정도로 명확하게 표현하고 있다. '우리 인간을 위하여, 우리의 구원을 위하여, 하늘에서 내려오셔서(Who for us men and our salvation came down from heaven)'는 예수가 세상에 태어난 목적을 설명하고 있다. '하늘에서 내려오셔서(Came down from heaven)'는 그가 태어나기 이전에 이미 절대자의 품에 존재했었음을 의미하고, '혈육을 취하시고(And was incarnate)'는 영이 마리아의 자궁을 통해 육신을 갖게 되었음을 설명하고 있다. '사람이 되심을(And was made man)'은 그가 마리아의 자궁 안에서 태아의 육신을 걸쳤다는 뜻이다. 신비주의의 가르침이 이 구절의 진짜 의미를 명확하게 비춰주고 있지 않은가?

(사도신경) 십자가에 못박혀 죽으시고 장사한지 사흘만에 죽은 자 가운데서 다시 살아나시며

(Apostles' Creed) Was crucified, dead and buried; he descended into hell; the third day he rose again from the dead.

(니케아 신경) 십자가에 못 박히시고 묻히심을 믿으며. 성경 말씀대로 사흘 만에 부활하시고, 하늘에 올라 성부 오른편에 앉아 계시며

(Nicene Creed) He suffered and was buried, and the third day he rose again according to the scriptures, and sitteth on the right hand of the Father.

사도신경의 'descended into hell' 구절은 육신에서 분리된 영혼들이 가는 곳, 즉, 하위 아스트랄계를 의미한다. (역자 주: 사도신경의 한글 번역에는 'descended into hell'이 명확하게 표현되어 있지 않다. 이 구절을 문자 그대로 번역하면 '지옥으로 내려갔다.'는 의미가 된다) 요즘엔 심지어 정교회의 성직자들도 이 구절의 hell(지옥)을 '악마가 인간을 고문하기 위해 만들어낸 끔찍한 장소'라고 강력하게 주장하지 않는다. 지옥과 악마는 주민들이 교회 예배에 참석하도록 겁을 주기 위해 옛 신학자들이 만들어낸 개념에 불과하다. '장사한지 사흘만에 죽은 자 가운데서 다시 살아나시며(The third day he arose from the dead) (사도신경)'와 '성경 말씀대로 사흘 만에 부활하시고(and the third day he rose again according to the scriptures) (니케아 신경)' 구절은 예수가 육신의 사망 후 아스트랄체로 다시 나타난 것, 즉, 십자가형을 받은 후 3일간 아스트랄계를 유영하다가 물질계로 돌아온 사건을 설명하고 있다. '하늘에 오르사(He ascended into heaven) (사도신경)'와 '하늘에 올라(And ascended into heaven) (니케아 신경)' 구절은 예수가 육신을 벗어던진 후 본래 있던 곳으로 되돌아갔음을 의미하며, 니케아 신경의 '하늘에서 내려오셔서, 성령으로 또 동정녀 마리아께 혈육을 취하시고 사람이 되심을(came down from heaven and was incarnate by the Holy Ghost of the Virgin Mary, and was made man)' 구절이 이 사실을 뒷받침하고 있다.

사도신경과 니케아 신경 둘 다 예수가 그 후 '하나님의 우편에 앉았다(on the right hand of the Father)'라고 선언하고 있는데, 이는 그가 아버지 다음으로 높은 영광의 자리를 차지하고 있음을 의미하는 것이다. 신비주의 가르침에서는 이를 "우주에서 가장 가볍고 여린 천상의 물질이 그리스도와 아버지를 구분하고 있으며, 따라서 그리스도는 아버지 다음으로 가장 중요한 우주의 원리(Cosmic Principle)다."라는 말로 설명하고 있다. 이것이 바로 '아버지의 우편에 앉아 있다'는 말이 의미하는 바다.

산 자와 죽은 자를 심판하러 오시리라.

He shall come to judge the quick and the dead.

이 구절은 그리스도가 산 자뿐만 아니라 죽은 자, 즉, 예수가 태어나기 전과 예수가 사망한 이후에 육신을 가진 존재로 세상에서 살다가 아스트랄계로 넘어간 망자들의 구원에도 관여하고 있음을 의미한다. 신경을 쓴 사람(들)이 이 개념을 정확하게 이해하고 있었는지, 아니면 '심판의 날'이라는 전통의 망상에 사로잡혀 있었던 사람들인지는 알 수 없으나, 초기 크리스천 중 신비주의자들은 이 책에서 다룬 가르침을 제대로 이해하고 있었고, 따라서 그리스도를 '산 자들뿐 아니라 죽은 자들 사이에서도 거했던 분'으로 표현했다.

'성도가 서로 교통하는 것(The communion of saints)'은 깨달은 자들이 신비주의 가르침을 영적으로 이해하고 있음을 의미한다. '죄를 사하여 주시는 것(The forgiveness of sins)'은 육욕과 욕망의 정복을, '죽은 이들의 부활과 후세의 영생(The resurrection of the dead and the life of the world to come)'은 육신의 소멸 후 무덤 너머에도 삶이 있음을 의미한다. 일부 신학자들이 신봉했던 이론이 훗날 신경의 원전에 슬쩍 삽입되는 바람에 사도신경에서는 이 대목이 마치 육신의 부활을 의미하는 것처럼 왜곡되었다. '몸이 다시 사는 것과'라는 구절이 삽입된 사도신경과는 달리, 니케아 신경에서는 단순히 '죽은 이들'이라고 표현하고 있다는 점을 주목하자. 신비주의 전통에서는 이 구절을 다음과 같이 표현하고 있다. '그리고 영혼은 죽지 않는다는 진리를 믿사옵나이다.(And we know the truth of the deathlessness of the soul.)'

성령(Holy Ghost)에 관한 신경의 나머지 구절은 다음 장에서 계속 진행하자.

제10강
비밀 교리

성령(聖靈)이란?

두 신경의 후반부에서는 성령에 관한 내용을 언급하고 있다.

(사도신경) 성령을 믿사오며

(Apostles' Creed) I believe in the Holy Ghost.

(니케아 신경) 그리고 주님이시며, 생명을 주시는 성령을 믿나니

(Nicene Creed) And I believe in the Holy Ghost, the Lord and giver of life.

평범한 크리스천에게 있어 기독교의 삼위일체(Trinity; 성부, 성자, 성령) 중 하나인 성령의 개념은 미스터리의 베일에 싸여 있는, 불가해한 것 정도로 취급된다. 기독교 정교회의 기록을 자세히 살펴보면 교회조차도 사제와 신도들에게 매우 중요한 이 주제에 관해 혼란스러워하고 있음을 알 수 있다. 열심히 교회를 다니는 독실한 신도에게 성령의 속성에 관해 물어보면 아마 모호하고, 모순적이고, 만족스럽지 않은 답

을 제시할 것이다. 백과사전 또는 관련 문헌을 참고해 봐도 성령에 관한 지식과 가르침이 얼마나 부실한지 알 수 있다.

이 문제에 대한 해답은 신비주의 기독교의 가르침을 참고해야 얻을 수 있다. 정교회의 성직자와 신도들이 어려워하고 올바르게 이해하지 못하는 이 주제에 관한 오컬트의 가르침은 매우 명확하고 구체적이다.

성령에 관한 신비주의 기독교의 가르침을 한마디로 요약하자면 다음과 같다.

성령은 절대자(The Absolute)가 구체화(Manifestation)한 상태를 의미한다. 구체화 이전 존재(Unmanifest Being)로서의 신이 구체화한 것(Manifest Being)이 곧 성령이다. 창조 이전의 신(God Uncreate)이 아닌 창조 이후의 신(God Create), 절대적 존재로서의 신(The Absolute Being)이 아닌 창조의 원리로서의 신(Creative Principle)이 바로 성령이다.

The Holy Ghost is the Absolute in its phase of Manifestation, as compared to its phase of Unmanifestation – Manifest Being as compared with Unmanifest Being – God Create as compared with God Uncreate – God acting as the Creative Principle as compared to God as The Absolute Being.

위 문구를 여러 번 집중해서 읽고 사색한 후에 다음 문장으로 넘어가도록 하자.

방금 기술한 성령의 정의를 이해하려면 일단 절대자는 두 가지 상태(two phases)로 존재한다는 점부터 알아야 한다. 두 개의 별도 존재가 아니라, 한 존재가 두 가지 상태로 존재한다는 뜻이다. 절대자는 유일하다 - 하나일 수밖에 없다. 하지만 이 절대자는 두 가지 상태로 존재한다. 하나는 구체화 이전의 상태(Being Unmanifest)이고, 다른 하나는 구체화 이후의 상태(Being Manifest)다.

'구체화 이전의 상태'란 유일한 신의 절대적 상태, 개체화하지 않고(undifferentiated), 구체화하지 않고(unmanifested), 창조하지 않은(uncreated) 상태, 즉, 속성(attributes), 특성(qualities), 본성(natures)이 없는 상태를 의미한다.

인간의 정신이 '구체화 이전 상태의 절대자'의 개념을 파악하기란 불가능하다. 이 상태의 절대자는 어떤 '실체(Thing)'도 아니고, '어떠한 것(Something)'도 아니기 때문이다. 이것이 바로 유일한 존재로서의 절대자의 본질이다. 우리가 생각으로 떠올릴 수 있는 것이라면 '절대적인 것(Absolute)'일 수도 없고, '구체화 이전 상태의 것(Unmanifest)'일 수도 없다. 우리가 생각으로 떠올릴 수 있는 '것(Thing)'은 모두 '상대적인 것(Relative Thing)'이다. 즉, 우리는 '객관적 존재(objective being)의 형태로 구체화한 것'만 머릿속에서 떠올릴 수 있다.

하지만 우리가 이성을 동원하여 깊게 생각해보면 구체화 이전의 절대자가 존재할 수밖에 없다는 결론에 도달하게 된다. 우리가 인식할 수 있는 모든 구체화한 것(The Manifest), 상대적 우주(Relative Universe), 그리고 생명(Life)은 어떤 근본적 현실(Fundamental Reality), 즉, '절대자'와 '구체화 이전의 것'에서 나왔어야만 하기 때문이다. 인간이 동원할 수 있는 최고 수준의 이성으로 상정한 이 절대자는 구체화 이전의 존재, 즉, '하나님 아버지'다. 인간의 감각을 통해서는 아버지를 알 수 없다. 오로지 순수한 이성 또는 우리 안에 거하는 영의 작용을 통해 그가 존재한다는 사실만을 알 수 있을 뿐이다. 이를 물질적 관점에서 설명하자면 "인간은 신을 알 수 없다."고 말할 수 있다. 하지만 물질보다 높은 관점에서 설명하자면, "인간의 영은 신이 존재함을 알 수 있고, 가장 높은 차원의 이성을 통해 그의 존재를 입증할 수 있다."고 말할 수 있다.

구체화 이전의 존재는 절대자의 실제이자 참 상태다. 객관적인 세상, 세상에 구체화한 모든 것, 가장 높은 수준까지 진화한 생명마저 모두 구체화 상태에서 구체화 이전 상태로 복귀한다면 무엇이 남게 될까? 오로지 구체화 이전의 절대자, 즉, 하나님 아버지만 남게 된다. 우주 만물이 절대자에게 흡수되고, 절대자 외에는 무(Nothing)만 있는 상태, 다시 말해, 구체화 이전의 상태만 남게 되는 것이다.

이 개념을 처음 접하는 독자들에게는 지금 하는 얘기가 너무 추상적이고 난해할 수 있다는 점을 인정한다. 마치 존재하지 않는 존재(Non-Being)의 존재함(Being)을 증명하는 것처럼 들릴 수도 있을 것이다. 하지만 서두르지 않고 차분하게, 깊게 사색해보면 이 설명에서 진리를 발견하고 확신할 수 있을 것이다. 그리고 절대자가 하나님 아버지(God, the Father), 그리고 성령(God, the Holy Ghost)의 두 가지 상태로 존재함을 이해할 수 있을 것이다.

모든 힘, 물질, 생명을 움직이는 영

앞서 설명했듯이, 성령은 절대자가 구체화한 상태를 의미한다. 즉, 생명의 영 안에 거하는 신, 우주의 모든 생명과 현상 속에 편재하는 신이 바로 성령이다.

필자는 요기 철학을 주제로 한 이전 강의에서 우주에 존재하는 모든 생명에는 생명의 영이 깃들어 있으며, 영은 그 생명체를 통해 발현된다고 설명한 바 있다. 또한 우주 만물은 저마다 생명을 간직하고 있다고도 설명했다. 심지어 광물, 그리고 물질을 구성하는 각각의 원자마저 살아있는 생명체다. 생명의 영은 우주에 구체화한 모든 것의 원천이자 우주상에 존재하는 모든 힘, 물질, 생명을 움직이는 영('Ghost in the machine')이다. 이 사실을 고려하면 우주상에 죽은 것은 존재할 수 없다는 결론에 자연스럽게 도달하게 된다. 즉, 정도의 차이만 있을 뿐, 우주 만물에는 생명(LIFE)이 구체화하고 있다. 앞서 언급한 요기 철학 강의와 '즈나나 요가(Gnani Yoga 또는 Jnana Yoga)'를 주제로 진행한 필자의 강의에서 이 개념을 보다 세부적으로 설명하고 있다. 그렇다면 이 생명의 영이란 무엇인가? 신은 모든 것(ALL)이므로(모든 것은 신에게서 나왔으므로) 생명의 영은 '신이 아닌 것(Something other than God)'일 수 없다. 하지만 그렇다고 신일 수도 없다. 즉, 창조 이전의 신, 절대적 존재로서의 신, 구체화 이전의 존재일 수 없다. 그렇다면 생명의 영의 실체는 과연 무엇일까?

이 질문에 대한 자연적이고 논리적인 해답은 바로 구체화한 신, 창조 이후의 신, 다시 말해 성령이다! 이것이 바로 기독교의 최대 미스터리 중 하나인 성령에 관한 오컬트의 가르침이다. '그리고 주님이시며, 생명을 주시는 성령을 믿나니(And I believe in the Holy Ghost, the Lord and Giver of Life)'라는 구절을 통해 니케아 신경을 쓴 사람들이 초기 기독교의 전통을 얼마나 잘 이해하고 있었는지 짐작할 수 있다.

편재(遍在)하는 신

편재하는 신의 개념은 세계 모든 민족, 인종, 시대를 걸쳐 전해져오는 신비주의 가르침의 기본적인 토대다. 이 가르침을 지칭하는 용어는 종교와 문화권마다 다를 수 있지만, 모든 형태의 생명, 힘, 물질 안에 신이 깃들어 있다는 것은 보편적인 진리이며, 신비주의 철학, 교리, 종교의 비밀 가르침을 뒷받침하는 핵심 개념이다. 영적 사안에 대한 정신적 역량 수준이 낮은 일반 대중의 교화를 목적으로 삼는 통속적 가르침은 인격체의 속성을 가진 신 또는 신들, 반신반인 등의 이야기 속에 진리를 감추는 형태(우화)로 신자들에게 메시지를 전파한다. 인간의 속성이 부여된 이 신들은 우리가 눈으로 볼 수 없는 아주 먼 하늘 어딘가에 거주한다. 이 신들은 어느 날 세상과 인간을 창조하고, 그 후에는 별다른 관심을 보이지 않다가 가끔 한 번씩 인간사에 개입한다. 이들은 자기에게 경의를 표하고, 숭배하고, 공물을 바치는 사람을 보상하고, 그러지 않는 사람에게는 형벌을 내린다. 이들은 또한 자기에게 이름을 지어주고, 그 이름을 빛내기 위해 사원을 짓는 민족을 편애하고, 그 민족 또는 국가의 적을 미워하는 경향이 있다.

하지만 세상 모든 참 종교의 비밀 교리와 가르침은 이처럼 발달하지 않은 정신에서 탄생한 원시적인 개념을 오래전에 폐기했고, 우주 만물에 내재한 힘, 즉, 신의 편재에 관한 가르침을 전한다. 기독교도 예외가 아니다. 신경에 명시된 성령에 대한 믿음의 선언에서 이 비의적 교리를 엿볼 수 있다.

성령의 의미를 제대로 설명하지 못하는 현대의 정교회는 대체로 이 주제에 관한 이야기를 아끼는 경향이 있다. 하지만 신비주의 기독교는 초기 기독교에서 유래된 이 원리에 대한 신념을 당당하게 선언하며, 경건한 마음으로 니케아 신경에 명시된 다음 구절을 암송한다. "그리고 주님이시며, 생명을 주시는 성령을 믿나니."

기독교의 비밀 교리
알렉산드리아의 성 클레멘트

크리스천을 자청하는 신도 중 기독교에 비밀 교리가 있다는 사실을 아는 사람은 많지 않다. 하지만 교회 내외의 신비주의자들은 예전부터 이 사실을 알고 있었다. 이 소중한 지식의 불꽃이 꺼지지 않도록 보호하는 신성한 임무를 부여받은 몇몇 헌신적인 자들의 희생 덕분에 기독교의 비밀 교리는 지금까지 우리에게 전해지고 있다.

기독교의 비밀 교리는 사실 예수의 가르침에서 처음 유래된 것이 아니다. 예수 본인도 자기가 태어나기 수백, 수천 년 동안 전해져 내려온 신비주의 지식을 수호하는 단체의 입문자였고, 그 안에서 활동하고 공부하면서 비의적 지식을 습득했다. 성 아우구스티누스(Saint Augustine; 354~430)는 이렇게 말했다.

우리가 '기독교'라 부르는 종교는 고대에도 존재했고, 사실 존재하지 않았던 적이 없다. 인류의 역사가 시작된 시점부터 이미 존재했던 진정한 종교가 그리스도가 육신을 걸치고 세상에 온 후 기독교(그리스도교)로 불리기 시작했을 뿐이다.

이 시점에서 종교 분야의 저명한 어느 작가가 집필한 책의 내용을 일부 인용하고자 한다. 몇몇 포인트를 제외하고 우리는 이 작가의 생각에 대체로 동의하는 편이다.

오늘날에는 교회에서 이 (비밀) 교리를 가르치지 않고 있다. 그 이유는 무엇일까? 기독교가 본래의 가르침을 대부분 망각했고, 이 가르침의 극히 작은 일부를 가진 것으로 만족하고 있기 때문이다. 이렇게 반문하는 독자도 있을 것이다. "하지만 그때나 지금이나 성경이 있지 않습니까?" 물론 그렇긴 하다. 하지만 성경에 적힌 글귀는 우리가 일반적으로 알고 있는 것보다 훨씬 더 많은 가르침을 전하고 있는데, 지금은 그 내용이 유실되었다. 예를 들어, 그리스도가 수시로 언급한 '천국의 비밀(Mysteries of the Kingdom of God)'이 의미하는 바는 무엇인가? 그는 이 비밀에 관한 완전하고 진정한 해석은 사도들에게만 전할 수 있고, 일반 대중에게는 우화를 통해 메시지를 전할 수밖에 없다고 여러 차례 말했다. 그리스도는 왜 매번 고대의 신비주의 학교에서만 사용되던 '전문 용어'들을 동원하여 사도들과 대화를 나눴을까? "우리가 온전한 자들 중에서 지혜를 말하노니(We speak wisdom among them which are perfect)"라고 말한 사도 바울의 의도는 무엇이었을까? 왜 그는 신비주의 단체의 입문 과정에서 특정 등급 이상의 단계에 오른 사람들만 사용하는 전문 용어를 입에 올렸을까? 바울은 이 대목 외에도 여러 곳에서 비슷한 식의 전문 용어를 사용한다. "오직 비밀한 가운데 있는 하나님의 지혜를 말하는 것이니 곧 감추었던 것인데 하나님이 우리의 영광을 위하사 만세 전에 미리 정하신 것이라(The wisdom of God in mystery, the hidden wisdom which God ordained before the world began, and which none even of the princes of this world know).” 그가 만인에게 공개된 통속적 기독교 가르침을 지칭하면서 이런 표현을 사용했을 리는 만무하다. 훗날 초기 교회의 지도자가 되는 바울의 직계 제자들은 그가 한 말이 무엇을 의미하는지 정확하게 이해하고 있었다. 그들도 바울과 같은 표현을 사용하고 있기 때문이다. 초기 기독교 교부 중 가장 위대한 알렉산드리아의 클레멘트(Clement of Alexandria; c.150~c.215)는 '말씀의 신비(Mysteries of the Word)를 일반인에게 함부로 공개하는 것은 법칙에 어긋난다.'고 말했다.

(고린도전서 2:6) 그러나 우리가 온전한 자들 중에서 지혜를 말하노니 이는 이 세상의 지혜가 아니요 또 이 세상의 없어질 관원의 지혜도 아니요
(고린도전서 2:7) 오직 비밀한 가운데 있는 하나님의 지혜를 말하는 것이니 곧 감취었던 것인데 하나님이 우리의 영광을 위하사 만세 전에 미리 정하신 것이라
(고린도전서 2:8) 이 지혜는 이 세대의 관원이 하나도 알지 못하였나니 만일 알았더면 영광의 주를 십자가에 못 박지 아니하였으리라
(고린도전서 2:9) 기록된 바 하나님이 자기를 사랑하는 자들을 위하여 예비하신 모든 것은 눈으로 보지 못하고 귀로도 듣지 못하고 사람의 마음으로도 생각지 못하였다 함과 같으니라
(고린도전서 2:10) 오직 하나님이 성령으로 이것을 우리에게 보이셨으니 성령은 모든 것 곧 하나님의 깊은 것이라도 통달하시느니라

(1 Corinthians 2:6) Howbeit we speak wisdom among them that are perfect: yet not the wisdom of this world, nor of the princes of this world, that come to nought:

(1 Corinthians 2:7) But we speak the wisdom of God in a mystery, [even] the hidden [wisdom,] which God ordained before the world unto our glory:
(1 Corinthians 2:8) Which none of the princes of this world knew: for had they known [it,] they would not have crucified the Lord of glory.
(1 Corinthians 2:9) But as it is written, Eye hath not seen, nor ear heard, neither have entered into the heart of man, the things which God hath prepared for them that love him.
(1 Corinthians 2:10) But God hath revealed [them] unto us by his Spirit: for the Spirit searcheth all things, yea, the deep things of God.

초기 기독교의 가르침이 얼마나 많이 유실되었는지 보여주는 또 하나의 사례가 있다. 오늘날의 교회는 선량한 시민을 배출하는 데만 전념하고 있고, 성자가 탄생하는 것을 최대의 업적으로 삼고 있다. 하지만 옛날 교회는 이보다 훨씬 큰 역할을 했다. 성자의 탄생은 시작에 불과한 것이었다. 옛날에 성자가 되었다는 것은 교회가 소유한 비밀 지식을 받을 자격을 비로소 획득했음을 의미하는 것이었는데, 고대의 지식을 상실한 오늘날의 교회는 성자에게 그 이상 해줄 수 있는 것이 없다. 옛날 교회의 교육 커리큘럼은 크게 정화(Purification), 깨달음(Illumination), 완성(Perfection)의 세 단계로 분류되었는데, 오늘날의 교회는 신도가 정화 과정을 마친 것으로 만족하고 있다. 교회에서 나눠줄 깨달음이 없기 때문이다.

알렉산드리아의 클레멘트가 한 말을 되새겨보자. "정화란 지식을 습득하고 이해할 수 있는 통찰력을 얻은 마이너스 상태에 불과하다. 세례를 통해 정화되고 소 비밀 지식체계(Little Mysteries)에 입문한 사람, 즉,

자기 통제와 성찰의 능력을 얻은 사람은 그노시스(Gnosis ; 영적인 사안에 대한 지식)의 대 비밀 지식체계(Greater Mysteries), 다시 말해, 신에 관한 과학적 지식을 얻을 준비가 된 사람이다." 클레멘트는 또 이렇게 말한다. "지식은 신앙보다 큰 것이다. 신앙이란 발등에 불이 떨어진 사람에게 적합한 지식체계의 요약본에 비유할 수 있다. 하지만 지식은 과학적 신앙이라 할 수 있다." 그의 제자 오리게네스(Origen ; c.185~c.253)는 비합리적인 대중적 신앙에서 복음서에 기록된 역사를 기반으로 하는 '물질 기독교'가 탄생하고, 그노시스의 지혜가 전수한 가르침을 바탕으로 '영적 기독교'가 탄생한다고 설명했다. 역사 이야기를 기반으로 형성된 물질 기독교의 가르침에 관해 오리게네스는 이렇게 말한다. "일반 대중을 가르치기 위한 이보다 더 효과적인 방법이 있을까?" 하지만 그에 따르면 지혜로운 자들, 고급 가르침을 받을 자격을 입증한 자들에게는 상위 가르침이 주어진다고 한다. 엄밀히 말해 이 상위 가르침은 유실되지 않았다. 오늘날의 교회에서 찾아볼 수 없을 뿐이다. 교회는 영지주의의 지도자들을 숙청하면서 그 가르침까지 함께 버렸지만, 다행스럽게도 이 지식은 오랜 세월에 걸쳐 보존되었다. 우리가 지금 공부하고자 하는 내용이 바로 이 지혜의 가르침이다. 우리가 삶에서 맞닥트리는 모든 문제에 대한 해답, 올바른 삶을 영위하기 위한 합리적인 규칙, 하늘에서 내려 준 진정한 복음의 메시지가 바로 이것이다.

사도 바울도 고린도 사람들에게 가르침을 전하면서 기독교의 비밀 교리를 언급했다.

(고린도전서 3:1) 형제들아 내가 신령한 자들을 대함과 같이 너희에게

말할 수 없어서 육신에 속한 자 곧 그리스도 안에서 어린아이들을 대함과
같이 하노라

(고린도전서 3:2) 내가 너희를 젖으로 먹이고 밥으로 아니하였노니 이는 너희가
감당치 못하였음이거니와 지금도 못하리라

(1 Corinthians 3:1) And I, brethren, could not speak unto you as unto
spiritual, but as unto carnal, [even] as unto babes in Christ.

(1 Corinthians 3:2) I have fed you with milk, and not with meat: for hitherto
ye were not able [to bear it,] neither yet now are ye able.

예수 역시 다음과 같이 말했다.

(마태복음 7:6) 거룩한 것을 개에게 주지 말며 너희 진주를 돼지 앞에 던지지
말라 저희가 그것을 발로 밟고 돌이켜 너희를 찢어 상할까 염려하라

(Matthew 7:6) Give not that which is holy unto the dogs, neither cast ye your
pearls before swine, lest they trample them under their feet, and turn again
and rend you.

알렉산드리아의 클레멘트는 예수의 이 발언에 관해 다음과 같이 설
명했다.

나는 지금도 돼지 앞에 함부로 진주를 던졌다가 그들이 그것을 발로 밟
고 우리를 찢어 상할까 봐 염려된다. 메시지를 이해하지 못하는 돼지 같

은 자들에게 참 빛에 관한 순수하고 투명한 진리를 설명하는 것은 매우 어려운 일이기 때문이다.

그리스도가 다녀간 후 한 세기 동안 기독교의 스승들은 '예수의 미스터리(The Mysteries of Jesus)'라는 표현을 종종 사용했고, 크리스천의 이너서클은 이런 신비주의 지식을 이해할 역량을 갖춘 고급 영혼들의 집단으로 여겨졌다.

다음의 마가복음 구절도 이 문제와 관련하여 흥미로운 단서를 제공한다.

(마가복음 4:10) 예수께서 홀로 계실 때에 함께한 사람들이 열두 제자로 더불어 그 비유들을 묻자오니
(마가복음 4:11) 이르시되 하나님 나라의 비밀을 너희에게는 주었으나 외인에게는 모든 것을 비유로 하나니
(마가복음 4:12) 이는 저희로 보기는 보아도 알지 못하며 듣기는 들어도 깨닫지 못하게 하여 돌이켜 죄 사함을 얻지 못하게 하려 함이니라 하시고

(Mark 4:10) And when he was alone, they that were about him with the twelve asked of him the parable.
(Mark 4:11) And he said unto them, Unto you it is given to know the mystery of the kingdom of God: but unto them that are without, all these [things] are done in parables:
(Mark 4:12) That seeing they may see, and not perceive; and hearing they may hear, and not understand; lest at any time they should be converted, and

[their] sins should be forgiven them.

마가복음의 저자는 이런 기록도 남겼다.

(마가복음 4:33) 예수께서 이러한 많은 비유로 저희가 알아들을 수 있는 대로 말씀을 가르치시되
(마가복음 4:34) 비유가 아니면 말씀하지 아니하시고 다만 혼자 계실 때에 그 제자들에게 모든 것을 해석하시더라

(Mark 4:33) And with many such parables spake he the word unto them, as they were able to hear [it.]
(Mark 4:34) But without a parable spake he not unto them: and when they were alone, he expounded all things to his disciples.

예수는 또 사도들에게 이렇게 말했다.

(요한복음 16:12) 내가 아직도 너희에게 이를 것이 많으나 지금은 너희가 감당치 못하리라

(John 16:12) I have yet many things to say unto you, but ye cannot bear them now.

오컬트의 가르침에 따르면 예수는 육신의 사망 후 아스트랄체의 형태로 귀환하여 사도들에게 생전에 미처 전하지 못한 중요한 고급 지식

과 '하나님 나라의 일'에 관한 가르침을 전수했다고 한다.

(사도행전 1:3) 해받으신 후에 또한 저희에게 확실한 많은 증거로 친히 사심을 나타내사 사십 일 동안 저희에게 보이시며 하나님 나라의 일을 말씀하시니라

(Acts 1:3) To whom also he shewed himself alive after his passion by many infallible proofs, being seen of them forty days, and speaking of the things pertaining to the kingdom of God:

교회의 역사를 공부해 본 사람들은 이미 잘 알고 있겠지만, 초기 기독교 교부들은 기독교 신비주의에 관해 공개적으로 설교하고 다양한 기록도 많이 남겼다. 서머나의 주교, 폴리카르포스(Polycarpus : 69~155)는 특정 집단에 보내는 서한에서 이렇게 말했다.

너희가 이 경전의 내용을 충분히 익히고, 너희에게서 감춰진 것이 없기를 기원하도다. 아쉽게도 나에게는 아직 그런 특권이 부여되지 않았도다. (《폴리카르포스의 서한(The Epistle of Polycarp)》, 제7장 중에서)

한편 안디옥의 주교, 이냐시오(Ignatius of Antioch : ?~c.108/140)는 이렇게 말했다.

나는 아직 예수 그리스도 안에서 온전(perfect)하지 않도다. 나는 이제야 사도가 되었고, 그대에게 동료 사도의 자격으로 말하노라.

이냐시오는 또한 사도가 되는 것을 '성스러운 순교자, 성 바울과 함께 복음서의 신비주의에 입문하는 것'이라는 말로 표현했다. 그의 이야기를 계속 들어보자.

내가 너희를 위해 더욱 신비스러운 지식에 관한 내용을 쓰고 싶지 않겠나? 하지만 아직 어린아이인 너희에게 이 지식을 전했다간 너희가 다칠 수 있음이 두려움이라. 이에 대해 용서를 구하노라. 이 지식을 받을 준비가 되지 않은 너희에게 함부로 전했다간 그 육중한 무게에 깔려 압사할 수 있음이라. 나는 심지어 하나님 나라의 일, 천사의 계급, 여러 종류의 천사와 만군(hosts), 권세(powers)와 주관(dominions)의 차이, 보좌(thrones)와 권세(authorities)의 다양성, 에온(aeon)의 위대함, 그룹(cherubim)과 스랍(seraphim)의 걸출함, 영의 숭고함, 주의 왕국, 그리고 어느 무엇과도 비교할 수 없는 전지전능한 신의 장엄함을 이해하고 있으나, 나는 아직 온전함과는 거리가 멀고 바울 또는 베드로와 같은 사도에 미치지 못하노라. (《이냐시오의 서한(Epistles of Ignatius)》 중에서)

이냐시오는 또한 대제사장 또는 마스터 스승을 '지성소 입장이 허락된 자, 신의 비밀을 지키는 중책이 맡겨진 유일한 자'로 표현하고 있다.
알렉산드리아의 성 클레멘트는 교회 이너서클의 고위급 신비주의자였다. 그의 글에는 신비주의 기독교를 암시하는 구문이 무수히 많이 발견된다. 그는 자신이 집필한 글이 영지주의 철학과 관련한 내용을 모은 것이며, 자신의 영적 스승인 폰타에무스(Pontaemus)로부터 받은 가르침이라고 말했다. 그는 이 가르침에 관해 다음과 같이 설명한다.

주께서는 이 신성한 신비주의 지식과 성스러운 빛을 받을 자격이 있는 자들에게 전달하는 것을 허락하셨다. 물론 받을 자격이 없는 다수에게 는 이 지식을 공개하지 않으셨다. 이 지식을 받고 활용하여 자기를 변화 시키는 능력을 지닌 자들에게만 공개하셨다. 하지만 이와 같은 비밀 지 식은 문서가 아니라 구두의 형태로만 전달된다. 이것이 신의 방식이다. "숨은 것이 장차 드러나지 아니할 것이 없고 감추인 것이 장차 알려지고 나타나지 않을 것이 없느니라. (누가복음 8장 17절)" 구절을 내세우며 항 변하는 자에게는 "숨겨진 것을 볼 줄 아는 자에게는 감춰졌던 것도 드러 날 것이다."는 말을 들려주고 싶다. 이것이 바로 이 구절이 예언하는 바 이다. 자기에게 전달된 보물의 이면에 있는 것을 볼 줄 아는 자에게는 베 일로 가려진 진리가 공개될 것이다. 다수에게는 감춰진 것이 소수에게는 드러날 것이다. 비밀 지식은 신비스러운 방식으로 전달된다. 비밀을 전 달하는 자의 음성을 듣는다고 되는 것이 아니라, 그 내용을 이해했을 때 비로소 지식 전달이 완료되는 것이다. 내가 쓴 이 글은 나에게 이 지식을 접할 특권을 주신, 은총으로 가득한 영에 비하면 너무나도 보잘것없다는 사실을 잘 알고 있다. 하지만 바쿠스의 지팡이(Thyrsus)에 맞은 사람에게 는 자신이 전에 보았던 원형을 떠올리는 보조 이미지의 역할을 할 수 있 을 것이다.

(여기서 '바쿠스의 지팡이'는 신비주의 형제단의 입문자들이 들고 다니던 신 비스러운 봉을 의미한다. 입문식을 주관하는 사람은 새로운 입문자를 이 지 팡이로 쳤으며, 그 후 최고 마스터가 새로운 입문자에게 지팡이를 수여했다.)

클레멘트의 얘기를 계속 들어보자.

비밀 지식에 관한 우리의 설명이 충분하지 않다는 것은 나도 잘 알고 있다. 머릿속에만 저장했던 것을 끄집어내려 노력할 뿐이다. 기억을 보존하려 노력하고는 있으나, 시간이 흐르면서 기억 속에서 사라진 지식도 많이 있다. 글로 기록하지 않아 전혀 기억이 나지 않는 내용도 있다. 우리에게 이 지식을 전수한 축복받은 자들은 정녕 위대한 자들이었다.

떠올린 지 너무 오래되어 망각한 지식도 있다. 자연스럽게 머릿속에서 지워진 기억들도 있다. 경험이 부

그림 55. **알렉산드리아의 클레멘트 (c.150~c.215)** | 앙드레 테베(André Thévet)

족한 사람이 그 방대한 지식을 전부 머릿속에 담고 있기란 쉬운 일이 아니다. 책에서 이런 부분을 되살리려 노력했다. 의도적으로 언급하지 않은 내용도 있다. 함부로 발설해서는 안 될 내용은 지혜롭게 선별하여 글에 포함하지 않았다. 공유하기 아까워서가 아니라, 독자들이 그 내용을 곡해하여 행여나 피해를 볼까 염려되었기 때문이다. 속담에도 있듯이, '어린아이에게 칼을 쥐여주면 안 된다.' 한 번 글로 기록된 것이 퍼져나가지 않기란 불가능한 일이다. 하지만 글이라는 단 하나의 목소리로 언제나 돌려서 말하므로 글자만 읽는 사람에게는 그 이상의 해답을 제공하지 않을 것이다. 글을 쓴 사람, 또는 그와 같은 길을 걸었던 사람의 도움 없이는 글에 숨겨진 의미를 이해할 수 없기 때문이다. 나는 이 글에서 어떤 주제에 관해서는 단서를 제공하고, 어떤 주제에 관해서는 이야기를

질질 끌고, 또 어떤 주제에 관해서는 간단하게 언급만 할 것이다. 독자가 쉽게 인지할 수 없게, 비밀스럽게 드러내고 말없이 보여줄 것이다. (《성 클레멘트의 잡록(The Stromata of St. Clement)》 중에서)

위 인용문의 출처인 성 클레멘트의 작품에는 '모두에게 누설해서는 안 되는 신앙의 미스터리(The Mysteries of the Faith, Not to be Divulged to All)'라는 제목의 장도 있다. 이 장에서 그는 지혜로운 자와 무지한 자 모두 자신의 글을 접할 수 있으나, '신의 아들이 전한 가르침에 담긴 지혜는 신비스러운 베일로 가려야만 한다.'라고 설명한다. 그리고 다음과 같이 말을 이어간다.

메시지를 이해하지 못하는 돼지 같은 자들에게 참 빛에 관한 순수하고 투명한 진리를 설명하는 것은 매우 어려운 일이기 때문이다. 대중이 접할 수 있는 많은 가르침 중 진리보다 더 터무니없는 것은 없고, 고귀한 자들에게는 이보다 더 감탄스럽고 영감을 주는 이야기도 없다. 하지만 지혜로운 자는 자기가 사색한 내용을 함부로 입에 올리지 않는다. 주께서는 이렇게 말씀하셨다. "내가 너희에게 어두운 데서 이르는 것을 광명한 데서 말하며 너희가 귓속으로 듣는 것을 집 위에서 전파하라. (마태복음 10장 27절)" 사람들이 진리의 비밀 전통을 받아들이도록 독려하고, 큰 목소리로, 모두가 들을 수 있도록 외치라는 것이다. 우리가 귓속말로 전달했던 이 지식을 필요한 사람에게는 전부 나눠주라는 얘기다. 하지만 우화를 통해 전달된 이야기의 핵심을 무차별적으로 모든 이에게 설명할 의무는 없다. 이 책에 명시된 서술에는 갈까마귀가 함부로 먹을 수 없도록 이곳저곳 띄엄띄엄 진리의 씨앗이 뿌려져 있다. 하지만 훌륭한 농부의 손을 거치면 각각의 씨앗이 싹을 틔우고 옥수수를 생산하게 될 것이다.

아직도 이해가 부족하고, 사색하는 영혼처럼 쉽게 현혹되지 않는 날카로운 시각을 갖추지 못하여 보지도 못하고 듣지도 못하는 자들은 신성한 성가대 옆에 서 있어야만 한다. 은폐의 방식에 따라 진정으로 신성한 말씀, 진정으로 성스럽고 우리에게 꼭 필요한 말씀은 진리의 성지에 감춰졌다. 이집트인들은 이 성지를 지성소(adyta)라 불렀고, 히브리 민족은 베일(veil)이라고 표현했다. 오로지 축성을 받은 자만 이곳에 접근하는 것이 허락된다. 플라톤도 "순수하지 않은 사람이 순수한 것에 손을 대는 행위는 법에 어긋난다."고 말했다. 그래서 신비주의 가르침을 받지 않은 일반 대중에게는 예언과 신탁의 내용이 수수께끼로 포장된 형태로만 전달된다. 모든 지식을 만인에게 차별 없이 공개하는 것은 바람직하지 않다. 꿈에서조차 순수했던 적이 없는 무뢰한에게 지혜가 가져다주는 열매를 전달해선 안 될 일이다. 헌신적인 자들이 엄청난 노력을 기울여 확보한 보물을 당장 내놓으라며 찾아오는 모든 자에게 무조건 나눠줘선 안 된다. 불경한 자들에게 말씀의 신비를 설명해서도 안 된다. 신비주의 단체들이 설립된 이유도 진리에 대한 신성한 사색의 열매가 감춰진 상태로 있는 것이 더 유리하다는 결론이 내려졌기 때문이다. 따라서 한편에는 사도들의 출현 이전까지 베일에 싸여 있던 비밀이 있었고, 성자들은 주님을 통해 구약성경에 감춰져 있던 이 비밀을 얻게 되었다. 또 한편에는 그리스도에 대한 신앙과 희망이라는 이방인들의 보물이 있다. 감춰져 있던 것을 공개하는 열쇠는 다름 아닌 '깨달음'이다. 깨달음이야말로 성궤의 뚜껑을 열 수 있는 유일한 스승이다. (《성 클레멘트의 잡록》 중에서)

성 클레멘트는 플라톤의 주장도 옹호한다.

따라서 우리는 수수께끼의 형식으로 대화를 나눠야 한다. 지식이 기록된 경전이 본의 아니게 육지 또는 바다를 건너 유출되더라도 이를 읽은 사람이 내용을 이해할 수 없어야 한다.

그는 또한 영지주의의 일부 문헌과 관련하여 다음과 같이 말했다.

들을 줄 아는 귀를 가진 자에게는 표본만 제공해도 족하다. 진지한 마음으로 이 지식을 공부하고 있는 사람에게는 비밀을 전부 공개하지 않고 필요한 부분만 제시해도 그 의미를 충분히 이해할 것이다.

지금까지 초기 기독교회는 소수를 위한 신비주의(비의적 가르침)와 다수를 위한 외관(통속적 가르침)으로 구성된 이원화 조직이었다는 점을 보여주기 위해 초기 기독교회에서 매우 높은 지위에 오르고, 내적 가르침 또는 신비주의 기독교의 비밀 교리의 존재를 인정했을 뿐 아니라 실제로 가르치기까지 했던 고위 성직자, 성 클레멘트를 여러 차례 인용했다. 그처럼 권위 있는 인물의 펜에서 나온 글을 읽고도 신비주의 기독교 가르침의 존재를 의심할 수 있을까?

기독교의 비밀 교리
오리게네스

 기독교의 비밀 가르침에 관한 기록을 남기고 이를 제자들에게 전파한 교부는 비단 성 클레멘트뿐이 아니었다. 이 외에도 초기 기독교회의 여러 권위자가 비밀 가르침에 대한 지식의 소유를 인정하고 옹호했다. 성 클레멘트의 제자이자 기독교 초기 시절 모든 진영에 막대한 영향을 준 오리게네스를 대표적인 예로 들 수 있다. 그는 교회를 '소수에게만 진리를 가르치고, 다수에게는 대중적인 이야기와 반쪽

그림 56. **오리게네스 (c.185~c.253)** | 기욤 쇼디에르 (Guillaume Chaudière)

짜리 진리만 나눠주는 것으로 만족해하는 비밀 단체'로 규정하고 비난한 켈수스(Celsus)에 맞서 교회를 변호했다. 오리게네스는 교회에 일반 대중에게는 공개되지 않는 내적 가르침이 따로 있는 것은 사실이지만, 이는 고급 가르침을 받을 자격이 있는 자들을 위한 비의적 지식과 일

반 신자들을 위한 통속적 지식을 분리하여 관리하는 역대 모든 스승의 전례를 따른 것에 불과하다고 말하며 대응했다.

부활의 미스터리를 이해하지 못하는 불신자들은 이 이야기를 듣고 조롱을 퍼붓는다. 이런 현실에서 기독교 교리를 비밀 지식체계라고 비난하는 것은 어불성설이다. 통속적 가르침을 모두 섭렵한 신자에게 비로소 일반 대중에게 공개되지 않는 교리를 전수하는 체제는 기독교만의 관습이 아니다. 비의적 지식과 통속적 지식을 분리하여 다루는 철학 체계에서도 같은 방식을 채택하고 있다. 피타고라스의 가르침에 귀를 기울였던 사람 중에는 그의 입에서 나오는 말을 듣는 것으로 만족해했던 사람도 있고, 불경하고 들을 준비가 되지 않은 자들에게는 전수해선 안 될 비밀 가르침을 받은 소수도 있었다. 그리스와 여러 야만 국가 전역에서 경배하는 신비주의 가르침 역시 비밀 지식으로 취급되고 있지만, 이들을 비난하는 사람은 없다. 이러한 점들을 이해하지도 못하는 상황에서 기독교의 비밀 교리를 비방하는 것은 부질없는 짓이다.

 나는 아직 복음서에 기록된 모든 가르침에 관한 언급도 다 하지 않았다. 각각의 가르침마다 이해하기 어려운 심오한 교리가 담겨있다. 일반 대중뿐 아니라 높은 수준의 지적 역량을 소유한 자들마저도 어려워하는 내용이 있다. 예수는 밖에 있는(those without) 자들을 위해 우화를 준비했고, 통속적 가르침을 통달하고 고급 가르침을 받을 준비된 제자들을 위해 이 우화들의 세부 해석을 제공했다. 이 우화들에도 매우 심오한 교리가 담겨있다. 이들은 직접 예수의 집을 찾아서 깊은 가르침을 받았다. 그(켈수스)가 이를 이해하면 왜 어떤 이들은 '밖에 있고', 어떤 이들은 '집에 있다(in the house)'고 부르는지 알 수 있을 것이다. (《오리게네스의

켈수스 논박(Origen against Celsus)》 중에서)

같은 작품에서 오리게네스는 시리아-페네키아 여인의 이야기를 언급한다. 우선 성경에 기록된 해당 구절부터 읽어보자.

(마태복음 15:21) 예수께서 거기서 나가사 두로와 시돈 지방으로 들어가시니

(마태복음 15:22) 가나안 여자 하나가 그 지경에서 나와서 소리질러 가로되 주 다윗의 자손이여 나를 불쌍히 여기소서 내 딸이 흉악히 귀신들렸나이다 하되

(마태복음 15:23) 예수는 한 말씀도 대답지 아니하시니 제자들이 와서 청하여 말하되 그 여자가 우리 뒤에서 소리를 지르오니 보내소서

(마태복음 15:24) 예수께서 대답하여 가라사대 나는 이스라엘 집의 잃어버린 양 외에는 다른 데로 보내심을 받지 아니하였노라 하신대

(마태복음 15:25) 여자가 와서 예수께 절하며 가로되 주여 저를 도우소서

(마태복음 15:26) 대답하여 가라사대 자녀의 떡을 취하여 개들에게 던짐이 마땅치 아니하니라

(마태복음 15:27) 여자가 가로되 주여 옳소이다마는 개들도 제 주인의 상에서 떨어지는 부스러기를 먹나이다 하니

(마태복음 15:28) 이에 예수께서 대답하여 가라사대 여자야 네 믿음이 크도다 네 소원대로 되리라 하시니 그 시로부터 그의 딸이 나으니라

(Matthew 15:21) Then Jesus went thence, and departed into the coasts of Tyre and Sidon.

(Matthew 15:22) And, behold, a woman of Canaan came out of the same coasts, and cried unto him, saying, Have mercy on me, O Lord, [thou] Son of David; my daughter is grievously vexed with a devil.

(Matthew 15:23) But he answered her not a word. And his disciples came and besought him, saying, Send her away; for she crieth after us.

(Matthew 15:24) But he answered and said, I am not sent but unto the lost sheep of the house of Israel.

(Matthew 15:25) Then came she and worshipped him, saying, Lord, help me.

(Matthew 15:26) But he answered and said, It is not meet to take the children's bread, and to cast [it] to dogs.

(Matthew 15:27) And she said, Truth, Lord: yet the dogs eat of the crumbs which fall from their masters' table.

(Matthew 15:28) Then Jesus answered and said unto her, O woman, great [is] thy faith: be it unto thee even as thou wilt. And her daughter was made whole from that very hour.

이제 이 이야기에 관한 오리게네스의 생각을 들어보자.

이 구절에서도 볼 수 있듯이, 예수의 말씀 중에도 합리적이고 어린아이처럼 순수한 자들에게만 줄 수 있는 빵 덩이가 있고, 그 외의 사람들은 고귀한 자의 식탁에서 떨어진 빵 부스러기나 개처럼 받아먹어야 할 것이다.

그의 말을 계속 들어보자.

오랜 세월 동안 악을 멀리한 자, 말씀의 치유에 자신을 내맡긴 자, 이런 자들에게는 예수가 자신의 진짜 제자들에게만 들려주었던 교리에 관한 이야기를 공유해도 된다.

신비주의 관련 주제에 관하여 내가 하고 싶은 말은 바로 이것이다. 영혼이 육신 안으로 들어가는 교리의 비의적 가르침(윤회)이 대중적인 지식으로 전락하지 않도록, 거룩한 것을 개에게 주거나 진주를 돼지에게 던져주는 일이 없도록, 마치 왕의 비밀을 지키듯이 보호해야 한다는 것이다. 그런 행위는 신의 신비스러운 지혜를 배신하는 것과 다름없는 불경죄에 해당하기 때문이다. (일반 대중에게는) 진리에 역사라는 옷을 입혀 공개하는 것만으로 충분하다. 지적 능력이 있는 사람은 그것만으로도 그 안에 담긴 핵심 가르침을 파악할 수 있을 것이다.

예수의 사망 이후에 쓰인 책들을 보면 우화를 통해 가르침을 접하는 다수의 신자는 통속적인 가르침만 받을 자격이 있는 바깥(without)의 사람들이고, (이너서클의) 제자들은 사적인 자리를 통해 우화에 숨겨진 가르침을 받는 것을 볼 수 있다. 예수도 그의 지혜를 듣고자 하는 일반 추종자보다 높은 경지에 이른 제자들에게는 사적인 자리에서 모든 것을 공유했다. 그리고 그는 자기를 진심으로 믿는 자에게는 현자와 서기관을 보내주겠다고 약속했다.

오리게네스는 또 다른 작품에서 이렇게 말했다.

경전을 처음 읽고 나서 이해한 내용이 전부가 아니다. 대부분 사람은 그 이면에 있는 진짜 의미를 인지하지 못한 채 지나친다. 비밀 지식은 신비주의의 형상과 신성한 이미지를 통해 표현된다. 교회의 모든 이가 동의하는 한 가지는 '영적 법칙이 세상을 지배한다.'는 점이다. 하지만 모든 이가 법칙에 담긴 영적 의미를 이해하는 것은 아니다. 오로지 지혜와 지식의 말씀을 통해 성령의 은총을 받은 자만이 이해할 수 있다. (오리게네스의《원리론(De Principiis)》중에서)

기독교 비밀 교리의 존재를 입증하기 위해 초기 기독교 교부와 후계자들이 남긴 기록으로 더 많은 지면을 채울 수 있지만, 지금까지 인용한 것만으로도 충분하리라 믿으므로 이 정도 선에서 마치기로 하겠다. 이 주제에 관한 이들의 설명은 명쾌하고 직설적이다. 무엇보다 의심의 여지가 없는, 명망 있는 인사들의 입에서 나온 이야기들임을 주목해야 할 것이다.

예수의 비밀 가르침을 내다 버리면서 교회에는 큰 재앙이 찾아왔고, 그 충격의 여파는 오늘날까지도 느껴지고 있다. 프랑스의 저명한 오컬티스트 엘리파스 레비(Eliphas Levi)는 이렇게 말했다.

기독교에 크나큰 불행이 닥친 것이다. 가짜 영지주의자들이 신비주의를 배반하고, 초기 기독교의 입문자들이었던 진짜 영지주의자들을 숙청하고, 그노시스(비밀 교리)를 거부하면서 교회는 초월 신학의 모든 비밀을 간직하고 있는 카발라의 최고 진리로부터 멀어졌다…. 가장 높은 수준의 절대 과학과 이성이 다시금 백성을 이끄는 토대가 되어야 한다. 이를 바탕으로 고대에 그랬던 것처럼 진정한 종교와 정치가 선봉장이 되면 혼란에 빠진 사회도 구출할 수 있을 것이다. 신성한 형상을 불태우고 사원을 무너트리는 행위를 중단하라. 형상과 사원은 인간에게 필요한 것이다. 하지만 돈이면 뭐든지 다 하는 자들은 예배당에서 쫓아내라. 장님이 장님을 이끄는 악습을 중단하라. 지성과 신성의 질서를 되찾고, 오로지 아는 자들만 믿는 자들의 스승으로 인정하라. (엘리파스 레비의《마법의 미스터리(The Mysteries of Magic ; 아서 에드워드 웨이트 역)》중에서)

이 즈음해서 독자들이 신비주의 기독교의 내적 가르침, 비밀 교리라는 것이 정확히 무엇을 지칭하는 것인지에 대한 의문을 품을 것 같다는 생각이 든다. 비밀 교리란 다름 아닌 모든 시대에 걸쳐 소수에게 전파된 오컬트 철학과 신비주의 가르침을 말하는 것이다. 필자가 예전에 '요기 철학과 동양의 오컬티즘'을 주제로 진행한 일련의 강의와 이번 강의 시리즈에서 다룬 '예수 그리스도의 속성, 임무 및 희생에 관한 특별 가르침'이 바로 이 비밀 교리의 골자다. 어떤 이름으로 어떤 이에 의해 전파되든, 진리는 언제나 진리다. 진리를 전하는 여러 스승이 걸친 껍데기를 벗겨내면 진리만 남는다.

이번 강좌를 통해 우리는 독자들에게 미스터리를 풀 수 있는 열쇠를 제공하려 노력했다. 하지만 오컬트 가르침을 제시하는 다른 강의를 공부하기 전에는 이 열쇠를 신비주의 기독교에 곧바로 적용하기 어려울 수도 있을 것이다. 강의를 통해 지식을 얻어가려면 나부터 지식을 공물로 바쳐야만 한다는 사실을 잊지 않도록 하자.

제11강
고대의 지혜

기독교에도 환생의 교리가 있나?

윤회(輪廻; Metempsychosis) 또는 환생(還生; Reincarnation)의 교리는 모든 종교, 즉, 모든 종교의 내적 또는 비의적 가르침에 깊은 뿌리를 내리고 있다. 기독교의 비의적 가르침도 예외가 아니다. 기독교 신비주의에도 윤회와 환생을 포함한 여러 가지 오컬트 교리가 내포되어 있고, 초기 교회의 이너서클은 이와 같은 가르침을 입문자들에게 전수했다.

환생은 기독교 교리의 궁극적인 정의와 공정성에 부합하는 유일한 교리다. 어느 저명한 작가는 이 주제와 관련하여 다음과 같이 말했다.

윤회와 환생의 교리는 수많은 골치 아픈 문제를 해결하는 핵심 열쇠다. 인간으로 태어나 단 한 번의 삶을 살다가 죽는 것이 인생의 전부가 아니고, 영혼의 입장에서 일생이란 진짜 삶의 하루에 불과하며, 이 세상 모든 영혼이 자신의 성장을 위해 꼭 필요한 삶을 이번에 선택한 것이라는 이론을 받아들이지 않으면 고통과 비탄에 잠긴 세상과 인간 사회의 끔찍한 불평등(단순한 부 차원의 불평등뿐 아니라 기회의 불평등도 포함)을 신의 사랑과 정의와 조화시킬 방법이 없다. 너무나도 자명한 세상의 우울한 상태를 보고서도 신의 정의를 이성적으로 믿고 설명할 수 있으려면 환생의 교리를 받아들일 수밖에 없다. 깊이 연구해볼 만한 주제다.

현대 신학은 신의 정의를 피해 가는 일에 골몰해 있다. 이들은 이를 '구원'이라 부른다. 이들이 말하는 구원은 인간의 생각, 또는 말에 전적으로 달려 있다. ("나는 구원을 받았다."고 생각하거나 말하는 것) 이와 같은 구원의 개념, 무언가로부터 구원받아야 한다는 식의 발상은 성경의 구절을 잘못 해석한 것에서 비롯된 것 같다. 우리는 '신의 분노'라는 개념을 믿지 않는다. 인간의 분노와 잔혹성을 신에게 그대로 투영하는 이런 행위는 최악의 신성모독이다. 우리는 모든 인간이 꾸준히 성장하는 과정을 통해 종국에는 깨달음에 이르는 운명을 지니고 있다는 이론을 믿는다. 인간의 성장은 무엇을 믿느냐가 아니라 어떻게 행동하느냐에 따라 정해진다. 성경에도 이를 뒷받침하는 구절이 많다. 성 바울이 했던 말을 기억하는가? "스스로 속이지 말라 하나님은 만홀히 여김을 받지 아니하시나니 사람이 무엇으로 심든지 그대로 거두리라. (신약성경 갈라디아서 6장 7절)" 그리스도도 "선한 일을 행한 자는 생명의 부활로 나오리라. (신약성경 요한복음 5장 29절)"라고 말씀하셨다. 사람이 어떤 교리를 믿어서가 아니라 선한 일을 행했으므로 생명의 부활을 한다는 것이다. 그리스도가 심판에 관해 설명할 때도 어떤 교리를 믿었는지에 대해서는 문제 삼지 않고, 어떤 일을 했는지를 기준으로 삼고 있음을 볼 수 있다.

(갈라디아서 6:7) 스스로 속이지 말라 하나님은 만홀히 여김을 받지 아니하시나니 사람이 무엇으로 심든지 그대로 거두리라

(Galatians 6:7) Be not deceived; God is not mocked: for whatsoever a man soweth, that shall he also reap.

(요한복음 5:29) 선한 일을 행한 자는 생명의 부활로 악한 일을 행한 자는 심판의 부활로 나오리라

(John 5:29) And shall come forth; they that have done good, unto the resurrection of life; and they that have done evil, unto the resurrection of damnation.

이 중요한 주제와 관련하여 영국의 한 저명한 성직자가 한 애기도 들어보는 것이 좋을 것 같다. 잉글랜드 워릭셔 스톡턴 교구의 콜리 부주교가 한 말이다.

나는 속세에 속했던 젊은 시절, 오컬트와 초월적 영역에 관한 지식을 광범위하게 공부하면서 50년 가까이 많은 경험을 쌓았다. 나만큼 이 분야의 경험이 풍부한 사람은 거의 없을 것으로 생각한다. 하지만 솔직히 말해 나는 아직도 명확한 결론에 도달하지 못했다. 나는 어떠한 독단에도 치우치지 않는 열린 마음으로, 이쪽 주장과 저쪽 주장 동시에 귀를 기울이면서 원천을 가리지 않고 빛이 있는 곳이라면 기꺼이 가서 받아들이겠다는 자세로, 옳다고 생각되는 것은 하나도 버리지 않겠다는 마음가짐으로 인생 최대의 수수께끼 중 하나를 풀어보고자 이 자리에 섰다. 그 수수께끼란 다름 아닌 이것이다. 왜 어떤 사람은 나의 부친처럼 장수하는 삶을 누리고, 어떤 사람은 태어나서 기껏해야 숨을 몇 차례 내 쉬고 나서 짧은 생을 마감하는 것일까? 왜 어떤 사람은 금수저를 물고 부잣집에서

태어나고, 어떤 사람은 찢어지게 가난한 집에서 태어나 고생으로 점철된 삶을 사는 것일까? 왜 어떤 사람은 부자로 태어나 재산을 낭비하면서 자신과 타인을 착취하고, 어떤 사람은 선량한 성정을 지녔지만 가난한 집에서 태어나 아무의 도움도 받지 못하고 인류의 발전을 위해 자기를 희생하며 고생하는 것일까? 세상에는 뛰어난 지능을 가진 사람도 있고, 떨어지는 지능을 안고 태어난 사람도 있다. 어린 시절부터 성인군자 같은 삶을 사는 사람이 있는가 하면, 태어나서 죽을 때까지 잔혹한 범죄자처럼 막되게 사는 사람도 있다.

아버지의 죄가 자녀들의 유전자를 오염시켜 서너 세대에 걸쳐 썩은 열매를 맺게 된다는 이론도 있으나, 나는 훌륭한 아버지 밑에서 큰 자식이 망나니로 자라나고 지적으로 지극히 평범한 부모 밑에서 자란 아이가 천재가 되는 현상의 미스터리를 풀고 싶다. 나는 성직자로서 성경을 공부하면서 초기 교회의 교부들이 성경에 나오는 여러 구절을 인용하며 고대의 교리였던 환생의 개념을 언급하는 사례를 여러 군데서 발견했다.

선지자 예레미야는 이렇게 기록했다. "내가 너를 복중에 짓기 전에 너를 알았고 네가 태에서 나오기 전에 너를 구별하였고 너를 열방의 선지자로 세웠노라. (구약성경 예레미야 1장 5절)"

그렇다면 전지전능한 신께서 예레미야의 삶을 미리 내다보시고, 그가 육신을 가진 인간으로 태어나기도 전에 천국에서 그를 대상으로 사전 교육이라도 했다는 말인가? 그가 세상에 내려와 선지자의 신분으로 살면서 신의 말씀을 전하는 배역을 충실히 이행하도록 미리 대비시켰다는 뜻인가? 베데스다의 못가에 힘없이 누워있던, 38년 동안 걷지 못했던 불행한 병자를 향해 우리 종교의 창시자께서는 이렇게 말씀하셨다. "보라 네가 나았으니 더 심한 것이 생기지 않게 다시는 죄를 범치 말라. (신약성경 요한복음 5장 14절)" 그렇다면 그 병자가 인생의 경험도 많지 않았던 아동 시절에 무슨 죽을죄라도 지어서 그에 걸맞은 끔찍한 형벌을 받게 되었다는 것인가? 어린 나이에 악행을 반복하는 바람에 40년 가까이 고통에 신음해야만 했다는 것인가? 한 번은 제자가 앞을 보지 못하는 소경을 가리키며 예수에게 이런 질문을 한 적이 있다. "랍비여 이 사람이 소경으로 난 것이 뉘 죄로 인함이오니이까 자기오니이까 그 부모오니이까. (신약성경 요한복음 9장 2절)" 내가 묻고 싶은 이것이다. 그는 전생에서 죄를 지어 이번 생에서 소경으로 태어난 것일까?

세례 요한에 관한 얘기도 빼먹을 수 없다. 그는 구약 시대의 예언대로 선지자 엘리야의 환생인가? "보라 여호와의 크고 두려운 날이 이르기 전에 내가 선지 엘리야를 너희에게 보내리니. (구약성경 말라기 4장 5절)" 예수는 요한이 구약에서 예언한 엘리야의 환생이며, 사악한 일부 유대인들이 그를 참수했다고 말했다.

(마태복음 11:11) 내가 진실로 너희에게 말하노니 여자가 낳은 자 중에 세례 요한보다 큰 이가 일어남이 없도다 그러나 천국에서는 극히 작은 자라도 저보다 크니라

(마태복음 11:12) 세례 요한의 때부터 지금까지 천국은 침노를 당하나니 침노하는 자는 빼앗느니라

(마태복음 11:13) 모든 선지자와 및 율법의 예언한 것이 요한까지니

(마태복음 11:14) 만일 너희가 즐겨 받을진대 오리라 한 엘리야가 곧 이 사람이니라

(Matthew 11:11) Verily I say unto you, Among them that are born of women there hath not risen a greater than John the Baptist: notwithstanding he that is least in the kingdom of heaven is greater than he.

(Matthew 11:12) And from the days of John the Baptist until now the kingdom of heaven suffereth violence, and the violent take it by force.

(Matthew 11:13) For all the prophets and the law prophesied until John.

(Matthew 11:14) And if ye will receive [it,] this is Elias, which was for to come.

(마태복음 17:11) 예수께서 대답하여 가라사대 엘리야가 과연 먼저 와서 모든 일을 회복하리라

(마태복음 17:12) 내가 너희에게 말하노니 엘리야가 이미 왔으되 사람들이 알지 못하고 임의로 대우하였도다 인자도 이와 같이 그들에게 고난을 받으리라 하시니

(마태복음 17:13) 그제야 제자들이 예수의 말씀하신 것이 세례 요한인 줄을 깨달으니라

(Matthew 17:11) And Jesus answered and said unto them, Elias truly shall first come, and restore all things.

(Matthew 17:12) But I say unto you, That Elias is come already, and they knew him not, but have done unto him whatsoever they listed. Likewise shall also the Son of man suffer of them.

(Matthew 17:13) Then the disciples understood that he spake unto them of John the Baptist.

성경과 크루든의 콘코던스(Cruden's Concordance; 알렉산더 크루든이 집

필한 킹제임스성경 용어 색인)에 따르면 엘리야와 세례 요한은 같은 인물인 것으로 보인다. 구약성경의 열왕기하 1장 8절과 신약성경의 마태복음 3장 4절을 보면 이들의 외모와 복장마저 유사한 것을 알 수 있다.

(열왕기하 1:8) 저희가 대답하되 그는 털이 많은 사람인데 허리에 가죽띠를 띠었더이다 왕이 가로되 그는 디셉 사람 엘리야로다

(2 Kings 1:8) And they answered him, [He was] an hairy man, and girt with a girdle of leather about his loins. And he said, It [is] Elijah the Tishbite.

(마태복음 3:4) 이 요한은 약대 털옷을 입고 허리에 가죽띠를 띠고 음식은 메뚜기와 석청이었더라

(Matthew 3:4) And the same John had his raiment of camel's hair, and a leathern girdle about his loins; and his meat was locusts and wild honey.

엘리야는 '털이 많고 허리에 가죽띠를 두른 사람'이었고, 요한은 '약대 털옷을 입고 허리에 가죽띠를 두른 사람'이었다. 두 사람 다 사막 한가운데서 홀로 살았다. 엘리야는 40일에 걸쳐 시내의 광야에 솟아있는 신의 산, 호렙에 올랐고, 세례 요한은 요르단강 너머 유대의 광야에서 세례를 주관하며 활동했다. 세속의 삶을 자발적으로 포기하고 인간 사회에서 멀리 떨어진 곳에서 거주했던 이 두 사람은 식단마저 유사했다. 신은 까마귀를 통해 선지자 엘리야에게 음식을 가져다줬고, 세례 요한은 메뚜기와 석청으로 끼니를 해결했다.

(열왕기상 17:2) 여호와의 말씀이 엘리야에게 임하여 가라사대

(열왕기상 17:3) 너는 여기서 떠나 동으로 가서 요단 앞 그릿 시냇가에 숨고

(열왕기상 17:4) 그 시냇물을 마시라 내가 까마귀들을 명하여 거기서 너를 먹이게 하리라

(열왕기상 17:5) 저가 여호와의 말씀과 같이 하여 곧 가서 요단 앞 그릿 시냇가에 머물매

(열왕기상 17:6) 까마귀들이 아침에도 떡과 고기를, 저녁에도 떡과 고기를 가져왔고 저가 시내를 마셨더니

(열왕기상 17:7) 땅에 비가 내리지 아니하므로 얼마 후에 그 시내가 마르니라

(1 Kings 17:2) And the word of the LORD came unto him, saying,

(1 Kings 17:3) Get thee hence, and turn thee eastward, and hide thyself by the brook Cherith, that [is] before Jordan.

(1 Kings 17:4) And it shall be, [that] thou shalt drink of the brook; and I have commanded the ravens to feed thee there.

(1 Kings 17:5) So he went and did according unto the word of the LORD: for he went and dwelt by the brook Cherith, that [is] before Jordan.

(1 Kings 17:6) And the ravens brought him bread and flesh in the morning, and bread and flesh in the evening; and he drank of the brook.

(1 Kings 17:7) And it came to pass after a while, that the brook dried up, because there had been no rain in the land.

무엇보다 주께서는 세례 요한과 관련하여 사도들에게 이렇게 말했다. "만일 너희가 즐겨 받을진대 오리라 한 엘리야가 곧 이 사람이니라"

초기 기독교 교부 중에서도 가장 뛰어나고 학식이 풍부한 오리게네스는 이 구절이 세례 요한이 그리스도의 사자로 태어나기 전에 선지자 엘리야로 활동했었음을 입증하는 증거라고 말했다.

오리게네스는 "내가 야곱을 사랑하였고 에서는 미워하였으며 (구약성경 말라기 1장 2~3절)"라고 말하는 신의 말씀과 관련하여 "우리의 삶이 전생에서 했던 일에 의해 정해지는 것이 아니라면, 자비로운 신의 미움을 받을만한 일을 저지른 적도 없고, 아브라함의 아들, 이삭의 장자로서 축복까지 받은 에서가 동생 야곱을 섬기도록 한 신의 조처는 진실하거나 정의롭다고 볼 수 없다."라고 말했다.

오리게네스는 또한 에베소서의 한 구절을 언급하며, 이는 세상이 창조되기도 전에 인간이 있었음을 암시하는 것이라고 주장했다.

(에베소서 1:4) 곧 창세 전에 그리스도 안에서 우리를 택하사 우리로 사랑 안에서 그 앞에 거룩하고 흠이 없게 하시려고

(Ephesians 1:4) According as he hath chosen us in him before the foundation of the world, that we should be holy and without blame before him in love:

한편 오리게네스의 주장에 동의하는 성 히에로니무스(Saint Jerome; c.342/347~420)는 이성을 가진 생명이 우리가 사는 하위 세상에 내려오기 전에, 즉, 눈에 보이지 않는 영적 세상에서 눈에 보이는 물질 세상으로 내려오기 전에 천국에서 휴식을 취한다고 설명했다. 그는 마태복음에 기록된 바와 같이 '인간이 하늘에 계신 아버지처럼 온전'해지고 천사들이 사는 축복받은 세상으로 복귀하기 전에 육신의 거죽을 여러 차례 걸

쳐야 한다고 가르쳤다.

순교자 유스티누스도 인간은 여러 차례 육신을 걸치게 된다고 말했다. 그는 또한 자신이 전생에 엘리야였다는 사실을 몰랐던 세례 요한을 사례로 들며, 고향인 천국에서 멀리 떨어진 척박하고 황폐한 곳(물질 세상)으로 유배되어 방랑자와 순례자로 이 땅을 걷는 동안에는 전생에 대한 기억이 허락되지 않는다는 말도 덧붙였다.

알렉산드리아의 클레멘트를 비롯한 다른 초기 기독교 교부들도 '사람은 거듭나야 한다. (신약성경 요한복음 3장 7절)'는 주의 말씀에 담긴 진리를 거론하며, 이는 환생을 의미하는 것이라고 설명했다. (고전 시대를 지나면서 '윤회', '재탄생'이라는 용어도 사용되기 시작했다.)

진지한 마음으로 기독교 교리의 진리를 탐구하는 구도자라면 영국 성공회의 근엄하고 보수적인 고위 성직자의 입에서 나오는 이런 말들을 쉽게 지나칠 수 없을 것이다. 이처럼 보수적인 환경에 몸을 담고 있는 인사마저 열린 자세로 정교회의 교리와 상반되는 철학에 담긴 진리의 증언에 귀를 기울이는데, 정교회의 편협한 시각의 족쇄에서 풀려난 현대 교회가 초기 기독교 교부들이 옹호하고 가르친 교리를 고려하고, 배우고 전파한다면 어떻게 될까?

기독교 환생 교리의 역사

현대의 크리스천 대다수는 아직도 윤회의 개념이 한때 기독교 교리의 중요한 부분이었다는 사실에 강렬히 저항하며 이단으로 몰아세우고 있지만, 선입견을 거두고 신중한 자세로 초기 교부들의 글을 공부해보면 초기 교회의 이너서클이 환생과 윤회의 교리를 믿고 가르쳤다는 반박할 수 없는 증거를 찾아낼 수 있을 것이다.

한때 신비주의 기독교의 핵심 교리였던 환생의 개념은 교회의 영성이 부패하면서 서서히 잊혔고, 오늘날의 평범한 신도들은 이를 부정할 뿐 아니라 초기 교회를 일으킨 성자와 지도자들의 가르침을 아예 야만적이고 불경한 것으로 취급하기에 이르렀다.

초기 기독교인들 사이에서는 환생의 교리와 관련한 세부사항을 중심으로 약간의 분열이 있었다. 한 진영에서는 아버지 하나님에게서 나온 인간의 영혼은 영원의 속성을 지녔다고 주장했다. 이들은 영혼에도 여러 등급과 종류가 있으며, 이 중에는 인간으로 한 번도 태어나지 않은 채 우리가 알지 못하는 물질 세상 이외의 영역을 오가며 살아가는 영혼들도 있고, 물질 세상을 경험해보고 싶다는 소망을 품고 인간으로 태어나 고통과 슬픔을 겪으며 조금씩 성장하고, 환생의 법칙에 따라 세상에서 할 수 있는 경험을 모두 섭렵한 후에 비로소 본래 있던 자유로운 고향으로 돌아가는 영혼들도 있다고 생각했다.

두 번째 진영은 이보다 과학적인 오컬트 형태의 교리를 신봉했던 쪽으로, 영혼은 물질 세상에서 환생을 반복하면서 낮은 상태에서 높은 상태로 조금씩 진화한다고 생각했다. 두 진영이 전파했던 가르침의 차이는 같은 개념을 바라보는 지도자들의 시각차에 따른 결과였다. 유대 오컬트 가르침의 영향을 받은 스승들은 첫 번째 진영에 속했고, 그리스 신비주의와 힌두 오컬티스트들의 가르침을 따른 스승들은 두 번째 진영을 이끌었다. 이들은 각자 자기가 속했던 단체의 가르침을 기반으로 이 비밀 교리를 해석했다.

그래서 초기 기독교의 어떤 문헌에서는 이 개념을 선재(先在; preexistence)로 표현하고, 또 어떤 문헌에서는 재탄생(rebirth)이라는 용어를 주로 사용하고 있다. 하지만 이 두 개념의 배후에 있는 원리는 같으며, 사실 둘 다 맞는 말이라고 할 수 있다. 두 개념 다 영혼이 처음에는 영(Spirit)의 형태로 아버지로부터 발산(emanation)되면서 태어나고, 이 영이 물질(Matter)이라는 거죽을 걸치면서 태초의 순수함을 일시적으로 상실하며 영혼(Soul)으로 불리게 된다는 데 동의하고 있다. 영혼은 물질 세상에서 환생을 거듭하면서 매번 새로운 경험을 축적하고, 이 과정을 통해 낮은 상태에서 높은 상태로 계속 진화한다. 이렇게 지속적인 승급 과정을 거치면서 삶의 풍부한 경험을 쌓은 영혼은 궁극적으로 순수한 영의 상태로 돌아간다.

초기 기독교 교부들은 인간의 영혼이 동물로 환생할 수도 있다는 어이없는 교리를 주장한 그리스와 로마의 일부 철학자들과 각을 세우며 격한 논쟁을 벌이기도 했다. 교부들은 이 거짓 가르침을 열성적으로 반박했고, 그들이 이 과정에서 내세운 논리는 진정한 오컬트 가르침과 인간의 영혼이 동물의 육신에 깃들 수도 있다는 왜곡된 가르침의 차이점을 극명하게 드러냈다. 이 갈등으로 인해 교부들은 피타고라스와 플라톤 학파의 가르침마저 비난하기에 이르렀다.

오리게네스와 히에로니무스가 영혼의 선재를 입증하기 위해 인용했던 구절 중 하나는 앞서 보았던 예레미야서의 내용이다. "내가 너를 복중에 짓기 전에 너를 알았고 네가 태에서 나오기 전에 너를 구별하였고 너를 열방의 선지자로 세웠노라. (구약성경 예레미야 1장 5절)" 초기 기독교 작가들은 이 구절이 영혼의 선재, 그리고 인간은 전생에서 습득한 성향과 속성을 지니고 태어난다는 자기들의 신념을 증명하고 있다고 주장했다. 이들은 인간이 태어나기도 전에 자동으로 선량함을 습득한다는 것은 부당한 일이며, 사람이 선량한 이유는 전생에서 성장하기 위해 노력하고 선행을 베풂으로써 공덕을 쌓았기 때문일 수밖에 없다고 생각했다. 이들은 또한 엘리야의 환생을 예언한 말라기서의 내용("보라 여호와의 크고 두려운 날이 이르기 전에 내가 선지 엘리야를 너희에게 보내리니")과 오늘날 성경에는 포함되지 않은 지혜서(The Wisdom of Solomon 또는 Book of Wisdom)에 기록된 솔로몬의 발언에도 주목했다.

(지혜서 8:19) 나는 재능을 타고났으며 훌륭한 영혼을 받은 아이였다

(지혜서 8:20) 더 정확히 말하면 나는 훌륭한 영혼으로서 티 없는 육체 안으로 들어갔다

(Wisdom 8:19) Now, I was a well-favored child, and I came by a noble nature;

(Wisdom 8:20) or rather, being noble, I attained an unblemished body.

이들은 요세푸스(Josephus; c.37~c.100)
의 《유대 전쟁서(De Bello Judaico)》도 인
용했다. 이 걸출한 유대 작가는 이렇게
말했다.

사람들은 영혼은 부패하지 않는다고 말한
다. 선량한 사람의 영혼은 (죽은 후) 다른
육신을 취하게 되고, 사악한 사람의 영혼
은 영원한 형벌을 받는다는 것이다.

그림 57. **요세푸스 (c.37~c.100)** | 휘스턴 (William Whiston)

이들은 또한 요드파 요새가 적군에게
포위되었을 때, 요세푸스가 동굴에 숨은
군인들을 만나 대화를 나눈 사건을 거론하며 당시 유대인들이 환생의
개념을 잘 알고 있었다고 주장한다. 요세푸스가 몸을 숨긴 동굴에는
여러 명의 군인이 있었고, 이들은 로마군에 포로로 생포되느니 차라리
자살하는 것이 낫지 않겠느냐고 물으며 요세푸스의 조언을 구했다. 그
러자 요세푸스는 다음과 같이 말하며 그들을 꾸짖었다.

신을 섬기는 순수한 영혼은 천국에서도 가장 아름다운 곳에 머물다가 때
가 되면 세상으로 내려와 죄에서 자유로운 육신을 걸치게 되지만, 자살
한 영혼은 지하세계에서도 가장 어두운 곳으로 가는 운명을 맞게 된다는
사실을 잊었느뇨?

현대 작가들은 이를 두고 요세푸스 본인도 환생의 교리를 믿었고, 이

교리가 당시 유대 군인들에게도 잘 알려져 있었다는 근거로 삼고 있다.

당시의 유대인들이 환생과 윤회의 전반적인 개념을 알고 있었다는 점에는 의심의 여지가 없어 보인다. 유대 철학자 필로(Philo Judaeus; c.20 BCE~c.50 CE)는 환생의 교리가 알렉산드리아 유대교 학파의 가르침에 포함되어 있었다고 구체적으로 언급했다. 예수의 제자들이 소경으로 태어난 사람의 죄에 관한 가르침을 청한 이야기 역시 이들이 환생의 교리에 익숙했음을 보여주고 있다.

예수는 이 질문에 대한 해답을 일반 대중에게는 굳이 자세히 설명하지 않고, 자신이 직접 선정한 소수의 제자에게만 환생의 비밀 교리에 관한 세부사항을 전달했다. 이 외에도 신약성경에는 환생의 교리를 언급하는 대목이 여러 곳에서 발견된다.

예수는 말라기서 4장 5절에서 예언되었던 선지자 엘리야가 세례 요한으로 환생했다고 두 번이나 언급했다. 다시 한번 두 구절을 옮겨본다.

(마태복음 11:14) 만일 너희가 즐겨 받을진대 오리라 한 엘리야가 곧 이 사람이니라

(Matthew 11:14) And if ye will receive [it,] this is Elias, which was for to come.

(마태복음 17:12) 내가 너희에게 말하노니 엘리야가 이미 왔으되 사람들이 알지 못하고 임의로 대우하였도다 인자도 이와 같이 그들에게 고난을 받으리라 하시니

(마태복음 17:13) 그제야 제자들이 예수의 말씀하신 것이 세례 요한인 줄을

그림 58. **사막의 선지자, 엘리야** | 디르크 보우츠(Dieric Bouts)

깨달으니라

(Matthew 17:12) But I say unto you, That Elias is come already, and they knew him not, but have done unto him whatsoever they listed. Likewise shall also the Son of man suffer of them.

(Matthew 17:13) Then the disciples understood that he spake unto them of John the Baptist.

신비주의자들은 요한 본인은 자신의 전생을 기억하지 못했기에 이 사실을 부인했지만, 예수는 그가 엘리야의 환생이라는 사실을 분명하게 이해하고 있었다고 한다. 마스터 예수는 자신의 사자가 인지하지 못했던 것마저 꿰뚫어 보고 있었다. 엘리야와 세례 요한의 유사성도 예수가 엘리야가 요한으로 환생한 사실을 두 번이나 긍정한 이유를 뒷받침하고 있다.

마스터 본인이 긍정했을 정도면 환생의 교리가 교회 가르침의 일부가 될 근거도 충분하지만, 정교회의 성직자들은 여전히 "그건 다른 의미로 하신 말씀이다!"라고 말하며 이를 부정하고 있는 현실이다. 눈앞에 있는 것을 보기 거부하는 사람보다 시력이 나쁜 사람은 없다.

앞서 언급했던 '소경으로 태어난 자'에 관한 예수와 제자들의 대화 역시 환생의 교리를 언급하고 있다. 해당 구절을 옮겨본다.

(요한복음 9:1) 예수께서 길 가실 때에 날 때부터 소경된 사람을 보신지라

(요한복음 9:2) 제자들이 물어 가로되 랍비여 이 사람이 소경으로 난 것이 뉘 죄로 인함이오니이까 자기오니이까 그 부모오니이까

(요한복음 9:3) 예수께서 대답하시되 이 사람이나 그 부모가 죄를 범한 것이 아니라 그에게서 하나님의 하시는 일을 나타내고자 하심이니라

(John 9:1) And as [Jesus] passed by, he saw a man which was blind from [his] birth.

(John 9:2) And his disciples asked him, saying, Master, who did sin, this man, or his parents, that he was born blind?

(John 9:3) Jesus answered, Neither hath this man sinned, nor his parents: but that the works of God should be made manifest in him.

"이 사람이 소경으로 난 것이 뉘 죄로 인함이오니이까 자기오니이까 그 부모오니이까?"라는 질문의 의미는 아주 명백하다. 전생의 개념이 없다면 사람이 어떻게 태어나기도 전에 죄를 지을 수 있겠는가? 예수의 대답은 병자가 소경으로 태어난 것은 그가 (전생에서) 지은 죄 때문도 아니고, 그의 부모가 원인도 아니고, 제3의 원인이 따로 있다는 것을 의미한다. 만약 환생의 개념이 당시에 불경한 이단으로 취급되었다면 마스터가 이 주제를 입에 올린 제자들에게 확실하게 타이르지 않았을까? 제자들이 스승에게 이런 질문을 던졌다는 것은, 이들이 평소에도 환생과 카르마를 논했고, 예수가 제자들에게 이 교리와 관련한 세부적인 포인트를 그때그때 집어줬다는 의미가 아닐까?

오리게네스가 설명하는
환생의 교리

신약성경에는 지금까지 제시한 것 외에도 예수의 제자와 추종자들이 환생의 교리에 익숙했음을 보여주는 대목이 많지만, 이제부터는 초기 교부들이 이 교리에 관해 어떻게 생각하고 어떤 가르침을 전했는지 조금 더 자세히 알아보기 위해 그들이 남긴 기록을 살펴보도록 하자.

초기 기독교 교부 중에서도 상당한 권위와 학식을 지닌 등대 같은 존재는 역시 오리게네스다. 이 위대한 성직자와 그의 가르침에 대한 저명한 작가의 글부터 읽어보자.

오리게네스의 글은 초기 기독교의 가르침을 엿볼 수 있는 지식의 보고나 다름없다. 오리게네스는 세상의 진화에 관한 멋지고 장대한 관점을 가졌던 사람이었다. 간단하게 그의 생각을 요약해 보겠다. 시간과 인내심이 있는 독자에게는 신중하고 논리적으로 주장을 펼치는 그의 글을 직접 읽어볼 것을 권한다. 오리게네스가 견지했던 관점의 핵심은 바로 '진화'다. 그는 세상에 존재하는 모든 영혼이 신에게서 나왔고, 신으로부터 자유의지를 선물 받았다고 가르쳤다. 이들 중 일부는 의로운 길에서 벗어나지 않았고, 이에 대한 보상으로 천사의 지위를 갖게 되었다. 일부는 자유의 지를 행사하여 신에게서 조금씩 멀어지면서 인간 세상에 내려왔고, 이곳에서 올바르게 사는 법을 체험하고 습득하면서 고향으로 돌아가기 위해 노력한다. 또 다른 일부는 자유의지를 함부로 휘두르다가 사악한 길로 접어들었고, 악의 소굴로 더욱 깊게 빠져들면서 악령 또는 마귀가 되었다. 이 모든 영혼은 본래 선으로부터 나왔다. 하지만 순수한 상태여서 선했던 것이지, (선과 악을 분별하는) 지식을 습득하고 난 이후에 성취한 선은 아니었다. 오리게네스는 천사도 인간이 될 수 있고, 심지어 사악한 영혼도 자신의 잘못을 뉘우치고 다시 성장의 사다리를 오르며 인간으로 거듭나고, 천사가 될 수도 있다고 주장했다. 훗날 오리게네스의 위대한 교리를 향한 공격의 핵심 항목 중 하나가 "세상에서 가장 악랄한 사람도 변화를 통해 구원을 받을 가능성이 있고, 영원한 선(Eternal Goodness)에 의해 창조된 우주에 영원한 악이라는 것은 존재할 수 없으며, 모든 영혼은 궁극적으로 선으로 복귀하게 되어있다."는 그의 주장이었음을 다들 기억할 것이다.

그럼 이제 오리게네스의 말을 직접 들어보자.
오리게네스는 대표작《원리론》에서 오로지 신만 근본적으로 선하다는 말로 책의 서두를 장식한다. 절대적으로, 완벽하게 선한 것은 신 외에는 없다는 것이다. (God is the only Good - the absolute perfect Good) 절대 선보다 낮은 단계의 선(lesser stages of Good)의 속성을 자세히 살펴보면, 우리가 일반적으로 아는 선(Goodness)은 어떤 본질적인 개념(원형)이 아니라 절대 선에서 파생된 것임을 알 수 있다. 오리게네스에 따르면 신은 모든 영혼에 공평하게 자유의지를 부여했고, 누구나 이 선물을 올바르게 사용하지 않으면 현재의 상태보다 낮은 수준으로 떨어지게 된다고 한다. 추락하는 속도는 영혼마다 다르지만, 자유의지의 오용에 따른 영혼의 추락은 피할 수 없다는 것이다.

그는 세례 요한이 모태에 있었을 때 성령으로 채워졌다는 구절에 관해 다음과 같이 지적한다.

(누가복음 1:11) 주의 사자가 저에게 나타나 향단 우편에 선지라

(누가복음 1:12) 사가랴가 보고 놀라며 무서워하니

(누가복음 1:13) 천사가 일러 가로되 사가랴여 무서워 말라 너의 간구함이 들린지라 네 아내 엘리사벳이 네게 아들을 낳아 주리니 그 이름을 요한이라 하라

(누가복음 1:14) 너도 기뻐하고 즐거워할 것이요 많은 사람도 그의 남을 기뻐하리니

(누가복음 1:15) 이는 저가 주 앞에 큰 자가 되며 포도주나 소주를 마시지 아니하며 모태로부터 성령의 충만함을 입어

(누가복음 1:16) 이스라엘 자손을 주 곧 저희 하나님께로 많이 돌아오게 하겠음이니라

(Luke 1:11) And there appeared unto him an angel of the Lord standing on the right side of the altar of incense.

(Luke 1:12) And when Zacharias saw [him,] he was troubled, and fear fell upon him.

(Luke 1:13) But the angel said unto him, Fear not, Zacharias: for thy prayer is heard; and thy wife Elisabeth shall bear thee a son, and thou shalt call his name John.

(Luke 1:14) And thou shalt have joy and gladness; and many shall rejoice at his birth.

(Luke 1:15) For he shall be great in the sight of the Lord, and shall drink neither wine nor strong drink; and he shall be filled with the Holy Ghost, even from his mother's womb.

(Luke 1:16) And many of the children of Israel shall he turn to the Lord their God.

신이 아무런 이유 없이 인간을 성령으로 채워주고 축성해준다는 생각은 오해다. 그가 정의롭고 (전생에서) 많은 공덕을 쌓았으므로 이런 축복을 내려 주는 것이다. 그렇다면 '하나님은 외모로 사람을 취하는가?'라는 의문에 어떻게 대답해야 할까? 그럴 수 없느니라. '하나님께 불의가 있느뇨?'라는 질문은? 역시 그럴 수 없느니라. 이 구절들이 바로 인간의 영혼은 육신과 함께 태어난다는 주장을 펼치는 자들의 방어 논리다.

(로마서 2:1) 그러므로 남을 판단하는 사람아 무론 누구든지 네가 핑계치 못할 것은 남을 판단하는 것으로 네가 너를 정죄함이니 판단하는 네가 같은 일을 행함이니라

(로마서 2:2) 이런 일을 행하는 자에게 하나님의 판단이 진리대로 되는 줄 우리가 아노라

(로마서 2:3) 이런 일을 행하는 자를 판단하고도 같은 일을 행하는 사람아 네가 하나님의 판단을 피할 줄로 생각하느냐

(로마서 2:4) 혹 네가 하나님의 인자하심이 너를 인도하여 회개케 하심을 알지

못하여 그의 인자하심과 용납하심과 길이 참으심의 풍성함을 멸시하느뇨

(로마서 2:5) 다만 네 고집과 회개치 아니한 마음을 따라 진노의 날 곧 하나님의 의로우신 판단이 나타나는 그 날에 임할 진노를 네게 쌓는도다

(로마서 2:6) 하나님께서 각 사람에게 그 행한 대로 보응하시되

(로마서 2:7) 참고 선을 행하여 영광과 존귀와 썩지 아니함을 구하는 자에게는 영생으로 하시고

(로마서 2:8) 오직 당을 지어 진리를 좇지 아니하고 불의를 좇는 자에게는 노와 분으로 하시리라

(로마서 2:9) 악을 행하는 각 사람의 영에게 환난과 곤고가 있으리니 첫째는 유대인에게요 또한 헬라인에게며

(로마서 2:10) 선을 행하는 각 사람에게는 영광과 존귀와 평강이 있으리니 첫째는 유대인에게요 또한 헬라인에게라

(로마서 2:11) 이는 하나님께서 외모로 사람을 취하지 아니하심이니라

(Romans 2:1) Therefore thou art inexcusable, O man, whosoever thou art that judgest: for wherein thou judgest another, thou condemnest thyself; for thou that judgest doest the same things.

(Romans 2:2) But we are sure that the judgment of God is according to truth against them which commit such things.

(Romans 2:3) And thinkest thou this, O man, that judgest them which do such things, and doest the same, that thou shalt escape the judgment of God?

(Romans 2:4) Or despisest thou the riches of his goodness and forbearance and longsuffering; not knowing that the goodness of God leadeth thee to repentance?

(Romans 2:5) But after thy hardness and impenitent heart treasurest up unto thyself wrath against the day of wrath and revelation of the righteous judgment of God;

(Romans 2:6) Who will render to every man according to his deeds:

(Romans 2:7) To them who by patient continuance in well doing seek for glory and honour and immortality, eternal life:

(Romans 2:8) But unto them that are contentious, and do not obey the truth, but obey unrighteousness, indignation and wrath,

(Romans 2:9) Tribulation and anguish, upon every soul of man that doeth evil, of the Jew first, and also of the Gentile;

(Romans 2:10) But glory, honour, and peace, to every man that worketh good, to the Jew first, and also to the Gentile:

(Romans 2:11) For there is no respect of persons with God.

(로마서 9:14) 그런즉 우리가 무슨 말 하리요 하나님께 불의가 있느뇨 그럴 수 없느니라

(Romans 9:14) What shall we say then? [Is there] unrighteousness with God? God forbid.

오리게네스는 요한이 전생에서 올바르고 의로운 삶을 살았기 때문에 신의 축복을 받을 자격을 얻었다는 점을 들어 환생의 교리에 대한 믿음을 주장했다. 오리게네스는 또한 표면적으로 봤을 때 불평등한 인

간 사회의 문제에 관한 자기 생각을 다음과 같이 설명한다.

세상에는 야만적인 사람도 있고, 그리스인도 있다. 야만인 중에서도 흉포하고 사나운 사람이 있는가 하면, 온화한 사람도 있다. 오랜 시간을 통해 검증된 높은 수준의 규칙을 준수하며 사는 사람도 있고, 상대적으로 허접한 법의 지배를 받는 사람도 있고, 법보다는 주먹을 더 중요시하는 비인간적이고 잔혹한 풍습을 고수하는 자들도 있다. 세상에 태어나는 순간부터 주인, 왕자, 또는 독재자의 노예가 되어 평생 모욕과 핍박을 감내하는 운명을 지닌 사람들도 있다. 건강한 육신을 가지고 태어나는 사람이 있는가 하면, 태어날 때부터 병약한 사람도 있다. 시작, 청각에 문제가 있는 사람도 있고, 오감의 기능을 상실한 상태로 태어나는 사람도 있다. 이처럼 인간의 고통은 일일이 열거해도 끝이 없다. 왜 그래야만 하는 것인가?

곧이어 오리게네스는 개인마다 영혼의 속성과 품격에 어떤 근본적인 차이가 있어서 이런 불평등이 존재한다는 당대 사상가들의 주장을 반박한다. 그는 모든 영혼은 본질적으로 같은 속성과 품격을 지니고 있다는 점을 분명하게 강조하고, 차이점은 자유의지를 행사하는 과정에서 발생하는 것이라고 설파한다. 그의 반박을 들어보자.

그들의 주장을 한마디로 요약하자면 이러하다: "자유의지와는 무관하게 (자기가 태어날 환경을 사전에 선택할 수 있는 사람은 없으므로) 사람마다 각기 다른 상황에 놓여 있고, 태어날 때의 환경과 조건이 저마다 다르다는 것은 결국 사람마다 다른 속성의 영혼을 지니고 있다는 뜻이다. 사악한 영혼은 세상에 태어나서 사악한 인간이 되고, 선량한 영혼은 선량이 인간이 된다. 그렇지 않다면 세상의 모든 것이 우연히, 임의로 이루어졌다는 말이 된다. 만약 이 사실을 인정하면 신이 세상을 창조한 것도, 신이 우주를 운영하는 것도 아니라는 결론에 도달하게 된다."

이에 대한 오리게네스의 반박은 다음과 같다.

신은 각각의 영혼이 지금까지 쌓은 공덕을 기준으로 그들의 환경을 정해주고 구성함으로써 다채로운 세상을 운영한다. 말하자면 신은 금과 은으로 가득한 환경도 조성하고, 나무와 진흙으로 구성된 환경도 조성한다. (여기서 '환경'이란 육신도 포함하는 개념이다) 이런 신에게 감사를 표하는 영혼도 있고, 원망하는 마음을 품는 영혼도 있다. 따라서 신이 각 영혼이 지금까지 취득한 자격에 따라 이에 걸맞은 생의 환경을 제공하고, 유복한 가정 또는 불우한 가정에서 태어나도록 배정하는 것은 우연도 아니요, 불공정한 것도 아니라고 할 수 있다.

오리게네스는 이처럼 모든 인간의 환경은 전생에서 쌓은 공덕과 업에 의해 정해지는 것이라고 주장한다. 그는 또한 일부 사상가들이 불공정하고 잔혹한 조물주의 차별적 처사를 비판하기 위해 지목하는 야곱과 에서의 이야기도 언급한다. 우선 에서와 야곱의 이야기를 기록한 성경의 내용부터 읽어보자.

> **(창세기 25:19)** 아브라함의 아들 이삭의 후예는 이러하니라 아브라함이 이삭을 낳았고

(창세기 25:20) 이삭은 사십 세에 리브가를 취하여 아내를 삼았으니 리브가는
밧단 아람의 아람 족속 중 브두엘의 딸이요 아람 족속 중 라반의 누이였더라
(창세기 25:21) 이삭이 그 아내가 잉태하지 못하므로 그를 위하여 여호와께
간구하매 여호와께서 그 간구를 들으셨으므로 그 아내 리브가가 잉태하였더니
(창세기 25:22) 아이들이 그의 태 속에서 서로 싸우는지라 그가 가로되
이같으면 내가 어찌할꼬 하고 가서 여호와께 묻자온대
(창세기 25:23) 여호와께서 그에게 이르시되 두 국민이 네 태중에 있구나
두 민족이 네 복중에서부터 나누이리라 이 족속이 저 족속보다 강하겠고
큰 자는 어린 자를 섬기리라 하셨더라
(창세기 25:24) 그 해산 기한이 찬즉 태에 쌍동이가 있었는데
(창세기 25:25) 먼저 나온 자는 붉고 전신이 갖옷 같아서 이름을 에서라 하였고
(창세기 25:26) 후에 나온 아우는 손으로 에서의 발꿈치를 잡았으므로
그 이름을 야곱이라 하였으며 리브가가 그들을 낳을 때에 이삭이
육십 세이었더라
(창세기 25:27) 그 아이들이 장성하매 에서는 익숙한 사냥꾼인고로 들사람이
되고 야곱은 종용한 사람인고로 장막에 거하니
(창세기 25:28) 이삭은 에서의 사냥한 고기를 좋아하므로 그를 사랑하고
리브가는 야곱을 사랑하였더라
(창세기 25:29) 야곱이 죽을 쑤었더니 에서가 들에서부터 돌아와서
심히 곤비하여
(창세기 25:30) 야곱에게 이르되 내가 곤비하니 그 붉은 것을 나로 먹게 하라
한지라 그러므로 에서의 별명은 에돔이더라
(창세기 25:31) 야곱이 가로되 형의 장자의 명분을 오늘날 내게 팔라
(창세기 25:32) 에서가 가로되 내가 죽게 되었으니 이 장자의 명분이

내게 무엇이 유익하리요

(창세기 25:33) 야곱이 가로되 오늘 내게 맹세하라 에서가 맹세하고 장자의 명분을 야곱에게 판지라

(창세기 25:34) 야곱이 떡과 팥죽을 에서에게 주매 에서가 먹으며 마시고 일어나서 갔으니 에서가 장자의 명분을 경홀히 여김이었더라

(Genesis 25:19) And these [are] the generations of Isaac, Abraham's son: Abraham begat Isaac:

(Genesis 25:20) And Isaac was forty years old when he took Rebekah to wife, the daughter of Bethuel the Syrian of Padan-aram, the sister to Laban the Syrian.

(Genesis 25:21) And Isaac intreated the LORD for his wife, because she [was] barren: and the LORD was intreated of him, and Rebekah his wife conceived.

(Genesis 25:22) And the children struggled together within her; and she said, If [it be] so, why [am] I thus? And she went to enquire of the LORD.

(Genesis 25:23) And the LORD said unto her, Two nations [are] in thy womb, and two manner of people shall be separated from thy bowels; and [the one] people shall be stronger than [the other] people; and the elder shall serve the younger.

(Genesis 25:24) And when her days to be delivered were fulfilled, behold, [there were] twins in her womb.

(Genesis 25:25) And the first came out red, all over like an hairy garment; and they called his name Esau.

(Genesis 25:26) And after that came his brother out, and his hand took hold on Esau's heel; and his name was called Jacob: and Isaac [was] threescore years old when she bare them.

(Genesis 25:27) And the boys grew: and Esau was a cunning hunter, a man of the field; and Jacob [was] a plain man, dwelling in tents.

(Genesis 25:28) And Isaac loved Esau, because he did eat of [his] venison: but Rebekah loved Jacob.

(Genesis 25:29) And Jacob sod pottage: and Esau came from the field, and he [was] faint:

(Genesis 25:30) And Esau said to Jacob, Feed me, I pray thee, with that same red [pottage:] for I [am] faint: therefore was his name called Edom.

(Genesis 25:31) And Jacob said, Sell me this day thy birthright.

(Genesis 25:32) And Esau said, Behold, I [am] at the point to die: and what profit shall this birthright do to me?

(Genesis 25:33) And Jacob said, Swear to me this day; and he sware unto him: and he sold his birthright unto Jacob.

(Genesis 25:34) Then Jacob gave Esau bread and pottage of lentiles; and he did eat and drink, and rose up, and went his way: thus Esau despised [his] birthright.

(말라기 1:1) 여호와께서 말라기로 이스라엘에게 말씀하신 경고라

(말라기 1:2) 여호와께서 가라사대 내가 너희를 사랑하였노라 하나 너희는 이르기를 주께서 어떻게 우리를 사랑하셨나이까 하는도다 나 여호와가 말하노라 에서는 야곱의 형이 아니냐 그러나 내가 야곱을 사랑하였고

(말라기 1:3) 에서는 미워하였으며 그의 산들을 황무케 하였고 그의 산업을 광야의 시랑에게 붙였느니라

(Malachi 1:1) The burden of the word of the LORD to Israel by Malachi.
(Malachi 1:2) I have loved you, saith the LORD. Yet ye say, Wherein hast thou loved us? [Was] not Esau Jacob's brother? saith the LORD: yet I loved Jacob,
(Malachi 1:3) And I hated Esau, and laid his mountains and his heritage waste for the dragons of the wilderness.

(로마서 9:10) 이뿐 아니라 또한 리브가가 우리 조상 이삭 한 사람으로 말미암아 잉태하였는데
(로마서 9:11) 그 자식들이 아직 나지도 아니하고 무슨 선이나 악을 행하지 아니한 때에 택하심을 따라 되는 하나님의 뜻이 행위로 말미암지 않고 오직 부르시는 이에게로 말미암아 서게 하려 하사
(로마서 9:12) 리브가에게 이르시되 큰 자가 어린 자를 섬기리라 하셨나니
(로마서 9:13) 기록된 바 내가 야곱은 사랑하고 에서는 미워하였다 하심과 같으니라
(로마서 9:14) 그런즉 우리가 무슨 말 하리요 하나님께 불의가 있느뇨 그럴 수 없느니라

(Romans 9:10) And not only [this;] but when Rebecca also had conceived by one, [even] by our father Isaac:
(Romans 9:11) (For [the children] being not yet born, neither having done any

그림 59. **형 에서에게 죽을 건네며 장자의 권한을 사는 야곱** | 마티아스 스톰(Matthias Stom)

good or evil, that the purpose of God according to election might stand, not of works, but of him that calleth;)
(Romans 9:12) It was said unto her, The elder shall serve the younger.
(Romans 9:13) As it is written, Jacob have I loved, but Esau have I hated.
(Romans 9:14) What shall we say then? [Is there] unrighteousness with God? God forbid.

오리게네스는 두 형제가 세상에 태어나기도 전에 신이 특별한 이유도 없이 야곱은 사랑하고 에서는 미워한다는 것은 부당한 처사이며, 이를 올바르게 해석하는 유일한 이론은 야곱은 전생에서 쌓은 공덕으로 인해 보상을 받고 에서는 전생에서 저지른 악행에 대해 형벌을 받는 것이라는 환생의 교리뿐이라고 주장했다.

오리게네스뿐 아니라 히에로니무스도 같은 해석을 내리고 있다.

에서의 사례를 보면, 그가 전생에서 많은 죄를 저질렀기에 이번 생에서 저주를 받았다고 생각할 수 있다. 《히에로니무스가 아비투스에게 보낸 서한(Jerome's letter to Avitus)》중에서)

오리게네스의 말을 계속 들어보자.

야곱이 전생에서 쌓은 공덕으로 신의 사랑을 받을 자격을 갖추었다면, 어머니의 자궁 속에 있었을 때부터 형을 대신한다 해도 부당하다고 할 수 없다.
 신의 공정함은 우주 만물에서 발견되어야 하므로 이 원리를 모든 생명에 신중하게 적용해야 할 것이다. 불공정해 보이는 것은 사실 공덕 유무에 따른 정당한 결과라 할 수 있다.

이번 책에 삽입한 많은 인용문을 제공해 준 애니 베전트(Annie Besant; 1847~1933) 여사는 오리게네스의 주장에 관해 다음과 같이 말한다.

그의 교리는 신의 공정함을 변호하고 있다. 영혼이 선해질 수 있다는 것이 사실이라면, 정의와 사랑의 신이 애초에 악한 영혼을 창조한다는 것은 있을 수 없는 일이다. 그건 불가능하다. 이를 정당화할 명분도 없다.

범죄자의 성향을 지닌 상태로 태어난 인간이 있다면 완벽하고 사랑으로 충만한 신이 망가진 영혼을 창조했고, 자신이 엉망으로 만든 영혼이 본능대로 행동하는 것에 대해 벌을 내린다는 신성모독적인 관점을 취하거나, 신은 모든 영혼이 조금씩 성장하면서 완성의 경지에 도달하여 궁극적으로 축복을 받을 때까지 이들을 훈련한다는 것으로 이해하거나, 두 관점 중 하나를 택해야 한다. 사람이 못되고 사악한 성향을 지니고 태어나는 이유는 과거에 죄를 지었기 때문이며, 이번 생에서 지혜를 습득하고 선을 추구하는 쪽으로 인생의 방향성을 돌리기 위해서는 슬픔이라는 대가를 치러야만 한다.

오리게네스는 또한 모세가 이집트에서 노예 생활을 하던 이스라엘 백성들을 구출하던 시절의 파라오에 관해서도 언급한다. 구약성경에서는 신이 '파라오의 마음을 강퍅케 하셨다'고 기록되어 있다.

(출애굽기 9:12) 그러나 여호와께서 바로의 마음을 강퍅케 하셨으므로 그들을 듣지 아니하였으니 여호와께서 모세에게 말씀하심과 같더라

(Exodus 9:12) And the LORD hardened the heart of Pharaoh, and he hearkened not unto them; as the LORD had spoken unto Moses.

오리게네스에 따르면 신은 이집트의 파라오(바로)가 악의 영향을 더 확실하게 느끼고 습득할 수 있도록, 그가 다음 생에서 이 뼈아픈 경험을 교훈으로 삼아 더 나은 삶을 살 수 있도록 그의 마음을 '강퍅케' 하셨다고 설명한다. 그의 말을 직접 들어보자.

때로는 병이 너무 빨리 낫는 것이 병자에게 득이 되지 않을 수도 있다. 특히 몸속 깊은 곳까지 침투하여 강하게 이글거리고 있는 병마일수록 그러하다. 영혼의 성장은 갑작스럽게 일어나는 것이 아니라, 천천히, 점진적으로 진행된다는 점을 이해해야 한다. 새로운 경험을 할 때마다 자기도 모르게 생각을 바꾸고 잘못된 점을 고치는 식으로, 헤아릴 수 없는 긴 세월에 걸쳐 이런 성장이 이루어져야 한다. 때로는 큰일을 겪으며 빠르게 성장하기도 하고, 티가 안 날 정도로 작은 성장도 하고, 어떤 부문에서는 빠른 속도로 완성을 향해서 다가가고, 또 어떤 부문에서는 더디게 성장이 이루어지는 것이 정상적인 성장이다.

모든 인간의 운명인 육신의 죽음을 맞은 후, 영혼은 지난 생에서 한 일과 성취한 것을 바탕으로 어떤 이들은 지옥(Infernus)이라 불리는 곳에, 또 어떤 이들은 아브라함의 품속에, 또는 다른 여러 집에 각각 배정된다. 이들은 한동안 이와 같은 영적 세상에서 살다가 그곳에서 또 '죽은' 후, 상위 세상(Upper World)에서 우리가 지금 사는 지옥(Hell)으로 다시 내려온다. 물질 세상은 말하자면 하위 지옥(The Lower Hell)이라 할 수 있다. 지구로 내려오는 모든 영혼은 전생에 쌓은 공덕, 또는 상위 세상에서 차지했던 등급에 따라 다음에 태어날 국가와 장차 살게 될 인생의 윤곽이 정해진다. 이에 따라 어떤 이들은 지병을 안고 태어날 수도 있고, 어떤 이들은 종교적인 가정에서, 또는 종교에 무관심한 부모 밑에서 태어나 자라게 될 수도 있다. 공덕에 따라 전생에 이스라엘인으로 살았던 사람이 다음 생에서는 스키타이인으로 태어나는 경우도 있고, 이집트에서 거지였던 사람이 유대 땅에서 태어날 수도 있다. 《오리게네스의 켈수스 논박(Origen against Celsus)》 중에서)

위의 인용문들을 읽고 나서도 초기 교부들이 윤회, 환생, 카르마의 교리를 믿고 가르쳤다는 사실을 의심할 수 있는가? 초기 교회가 환생과 카르마의 교리를 가슴으로 품었었다는 사실을 부정할 수 있는가? 왜 이 교리를 인도, 이집트, 또는 페르시아에서 수입한 해괴한 것으로만 취급하고, 외래 사상이 교회를 괴롭히고 있다며 불만을 호소해야만 하는가? 환생과 카르마는 본래 기독교 내적 가르침의 일부였고, 한동안 배척되었다가 이제야 비로소 복원되어 정당한 대우를 받기 시작한 것이다.

서기 6세기경, 환생과 카르마의 교리는 일부 교회 권력자들의 입김에 힘입어 불법화되었다. 제2차 콘스탄티노플 공의회(The Second Council of Constantinople; 서기 553년)는 이 교리를 이단으로 규정했고, 이 시점부터 교회는 이를 불경한 것으로 취급하며 검, 화형대, 지하 감옥을 앞세워 기독교에서 추방했다. 하지만 이 교리의 횃불은 교회로부터 가장 많은 탄압을 받은 알비파(The Albigenses)의 희생으로 수백 년의 세월 동안 보존되었다. 환생과 카르마라는 기독교의 본래 교리를 믿고 버리지 않았다는 이유로 수백여 명의 알비파 신도들이 교회의 서슬 퍼런 독재에 의해 순교하는 운명을 맞았다.

중세 시대의 유럽을 짓누르며 숨통을 조였던 시커먼 미신의 먹구름에도 불구하고 이 진리는 살아남았다. 불씨를 키워 다시 타오르게 하려던 여러 차례의 시도 끝에 20세기에 이르러 비로소 그 빛과 온기를 온 세상에 전파하고, 교회가 초기 교부들의 가르침으로 복귀하는 계기가 마련되었다. 권좌를 되찾은 진리는 수백 년간 발목을 잡고 앞을 가로막은 모든 사소한 이의와 장애물을 걷어내고 힘차게 전진할 수 있을 것이다.

탄생이란 잠들고 잊는 것이다.

우리와 함께 깨어나는 영혼, 우리의 별은,

다른 곳에서 왔다.

먼 곳에서 왔다.

우리는 기억을 완전히 상실하지도 않았고,

완전히 벌거벗은 상태로 온 것도 아니다.

우리는 영광의 예복을 입은 채 당당하게,

우리의 진정한 고향인 신에게서 왔다.

윌리엄 워즈워스 (William Wordsworth)

제12강

마스터의 메시지

예수가 우리에게 전한 거의 모든 가르침에는 개개인의 영혼에 거하는 영의 존재에 관한 신비주의 메시지가 일관되게 담겨있다. 우리가 고통스럽고 곤경에 빠졌을 때 의지할 수 있는 내면의 그 무엇(Something Within), 우리가 귀를 기울이기만 하면 언제든 상담해주고, 조언해주고, 우리가 해야 할 일을 제시해 주기 위해 대기하고 있는 내면의 안내인이자 감시자에 관한 메시지다.

예수는 이렇게 말했다.

(마태복음 6:33) 너희는 먼저 그의 나라와 그의 의를 구하라 그리하면 이 모든 것을 너희에게 더하시리라

(Matthew 6:33) But seek ye first the kingdom of God, and his righteousness; and all these things shall be added unto you.

그리고 이 말의 의미를 부연 설명하듯, 다시 한번 강조했다.

(누가복음 17:21) 또 여기 있다 저기 있다고도 못하리니 하나님의 나라는

너희 안에 있느니라

(Luke 17:21) Neither shall they say, Lo here! or, lo there! for, behold, the kingdom of God is within you.

사도 바울도 말했다.

(골로새서 1:26) 이 비밀은 만세와 만대로부터 옴으로 감취었던 것인데 이제는 그의 성도들에게 나타났고
(골로새서 1:27) 하나님이 그들로 하여금 이 비밀의 영광이 이방인 가운데 어떻게 풍성한 것을 알게 하려 하심이라 이 비밀은 너희 안에 계신 그리스도시니 곧 영광의 소망이니라

(Colossians 1:26) [Even] the mystery which hath been hid from ages and from generations, but now is made manifest to his saints:
(Colossians 1:27) To whom God would make known what [is] the riches of the glory of this mystery among the Gentiles; which is Christ in you, the hope of glory:

이것이 바로 기독교 비밀 가르침의 신비스러운 메시지를 풀 수 있는 열쇠 중 하나다.

이제 예수의 가르침 중에서도 특히나 중요한 내용 몇 가지를 살펴보고 신비주의의 빛을 비춰 그 진짜 의미를 해석해보도록 하자. 시작하기에 앞서, 이 장에서 설명하는 내용을 온전하게 이해하기 위해서는

이 가르침의 세부 내용, 즉, 진리의 근본을 제시하는 '요기 철학에 관한 14편의 강의'를 다시 한번 자세히 읽어보라고 권하고 싶다. '고급 과정'과 '즈나나 요가' 강의에서는 고급 차원의 가르침을 제시하고 있다. 이 두 편의 강의에는 기독교에 관한 언급이 거의 없지만, 근본적인 가르침이기 때문에 기독교를 포함한 모든 주요 종교의 내적 또는 비밀 가르침을 올바르게 이해하는 데 있어 많은 도움이 될 것이다.

진정한 오컬트 철학은 세상에 단 하나만 있으며, 사방에서 그 흔적을 발견할 수 있다. 진리를 파악하고 나면 모든 종교와 철학의 비밀 가르침을 푸는 열쇠를 구할 수 있다. 하나의 열쇠로 굳게 잠겨있는 수많은 비밀의 문을 열 수 있는 마스터키가 있다는 것이다. 요기 스승들은 수천 년 전에 우주의 수수께끼를 풀었고, 그 이후 지구에 출현한 현자들은 이 위대한 스승들이 처음에 전한 진리의 가르침을 다시금 제시하고, 입증하고, 실행으로 옮겼다.

그럼 이제부터 고대의 지혜를 바탕으로 예수의 가르침을 하나씩 공부해보자. 신약성경 마태복음 5~7장에 수록된 산상수훈을 중심으로 살펴볼 것이다.

산상수훈 해설

(마태복음 5:3) 심령이 가난한 자는 복이 있나니 천국이 저희 것임이요

(Matthew 5:3) Blessed [are] the poor in spirit: for theirs is the kingdom of heaven.

이 구절에서 예수는 속세의 부질없는 자만심과 사소한 야망을 내려 놓은 자는 참나, 즉, 내면의 그 무엇, 영을 발견하는 여정에 오르게 된 다는 오컬트 가르침을 전하고 있다. "하나님의 나라는 너희 안에 있느 니라."라고 하지 않았던가?

(마태복음 5:4) 애통하는 자는 복이 있나니 저희가 위로를 받을 것임이요

(Matthew 5:4) Blessed [are] they that mourn: for they shall be comforted.

이 구절에서 예수는 인간의 야망이 다 헛되다는 사실을 깨달은 사 람, 다수보다 높은 경지에 오른 모든 이에게 찾아오는 고통을 느껴본

사람, 야망을 성취하기 위해 아등바등하는 짓이 다 부질없고 쓸모없다는 사실을 깨닫고 슬퍼하는 사람들이 자기 내면의 천국을 깨달은 자들에게만 찾아오는 '모든 지각에 뛰어난 하나님의 평강'의 위로를 받게 될 것이라는 가르침을 전하고 있다.

(마태복음 5:5) 온유한 자는 복이 있나니 저희가 땅을 기업으로 받을 것임이요

(Matthew 5:5) Blessed [are] the meek : for they shall inherit the earth.

이 구절에서 예수는 자기 내면에 거하는 영의 힘(Power of the Spirit Within)에 순종하는 자세를 습득한 자는 속세의 마스터가 된다는 가르침을 전하고 있다. 단어에 함축된 신비주의적 의미를 올바르게 해석하지 못하여 많은 이들이 오해하는 구절이기도 하다. 이 구절에서 '온유하다'는 말은 형식을 중요시하고 숭배하는 자들이 입에 달고 다니는 "나는 온유하고 겸손하다."라는 의미가 아니다. 예수는 그렇게 하라고 가르친 적도, 행동한 적도 없다. 그는 언제 어디서나 마스터였다. 그는 제자들에게 움츠러들어 있으라고 가르치지도, 칭얼거리며 훌쩍거리는 비굴한 자세로 삶에 임하라고 가르치지도 않았다. 그는 다양한 방법으로 자신이 마스터임을 당당하게 내세웠으며, 자신에 대한 존경의 표현을 사양하지 않고 모두 받아줬다. 예를 들어, 거리의 여인이 값비싸고 소중한 향유를 자기 몸에 부었을 때도 그는 이를 기꺼이 수용했다. '온유하다(meek)'는 단어는 잘못된 해석이다. 예수가 여기서 말하고자 했던 것은 평온한 마음으로, 품위 있게 영의 힘을 대하고, 존경하는 마음으로 영의 지도를 따른다는 뜻이다. 타인을 대할 때 굽신거리라는 위

선적이고 비굴한 행동을 의미하는 것이 아니다. 이처럼 당당한 자들이
'땅을 기업으로 받을 것이다'라는 약속은 이들이 속세의 마스터가 된
다는 것을 의미한다. 즉, 속세를 초월하고 자기 내면의 천국에 입성함
으로써 땅까지 다스리게 된다는 뜻이다.

(마태복음 5:6) 의에 주리고 목마른 자는 복이 있나니 저희가 배부를 것임이요

(Matthew 5:6) Blessed [are] they which do hunger and thirst after righteousness: for they shall be filled.

이 구절은 내면의 천국을 구하는 자는 반드시 발견하게 될 것이라는
마스터의 약속이다. 영적 굶주림과 갈증을 해소하는 유일한 방법을 찾
아낼 수 있으리라는 약속이다.

(마태복음 5:7) 긍휼히 여기는 자는 복이 있나니 저희가 긍휼히 여김을
받을 것임이요

(Matthew 5:7) Blessed [are] the merciful: for they shall obtain mercy.

관용과 너그러움, 그리고 차별하지 않는 마음가짐을 가진 자에게 자
연스럽게 돌아오는 축복에 관한 가르침을 설명한 구절이다.

(마태복음 5:8) 마음이 청결한 자는 복이 있나니 저희가 하나님을 볼 것임이요

(Matthew 5:8) Blessed [are] the pure in heart: for they shall see God.

'깨끗한 자들에게는 모든 것이 깨끗하다. (신약성경 디도서 1장 15절)'는 사실을 강조하는 가르침이다. 내 마음이 순수하고, 그 안에 거하는 신을 인지하면 우주 만물에서 신을 발견할 수 있다는 뜻이다. 페르시아의 옛 작가는 이렇게 말했다. "자기 안의 신을 볼 줄 아는 사람은 어디에서든 신을 본다." 그렇다. 청결한 자는 세상 모든 곳에서 예외 없이 신을 볼 줄 아는 사람이다.

(마태복음 5:9) 화평케 하는 자는 복이 있나니 저희가 하나님의 아들이라 일컬음을 받을 것임이요

(Matthew 5:9) Blessed [are] the peacemakers: for they shall be called the children of God.

진리를 섬기는 모든 사도에게 전하는 메시지로, 신과 진리에 관한 견해차로 인해 발생하는 사람들 간의 갈등을 해소하기 위해 자신의 지혜와 힘을 올바르게 활용하라고 독려하는 구절이다. 세상 모든 종교와 신앙의 기저에 깔린 신리를 알아볼 줄 아는 자는 진정으로 사랑받는 하나님의 아들이라 할 수 있다. 그는 모든 형식과 예식, 다양한 이름과 타이틀, 수많은 신앙과 교리의 배후에는 단 하나의 신이 있으며, 모든 종교가 여기에서 나왔다는 사실을 이해하고 이를 입증하는 능력을 지니고 있다. 따라서 그는 '화평케 하는 자'이자 '하나님의 아들'이다.

(마태복음 5:10) 의를 위하여 핍박을 받은 자는 복이 있나니 천국이 저희 것임이라

(마태복음 5:11) 나를 인하여 너희를 욕하고 핍박하고 거짓으로 너희를 거스려 모든 악한 말을 할 때에는 너희에게 복이 있나니

(마태복음 5:12) 기뻐하고 즐거워하라 하늘에서 너희의 상이 큼이라 너희 전에 있던 선지자들을 이같이 핍박하였느니라

(Matthew 5:10) Blessed [are] they which are persecuted for righteousness sake: for theirs is the kingdom of heaven.

(Matthew 5:11) Blessed are ye, when [men] shall revile you, and persecute [you,] and shall say all manner of evil against you falsely, for my sake.

(Matthew 5:12) Rejoice, and be exceeding glad: for great [is] your reward in heaven: for so persecuted they the prophets which were before you.

이 구절에서 예수는 자기에 이어 수백 년의 세월 동안 진리의 메시지를 전파할 사도들에게 따스한 위안과 격려의 메시지를 보내고 있다. 진리의 불꽃이 꺼지지 않도록 지키기 위해, 본래의 가르침을 있는 그대로 보존하기 위해, 교회 내 권력을 탐하고 손에 넣은 위선적이고, 이기적이고, 형식만을 중시하는 자들로부터 보호하기 위해 목숨을 바친 헌신적인 영혼들의 긴 목록만 봐도 이 구절이 의미하는 바를 알 수 있을 것이다. 이 용감하고 이타적인 자들에게 돌아온 것은 교수대와 화형대와 지하 감옥이었다. 하지만 핍박 속에서도 신념을 지킨 이들은 내면의 영을 깨우쳤고, 따라서 말 그대로 천국은 그들의 것이다.

(마태복음 5:13) 너희는 세상의 소금이니 소금이 만일 그 맛을 잃으면 무엇으로 짜게 하리요 후에는 아무 쓸데 없어 다만 밖에 버리워 사람에게 밟힐 뿐이니라

(Matthew 5:13) Ye are the salt of the earth : but if the salt have lost his savour, wherewith shall it be salted? it is thenceforth good for nothing, but to be cast out, and to be trodden under foot of men.

이 구절에서 예수는 생각과 행동으로 대중이라는 빵에 효모를 제공하는 역할을 해야 할 깨달은 자들의 책무 회피를 경고하고 있다. 고대 신비주의를 공부한 독자라면 이 구절에서 '소금'이라는 단어가 사용된 이유를 잘 알고 있을 것이다. 소금기가 없는 음식은 먹을 수도, 바람직하지도 않은 것으로 여겨졌다. 세상에 가치를 부여하고 완성의 경지에 오르도록 돕는, '세상의 소금'으로 불릴 만한 사람은 소수에 불과하다. 하지만 소금이 풍미를 잃으면 짠맛을 더할 수 없고, 쓸모가 사라져 버려지는 운명을 맡는다. 소금의 역할은 풍미를 가미하는 것이다. 마찬가지로 사도로 선택된 자의 역할도 인류에게 풍미를 가미하는 일이라는 사실을 한시도 잊어선 안 된다.

(마태복음 5:14) 너희는 세상의 빛이라 산 위에 있는 동네가 숨기우지 못할 것이요
(마태복음 5:15) 사람이 등불을 켜서 말 아래 두지 아니하고 등경 위에 두나니 이러므로 집안 모든 사람에게 비춰느니라
(마태복음 5:16) 이같이 너희 빛을 사람 앞에 비춰게 하여 저희로 너희 착한

행실을 보고 하늘에 계신 너희 아버지께 영광을 돌리게 하라

(Matthew 5:14) Ye are the light of the world. A city that is set on an hill cannot be hid.

(Matthew 5:15) Neither do men light a candle, and put it under a bushel, but on a candlestick; and it giveth light unto all that are in the house.

(Matthew 5:16) Let your light so shine before men, that they may see your good works, and glorify your Father which is in heaven.

바로 전에 본 구절과 마찬가지로, 이 대목도 선택받은 자들에게 자신의 빛을 세상 널리 비출 것을 촉구하고 있다. 보통 사람처럼 눈치 보면서 평범하게 행동하며 자기 안의 빛을 감추려 하지 말고, 주변 모든 사람이 그 안의 빛, 영의 빛의 인도를 따라서 올바른 방향으로 나아가는 길을 찾아낼 수 있도록 등대처럼 행동하고 실천하라는 메시지다. 내면에 영의 빛이 밝게 빛나고 있는 사람은 주변 사람들의 램프에도 불씨를 나눠줌으로써 그들의 이해를 높이고, 그들 안에서도 빛이 환하게 빛나도록 하는 불쏘시개 역할을 할 수 있다. 지금 이 책을 읽고 있는 독자들도 누군가의 영에서 나온 불씨로 자기 안의 지식의 램프에 불을 지폈을 것이다. 누군가의 말, 글, 또는 개인적인 친분을 통해서 말이다. 영성은 전염성이 강하다! 그러니 열심히 퍼트리라! 이것이 바로 이 구절의 메시지다.

(마태복음 5:17) 내가 율법이나 선지자나 폐하러 온 줄로 생각지 말라 폐하러 온 것이 아니요 완전케 하려 함이로다

(**마태복음 5:18**) 진실로 너희에게 이르노니 천지가 없어지기 전에는 율법의 일점 일획이라도 반드시 없어지지 아니하고 다 이루리라

(**Matthew 5:17**) Think not that I am come to destroy the law, or the prophets: I am not come to destroy, but to fulfil.
(**Matthew 5:18**) For verily I say unto you, Till heaven and earth pass, one jot or one tittle shall in no wise pass from the law, till all be fulfilled.

이 구절에서 예수는 자신이 새로운 교리를 가르치는 것이 아니라, 자기보다 앞서 온 자들이 했던 일을 이어받고 계승하기 위해 왔음을 밝히고 있다. 그는 고대 지혜의 유효성을 긍정하며, 역사 초기부터 지금까지 작용해 왔던 법은 하늘과 땅이 사라질 때까지, 즉, 이번 세상의 사이클이 끝날 때까지 변함없이 작용할 것이라고 말하고 있다. 예수는 이 구절에서 오컬트 가르침에 대한 충성을 선언하고 있다. 이 구절에서 예수가 의미했던 것은 오컬트가 아니라 유대교의 가르침이었다고 주장하는 사람들에게는, 그는 오히려 유대교의 형식주의와 통속적 가르침을 파괴하기 위해 왔고 그 결과로 기독교가 탄생했다는 말을 전하고 싶다. 예수가 이 구절에서 언급한 것은 통속적인 신앙과 형식이 아니라 신비주의의 내적 가르침을 지칭하는 것이다. 그는 기존의 비밀 가르침을 없애기 위해서가 아니라 '완전케 하려', 즉, 고대의 지혜에 새롭게 박차를 가하기 위해 온 것이다.

(**마태복음 5:19**) 그러므로 누구든지 이 계명 중에 지극히 작은 것 하나라도 버리고 또 그같이 사람을 가르치는 자는 천국에서 지극히 작다 일컬음을

받을 것이요 누구든지 이를 행하며 가르치는 자는 천국에서 크다 일컬음을 받으리라

(마태복음 5:20) 내가 너희에게 이르노니 너희 의가 서기관과 바리새인보다 더 낫지 못하면 결단코 천국에 들어가지 못하리라

(Matthew 5:19) Whosoever therefore shall break one of these least commandments, and shall teach men so, he shall be called the least in the kingdom of heaven: but whosoever shall do and teach [them,] the same shall be called great in the kingdom of heaven.

(Matthew 5:20) For I say unto you, That except your righteousness shall exceed [the righteousness] of the scribes and Pharisees, ye shall in no case enter into the kingdom of heaven.

이 구절에서 예수는 근본적인 오컬트의 가르침을 위배하거나 거짓 교리를 가르치는 행위에 대해 경고하고 있다. 또한 진리를 실천하고 설파할 것을 재차 독려하고 있다. 여기서 천국(Kingdom of Heaven)을 또 언급하고 있다는 점을 주목하자. 그는 천국에 도달하기 위해 필요한 의(義: righteousness)는 서기관과 바리새인의 형식주의, 예식주의, 교회주의와는 엄연히 다른 것임을 지적하고 있다. 당시의 교회를 대변했던 설교가들과 오늘날 편견과 차별로 가득한 정교회 신자들처럼, 어리석은 양처럼 행동해선 안 된다는 경고다. 교회에 대한 책무를 다하는 것만으로는 진짜 천국에 입성할 수 없다. 예수는 공허한 형식과 단어에만 집착하고 글에 담긴 정신을 무시하는 편협한 형식주의에 언제나 저항했다. 그가 만약 이 시점에 다시 태어났더라면 채찍을 높이 들고 돈

놀이하는 설교가들과 신성을 욕보이는 위선적인 신자들을 예배당에서 모두 쫓아냈을 것이다.

(마태복음 5:21) 옛 사람에게 말한 바 살인치 말라 누구든지 살인하면 심판을 받게 되리라 하였다는 것을 너희가 들었으나
(마태복음 5:22) 나는 너희에게 이르노니 형제에게 노하는 자마다 심판을 받게 되고 형제를 대하여 라가라 하는 자는 공회에 잡히게 되고 미련한 놈이라 하는 자는 지옥 불에 들어가게 되리라
(마태복음 5:23) 그러므로 예물을 제단에 드리다가 거기서 네 형제에게 원망 들을 만한 일이 있는 줄 생각나거든
(마태복음 5:24) 예물을 제단 앞에 두고 먼저 가서 형제와 화목하고 그 후에 와서 예물을 드리라
(마태복음 5:25) 너를 송사하는 자와 함께 길에 있을 때에 급히 사화하라 그 송사하는 자가 너를 재판관에게 내어 주고 재판관이 관예에게 내어 주어 옥에 가둘까 염려하라
(마태복음 5:26) 진실로 네게 이르노니 네가 호리라도 남김이 없이 다 갚기 전에는 결단코 거기서 나오지 못하리라

(Matthew 5:21) Ye have heard that it was said by them of old time, Thou shalt not kill; and whosoever shall kill shall be in danger of the judgment:
(Matthew 5:22) But I say unto you, That whosoever is angry with his brother without a cause shall be in danger of the judgment: and whosoever shall say to his brother, Raca, shall be in danger of the council: but whosoever shall say, Thou fool, shall be in danger of hell fire.

(Matthew 5:23) Therefore if thou bring thy gift to the altar, and there rememberest that thy brother hath ought against thee;

(Matthew 5:24) Leave there thy gift before the altar, and go thy way; first be reconciled to thy brother, and then come and offer thy gift.

(Matthew 5:25) Agree with thine adversary quickly, whiles thou art in the way with him; lest at any time the adversary deliver thee to the judge, and the judge deliver thee to the officer, and thou be cast into prison.

(Matthew 5:26) Verily I say unto thee, Thou shalt by no means come out thence, till thou hast paid the uttermost farthing.

이 구절은 행동으로 저지르는 것만 죄가 아니라, 머릿속에서 생각하고 탐하는 행위도 죄라는 점을 강조하고 있다. 머릿속에서 품은 욕망과 생각은 지금 당장 행동으로 실현되지 않더라도 죄악의 씨앗이기 때문이다. 사람을 실제로 죽이는 것이 죄이듯이, 누군가를 죽이고 싶어 하는 마음도 죄다. 이는 모든 입문 후보자들이 배우는 오컬트의 오랜 가르침이기도 하다.

(마태복음 5:27) 또 간음치 말라 하였다는 것을 너희가 들었으나

(마태복음 5:28) 나는 너희에게 이르노니 여자를 보고 음욕을 품는 자마다 마음에 이미 간음하였느니라

(마태복음 5:29) 만일 네 오른눈이 너로 실족케 하거든 빼어 내버리라 네 백체 중 하나가 없어지고 온 몸이 지옥에 던지우지 않는 것이 유익하며

(마태복음 5:30) 또한 만일 네 오른손이 너로 실족케 하거든 찍어 내버리라 네 백체 중 하나가 없어지고 온몸이 지옥에 던지우지 않는 것이 유익하니라

(마태복음 5:31) 또 일렀으되 누구든지 아내를 버리거든 이혼 증서를 줄 것이라 하였으나

(마태복음 5:32) 나는 너희에게 이르노니 누구든지 음행한 연고없이 아내를 버리면 이는 저로 간음하게 함이요 또 누구든지 버린 여자에게 장가드는 자도 간음함이니라

(Matthew 5:27) Ye have heard that it was said by them of old time, Thou shalt not commit adultery:

(Matthew 5:28) But I say unto you, That whosoever looketh on a woman to lust after her hath committed adultery with her already in his heart.

(Matthew 5:29) And if thy right eye offend thee, pluck it out, and cast [it] from thee: for it is profitable for thee that one of thy members should perish, and not [that] thy whole body should be cast into hell.

(Matthew 5:30) And if thy right hand offend thee, cut if off, and cast it from thee: for it is profitable for thee that one of thy members should perish, and not [that] thy whole body should be cast into hell.

(Matthew 5:31) It hath been said, Whosoever shall put away his wife, let him give her a writing of divorcement:

(Matthew 5:32) But I say unto you, That whosoever shall put away his wife, saving for the cause of fornication, causeth her to commit adultery: and whosoever shall marry her that is divorced committeth adultery.

이 구절에서 예수는 모든 고급 오컬티스트들이 혐오하는 성의 오용에 관해 말하고 있다. 이번에도 그는 행위 자체뿐 아니라 이에 대한 생

각까지도 규탄하고 있다. 고급 오컬트 가르침에 따르면 성의 기능은 생식의 목적으로만 사용되어야 하며, 그 이외의 모든 행위는 자연에 반하는 것이다. 예수는 이 중요한 질문에 관해 모든 남성과 여성에게 강력한 어조로 말하고 있다. 이 구절의 뒷부분은 당시 많은 사회 문제를 초래했던 결혼 관계의 오용과 이혼의 특권을 비판하고 있다. 예수는 생각 없이 혼인 관계를 맺는 행위와 이 신성한 관계를 가볍게 깨는 행태를 경고하고 있다. 예수는 가정생활과 가족의 안녕을 신성시했다. 이 주제에 관한 명확하고 단호한 그의 메시지를 엿볼 수 있는 구절이다.

(마태복음 5:33) 또 옛 사람에게 말한 바 헛 맹세를 하지 말고 네 맹세한 것을 주께 지키라 하였다는 것을 너희가 들었으나

(마태복음 5:34) 나는 너희에게 이르노니 도무지 맹세하지 말지니 하늘로도 말라 이는 하나님의 보좌임이요

(마태복음 5:35) 땅으로도 말라 이는 하나님의 발등상임이요 예루살렘으로도 말라 이는 큰 임금의 성임이요

(마태복음 5:36) 네 머리로도 말라 이는 네가 한 터럭도 희고 검게 할 수 없음이라

(마태복음 5:37) 오직 너희 말은 옳다 옳다, 아니라 아니라 하라 이에서 지나는 것은 악으로 좇아 나느니라

(Matthew 5:33) Again, ye have heard that it hath been said by them of old time, Thou shalt not forswear thyself, but shalt perform unto the Lord thine oaths:

(Matthew 5:34) But I say unto you, Swear not at all; neither by heaven; for it is God's throne:

(Matthew 5:35) Nor by the earth; for it is his footstool: neither by Jerusalem; for it is the city of the great King.

(Matthew 5:36) Neither shalt thou swear by thy head, because thou canst not make one hair white or black.

(Matthew 5:37) But let your communication be, Yea, yea; Nay, nay: for whatsoever is more than these cometh of evil.

이 구절에서 예수는 당시 유대인을 포함한 동양인들의 욕설하는 습관을 공격하고 있다. 말할 때는 단순하고 온건한 표현을 사용하라는 가르침이다. 이는 모든 입문자와 초보자들에게 단순한 생각과 언어의 중요성을 강조하는 오컬트 전통의 가르침과 맥을 같이 하는 것이다.

(마태복음 5:38) 또 눈은 눈으로, 이는 이로 갚으라 하였다는 것을 너희가 들었으나

(마태복음 5:39) 나는 너희에게 이르노니 악한 자를 대적지 말라 누구든지 네 오른편 뺨을 치거든 왼편도 돌려대며

(마태복음 5:40) 또 너를 송사하여 속옷을 가지고자 하는 자에게 겉옷까지도 가지게 하며

(마태복음 5:41) 또 누구든지 너로 억지로 오리를 가게 하거든 그 사람과 십리를 동행하고

(마태복음 5:42) 네게 구하는 자에게 주며 네게 꾸고자 하는 자에게 거절하지 말라

(Matthew 5:38) Ye have heard that it hath been said, An eye for an eye, and a tooth for a tooth:

(Matthew 5:39) But I say unto you, That ye resist not evil: but whosoever shall smite thee on thy right cheek, turn to him the other also.

(Matthew 5:40) And if any man will sue thee at the law, and take away thy coat, let him have [thy] cloke also.

(Matthew 5:41) And whosoever shall compel thee to go a mile, go with him twain.

(Matthew 5:42) Give to him that asketh thee, and from him that would borrow of thee turn not thou away.

이 구절에서 예수는 모든 오컬트 입문자들이 깊게 이해하고 있는 무저항의 법칙을 설명하고 있다. 이 법칙은 정신의 영역에 적용된다. 이 원리를 이해하는 사람은 이 계율이 타인을 대하는 입문자의 정신자세를 지칭하고 있으며, 이 자세를 견지하면 상대의 비합리적인 요구로부터 자유로워진다는 사실을 잘 알고 있다. 사랑은 증오와 분노를 몰아낸다. 높은 차원의 생각은 사악하고 저급한 타인의 생각을 중화하는 위력을 지니고 있다.

(마태복음 5:43) 또 네 이웃을 사랑하고 네 원수를 미워하라 하였다는 것을 너희가 들었으나

(마태복음 5:44) 나는 너희에게 이르노니 너희 원수를 사랑하며 너희를 핍박하는 자를 위하여 기도하라

(마태복음 5:45) 이같이 한즉 하늘에 계신 너희 아버지의 아들이 되리니

이는 하나님이 그 해를 악인과 선인에게 비취게 하시며 비를 의로운 자와 불의한 자에게 내리우심이니라

(마태복음 5:46) 너희가 너희를 사랑하는 자를 사랑하면 무슨 상이 있으리요 세리도 이같이 아니하느냐

(마태복음 5:47) 또 너희가 너희 형제에게만 문안하면 남보다 더하는 것이 무엇이냐 이방인들도 이같이 아니하느냐

(마태복음 5:48) 그러므로 하늘에 계신 너희 아버지의 온전하심과 같이 너희도 온전하라

(Matthew 5:43) Ye have heard that it hath been said, Thou shalt love thy neighbour, and hate thine enemy.

(Matthew 5:44) But I say unto you, Love your enemies, bless them that curse you, do good to them that hate you, and pray for them which despitefully use you, and persecute you;

(Matthew 5:45) That ye may be the children of your Father which is in heaven: for he maketh his sun to rise on the evil and on the good, and sendeth rain on the just and on the unjust.

(Matthew 5:46) For if ye love them which love you, what reward have ye? do not even the publicans the same?

(Matthew 5:47) And if ye salute your brethren only, what do ye more [than others?] do not even the publicans so?

(Matthew 5:48) Be ye therefore perfect, even as your Father which is in heaven is perfect.

이 구절에서는 모든 신비주의 가르침의 중요한 근간이라 할 수 있는 관용, 자선, 사랑을 설파하고 있다. 자기네들의 생각에 동의하는 자들에게만, 자기네들의 세계관에 맞춰 살고 행동하는 자들에게만 관용을 허락하는 정교회의 사상과는 완전히 상반되는 교리다. 예수의 교리는 온 세상 모든 사람을 대상으로 하는 인류의 형제애다. 예수는 신의 사랑은 사람을 차별하지 않는다고 가르쳤다. 신은 의로운 자와 의롭지 못한 자 모두에게 사랑을 베푼다. 이것이 바로 영의 천국을 성취하고자 하는 모든 이가 추구해야 할 완벽한 사랑의 개념이다.

(마태복음 6:1) 사람에게 보이려고 그들 앞에서 너희 의를 행치 않도록 주의하라 그렇지 아니하면 하늘에 계신 너희 아버지께 상을 얻지 못하느니라

(마태복음 6:2) 그러므로 구제할 때에 외식하는 자가 사람에게 영광을 얻으려고 회당과 거리에서 하는 것같이 너희 앞에 나팔을 불지 말라 진실로 너희에게 이르노니 저희는 자기 상을 이미 받았느니라

(마태복음 6:3) 너는 구제할 때에 오른손의 하는 것을 왼손이 모르게 하여

(마태복음 6:4) 네 구제함이 은밀하게 하라 은밀한 중에 보시는 너의 아버지가 갚으시리라

(Matthew 6:1) Take heed that ye do not your alms before men, to be seen of them: otherwise ye have no reward of your Father which is in heaven.

(Matthew 6:2) Therefore when thou doest [thine] alms, do not sound a trumpet before thee, as the hypocrites do in the synagogues and in the streets, that they may have glory of men. Verily I say unto you, They have their reward.

(Matthew 6:3) But when thou doest alms, let not thy left hand know what thy right hand doeth:

(Matthew 6:4) That thine alms may be in secret: and thy Father which seeth in secret himself shall reward thee openly.

이 구절은 뭐든 뽐내고 싶어 하는 교회주의와 위선, 그리고 남에게 보여주기 위해 독실한 신자 행세를 하는 자들을 향한 또 하나의 경고다. 예수 시대는 물론이고, 현대를 사는 우리도 새겨들어야 할 중요한 가르침이다.

(마태복음 6:5) 또 너희가 기도할 때에 외식하는 자와 같이 되지 말라 저희는 사람에게 보이려고 회당과 큰 거리 어귀에 서서 기도하기를 좋아하느니라 내가 진실로 너희에게 이르노니 저희는 자기 상을 이미 받았느니라

(마태복음 6:6) 너는 기도할 때에 네 골방에 들어가 문을 닫고 은밀한 중에 계신 네 아버지께 기도하라 은밀한 중에 보시는 네 아버지께서 갚으시리라

(마태복음 6:7) 또 기도할 때에 이방인과 같이 중언 부언하지 말라 저희는 말을 많이 하여야 들으실 줄 생각하느니라

(마태복음 6:8) 그러므로 저희를 본받지 말라 구하기 전에 너희에게 있어야 할 것을 하나님 너희 아버지께서 아시느니라

(마태복음 6:9) 그러므로 너희는 이렇게 기도하라 하늘에 계신 우리 아버지여 이름이 거룩히 여김을 받으시오며

(마태복음 6:10) 나라이 임하옵시며 뜻이 하늘에서 이룬 것같이 땅에서도 이루어지이다

(마태복음 6:11) 오늘날 우리에게 일용할 양식을 주옵시고

(마태복음 6:12) 우리가 우리에게 죄 지은 자를 사하여 준 것같이 우리 죄를 사하여 주옵시고

(마태복음 6:13) 우리를 시험에 들게 하지 마옵시고 다만 악에서 구하옵소서 (나라와 권세와 영광이 아버지께 영원히 있사옵나이다 아멘)

(마태복음 6:14) 너희가 사람의 과실을 용서하면 너희 천부께서도 너희 과실을 용서하시려니와

(마태복음 6:15) 너희가 사람의 과실을 용서하지 아니하면 너희 아버지께서도 너희 과실을 용서하지 아니하시리라

(Matthew 6:5) And when thou prayest, thou shalt not be as the hypocrites [are:] for they love to pray standing in the synagogues and in the corners of the streets, that they may be seen of men. Verily I say unto you, They have their reward.

(Matthew 6:6) But thou, when thou prayest, enter into thy closet, and when thou hast shut thy door, pray to thy Father which is in secret; and thy Father which seeth in secret shall reward thee openly.

(Matthew 6:7) But when ye pray, use not vain repetitions, as the heathen [do:] for they think that they shall be heard for their much speaking.

(Matthew 6:8) Be not ye therefore like unto them: for your Father knoweth what things ye have need of, before ye ask him.

(Matthew 6:9) After this manner therefore pray ye: Our Father which art in heaven, Hallowed be thy name.

(Matthew 6:10) Thy kingdom come. Thy will be done in earth, as [it is] in heaven.

(Matthew 6:11) Give us this day our daily bread.

(Matthew 6:12) And forgive us our debts, as we forgive our debtors.

(Matthew 6:13) And lead us not into temptation, but deliver us from evil: For thine is the kingdom, and the power, and the glory, for ever. Amen.

(Matthew 6:14) For if ye forgive men their trespasses, your heavenly Father will also forgive you:

(Matthew 6:15) But if ye forgive not men their trespasses, neither will your Father forgive your trespasses.

이 구절에는 기도에 관한 예수의 가르침이 담겨있다. 그는 시대와 장소를 불문하고 모든 교회에서 볼 수 있는 독실함의 과시 행태를 경고하고 있다. 타인이 보지 않는 곳에서 경건한 마음으로 신을 대하라는 것이 예수의 가르침이다. 그 후, 예수는 진정한 종교적 가르침과 계율이 함축된 주기도문(主祈禱文; The Lord's Prayer)을 제자들에게 전한다. 영광으로 빛나는 이 기도문에 관한 별도의 설명은 필요 없을 것 같다. 독자들도 영으로 충만한 이 기도문을 직접 소리 내어 읽어보기를 권한다. 각자 성장을 위해 필요한 메시지를 얻을 수 있을 것이다. 주기도문은 신비주의 메시지의 비밀이 담긴 최고의 명문이다.

(마태복음 6:16) 금식할 때에 너희는 외식하는 자들과 같이 슬픈 기색을 내지 말라 저희는 금식하는 것을 사람에게 보이려고 얼굴을 흉하게 하느니라 내가 진실로 너희에게 이르노니 저희는 자기 상을 이미 받았느니라

(마태복음 6:17) 너는 금식할 때에 머리에 기름을 바르고 얼굴을 씻으라

(마태복음 6:18) 이는 금식하는 자로 사람에게 보이지 않고 오직 은밀한 중에

계신 네 아버지께 보이게 하려 함이라 은밀한 중에 보시는 네 아버지께서 갚으시리라

(Matthew 6:16) Moreover when ye fast, be not, as the hypocrites, of a sad countenance: for they disfigure their faces, that they may appear unto men to fast. Verily I say unto you, They have their reward.

(Matthew 6:17) But thou, when thou fastest, anoint thine head, and wash thy face:

(Matthew 6:18) That thou appear not unto men to fast, but unto thy Father which is in secret: and thy Father, which seeth in secret, shall reward thee openly.

이 구절에서 예수는 교회에 속한 일부 '선량한' 자들이 형식에 집착하고 표면적인 것을 숭배하면서 독실한 척하는 행태를 꼬집고 있다. 진정한 신비주의자였던 예수는 종교를 앞세운 모든 형태의 위선을 경멸했으며, 기회가 있을 때마다 이런 행위를 꾸짖었다.

(마태복음 6:19) 너희를 위하여 보물을 땅에 쌓아 두지 말라 거기는 좀과 동록이 해하며 도적이 구멍을 뚫고 도적질하느니라

(마태복음 6:20) 오직 너희를 위하여 보물을 하늘에 쌓아 두라 거기는 좀이나 동록이 해하지 못하며 도적이 구멍을 뚫지도 못하고 도적질도 못하느니라

(마태복음 6:21) 네 보물 있는 그 곳에는 네 마음도 있느니라

(마태복음 6:22) 눈은 몸의 등불이니 그러므로 네 눈이 성하면 온 몸이 밝을 것이요

(마태복음 6:23) 눈이 나쁘면 온 몸이 어두울 것이니 그러므로 네게 있는 빛이 어두우면 그 어두움이 얼마나 하겠느뇨

(마태복음 6:24) 한 사람이 두 주인을 섬기지 못할 것이니 혹 이를 미워하며 저를 사랑하거나 혹 이를 중히 여기며 저를 경히 여김이라 너희가 하나님과 재물을 겸하여 섬기지 못하느니라

(마태복음 6:25) 그러므로 내가 너희에게 이르노니 목숨을 위하여 무엇을 먹을까 무엇을 마실까 몸을 위하여 무엇을 입을까 염려하지 말라 목숨이 음식보다 중하지 아니하며 몸이 의복보다 중하지 아니하냐

(마태복음 6:26) 공중의 새를 보라 심지도 않고 거두지도 않고 창고에 모아 들이지도 아니하되 너희 천부께서 기르시나니 너희는 이것들보다 귀하지 아니하냐

(마태복음 6:27) 너희 중에 누가 염려함으로 그 키를 한 자나 더할 수 있느냐

(마태복음 6:28) 또 너희가 어찌 의복을 위하여 염려하느냐 들의 백합화가 어떻게 자라는가 생각하여 보라 수고도 아니하고 길쌈도 아니하느니라

(마태복음 6:29) 그러나 내가 너희에게 말하노니 솔로몬의 모든 영광으로도 입은 것이 이 꽃 하나만 같지 못하였느니라

(마태복음 6:30) 오늘 있다가 내일 아궁이에 던지우는 들풀도 하나님이 이렇게 입히시거든 하물며 너희일까보냐 믿음이 적은 자들아

(마태복음 6:31) 그러므로 염려하여 이르기를 무엇을 먹을까 무엇을 마실까 무엇을 입을까 하지 말라

(마태복음 6:32) 이는 다 이방인들이 구하는 것이라 너희 천부께서 이 모든 것이 너희에게 있어야 할 줄을 아시느니라

(마태복음 6:33) 너희는 먼저 그의 나라와 그의 의를 구하라 그리하면 이 모든 것을 너희에게 더하시리라

(마태복음 6:34) 그러므로 내일 일을 위하여 염려하지 말라 내일 일은 내일 염려할 것이요 한 날 괴로움은 그날에 족하니라

(Matthew 6:19) Lay not up for yourselves treasures upon earth, where moth and rust doth corrupt, and where thieves break through and steal:

(Matthew 6:20) But lay up for yourselves treasures in heaven, where neither moth nor rust doth corrupt, and where thieves do not break through nor steal:

(Matthew 6:21) For where your treasure is, there will your heart be also.

(Matthew 6:22) The light of the body is the eye: if therefore thine eye be single, thy whole body shall be full of light.

(Matthew 6:23) But if thine eye be evil, thy whole body shall be full of darkness. If therefore the light that is in thee be darkness, how great [is] that darkness!

(Matthew 6:24) No man can serve two masters: for either he will hate the one, and love the other; or else he will hold to the one, and despise the other. Ye cannot serve God and mammon.

(Matthew 6:25) Therefore I say unto you, Take no thought for your life, what ye shall eat, or what ye shall drink; nor yet for your body, what ye shall put on. Is not the life more than meat, and the body than raiment?

(Matthew 6:26) Behold the fowls of the air: for they sow not, neither do they reap, nor gather into barns; yet your heavenly Father feedeth them. Are ye not much better than they?

(Matthew 6:27) Which of you by taking thought can add one cubit unto his stature?

(Matthew 6:28) And why take ye thought for raiment? Consider the lilies of the field, how they grow; they toil not, neither do they spin:

(Matthew 6:29) And yet I say unto you, That even Solomon in all his glory was not arrayed like one of these.

(Matthew 6:30) Wherefore, if God so clothe the grass of the field, which to day is, and to morrow is cast into the oven, [shall he] not much more [clothe] you, O ye of little faith?

(Matthew 6:31) Therefore take no thought, saying, What shall we eat? or, What shall we drink? or, Wherewithal shall we be clothed?

(Matthew 6:32) (For after all these things do the Gentiles seek:) for your heavenly Father knoweth that ye have need of all these things.

(Matthew 6:33) But seek ye first the kingdom of God, and his righteousness; and all these things shall be added unto you.

(Matthew 6:34) Take therefore no thought for the morrow: for the morrow shall take thought for the things of itself. Sufficient unto the day [is] the evil thereof.

신약성경에 등장하는 가장 놀라운 구절이자, 나사렛 예수가 우리에게 전한 가장 위대한 가르침이다. 이 구절 안에는 올바른 삶을 영위하는 방법에 관한 오컬트 가르침 전부가 함축되어 있다. 단 몇 줄 안에 요기 철학의 핵심 중 하나인 카르마 요가(Karma Yoga)의 교리 전부가 요약되어 있다. 또한 오늘날 다양한 단체와 학파에서 가르치고 설파하는 신사고(New Thought) 사상의 핵심도 담겨있다. 산상수훈의 중심을 이루고 있는 이 구절을 열심히 읽고, 내용에 대해 사색하고, 공부하고, 실천으로 옮기면 최근 각지에서 설립되어 대중적 인기를 누리고 있는 수많은 형이상학 단체들의 사상도 굳이 따로 공부할 필요가 없다. 이 구절의 문장 하나하나가 최고 수준의 신비주의와 오컬트 철학을 표현하고 있는 주옥같은 명문이다. 이 구절만으로 수십, 수백 권의 책이 쓰일 수 있을 것이고, 그것으로도 여기에 담긴 모든 가르침을 설명하진 못할 것이다. 이 구절에서는 우리가 영을 대할 때, 영과 관련한 것을 다룰 때 정신을 집중하는 일의 중요성과 물질을 향한 집착의 어리석음을 지적하고 있다. 그 어떤 것에도 집착하면 안 된다는 점도 강조하고 있다. 하지만 무엇보다도 중요한 것은 신념의 힘에 관한 가르침이다. 신념이야말로 모든 오컬트 가르침의 가장 중요한 비밀이자 내적 미스터리의 문을 여는 열쇠다. 신념은 굳게 잠긴 성공의 모든 문을 여는 마스터키다. 이번 강의 시리즈를 공부하는 모든 학생과 독자들에게 산상수훈의 꽃이라 할 수 있는 이 구절을 암기할 것을 권하고 싶다. 달달 외워서 나의 일부, 내 인생의 일부로 만들자. 나의 모든 행동과 삶을 지배하는 제1의 규칙으로 삼자. 이 구절에 담긴 올바른 삶의 가르침은 영의 진정한 삶이 무엇인지 우리에게 전해 주고 있다. 모든 신비주의자와 오컬티스트가 걸어야 할 길을 밝게 비춰주는 진정한 등대라 할 수 있다!

(마태복음 7:1) 비판을 받지 아니하려거든 비판하지 말라

(마태복음 7:2) 너희의 비판하는 그 비판으로 너희가 비판을 받을 것이요 너희의 헤아리는 그 헤아림으로 너희가 헤아림을 받을 것이니라

(마태복음 7:3) 어찌하여 형제의 눈 속에 있는 티는 보고 네 눈 속에 있는

들보는 깨닫지 못하느냐

(마태복음 7:4) 보라 네 눈 속에 들보가 있는데 어찌하여 형제에게 말하기를 나로 네 눈 속에 있는 티를 빼게 하라 하겠느냐

(마태복음 7:5) 외식하는 자여 먼저 네 눈 속에서 들보를 빼어라 그 후에야 밝히 보고 형제의 눈 속에서 티를 빼리라

(Matthew 7:1) Judge not, that ye be not judged.

(Matthew 7:2) For with what judgment ye judge, ye shall be judged: and with what measure ye mete, it shall be measured to you again.

(Matthew 7:3) And why beholdest thou the mote that is in thy brother's eye, but considerest not the beam that is in thine own eye?

(Matthew 7:4) Or how wilt thou say to thy brother, Let me pull out the mote out of thine eye; and, behold, a beam [is] in thine own eye?

(Matthew 7:5) Thou hypocrite, first cast out the beam out of thine own eye; and then shalt thou see clearly to cast out the mote out of thy brother's eye.

이 구절에서 예수는 모든 지역, 시대, 종교의 다양한 종파와 단체에서 예외 없이 발견되는, 자기를 높이기 위해 선량한 체하는 이들을 향해 또 한 차례의 강타를 날리고 있다. 허영심을 채워주는 형식을 중시하며 자기는 남들과 다르다는 사실을 다행으로 여기는 위선자들이 타인을 대할 때 취하는 거만한 태도와 행동에 대한 경고다. 예수는 이 구절에 등장하는 불후의 명언을 통해 자기만의 기준으로 타인을 평가하고, 타인을 자기 기준에 맞도록 교화하려 드는 자들에게 철퇴를 가하고 있다. 예수의 일침은 그의 가르침을 따른다고 자칭하는 거짓 추종

자들을 향한 것이다.

(마태복음 7:6) 거룩한 것을 개에게 주지 말며 너희 진주를 돼지 앞에 던지지 말라 저희가 그것을 발로 밟고 돌이켜 너희를 찢어 상할까 염려하라

(Matthew 7:6) Give not that which is holy unto the dogs, neither cast ye your pearls before swine, lest they trample them under their feet, and turn again and rend you.

이 구절은 입문자들을 위한 메시지로, 돼지 같은 야만적 본능으로 신성한 잔치를 난장판으로 만들고, 그들을 위해 잔칫상을 차린 자들을 언제든 갈기갈기 찢어 죽일 준비가 되어있는 군중에게 함부로 최고의 가르침을 전해서는 안 된다는 경고다. 이 경고를 무시하고 동물과 같은 군중에게 진리를 용감하게 전파했다가 죽임을 당한 수많은 순교자의 선례만 봐도 이 가르침이 진실임을 쉽게 짐작할 수 있다. 심지어 예수 본인도 인간을 향한 사랑이 그의 판단력을 흩트리는 바람에 이 규칙을 무시하고 말았고, 목숨으로 그 대가를 치렀다.

(마태복음 7:7) 구하라 그러면 너희에게 주실 것이요 찾으라 그러면 찾을 것이요 문을 두드리라 그러면 너희에게 열릴 것이니
(마태복음 7:8) 구하는 이마다 얻을 것이요 찾는 이가 찾을 것이요 두드리는 이에게 열릴 것이니라
(마태복음 7:9) 너희 중에 누가 아들이 떡을 달라 하면 돌을 주며
(마태복음 7:10) 생선을 달라 하면 뱀을 줄 사람이 있겠느냐

(마태복음 7:11) 너희가 악한 자라도 좋은 것으로 자식에게 줄 줄 알거든 하물며 하늘에 계신 너희 아버지께서 구하는 자에게 좋은 것으로 주시지 않겠느냐

(마태복음 7:12) 그러므로 무엇이든지 남에게 대접을 받고자 하는 대로 너희도 남을 대접하라 이것이 율법이요 선지자니라

(Matthew 7:7) Ask, and it shall be given you; seek, and ye shall find; knock, and it shall be opened unto you:

(Matthew 7:8) For every one that asketh receiveth; and he that seeketh findeth; and to him that knocketh it shall be opened.

(Matthew 7:9) Or what man is there of you, whom if his son ask bread, will he give him a stone?

(Matthew 7:10) Or if he ask a fish, will he give him a serpent?

(Matthew 7:11) If ye then, being evil, know how to give good gifts unto your children, how much more shall your Father which is in heaven give good things to them that ask him?

(Matthew 7:12) Therefore all things whatsoever ye would that men should do to you, do ye even so to them: for this is the law and the prophets.

영을 향한 신념으로 살아가는 자들을 위한 또 하나의 중요한 메시지다. 아울러 내가 타인을 올바르게 대하지 않으면, 타인이 나를 올바르게 대할 것으로 기대하면 안 된다는 경고도 담겨있다. 무엇이든 뿌린 대로 거둔다는 카르마 법칙의 가르침이다. 예수는 "이렇게 하고 저렇게 하라!"는 식으로 말하지 않고, "이것이 바로 법이니라!"라고 단호

하게 선언한다. 그렇다. 인간은 자기가 저지른 잘못으로 인해 벌을 받는 것이지, 법이 있어서 벌을 받는 것이 아니다.

(마태복음 7:13) 좁은 문으로 들어가라 멸망으로 인도하는 문은 크고 그 길이 넓어 그리로 들어가는 자가 많고
(마태복음 7:14) 생명으로 인도하는 문은 좁고 길이 협착하여 찾는 이가 적음이니라

(Matthew 7:13) Enter ye in at the strait gate: for wide [is] the gate, and broad [is] the way, that leadeth to destruction, and many there be which go in thereat:
(Matthew 7:14) Because strait [is] the gate, and narrow [is] the way, which leadeth unto life, and few there be that find it.

역시 가장 높은 차원의 오컬트 가르침이다. 자신의 신성을 깨닫는 길로 나아가는 자는 많지 않다. 목적지를 향해 나아있는 문은 좁고 길은 험하다. 군중은 바보처럼 넓디넓은 길을 걷고, 목적지로 연결되는 좁은 문을 보는 자는 극소수다.

(마태복음 7:15) 거짓 선지자들을 삼가라 양의 옷을 입고 너희에게 나아오나 속에는 노략질하는 이리라
(마태복음 7:16) 그의 열매로 그들을 알지니 가시나무에서 포도를, 또는 엉겅퀴에서 무화과를 따겠느냐
(마태복음 7:17) 이와 같이 좋은 나무마다 아름다운 열매를 맺고 못된 나무가

나쁜 열매를 맺나니

(마태복음 7:18) 좋은 나무가 나쁜 열매를 맺을 수 없고 못된 나무가 아름다운 열매를 맺을 수 없느니라

(마태복음 7:19) 아름다운 열매를 맺지 아니하는 나무마다 찍혀 불에 던지우느니라

(마태복음 7:20) 이러므로 그의 열매로 그들을 알리라

(마태복음 7:21) 나더러 주여 주여 하는 자마다 천국에 다 들어갈 것이 아니요 다만 하늘에 계신 내 아버지의 뜻대로 행하는 자라야 들어가리라

(마태복음 7:22) 그 날에 많은 사람이 나더러 이르되 주여 주여 우리가 주의 이름으로 선지자 노릇 하며 주의 이름으로 귀신을 쫓아내며 주의 이름으로 많은 권능을 행치 아니하였나이까 하리니

(마태복음 7:23) 그 때에 내가 저희에게 밝히 말하되 내가 너희를 도무지 알지 못하니 불법을 행하는 자들아 내게서 떠나가라 하리라

(Matthew 7:15) Beware of false prophets, which come to you in sheep's clothing, but inwardly they are ravening wolves.
(Matthew 7:16) Ye shall know them by their fruits. Do men gather grapes of thorns, or figs of thistles?
(Matthew 7:17) Even so every good tree bringeth forth good fruit; but a corrupt tree bringeth forth evil fruit.
(Matthew 7:18) A good tree cannot bring forth evil fruit, neither [can] a corrupt tree bring forth good fruit.
(Matthew 7:19) Every tree that bringeth not forth good fruit is hewn down, and cast into the fire.

(Matthew 7:20) Wherefore by their fruits ye shall know them.

(Matthew 7:21) Not every one that saith unto me, Lord, Lord, shall enter into the kingdom of heaven; but he that doeth the will of my Father which is in heaven.

(Matthew 7:22) Many will say to me in that day, Lord, Lord, have we not prophesied in thy name? and in thy name have cast out devils? and in thy name done many wonderful works?

(Matthew 7:23) And then will I profess unto them, I never knew you: depart from me, ye that work iniquity.

오컬트 힘의 오용에 대한 경고다. 영으로부터 받은 선물의 남용, 쉽게 말해, 흑마법의 행사에 대한 경고다. 오컬트의 힘은 올바른 목적뿐 아니라 저속하고 사악한 목적을 위해서도 사용될 수 있다. 그의 열매로 선과 악을 구분할 수 있는 법이다. 사람을 나약하게 만들고, 양처럼 무조건 복종하고, 비굴하게 행동하고, 맹목적으로 리더를 따르도록 부추기는 가르침은 사악한 열매를 맺는다. 이런 가르침을 퍼트리는 자들은 먹잇감의 몸과 영혼을 갉아먹으며 자기 배를 불리는, 양의 탈을 쓴 늑대들이다. 하지만 사람이 진짜 인간이 되도록 이끄는 자들, 초인이 되도록 가르치는 자들은 영의 아름다운 열매를 맺는다. 화려한 이름, 그럴듯한 언어, 심오해 보이는 교리, 놀라운 주장, 심지어 기적도 함부로 믿어선 안 된다. 언제나 이런 행위의 결과, 즉, 열매에 주목하고 이에 맞춰 행동해야 한다.

(마태복음 7:24) 그러므로 누구든지 나의 이 말을 듣고 행하는 자는 그 집을

반석 위에 지은 지혜로운 사람 같으리니

(마태복음 7:25) 비가 내리고 창수가 나고 바람이 불어 그 집에 부딪히되 무너지지 아니하나니 이는 주초를 반석 위에 놓은 연고요

(마태복음 7:26) 나의 이 말을 듣고 행치 아니하는 자는 그 집을 모래 위에 지은 어리석은 사람 같으리니

(마태복음 7:27) 비가 내리고 창수가 나고 바람이 불어 그 집에 부딪히매 무너져 그 무너짐이 심하니라

(Matthew 7:24) Therefore whosoever heareth these sayings of mine, and doeth them, I will liken him unto a wise man, which built his house upon a rock:

(Matthew 7:25) And the rain descended, and the floods came, and the winds blew, and beat upon that house; and it fell not: for it was founded upon a rock.

(Matthew 7:26) And every one that heareth these sayings of mine, and doeth them not, shall be likened unto a foolish man, which built his house upon the sand:

(Matthew 7:27) And the rain descended, and the floods came, and the winds blew, and beat upon that house; and it fell: and great was the fall of it.

산상수훈을 마무리하면서 예수는 그의 가르침을 듣거나 읽고, 그를 따르고자 하는 모든 사람을 위한 메시지를 보냈다. 그는 신이 만든 원칙을 근본으로 하는 진리의 반석 위에 집을 지으라고 촉구하고 있다. 시간의 비바람이 조금만 불어도 쉽게 무너질 신학과 교조주의의 토대 위에 집을 지으면 안 된다고 경고하고 있다. 영원한 신비주의의 진리

위에 세워진 신비주의 기독교는 다양한 신학 체계를 무너트린 수많은 비판, 저항, 지식의 폭풍을 여러 차례 맞고도 아직 건재하다. 뼈대만 앙상하게 남은 신학 체계도 최근에는 신비주의 기독교로부터 수혈을 받아 새로운 생명력을 얻고 있다. 신비주의 기독교는 신신학(新神學), 성서 고등비평, 과학비평에도 함께 하자는 초대장을 보내고 있다. 이 진영들도 신비주의 기독교의 가르침을 접하면서 각자의 사상을 더욱 강화하고 그 배후에 있는 원리의 진실성을 입증할 수 있을 것이다. 신비주의 기독교에서 종교, 철학, 과학은 하나이자 같은 개념이다. 과학과 종교, 철학과 종교, 또는 철학과 과학 간의 갈등이라는 것은 존재하지 않는다. 전부 유일한 진리를 칭하는 다른 단어들에 불과하다. 진리는 하나다. 둘 이상일 수 없다. 이를 종교로 부르든, 아니면 과학이나 철학으로 부르든 상관없다. 같은 개념을 지칭하는 것이기 때문이다. 세상에 존재하는 유일한 것은 진리다. 진리 이외의 것은 없다. 진리가 아닌 것은 허상(마야: Maya)이자 무(Nothing)이다. 진리의 반석 위에 세워진 신비주의 기독교는 사상체계의 안정성을 시험하는 강풍과 폭우에도 흔들리지 않는다. 이 종교의 창시자처럼, 신비주의 기독교는 언제나 존재했고 앞으로도 영원할 것이다. 시작이 없는 시작과 끝이 없는 끝에 이르기까지, 어제도, 오늘도, 내일도 한결같을 것이다.

맺음말

우리와 함께 좁고 험한 지식의 길을 걸은 친애하는 동지들과 학생들이여…. 우리는 우리보다 먼저 이 길을 걸었던 선구자들로부터 받은 가르침과 메시지를 여러분에게 전달하기 위해 나름대로 열심히 노력했다. 우리의 한계를 인정하지만, 몇몇 사람들의 정신과 가슴 속에서 싹이 트기를 바라는 마음으로 선구자들이 그랬던 것처럼 진리의 씨앗을 사방에 널리 뿌렸다. 파종을 마무리하는 이 시점에서 우리가 뿌린 씨를 받아 정신적으로, 영적으로 성장하며 꽃을 피우고 열매를 맺을 영혼은 극소수에 불과하리라 생각하니 슬픈 감정이 솟아오른다. 이것은 세상 모든 스승이 느끼는 슬픔이다. 아무리 열심히 노력해도 결과는 언제나 시원치 않으리라는 것, 수천 개의 씨앗을 뿌려도 단단하게 뿌리를 내리고 열매까지 맺는 사례는 드물 것이라는 것…. 하지만 천 개의 씨앗 중 단 한두 개만이라도 비옥한 정신과 가슴에 떨어져 싹을 틔우고 열매를 맺는다면 성공이라는 사실을 큰 보상으로 여기며 이번 강의 시리즈를 마무리한다.

(마태복음 13:3) 예수께서 비유로 여러 가지를 저희에게 말씀하여 가라사대

씨를 뿌리는 자가 뿌리러 나가서

(마태복음 13:4) 뿌릴새 더러는 길가에 떨어지매 새들이 와서 먹어 버렸고

(마태복음 13:5) 더러는 흙이 얇은 돌밭에 떨어지매 흙이 깊지 아니하므로 곧 싹이 나오나

(마태복음 13:6) 해가 돋은 후에 타져서 뿌리가 없으므로 말랐고

(마태복음 13:7) 더러는 가시떨기 위에 떨어지매 가시가 자라서 기운을 막았고

(마태복음 13:8) 더러는 좋은 땅에 떨어지매 혹 백 배, 혹 육십 배, 혹 삼십 배의 결실을 하였느니라

(Matthew 13:3) And he spake many things unto them in parables, saying, Behold, a sower went forth to sow;

(Matthew 13:4) And when he sowed, some [seeds] fell by the way side, and the fowls came and devoured them up:

(Matthew 13:5) Some fell upon stony places, where they had not much earth: and forthwith they sprung up, because they had no deepness of earth:

(Matthew 13:6) And when the sun was up, they were scorched; and because they had no root, they withered away.

(Matthew 13:7) And some fell among thorns; and the thorns sprung up, and choked them:

(Matthew 13:8) But other fell into good ground, and brought forth fruit, some an hundredfold, some sixtyfold, some thirtyfold.

관련 음악

이번 책의 원고를 번역하고 교정하면서 청취했던 음악의 목록이다. 마름돌 출판사의 유튜브 채널에 재생목록을 만들어 두었으므로 감상해보길 권한다.

- Johann Sebastian Bach – St Matthew Passion (수난곡 《마태수난곡》)
- Johann Sebastian Bach – St John Passion (수난곡 《요한수난곡》)
- Johann Sebastian Bach – Mass in B Minor (미사곡 《B 단조 미사곡》)
- George Frideric Handel – Messiah (오라토리오 《메시아》)
- Richard Wagner – Parsifal (오페라 《파르지팔》)
- Richard Strauss – Salome (오페라 《살로메》)
- Giovanni Battista Pergolesi – Stabat Mater (《성모애가(聖母哀歌)》)
- Antonio Vivaldi – Stabat Mater (《성모애가(聖母哀歌)》)
- Wolfgang Amadeus Mozart – Requiem (진혼곡 《레퀴엠》)
- Gabriel Faure – Requiem (진혼곡 《레퀴엠》)
- John Coltrane – A Love Supreme
- Ella Fitzgerald – The Old Rugged Cross
- Latte e Miele – Passion Secundum Mattheum
- 1 Pooh – Parsifal
- Museo Rosenbach – Zarathustra
- Vangelis – Heaven and Hell
- Metamorfosi – Paradiso
- Genesis – Supper's Ready
- Yes – And You and I
- Peter, Paul & Mary – Sorrow

- Joan Baez – All My Trials
- Peter, Paul & Mary – Man Come into Egypt
- Peter, Paul & Mary – Tell It on the Mountain
- Frogmorton – Judas and Mary
- Jancis Harvey – Have We Changed
- Jancis Harvey – Inasmuch
- Mahalia Jackson – Nearer, My God, To Thee
- Mahalia Jackson – When the Saints Go Marching In
- Tony Sheridan & The Beat Brothers – The Saints (When the Saints Go Marching In)
- Simon & Garfunkel – Last Night I Had the Strangest Dream
- Carolyn Hester – 'Tis the Gift to Be Simple
- The Beach Boys – God Only Knows
- ABBA – I Have a Dream
- Simon & Garfunkel – Bridge Over Troubled Water
- George Harrison – My Sweet Lord
- Belinda Carlisle – Heaven Is a Place on Earth
- Led Zeppelin – Stairway to Heaven
- Lynyrd Skynyrd – Simple Man
- Bon Jovi – Livin' On a Prayer
- Queen – The Prophet's Song
- Metallica – Creeping Death
- Black Sabbath – Heaven and Hell
- Stryper – In God We Trust
- Iron Maiden – Prodigal Son
- Motley Crue – Home Sweet Home
- NCT 127 – Superhuman
- NCT 2021 – Beautiful
- USA For Africa – We Are the World

관련 음악